图书在版编目（ＣＩＰ）数据

特殊地理环境城市轨道交通隧道多元修建技术：以
青岛地铁 8 号线为例 /冯慧君等著. -- 成都：西南交通
大学出版社，2023.11

ISBN 978-7-5643-9598-8

Ⅰ．①特… Ⅱ．①冯… Ⅲ.①城市铁路 – 铁路隧道 –
隧道施工 – 青岛 Ⅳ．①U459.1

中国国家版本馆 CIP 数据核字（2023）第 222487 号

Teshu Dili Huanjing Chengshi Guidao Jiaotong Suidao Duoyuan Xiujian Jishu

特殊地理环境城市轨道交通隧道多元修建技术
——以青岛地铁 8 号线为例

冯慧君　王者永	**著**	责任编辑／王同晓
张海波　俞然刚		封面设计／原谋书装

西南交通大学出版社出版发行

（四川省成都市金牛区二环路北一段 111 号西南交通大学创新大厦 21 楼　610031）

营销部电话：028-87600564　028-87600533

网址：http://www.xnjdcbs.com

印刷：四川玖艺呈现印刷有限公司

成品尺寸　185 mm×260 mm

印张　23.5　字数　525 千

版次　2023 年 11 月第 1 版　印次　2023 年 11 月第 1 次

书号　ISBN 978-7-5643-9598-8

定价　98.00 元

特殊地理环境城市轨道交通
隧道多元修建技术

——以青岛地铁 8 号线为例

冯慧君　　王者永
　　　　　　　　　　◎ 著
张海波　　俞然刚

西南交通大学出版社
·成　都·

编 委 会

主编著者　　冯慧君　　中铁（上海）投资集团有限公司

王者永　　青岛地铁集团第三建设分公司

张海波　　青岛市市政公用工程质量安全监督站

俞然刚　　中国石油大学（华东）

其他著者　　高永冬　　青岛市市政公用工程质量安全监督站

陈　远　　青岛地铁集团第三建设分公司

刘　斌　　中铁（上海）投资集团有限公司

詹　森　　中铁（上海）投资集团有限公司

苟国强　　青岛市市政公用工程质量安全监督站

王书峰　　青岛市市政公用工程质量安全监督站

程学友　　青岛地铁集团第三建设分公司

李培国　　中铁（上海）投资集团有限公司

侯　杰　　中铁（上海）投资集团有限公司

董泗龙　　中铁（上海）投资集团有限公司

肖建辉　　青岛市市政公用工程质量安全监督站

周耀升　　中铁（上海）投资集团有限公司

许士成　　中铁二局二公司

骆超峰　　中铁一局城轨公司

张　青　　中铁八局昆明公司

作者介绍

冯慧君，1974 年出生，男，工学博士，正高级工程师，国家注册安全工程师、注册监理工程师；现任中铁（上海）投资集团中铁发展投资有限公司副总经理兼安全总监；中华全国铁路总工会火车头奖章获得者；曾任中国中铁青岛地铁 8 号线项目总部指挥长；获得省部级科技创新奖 4 项，中国铁路工程总公司科学技术进步奖一等奖 2 项、二等奖 2 项；获国家发明专利 7 项、实用新型专利 12 项；青岛地铁 8 号线北段工程获 2022 年度国家优质工程奖；先后参与深圳地铁、天津地铁、青岛地铁等多个城市轨道交通建设，在国内外重要期刊发表论文 23 篇，兼任中国石油大学（华东）储运与建筑工程学院专业学位硕士研究生导师，指导硕士研究生 20 余人。

王者永，1970 年出生，男，工程硕士，高级工程师，现任青岛地铁集团有限公司副总工程师，青岛地铁集团有限公司第三建设分公司总经理，青岛市地铁 8 号线有限公司董事长；主要从事青岛地铁建设管理工作，先后负责主持青岛地铁 13 号线、5 号线、8 号线及 8 号线支线的建设管理工作，拥有超过 15 年地铁建设工程管理经验。2007 年山东省人事厅及山东省建设厅授予记二等功，2016 获得青岛市工人先锋号，2019 年获得中共青岛西海岸新区工委青岛西海岸新区管委重大基础设施建设及服务保障先进个人"三等功"。

张海波，1977 年出生，男，博士（博士后出站），研究员，现任青岛市市政公用工程质量安全监督站站长，住房和城乡建设部城市轨道交通工程质量安全专家委员会专家，青岛拔尖人才，青岛理工大学土木工程学院硕士研究生导师、客座教授；现主要从事城市轨道交通工程质量安全监督、行业管理、科研技术工作；作为主要成员完成住建部研究课题 9 项、管理标准 4 部，主编出版专著 4 部、地方性管理标准 6 部，发表学术论文 20 余篇；获得山东省建设科技创新奖一等奖 1 项、国家发明专利 1 项、省级工法 4 项。

俞然刚，1967 年出生，男，工学博士，中国石油大学（华东）教授、博士生导师；本科毕业于重庆建筑工程学院，硕士、博士毕业于中国石油大学（华东）；工作至今在中国石油大学（华东）任教，曾任土木工程学科负责人、储运与建筑工程学院副院长；主要从事建筑材料及岩石力学与工程方面的教学和科研工作，具有丰富的工程实践经验，主要研究方向为水泥混凝土性能及水泥外加剂、深部岩石力学及应力场、地下围岩稳定性分析等，研究成果获山东省科技进步奖 3 项、山东省计算机应用成果奖 1 项，授权国家发明专利 20 余项，在国内外重要期刊发表论文 100 余篇，指导硕博士研究生 90 余人。

序

一

　　青岛市地铁 8 号线工程是山东省第一批新旧动能转换重点项目、青岛市重大基础建设工程，线路全长约 61.4 km，串联青岛主城区、红岛高新区和胶州市，是连接胶东国际机场、胶州北站、红岛高铁站和青岛北站的重要纽带工程，对助力城市发展空间的战略转移、带动北岸新城区发展、拉动沿线经济具有重要意义。

　　本书作者及团队在项目管理过程中积极创新工艺工法、勇于尝试探索，使用新设备、采用新工艺。在高水头长距离海底隧道钻爆法 + TBM 快速施工技术研究、复杂地质海底隧道盾构始发与接收技术、泥水盾构穿越破碎带施工技术、海底不良地质联络通道机械法施工技术、近距离下穿运营地铁线路技术、GIS + BIM 地铁施工数字化管控技术等 7 个方面进行了探索和实践。

　　全线控制性工程大洋站—青岛北站区间过海隧道，全长 7.9 km，海域段长 5.4 km，是国内第一条同时采用土压平衡盾构、泥水平衡盾构、矿山法 + TBM 施工的过海隧道，最大埋深 56 m，工程水文地质和环境条件复杂，共穿越 10 条断层及破碎带，是目前国内最长的过海地铁隧道。施工过程解决了海域环境隧道群 5.5 km 的长回路通风技术难题、高压富水地层稳定性控制与高效掘进、盾构法与矿山法海底安全对接、有限空间拆机等难题，创造了国内首例泥水盾构三节分体始发和过海隧道泥水盾构月均掘进 220 m 的两项全国纪录，2 年零 7 个月实现了过海隧道的贯通。

　　为配套青岛胶东国际机场，青岛地铁 8 号线（B2 包）北段工程克服了多工法下穿胶州湾复杂地质、工期紧、下穿居民区影响大等困难，历时 3 年半建成通车，创造了多项"青岛速度"。

　　全书资料翔实、图文并茂、参考性强，希望本书能够成为广大隧道建设者的良师益友。

中国工程院院士陈湘生

序

二

青岛是我国较早开始筹建城市轨道交通的城市，当前运营里程在全国名列前茅。这座滨海城市特殊的"山、海、湾"地理环境，使城市轨道交通的建设面临复杂自然条件，同时也给创新施工技术提供了试验田。

本书是青岛地铁 8 号线隧道工程创新的技术总结。特别值得指出的是长达 5.4 km 的大洋站—青岛北站区间海底隧道，地质复杂，地层穿插多条破碎带，围岩稳定性差。在对工程条件进行分析评估的基础上，选择了暗挖隧道的两种修建方法——矿山法（ITA 称 Conventional T.）和 TBM 法（ITA 称机械化方法-Mechanized T.）联合使用的方案，其中 TBM 包括不同模式的盾构。本书对不同修建方法的选择、组合、转换、衔接和实施相关技术做了详细的论述。

在隧道修建方法多元化的今天，多种方法的配套联合使用，无疑是大难度重点隧道工程成功的重要途径。

此外，本书关于小净距下穿地铁既有线，矿山法大断面开挖，联络通道的"机械法"施工和长隧道多工作面施工网络通风等出色工程案例与研究成果的内容也很精彩，对隧道工程的技术进步和理念更新都有重要价值。

相信本书可以对隧道建设者们提供帮助。

全国工程勘察设计大师张海波

中铁二院工程集团有限责任公司

前　言

青岛市地铁 8 号线是连接胶州北站、胶东国际机场、红岛火车站、青岛北站等重大交通枢纽的重要线路，是线网中的轨道交通快线工程，最高时速可达 120 km，是带动北岸城区快速发展的重要线路。

中国中铁承建的青岛地铁 8 号线（B2 包）北段工程大洋站—青岛北站区间过海隧道是全线控制性工程，全长 7.9 km，海域段长 5.4 km，同时采用土压平衡盾构、泥水平衡盾构、矿山法 + TBM 施工的过海隧道，最大埋深 56 m，工程水文地质和环境条件复杂，共穿越 10 条断层及破碎带，其中海域段 F4 断层长 610 m、F5 断层长 439 m，施工作业面多、工法多样、安全风险大。

过海隧道钻爆法区段位于胶州湾西侧，主要穿越微风化凝灰岩、安山岩。本工程采用改进微台阶法 + 单护盾双模式掘进机实现长隧短打，加快了施工速度；形成了高水头长距离海底隧道安全快速施工技术；开发了复杂地下空间结构多工作面（8 个工作面）、多种通风方式（巷道式、压入式、竖井通风）相结合的网络通风技术，解决了海域环境隧道群的长回路通风技术难题。

过海隧道东侧采用泥水平衡盾构 + 土压平衡盾构法施工，主要穿越强—中风化凝灰岩、泥质粉砂岩、回填土地层，局部穿越砂层。本工程开发了滨海富水软弱地层盾构始发接收端多元组合加固、大埋深高水压海底隧道泥水盾构设备选型及掘进、高压富水砂层泥浆制备、盾构法与矿山法海底对接、分体始发及有限空间设备拆机等一系列关键配套技术，解决了泥水平衡盾构在小空间大埋深砂土层基坑始发、高压富水地层稳定性控制与高效掘进、盾构法与矿山法海底安全对接、有限空间拆机等难题，创造了国内首例泥水盾构三节分体始发和过海隧道泥水盾构月均掘进 220 m 的两项全国纪录。

海域区间联络通道地质复杂，传统的施工方法存在施工速度慢、造价高、沉降大、安全隐患多等问题，国内海底隧道首次采用机械法施工联络通道，解决了传统矿山法施工存在的问题，为今后联络通道机械法设计和施工积累了经验。

青岛北站—沧口站区间折返线下穿青岛地铁 3 号线，距 3 号线结构仅 0.4 m，是山东省地铁建设史上首次近距离下穿运营地铁线，也属国内少见的小净距、小角度、长距离下穿运营线路，施工安全风险高，施工难度大，被列为青岛地铁特别重大风险源，通过孔内成像超前地质预报技术、非爆破机械开挖减小震动技术、综合超前预加固和预支护技术、自动化监测技术等措施，确保了运营线路的安全，为今后小净距、小角度、长距离下穿运营地铁的设计、施工提供了经验。

　　利用 GIS + BIM 地铁施工数字化管控平台，对现场施工内容、资源配置、进度管理、人员组织、安全隐患管理、监控量测管理等进行全过程管控，通过数据集成、实时监控、模拟分析、虚拟建造等手段，解决了管理数据的快速获取、分析与决策不能及时反馈等问题，实现了"一个数据库、一张监管网、一条管理线"的管理效果，提高了项目精细化管理水平，达到了施工规范化、风险即时可控化、资源配置合理化、进度管理超前化的数字建造。

　　本书撰写过程中参考和引用了青岛市政公用工程质量安全监督站、青岛地铁集团第三建设分公司、中国石油大学（华东）、中铁一局集团有限公司、中铁二局集团有限公司、中铁八局集团有限公司、中铁科学研究院等单位与本工程相关的技术研究报告，在此对相关单位的支持和帮助表示衷心的感谢。

　　期望本书能给从事地铁轨道交通设计、施工和管理工作的同行提供参考和借鉴。尽管作者团队为本书付出了大量心血，但书中难免出现疏漏和不当之处，敬请广大同行给予指正。

作者代表：

2023 年 9 月

目 录

1 综 述

城市轨道交通凭借其快捷、高效、安全等突出特点，成为城市公共交通的重要组成部分。近年来，我国城市轨道交通呈现大规模、高速度的发展趋势，运营线路规模和客流规模多年居全球第一，技术达到世界领先水平。地铁是我国城市轨道交通系统中发展最成熟、建设工程最多的轨道交通制式，地铁工程技术的创新与发展是我国城市轨道交通发展的关键。

1.1 我国地铁发展概况

地铁是涵盖了城市地区各种地下与地上的路权专有、高密度、高运量的城市轨道交通系统，除地下铁路外，也包括高架铁路或路面上铺设的铁路。地铁具有运量大、效率高、能耗低、集约化、乘坐方便、安全舒适的特性，是我国主力发展的城市轨道交通制式。我国地铁建设起步较晚，发展过程曲折，从早期以人防功能为目的逐步发展到以城市交通为目的。21 世纪以来，为适应我国城市化进程加快的步调，地铁工程进入了"以建为主"的快速建设期，如今，我国地铁规模已稳居世界第一，形成"建养并重"的发展局势。

1.1.1 我国地铁发展历程

我国地铁的发展始于 20 世纪中叶。建国之初，国家领导人毛泽东提出："为了战备安全，北京要搞地下铁道，不仅北京要搞，有很多城市也要搞，一定要搞起来！"根据中央领导的指示，1953 年 11 月，中共北京市委向中央上报了《中共北京市委关于改建与扩建北京市规划草案的要点》。《要点》明确提出："为了提供城市居民以最便利、最经济的交通工具，必须及早筹划地下铁道的建设"。从而开启了我国地铁的发展之路。

我国地铁建设事业的发展历程，大致可分为以下四个阶段：

20 世纪 50 年代：起步阶段。我国开始筹备北京地铁网络建设，于 1969 年 10 月建成北京地铁 1 号线，全长 23.6 km。随后建设了天津地铁（7.1 km，现已拆除重建）、哈尔滨人防隧道等工程。该阶段地铁建设以人防功能为指导思想。

20 世纪 80 年代：发展阶段。我国仅有北京、上海、广州等几个大城市规划建设地铁。该阶段地铁建设开始真正以城市交通为目的。

20 世纪 90 年代：政府调控阶段。进入 90 年代，一批省会城市开始筹划建设地铁。由于项目多且造价高，1995 年 12 月国务院发布国办发〔1995〕60 号文暂停了地铁项目的审批。同时，国家计委开始研究制定地铁交通设备国产化政策。该阶段为政府通过研究制定相关政策来指导地铁的规划和建设。

1999 年以后：建设高潮阶段。这段时期，国家的政策逐步鼓励大中城市发展地铁交通，该阶段地铁建设速度大大超过之前的 30 年。尤其自 2011 年以来，我国地铁建设规模进一步扩大，图 1-1 为我国自 2011 年以来城市轨道交通与地铁的运营里程，年平均增速分别达到 18.3% 和 17.9%。

图 1-1　2011—2021 我国城市轨道交通运营线路长度

（数据来源：中国城市轨道交通协会各年《中国内地城轨交通线路概况》）

我国地铁发展历时 70 余年，运营历程和客流规模已稳居世界首位。据统计，截至 2021 年 12 月 31 日，我国内地累计有 50 座城市投运城市轨道交通，总里程达 9 192.62 km。参考国际上较为通行的统计标准，将城市轨道交通分为地铁、轻轨和有轨电车三大类，对世界城轨交通运营现状进行统计。其中，市域快轨划分到地铁中；轻轨则包括钢轮钢轨的轻轨、单轨、磁浮、中运量 APM 系统；有轨电车包含传统意义上的有轨电车，以及在中国创新兴起的胶轮有轨电车和自导向的有轨电车（智轨）。

按照以上分类统计规则，截至 2021 年年底，我国有 42 座城市开通地铁 8 206.48 km（含市域快轨），占比 89.27%。我国城轨运营里程跻身国际前十的城市达到 5 个，地铁运营里程跻身前十的城市有 6 个。2021 年年底世界各国/地区各类城市轨道交通运营里程汇总如表 1-1 所示，各类轨道交通运营里程城市排名见图 1-2。

表 1-1　2021 年世界各国/地区城市轨道交通运营里程汇总表（前十）　单位：km

排名	国家/地区	地铁	轻轨	有轨电车	总计
1	中国	8 206.48	422.51	563.63	9 192.62
2	德国	403.10	—	3 537.49	3 940.59
3	美国	1 384.10	1 316.01	353.32	3 053.43
4	俄罗斯	640.20	58.70	1 369.20	2 068.10
5	乌克兰	114.06	21.00	1 209.60	1 344.66
6	法国	362.30	18.40	861.10	1 241.80
7	日本	791.20	108.80	220.45	1 120.45
8	波兰	35.50	20.10	970.00	1 025.60
9	西班牙	510.00	146.12	340.79	996.91
10	韩国	837.44	88.31	—	925.75

注：中国的市域快轨暂时并入地铁统计。

图 1-2　各类轨道交通运营里程国际排名前十的城市

注：中国的市域快轨暂时并入地铁统计。

2021 年国务院印发的《中华人民共和国国民经济和社会发展第十四个五年规划和 2035 年远景目标纲要》明确要加快建设交通强国，提出了建设现代化综合交通运输体系，推进各种运输方式一体化融合发展，提高网络效应和运营效率。纲要对城市群和都市轨道交通提出建设指标：新增城际铁路和市域（郊）铁路运营里程 3 000 公里，基本建成京津冀、长三角、粤港澳大湾区轨道交通网；新增城市轨道交通运营里程 3 000 公里。其后，在 2022 年 1 月，国务院印发的《"十四五"现代综合交通运输体系发展规划》、2022 年住房和城乡建设部与国家发展和改革委员会联合发布《"十四五"全国城市基础设施建设规划》中，均明确城市轨道交通扩容与增效目标：根据城市规模分类推进城市轨道交通建设，新增城市轨道交通建成通车里程 0.3 万公里。当前，我国城市轨道交通仍处于较快建设期。

1.1.2　我国地铁发展趋势

近年，国家交通强国理念不断推进，建设现代化综合交通运输体系、发展绿色交通、数字交通成为我国交通运输行业发展的主要方向，地铁作为我国城市轨道交通的主要制式，在当前背景下，其发展呈现以下的趋势：

1. 轨道线路网络化、体系化

2019 年 9 月，国务院印发《交通强国建设纲要》，提出：建设城市群一体化交通网，推进干线铁路、城际铁路、市域（郊）铁路、城市轨道交通融合发展；推广新能源、清洁能源、智能化、数字化、轻量化、环保型交通装备及成套技术装备。2020 年 12 月国务院印发《关于推动都市圈市域（郊）铁路加快发展意见》，提出：顺应新型城镇化发展要求，积极有序推进都市圈市域（郊）铁路建设，为完善城市综合交通运输体系、优化大城市功能布局、引领现代化都市圈发展提供有力支撑。我国城市轨道交通建设将进一步网络化、体系化，高密度的轨道网络实现了城市与城市之间、城市内交通枢纽之间的无缝衔接。

2. 交通枢纽综合化、商业化

地铁交通枢纽在功能上趋于综合化、运营模式趋于商业化，即在完善地铁车站核心功能的基础上，通过地上、地下空间的立体开发，深挖城市生活服务功能，将交通、商务、商业、文化、教育、居住、游玩、学习、景观等丰富多彩的城市功能有机结合，形成布局紧凑、用地混合的高密度城市综合体，实现土地和空间集约高效利用，建成轨道交通功能与城市综合服务功能有机衔接、具有丰富吸引力的一体化枢纽。

3. 建设过程数字化、智能化

随着信息技术、机械制造的快速发展，智能建造是地铁工程高质量发展的必然趋势，也是提高其工程建设质量和经济性、运营安全和效率、运输服务水平的必然要求。地铁工程智能建造是在自主创新的基础上，大力应用数字化、智能化、网络化、机械化等新技术，与地铁施工工艺深度融合，以推进地铁建设的智慧化。包括基于 BIM（建筑信息模型）技术构建地铁工程设计建造运营数字一体化，实现项目的信息化、精细化、智能化管控；将机械化开挖和精细化设计相融合，探索新型机械法开挖方式；发展装配式施工技术，实现构件工厂化、施工模块化。

4. 地铁工程绿色化、低碳化

党的十八大确立了"五位一体"总体布局，提出要大力推进生态文明建设，扭转生态环境恶化趋势。为深入贯彻落实生态文明建设这一新布局，国务院、交通运输部的机构先后印发《加快推进绿色循环低碳交通运输发展指导意见》《推进交通运输生态文明建设实施方案》《交通运输部关于全面深入推进绿色交通发展的意见》《"十四五"现代综合交通运输体系发展规划》和《绿色交通"十四五"发展规划》等多项指导性文件，以习近平生态文明思想为指导，以节约资源、提高能效、控制碳排放、保护环境为目标，推进交通运输业的绿色低碳转型，全方位推动新时代绿色低碳交通运输体系建设。顺应行业发展大势，地铁工程绿色化、低碳化技术逐步发展，包括：绿色建材研究与应用、低碳方案设计、新能源设备研制、节能技术、分布式储能技术、"零"碳地铁站设计、地源热泵技术等方面。

1.2 地铁施工技术研究现状

通过文献数据库大数据，检索近五年（2017—2022 年）的地铁施工核心期刊文献，分析当前地铁施工主要研究方向以及当前行业的整体研发态势。经检索，近五年的核心期刊文献主要研究对象包括地铁、地铁车站、地铁隧道、深基坑、地下连续墙；主要研究内容涉及施工技术，施工工艺，安全、质量、进度管理，盾构施工，BIM 技术，数值模拟；具体研究进展如下：

1.2.1 施工技术研究现状

国内外地铁施工方法主要有明挖法、暗挖法、盖挖法、沉管法和混合法。其中，明挖法属于深基坑工程技术，该方法因技术简单、快速、经济，曾是地铁施工方法的首选，但受地面交通、管线等的影响，明挖法局限性日益凸显。暗挖法是在特定条件下，不挖开地面，全部在地下进行开挖和修筑衬砌结构的隧道施工办法，主要包括：钻爆法、盾构法、掘进机法、浅埋暗挖法、顶管法、新奥法等，其中尤以浅埋暗挖法和盾构法应用较为广泛。盖挖法适用于埋深较浅、场地狭窄及地面交通不允许长期占道施工情况下采用，依据主体结构施工顺序分为盖挖顺作法、盖挖逆作法、盖挖半逆作法。沉管法对地基要求较低，特别适用于软土地基、河床或海岸较浅，易于水上疏通设施进行基槽开挖的工程，在大江、大河等宽阔水域下构筑隧道，沉管法称为最经济的水下穿越方案。混合法是指根据地铁结构的实际情况，在施工过程中采用 2 种及以上的方法。各项方法均涉及多种工序，当前，针对施工方法的研究主要聚焦于局部工序的工艺、工法与设备方面。

在地铁开挖施工方面：盾构开挖法主要研究盾构参数选型设计，盾构法施工工艺对环境的影响与控制，特种地质条件下盾构施工技术，盾构法施工下穿既有建/构筑物、下穿管道、下穿既有线等条件下的施工与控制技术，盾构进退场吊装、始发接收技术、对接施工技术等，盾构法与其他开挖方法的对接施工技术。双护盾 TBM 施工主要研究过站施工技术和设备，技术对于地质、线路、周围环境的适应性。随着地铁工程条件的多样化，地铁开挖施工也在不断出现差异化的细分方法，如新管幕法、顶管盖挖法、矩形顶管法等。地质条件是地铁开挖施工的关键影响因素，当前研究重点关注破碎围岩、大厚度饱和软黄土、软弱地层、富水砾砂岩溶地层、富水流塑软硬复合地层、回填区域等特殊地质的施工技术。地铁作为地下线型工程，下穿地面建（构）筑物、地下管线、既有地铁线路、高架桥、大型河流、海域等工程环境的施工与控制技术是当前研究的重点。尤其随着大型城市地铁线路的网络化，小净距下穿既有运营隧道施工在所难免，如何合理选择施工工艺，严格控制隧道变形成为地铁隧道施工的一大难点。为保障开挖施工的安全和质量，加固技术、注浆技术、防水技术、三维激光扫描技术、自动化监测技术一直是深受研究者关注。

在结构建造方面：装配式技术是一大发展方向，其研究主要集中在基于 BIM 的装配设计和施工信息化管理，车站结构装配化、围护结构装配化、新型装配式衬砌、装配式减振轨道系统等的结构设计与建造成套技术，装配式结构力学特性分析等方面。此外，在国家绿色低碳理念的推动下，绿色施工、低碳建筑被引入地铁工程中。

1.2.2 施工管理研究现状

随着建筑行业的数字化转型，地铁施工管理信息化水平逐步提升，物联网、BIM、GIS、大数据、5G +、人工智能等信息化技术被融入地铁施工的进度、质量、安全、成本管理中。与传统的粗放式管理模式相较，信息化管理模式在精细化、可视化、智能化、信息协同等方面水平显著提升。

从近五年的文献看，地铁施工管理的研究主要集中在以下几方面：以 BIM + GIS 可视化技术为底层平台，研究从宏观区域到微观结构的可视化呈现技术；平台与物联网、互联网和大数据技术的结合，研究施工现场信息的实时准确采集、海量异构数据的融合与存储技术；基于 BIM 技术构建的三维模型、异形构件模型以及细节放样模型，结合虚拟现实（VR）、增强现实（AR）等技术，研究三维交底、工程量提取、施工工序优化、指导施工放样、施工过程模拟、4D 施工动态管理、4D 动态沉降监测等功能应用；融入设计方、施工方、管理方等多角色管理流程与需求，打破平台信息壁垒，研究多方协同工作模式与管理方式；智能穿戴设备、物联网、区域网络通信、射频识别（RFID）、图像处理、智能 AI 等技术，研究风险源判定、人员安全行为管理等安全风险管理技术。

1.3 我国地铁施工面临的技术难点

我国幅员辽阔，地形地貌、地质条件、水文条件以及各城市的地面及地下建筑物差异大，这使得我国地铁历经几十年的发展，仍面临诸多技术难点。

1. 地铁开发对地面建筑、地下管线、既有运营线的安全性影响

城市地铁开发过程中，由于对地层的扰动，易造成（引发）地面建筑物的沉降、倾斜，地下管线、既有运营线的沉降或偏压断裂，影响地面及地下建筑物的安全和正常使用。如 2013 年 1 月 28 日广州地铁 6 号线文化公园站施工，由于对地下地质条件调查不够清楚，施工时造成附近地表两栋楼坍塌。

2. 地铁开发施工中的防排水安全性问题

地铁开发施工排水会引起周边砂层的机械管涌与塌陷，砂层的溃入会诱发大量地下水；不同成因、结构的砂层还可能诱发地层不均匀沉陷，影响地下工程安全；砂层中夹有大块卵石时对盾构施工会造成一定难度。在较厚的砂层中施工时，还要注意抽水诱发潜蚀、冲刷和地面沉降、大量砂层溃入；如果下部有相对隔水层时，发生透水层隆起而危及隧道的运行安全。如厦门东通道——翔安海底隧道在 2007 年 7 月 14 日开挖 NK12 + 088.5 掌子面时，富水砂层洞段发生涌水涌泥及坍塌。

3. 地铁开发在高压富水软弱地层中施工的安全性问题

滨海相、湖相古地质环境中通常沉积有较厚的软土，颗粒细小，孔隙度较大，含水量大，土质软弱，易于产生蠕变，土体凝聚力很小，在施工中要注意由于软弱土层的分布及土层厚度的变化，经受隧道的荷载易产生不均匀沉陷对隧道内衬砌等结构造成形变；软土地层中开挖隧道须及时衬砌和支护，否则，蠕变也会对隧道结构产生影响；同时，由于微生物等作用软土中易于产生甲烷气体，在地铁开发时易发生有害气体的溃入，遇到火种后甚至引起爆炸。地铁车站在软土中进行深大基坑施工，往往会因为降雨和富含在土体中地下水的强烈作用而导致基坑失稳，造成人员重大伤亡和财产重大损失，甚至影响到经济活动的正常运行和社会稳定。如：2008 年 11 月 15 日杭州地铁湘湖站北施工中 2 基坑发生大面积坍塌事故，造成 21 人死亡，24 人受伤，以及房屋倒塌，直接经济损失 4 961 万元。

4. 地铁开发在碳酸盐岩地层中施工的安全性问题

在可溶碳酸盐岩分布地区，发育有许多地下洞穴与通道，岩溶水发育，岩溶岩面起伏大、地基不均匀和土洞坍落等对地铁开发会造成高压突水突泥和涌水灾害。如 2007 年 8 月 5 日湖北野山关隧道施工发生了重大岩溶突水事故，52 人被困，3 人死亡，7 人失踪。因此在灰岩等碳酸盐岩类地层中施工时要注意充填溶腔注浆，排放超大型溶腔的高压岩溶水，修建导流设施让暗河入渠，施作大规模、大直径钻孔灌注桩进行支护，施作大直径钢筋混凝土立柱作永久支撑，处理大型溶洞和暗河通道等。

5. 地铁开发须做好防震的安全性问题

地铁开发的广度和深度不断加大，地下构筑物的等级不断提高，地下结构的抗震能力和安全性能愈发显得重要和迫切。地震时地下结构与地层是共同作用的，地层在震动中起主导作用，地下结构具有不同于地面结构的抗震性能和破坏特征，主要是在地层的约束下运动。某种情况下，地下结构同样会发生严重甚至强于地面结构的破坏。地铁建筑物震害有地层破坏导致结构破坏和结构自身薄弱导致破坏两种。地层破坏导致结构破坏主要是地层断裂、砂土液化、软化震陷等引起的地层位移、错动、滑移，使地下结构失去周围土体的约束保护、受力失去平衡，产生过大变形，最终导致破坏。结构自身薄弱导致破坏主要是在周围土体并未因地震作用失稳的条件下，结构自身强度低、柔性差、抗震能力不够，抵不住地震作用下产生的位移和地震力，产生地震应力和变形，最终结构破坏。地震可造成多种地下结构的破坏，破坏最严重的当属地铁车站，造成最大损失的可能是各类地下管道。1995 年阪神大地震造成神户市内 2 条地铁线路的 6 座车站多处隧道均发生严重破坏，这次地震对大型地下结构造成的严重破坏引起了世界各国学者对地下结构抗震的极大关注。

1.4　本章小结

我国地铁发展始于 20 世纪中叶，历时 70 余年，经历起步阶段、发展阶段、政府调控阶段和建设高潮阶段，截至 2021 年底，已覆盖 42 座城市，运营里程达 8 206.48 km。地铁是我国发展最成熟、建设工程最多的城市轨道交通制式。目前，地铁市场已形成"建养并重"的发展局势，并将向着轨道线路网络化、体系化，交通枢纽综合化、商业化，建设过程数字化、智能化，地铁工程绿色化、低碳化的方向发展。

近五年，我国地铁施工技术重在突破明挖法、盖挖法、暗挖法、沉管法和混合法五类施工方法的局部工艺、工法与设备，如：盾构法的不同工程条件选型、刀盘系统适配、吊装/始发/接收、与其他开挖工法对接处理；双护盾 TMB 过站技术；暗挖机械法的新管幕法、顶管盖挖法、矩形顶管法等；针对破碎围岩、大厚度饱和软黄土、软弱地层、富水砾砂岩溶地层、富水流塑软硬复合地层、回填区域等特殊地质条件的施工技术；下穿地面大型或老旧建筑、既有运营线、地下管线、高架桥、大型河流或海域等的施工与变形控制技术。在结构建造方面，装配式建筑设计与拼装成套技术正处于快速发展期，此外，绿色低碳建筑与施工是当前发展的热点之一。在施工管理方面，物联网、BIM、GIS、大数据、5G＋、人工智能等新兴信息化技术被引入到工程建设中，以提升施工管理的精细化、可视化、智能化和协同作业水平。当前，我国地铁施工所面临的施工难点主要体现在下穿地面及地下建筑物的变形控制难，穿越特殊地质围岩的稳定性保持与防排水技术难等方面。

2 青岛地铁建设发展

青岛市地处山东半岛东南部沿海，陆域总面积为 11 282 km²，海域面积约 12 200 km²，下辖 7 区 3 市，包括市南、市北、李沧、崂山、城阳、即墨、西海岸等七区，以及胶州市、平度市和莱西市。青岛是山东省经济中心，同时也是"一带一路"新亚欧大陆桥经济走廊主要节点城市和海上合作战略支点。根据国家第七次人口普查数据，截至 2020 年 11 月 1 日零时，青岛市常住人口为 1 007.17 万人，相较 2010 年第六次人口普查增加 15.56%。同时，青岛是国家历史文化名城、重点历史风貌保护城市、首批中国优秀旅游城市，年接待国内外游客量超 5 000 万人次。青岛市地域面积广、人口基数大且增速快，是山东半岛的经济中心、旅游名城，构建合理完善的公共交通体系是适应城市快速发展和提升市民生活幸福指数的迫切需要。

地铁是城市综合公共交通网络中的骨干力量，青岛市政府注重城市轨道交通规划和建设，将地铁视为解决城市交通难题的理想方式。近年，随着青岛地铁建设进程的逐步推进及地铁网络的加密，地铁激活交通内生力量，支撑城市空间拓展的功能得到更加明显的发挥，成为引领青岛城市发展的重要动力。

2.1 青岛地铁发展概况

青岛地铁的发展历程可追溯至 1935 年，青岛市提出具有前瞻性的城市交通规划，是国内最早提出建设地铁的城市；1987—2007 年是青岛地铁发展的探索阶段，其间地铁 1 号线工程试验段完成竣工验收；到 2008 年青岛地铁才真正开始发展，并于 2015 年开通了青岛市首条地铁线——青岛地铁 3 号线北段。青岛地铁发展历史事件见表 2-1。

表 2-1　青岛地铁发展历史事件（截至 2021 年 12 月）

年　份	事　　件
1935 年	青岛城市交通规划在中国最早提出建设地铁
1987 年	青岛市开始筹建地铁工程
1991 年	国家计委对青岛地铁一期工程批准立项
1994 年	青岛市地下铁道公司正式组建
1995 年	国家下文暂停审批轨道交通项目，青岛地铁项目搁浅
2000 年	青岛地铁 1 号线工程试验段竣工验收
2008 年	青岛轨道交通建设规划编制、报批工作正式启动

年 份	事 件
2010 年	青岛地铁 3 号线全线开工
2012 年	青岛地铁 2 号线举行开工
2013 年	《青岛市城市轨道交通近期建设规划（2013—2018 年）》获国家批复
2014 年	13 号线（一期）全线开工，1 号线开工
2015 年	3 号线北段开通试运营，青岛市首条地铁线开通
2016 年	《青岛市城市轨道交通近期建设规划调整（2013—2021 年）》获国家批复，3 号线南段开通试运营，4 号线、8 号线开工
2017 年	2 号线一期东段开通试运营
2018 年	11 号线、13 号线开通试运营
2019 年	2 号线一期西段开通试运营，6 号线开工。
2020 年	1 号线北段、8 号线北段开通试运营
2021 年	《青岛市城市轨道交通近期建设规划（2021—2026 年）》获国家批复，1 号线南段开通试运营，2 号线二期、5 号线、7 号线二期开工

截至 2021 年 12 月 30 日，随着青岛地铁 1 号线南段的通车，青岛地铁已开通运营线路 6 条、284.3 km，里程总数跻身全国排名前十，在北方城市中仅次于北京，其运营网络如图 2-1 所示。根据 2021 年国家批复的《青岛市城市轨道交通近期建设规划（2021—2026 年）》，青岛市三期工程规划建设 2 号线二期、5 号线、6 号线二期、7 号线二期、8 号线支线、9 号线一期、15 号线一期等 7 个项目，线路规模 139 km，估算总投资 980.7 亿元，青岛地铁三期工程规划如图 2-2 所示。青岛市远景年线网共规划共计 19 条线路，全长 872 km。目前，国家发改委批复青岛市三期建设规划，共 13 条线路，全长 503 km，获批里程位列全国第九。

2.2 青岛地铁工程地质条件

由于青岛地区特殊的工程地质条件，地铁车站和区间大多整体深埋于地下，以岩土体为介质和环境，地质条件对地下空间开发的安全性起决定性作用。青岛地铁的施工特点与技术难点，较大程度取决于其所面临的地质条件。

青岛市作为海滨丘陵城市，东南濒临黄海，环抱胶州湾，山海形胜，腹地广阔，其地形特征呈东高西低，南北两侧隆起，中间凹陷。青岛主城区工程地质条件受地形、地貌、地层岩性、地质构造、水文地质条件等因素的控制，以地貌单元特征和成因为依据将主城区分为四个一级分区，即构造侵蚀剥蚀区（Ⅰ区）、山麓斜坡区（Ⅱ区）、河流侵蚀堆积区（Ⅲ区）、滨海堆积区（Ⅳ区）。依据岩石的组合特征、力学性质及土的成因和地貌特征的差异，将每个一级分区细分为两个亚区。青岛市主城区工程地质分区综合特征见表 2-2。

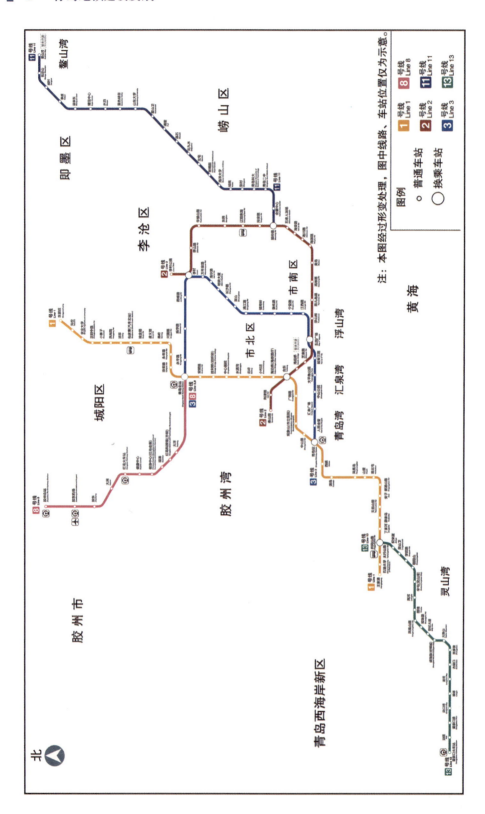

图 2-1　青岛地铁运营网络（截至 2021 年 12 月）

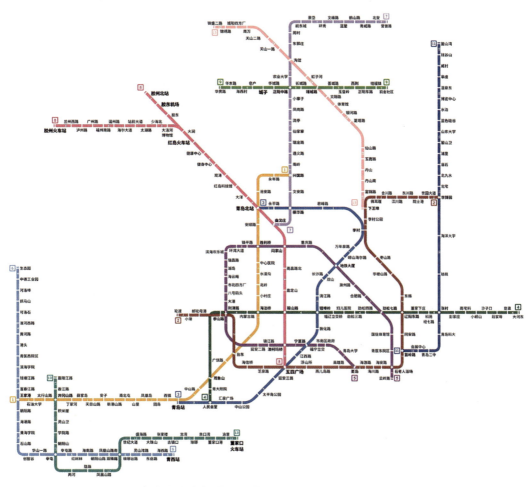

图 2-2　青岛市城市轨道交通第三期建设规划（2021—2026 年）

表 2-2　青岛市主城区工程地质分区综合特征

一级分区	亚区	地貌	工程地质条件及评价
构造侵蚀剥蚀区	坚硬侵入岩亚区	中度切割的中山，浅切割的低山及丘陵、准平原	工程地质条件较好。岩性较复杂，岩体风化强烈，节理、裂隙发育，风化面起伏，岩性接触带岩体破碎，岩体完整性及均匀性较差
	较坚硬砂岩火山碎屑岩亚区		
山麓斜坡堆积区	山前平原亚区	山前平原和山间凹地	工程地质条件较复杂，主要为粉质黏土、粗砾砂等，力学性质良好
	山间凹地亚区		
河流侵蚀堆积区	一级阶地亚区	现代河床河漫滩和一级阶地	工程地质条件较复杂。地层主要为中、粗砂、粉质黏土等，地下水较丰富。岩土体物理力学性质随含水量变化而变，第四系分布相对复杂，稳定性较差
	现代河床河漫滩亚区		
滨海堆积区	滨海潮滩亚区	滨海沼泽带和滨海潮滩	工程地质条件较复杂。地层为第四系全新统海相沉积含有机质粉质黏土、砂类土等。地下水较充沛，分布不均，稳定性差
	滨海沼泽带亚区		

青岛市断裂方向包括 NE、NNE、NEE、NNW、NW、NWW，其中，以即墨断裂、沧口断裂、劈石口断裂、王哥庄断裂为代表的 NE 向断裂，无论从规模上还是从演化历史来看，均为青岛城市的主要断裂。

根据青岛市工程地质条件和地铁工程建设资料，青岛地铁面临的不良地质类型主要包括富水砂层、承压水、上软下硬地层、断层破碎围岩、人工填土、软土等。总结青岛城市不良地质对地铁工程施工安全的影响危害，见表 2-3。

表 2-3　青岛城市主要不良地质及影响危害

不良地质	分布区域	影响危害
富水砂层	分布在沿海、沿河地区，其中大沽河、胶莱河以及沿海诸河流 3 大水系河床为厚层的中粗砂、砾砂、卵石层，透水性强、含水量丰富，水压可达 0.21～0.25 MPa	围岩不稳定，开挖时易发生涌砂、塌顶，导致地面下沉、隧道变形、失稳。富水砂层常见且危害性大
承压水	大型河流（白沙河、墨水河、大沽河、洋河等）、湖泊（水库）、胶州湾，水压最高的接近 0.6 MPa	易引发涌水、涌砂地铁施工事故，且突发性强、破坏力大、抢修困难
上软下硬地层	青岛地区花岗岩分布广，沿海诸河流底部受河流侵蚀作用常发育中风化或微风化基岩（单轴抗压强度大于 15 MPa），其上多为全新统松散河床富水砂层，形成典型的上软下硬地质	"上软下硬"是针对盾构法而提出的一个概念，这一地质使盾构机姿态难控制、易喷涌、刀具快速磨损（滚刀偏磨）和地面变形大甚至塌陷
断层破碎围岩	青岛地区断裂构造较发育	断层带内岩体破碎，岩体强度低，围岩自稳能力差，施工中易发生坍塌，施工困难
人工填土	人类活动的地方均分布有素填土、杂填土、吹填土等，青岛市区亦广泛分布	区间隧道线穿行于人工填土地层中极易产生压缩变形、坍塌、地面沉降等现象
软土	主要分布在胶州湾内、环胶州湾的滨海浅滩和部分河流的中下游	区间隧道线穿行于软土地层中极易产生压缩变形、坍塌、地面沉降等现象，从而造成地面建（构）筑物遭破坏

2.3　青岛地铁 8 号线工程概况

截至 2021 年底，青岛市已开工的地铁线路共计 11 条，青岛地铁 8 号线于 2016 年底开工，2020 年底北段开通试运营，是青岛市第六条建成运营的线路。线路连接胶州北站、胶东国际机场、红岛火车站、青岛北站、五四广场等重大交通枢纽及人员集散地，是青岛首条地铁快线，其大洋站—青岛北站区间（大青区间）是当前我国最长的地铁线路过海隧道。

2.3.1　工程条件

我部承包青岛地铁 8 号线 B2 包工程，即观涛站（不含观涛站）至线路大里程方向终点及车辆段的所有土建与安装工程。线路正线长 27.82 km，包括 8 站 10 区间、1 处车辆段基地及出入线段、2 处站后停车线（其中科技馆站站后停车线为 9 号线使用）、1 处站后折返线。其中，明挖车站 4 座、暗挖车站 4 座，盾构（TBM）+ 矿山法区间 3 个、矿山法区间 1 个、盾构（TBM）区间 6 个。TBM 区间长度左右线合计 18.747 km，占 38.0%；盾构区间长度左右线合计 7.724 km，占 15.8%；矿山法区间长度左右线合计 20.123 km，占 45.2%；明挖区间长度左右线合计 0.576 km，占 1%。其工程条件如下：

1. 自然环境

青岛市属华北暖温带沿海季风区，大陆性气候。受海洋影响，空气湿润、气候温和，雨量较多，四季分明，具有春迟、夏凉、秋爽、冬长的气候特征。年平均风速 5.5 m/s，瞬时风速大于 17 m/s 的天数为 42.83 d。年平均受台风的侵袭或受台风外围影响达 13 次；年平均降水量为 714 mm；年平均气温 12.3 ℃，年各月平均气温 8 月最高，1 月最低，寒潮一般发生在 11 月—次年 2 月，平均每年发生 4.9 次，年均结冰日 82 d；年平均相对湿度 75%；季节性冻土标准冻结深度不大于 0.5 m。海雾频繁是青岛市的特点之一，夏季是海雾盛行季节，年平均雾日（能见度小于 1 000 m）为 43.4 d，多发生在 4 月—7 月。

2. 地质水文

经勘查，青岛地铁 8 号线 B2 包段地质水文情况如表 2-4 所示。

表 2-4　地质水文情况统计表

车站/区间	地　质
胶北车辆段	场区第四系厚度 0.40～4.00 m，主要为全新统人工填土（Q_4^{ml}）。场区内基岩以泥质砂岩为主，局部揭露细砂岩，部分钻孔中揭露节理发育带。该层岩体为极破碎的极软岩，岩体基本质量等级 V 级。地下水主要为基岩裂隙水，划分一个水文地质单元
观涛站（不含）—科技馆站区间	区间第四系主要由全新统人工填土（Q_4^{ml}）、上更新统冲洪积层（Q_3^{al+pl}）组成，基岩主要有白垩系青山群石前庄组（KqS）流纹岩、流纹质凝灰岩，受周边次生构造带的影响，在场地构造破碎带影响范围内，多揭露有受构造挤压影响而形成的构造岩，同时断裂带周边基岩受其影响均呈现出在水平、竖向上的矿物蚀变程度不均匀，节理、裂隙发育不均匀的断裂构造岩（节理发育带）的特征。岩体基本质量等级为 Ⅳ～Ⅴ级
科技馆站	场区第四系主要由全新统人工填土（Q_4^{ml}）、上更新统冲洪积层（Q_3^{al+pl}）组成，基岩主要由流纹质凝灰岩（KqS），构造岩主要由流纹质凝灰岩（砂土状碎裂岩）、流纹岩（砂土状碎裂岩）、流纹质凝灰岩（块状碎裂岩）、流纹岩（块状碎裂岩），场区内地下水主要有第四系孔隙水、基岩裂隙水等。岩体基本质量等级为 Ⅳ～Ⅴ级
科技馆站—大洋站区间	区间第四系主要由全新统人工填土（Q_4^{ml}）、上更新统冲洪积层（Q_3^{al+pl}）组成，基岩主要为白垩系青山群石前庄组（KqS）流纹岩、流纹质凝灰岩，受构造挤压影响而形成的构造岩等，岩体基本质量等级为 Ⅳ～Ⅴ级。场区内地下水主要有第四系孔隙水、基岩裂隙水等

续表

车站/区间	地　质
大洋站	场区地形地貌类型为剥蚀斜坡区，第四系主要由全新统人工填土（Q_4^{ml}）、上更新统冲洪积层（Q_3^{al+pl}）组成。下伏基岩为白垩系青山群流纹岩。地下水赋存方式主要为第四系松散岩类孔隙潜水和块状基岩裂隙水两类。围岩等级为Ⅳ～Ⅴ级
大洋站—青岛北站区间	场区第四系厚度 0.00～38.40 m，主要由第四系全新统人工填土层（Q_4^{ml}）、海积层（Q_4^{m}）、洪冲积层（Q_4^{al+pl}）及上更新统洪冲积层（Q_3^{al+pl}）组成。基岩为白垩系青山群流纹岩、安山岩、凝灰岩和王氏群泥质砂岩及火山角砾岩等。受断裂影响，部分地段揭露砂土状—块状碎裂岩、糜棱岩等构造岩。地下水赋存方式主要为第四系松散岩类孔隙潜水和块状基岩裂隙水两类。岩体基本质量等级为Ⅲ～Ⅳ级
青岛北站—沧口站区间	区间第四系厚度 0.50～13.5 m，主要由第四系全新统人工填土（Q_4^{ml}）、海相沼泽化沉积层（Q_4^{mh}）及上更新统洪冲积层（Q_3^{al+pl}）组成。场区内基岩以中粗粒花岗岩为主，煌斑岩、花岗斑岩、细粒花岗岩呈脉状穿插其间。围岩强度等级为Ⅳ～Ⅴ级。地下水类型主要为潜水，第四系孔隙潜水主要分布在剥蚀堆积缓坡地貌段及侵蚀堆积缓坡地貌段，基岩裂隙潜水主要分布在剥蚀残丘地貌段，在其他段与第四系孔隙潜水形成混合水
沧口站	车站基坑开挖范围内揭露的土体主要为①素填土、⑯强风化粗粒花岗岩、⑰中等风化粗粒花岗岩、⑱微风化粗粒花岗岩。车站主体基本位于微风化花岗岩内。地下水类型主要为潜水，第四系孔隙潜水主要分布在剥蚀堆积缓坡地貌段及侵蚀堆积地貌段，基岩裂隙潜水主要分布在剥蚀斜坡地貌段，在其他段与第四系孔隙潜水形成混合水
沧口站—闫家山站区间	区间第四系主要由全新统人工填土（Q_4^{ml}）、上更新统冲洪积层（Q_3^{al+pl}）组成，基岩以白垩系燕山晚期粗粒花岗岩（γ_5^3）为主，花岗斑岩[$\gamma_{5(\pi)}^3$]及煌斑岩（χ_5^3）呈脉岩侵入。隧道洞身为微风化花岗岩，隧道底板下为微风化花岗岩，局部为微风化煌斑岩。地下水主要为基岩裂隙水，赋存于强风化－中风化花岗岩及断层碎裂岩中，富水条件弱富水—中等富水，对隧道开挖有一定的影响。地下水类型主要为潜水
闫家山站	车站基坑开挖范围内揭露的土体主要为①素填土、第⑯强风化粗粒花岗岩、第⑰中等风化粗粒花岗岩、第⑱微风化粗粒花岗岩。车站主体基本位于微风化花岗岩内。地下水类型主要为潜水
闫家山站—南昌北路站区间	区间第四系主要由全新统人工填土（Q_4^{ml}），全新统冲洪积层（Q_4^{al+pl}）组成，基岩以白垩系燕山晚期粗粒花岗岩（γ_5^3）为主，花岗斑岩[$\gamma_{5(\pi)}^3$]及煌斑岩（χ_5^3）呈脉岩侵入。在部分钻孔中揭露有糜棱岩、块状碎裂岩等构造岩。地下水主要为基岩裂隙水，赋存于强风化－中风化花岗岩及断层碎裂岩中，富水条件弱富水—中等富水，对隧道开挖有一定的影响

车站/区间	地 质
南昌北路站	车站场区内从上到下的地层依次为①素填土、⑪粉质黏土、⑯强风化花岗岩、⑰中风化花岗岩及⑱微风化花岗岩，车站整个洞身范围均为微风化花岗岩。地下水类型主要为潜水，其中潜水在线路主要揭露第四系孔隙潜水及基岩裂隙潜水，第四系孔隙潜水主要分布在剥蚀堆积缓坡地貌段及侵蚀堆积地貌段，基岩裂隙潜水主要分布在剥蚀斜坡地貌段，在其他段与第四系孔隙潜水形成混合水
南昌北路站—嘉定山站区间	第四系全新统人工填土层（Q_4^{ml}）、洪冲积层（Q_4^{al+pl}）及上更新统洪冲积层（Q_3^{al+pl}）组成。基岩为燕山晚期（γ_5^3）粗粒花岗岩，花岗斑岩[$\gamma_{5(\pi)}^3$]及煌斑岩（χ_5^3）呈脉状产出。受断裂影响，部分地段揭露块状碎裂岩、糜棱岩等构造岩。岩体基本质量等级Ⅳ～Ⅴ级。地下水类型主要为潜水
嘉定山站	车站场区第四系厚度0～11.40 m，主要由第四系全新统人工填土层（Q_4^{ml}）及上更新统洪冲积层（Q_3^{al+pl}）组成。基岩为白垩系燕山晚期（γ_5^3）粗粒花岗岩，花岗斑岩[$\gamma_{5(\pi)}^3$]、煌斑岩（χ_5^3）、细粒花岗岩[$\gamma_{5(x)}^3$]呈脉状产出。受断裂构造影响，部分地段揭露块状碎裂岩、糜棱岩等构造岩。地下水类型主要为潜水。
嘉定山站—鞍山路站区间	区间第四系厚度0～11.40 m，主要由第四系全新统人工填土层（Q_4^{ml}）及上更新统洪冲积层（Q_3^{al+pl}）组成。基岩为白垩系燕山晚期（γ_5^3）粗粒花岗岩，花岗斑岩（$\gamma_{5(\pi)}^3$）、煌斑岩（χ_5^3）、细粒花岗岩（$\gamma_{5(x)}^3$）呈脉状产出。受断裂构造影响，部分地段揭露块状碎裂岩、糜棱岩等构造岩。岩体基本质量等级Ⅲ～Ⅳ级。地下水类型主要为潜水，分为第四系孔隙潜水和基岩裂隙潜水
鞍山路站	场地勘察深度范围内主要分布有人工堆积层（Q_4^{ml}）、全新统冲洪积层（Q_4^{al+pl}）、上更新统冲洪积层（Q_3^{al+pl}）、燕山晚期花岗岩（γ_5^3）及后期侵入的煌斑岩（χ_5^3）。岩体基本质量等级Ⅳ～Ⅴ级。地下水主要为基岩裂隙水分，为风化裂隙水及构造裂隙水
鞍山路站—山东路南站区间	区间途经剥蚀斜坡地貌、剥蚀堆积地貌等地貌单元，通过钻探揭示，场区第四系厚度0.50～14.50 m，主要由第四系全新统人工填土层（Q_4^{ml}）、洪冲积层（Q_4^{al+pl}）及上更新统洪冲积层（Q_3^{al+pl}）组成。基岩为中生代燕山晚期（γ_5^3）粗粒花岗岩，穿插后期侵入的煌斑岩（χ_5^3）、中细粒花岗岩[$\gamma_{5(zx)}^3$]、花岗斑岩[$\gamma_{5(\pi)}^3$]；受断裂影响，部分钻孔中揭露有相应岩性的构造岩。地下水有第四系孔隙潜水和基岩裂隙水两大类。岩体基本质量等级Ⅳ～Ⅴ级
山东路南站	车站场区途经剥蚀斜坡地貌、剥蚀堆积地貌等地貌单元，通过钻探揭示，场区第四系厚度0.50～14.50 m，主要由第四系全新统人工填土层（Q_4^{ml}）、洪冲积层（Q_4^{al+pl}）及上更新统洪冲积层（Q_3^{al+pl}）组成。基岩为中生代燕山晚期（γ_5^3）粗粒花岗岩，穿插后期侵入的煌斑岩（χ_5^3）、中细粒花岗岩[$\gamma_{5(zx)}^3$]、花岗斑岩[$\gamma_{5(\pi)}^3$]；受断裂影响，部分钻孔中揭露有相应岩性的构造岩。岩体基本质量等级Ⅳ～Ⅴ级

续表

车站/区间	地质
山东路南站—五四广场站区间	区间途经剥蚀斜坡地貌、剥蚀堆积地貌等地貌单元，通过钻探揭示，场区第四系厚度 0.50～14.50 m，主要由第四系全新统人工填土层（Q_4^{ml}）、洪冲积层（Q_4^{al+pl}）及上更新统洪冲积层（Q_3^{al+pl}）组成。基岩为中生代燕山晚期（γ_5^3）粗粒花岗岩，穿插后期侵入的煌斑岩（χ_5^3）、中细粒花岗岩[$\gamma_{5(zx)}^3$]、花岗斑岩[$\gamma_{5(\pi)}^3$]；受断裂影响，部分钻孔中揭露有相应岩性的构造岩。岩体基本质量等级Ⅳ～Ⅴ级。地下水可划分为两大类：第四系孔隙潜水和基岩裂隙水
五四广场站	区间途经剥蚀斜坡地貌、剥蚀堆积地貌等地貌单元，通过钻探揭示，通过钻探揭示，场区第四系厚度 0.40～7.80 m，主要由第四系全新统人工填土（Q_4^{ml}）、滨海浅滩（Q_4^{m}）及全新统洪冲积层（Q_4^{al+pl}）组成。场区内基岩以中粗粒花岗岩为主，煌斑岩、细粒花岗岩呈脉状穿插其间。岩体基本质量等级Ⅲ～Ⅳ级。地下水为基岩裂隙潜水，可分为风化裂隙潜水及构造裂隙潜水
五四广场站—终点区间	区间第四系厚度 0.40～7.80 m，主要由第四系全新统人工填土（Q_4^{ml}）、滨海浅滩（Q_4^{m}）及全新统洪冲积层（Q_4^{al+pl}）组成。场区内基岩以中粗粒花岗岩为主，煌斑岩、细粒花岗岩呈脉状穿插其间。岩体基本质量等级Ⅲ～Ⅳ级。地下水类型主要为潜水，在线路中主要揭露第四系孔隙潜水及基岩裂隙潜水，第四系孔隙潜水在线路中普遍分布，基岩裂隙潜水主要分布在侵蚀堆积地貌单元，与第四系孔隙潜水形成混合水

3. 施工条件

青岛地铁 8 号线 B2 包工程地处青岛市繁华地段及老城区，沿经观涛社区、耕海路、岙东南路、华强路、河东路、胶济铁路（停用）、周口路、郑州路、南昌路、长沙路、德丰路、鞍山路、香港中路、海西路铺设。隧道下穿胶州湾海域、李村河、地铁 M3 线、胶济铁路（停用）、跨海大桥高架桥、海泊河桥、杭鞍高架桥、沧口机场、民房、多层住宅楼、厂房、商铺、加油站等诸多建构筑物及管线，地面条件复杂，不可预见的因素多，且周边环境对施工标准的要求高。据统计，本工程各站点及车间的施工条件统计如表 2-5 所示。

表 2-5 施工条件统计

车站/区间	线路走向	周边环境
胶北车辆段	位于胶州市葛戈庄村附近，位于国道 G15 道路东侧的绿地之内	沿线无主要控制性建筑物，主要为农田
观涛站—科技馆站区间	区间线路出观涛站，经观涛社区，下穿耕海路，经沟角社区西北侧向东敷设，后至岙东南路，沿岙东南路南行，在华强路与岙东南路路口北侧设置科技馆站	区间穿越建筑物均无高层建筑，主要穿越观涛社区、沟角村社区（部分已拆迁）两社区 1 层建筑物，侧穿晓阳社区（已拆迁）

车站/区间	线路走向	周边环境
科技馆站	车站为8号线与9号线的换乘站，为地下二层双岛式站台，位于岙东南路与华强路的交叉路口，沿岙东南路南北向布置	车站东北侧和东南侧为华强科技产业基地（目前已停工），西南侧为科技馆一期工程，西北侧为科技馆二期工程
科技馆—大洋站区间	区间线路出大洋站，沿规划岙东路南行，向西下穿西大洋社区、西大洋小学及西大洋花苑小区后，在岙东南路东侧设置大洋站	区间穿越建筑物均无高层建筑，主要穿越西大洋社区、西大洋小学及西大洋花苑小区1~2层建筑物
大洋站	车站位于东大洋村和西大洋村村址之间的水泥村道下（规划岙东南路），呈东西向布置	车站周边较为空旷，主要为农田用地。东侧450m为东大洋村，西侧400m为西大洋村，南侧650m为海域部分，车站南侧为"易邦生物股份公司"，建筑面积为7万m²。周边还有一处农家乐饭店（一路发大酒店），一处通信铁塔。道路南侧有1条架空线缆、1条DN150上水管（地下）
大洋站—青岛北站站区间	区间线路起自城阳区的大洋站，沿岙东南路向东下穿河东路匝道桥后，在大桥红岛收费站东侧入海，下穿胶州湾海域，后接入青岛端青岛北站	区间无控制性建筑物，主要为胶州湾海域
青岛北站站—沧口站区间	区间线路出青岛北站后需下穿运营中3号线。过胶济铁路后区间线路继续以地下线形式向东敷设，穿越原国棉六厂地块（目前已拆迁，规划为6号线创意产业园），后穿越沧口机场军事区后接入沧口站	区间沿线周边环境复杂，过四流中路后线路下穿青岛啤酒四厂、永平路、大村河河道等建（构）筑物
沧口站	车站为带配线换乘站，位于青岛航空技术学院机场内	车站东北侧为曲戈庄，南侧为李村河。车站位于机场空地内，规划道路红线分别为40m、30m。车站位于沧口机场内，沧口机场为军事用地，管线资料不详
沧口站—闫家山站区间	区间从沧口站起，向南下行并下穿李村河及胶州湾跨海大桥高架桥，继续向南延伸穿越自来水公司第一水厂闫家山加压站地块，之后沿周口路敷设到达闫家山站	区间沿线主要建筑为闫家山村、香里村的单层民宅、多层厂房，线路左右线均下穿连接线高架桥桩基础，隧道拱顶至桥梁桩基底约5.6m。闫家山加压站内及周口路下方局部分布有上水、电力、通信、污水、雨水等管线，管线一般埋深1~3m
闫家山站	车站为5、7、8号线换乘车站，位于郑州路与周口路交口，沿周口路自南向北布置	车站周边以居住和商业用地为主，附近主要为闫家山村、香里村。周边建筑物均为一层民房。周口路为双向双车道，道路宽度12m，郑州路为双向四车道，道路宽度30m，车流量一般。郑州路与周口路管线较多

续表

车站/区间	线路走向	周边环境
闫家山站—南昌路北站区间	区间从闫家山站起，沿周口路敷设，穿越机械公司、文沁苑、四方区委党校，到达南昌路北站	区间线路沿周口路敷设，沿线经过为单层建筑、多层建筑、现状道路，周口路下方局部分布有上水、电力、通信、污水、雨水等管线，管线一般埋深1~3 m
南昌路北站	车站位于长沙路、周口路与南昌路交叉口处，沿南昌路、周口路自南向北布置	车站西北象限及西南象限为水清沟小区，东北象限为在建中信城，东南象限为汽修厂。沿南昌路，有燃气、雨水、给水、电力等其他各类地下管线
南昌路北站—嘉定山站区间	区间线路自南昌路北站驶出，沿南昌路一直向南，途径德兴路、高安路、萍乡路，之后进入德丰路与南昌路交口下方的嘉定山站	区间经过的南昌路为双向双车道，南昌路现状道路宽度约20 m，规划道路红线宽30 m，南昌路地面车辆较多，交通较繁忙。道路及两侧分布有大量电力、热力、电信、通信、燃气、污水、雨水管线，管线一般埋深0.5~3 m
嘉定山站	车站位于南昌路与德丰路交叉口南侧，沿南昌路南北向偏东布置	车站南侧为北岭山森林公园主入口，嘉定山森林公园主入口及建材装饰市场；车站西侧为林语山畔住宅小区，福彩四方老年公寓，中庭山景住宅小区；车站北侧为金裕花园住宅小区，水乡苑住宅小区，万科金色城品住宅小区，大山宝成住宅小区及在建高层住宅小区；车站东侧为德丰路住宅小区，公园及中新驾校
嘉定山站—鞍山路站区间	区间出嘉定山站后沿南昌路敷设，穿过嘉定山后下穿青岛二十三中及多层住宅楼，线路以最顺直、最短距离的方案穿过此区域转入山东路，到达鞍山路站	区间经过的山东路两侧规划以商业和住宅为主，现状已基本实现规划，分布有中央商务区、大型超市、大学和高层住宅小区，建筑密度较高。路下管线较多，道路两侧分布有大量的热力、电力煤气、邮电通信、有线电视、污水、雨水、自来水等管线，管线一般埋深1~3 m
鞍山路站	车站位于鞍山路与山东路交叉口西北角，与4号线车站采用L形换乘；4号线鞍山路站为地下四层结构，位于鞍山路北侧呈东西布置	车站南侧为杭鞍高架路，东侧为山东路高架，鞍山路与山东路交叉路口西南侧为市北区中医院及花好月圆小区，路口东南侧为多栋6~8层居民楼，路口东北侧为鞍山路小学
鞍山路站—山东路南站区间	区间出鞍山路站后下穿杭鞍高架，沿山东路敷设，穿过嘉定山后下穿青岛二十三中及多层住宅楼，途经西吴路—敦化路—延吉路—宁夏路—江西路等主要道路，下穿山东路地下通道，向南穿过海泊河桥，侧穿中石化加油站，随后进入山东路南站	区间沿线建筑物主要有杭鞍高架，低矮砖混民房，青岛二十三中，29~33层混凝土高层，海泊河桥，中石化加油站等建筑物

车站/区间	线路走向	周边环境
山东路南站	车站为5号线和8号线的换乘站，位于宁夏路与山东路交叉口，沿山东路南北向敷设	车站南侧为澳柯玛立交桥，东北象限为博思公寓，西北象限为广发金融大厦，东南象限为山宁商务酒店，西南象限为康嘉景园小区
山东路南站—五四广场站区间	区间出山东路南站后，沿山东路向南，途经闽江路、香港中路等主要道路，下穿运营2、3号线车站	区间线路两侧为山东路，存在通信、自来水、电力、燃气等市政管线。人行道两侧遍布高层建筑，区间沿线正下方穿越地铁车站过街通道
五四广场站	车站为终点站，车站位于山东路与香港中路交叉路口南侧，与2、3号线车站换乘，与在建2、3号线垂直，采用通道换乘	车站东侧为滨海花园住宅小区、颐和国际中心；南侧为乔记鱼庄和五四广场，西侧为华仁国际大厦和青岛中心大厦。周边用地主要为居住用地、商业金融业用地、社会停车场库、绿地等
五四广场站—终点区间	区间线路出五四广场站后沿山东路向南，在出车站约30 m位置下穿东海西路。之后，继续沿山东路向南，到达终点	区间线路左侧为五四广场绿地；右侧为乔记渔庄、明珠花园等低层建筑，距离线路较远。该段线路两侧以城市绿地及低层建筑为主

2.3.2 重难点分析

1. 技术重点

根据青岛地铁8号线B2包工程面临的环境条件、水文地质、施工条件等现状，总结归纳本工程的技术重点，具体如下：

1）施工安全控制

本工程施工工法多，工序复杂。对于明挖深基坑，围护结构工序复杂且周边环境复杂，如闫家山站，其站位位于洛阳路与周口路交叉口，周边存在大量民房及管线，基坑两侧不确定性的动载对基坑威胁较大，台风季节也会带来较大降水，周边环境复杂，环境保护要求高，比如发生基坑围护结构漏水、基坑过大变形及坍塌、开挖边坡失稳等均会对周边管线及建筑物带来危害。部分暗挖法车站地质条件复杂，车站洞身大部分以中—微风化花岗岩为主，围岩整体为较破碎—破碎，隧道围岩稳定性差、跨度大，若发生坍塌事故，将会对施工人员及周边建筑造成很大的影响。过海段区间隧道穿越 $F_1 \sim F_{10}$ 共10条断层破碎带，其海域段 F_5 断层段影响长度达到439 m。断层破碎带，特别是海域中的断层破碎带，因其岩体破碎，自稳能力差，施工开挖中极易发生塌方，加之断层破碎带地下水渗透性增强，海水连通性强，头顶无限海水，涌水补给源无限，一旦隧道发生塌方，极易产生涌水涌泥，将给本工程带来灾害性事故，安全风险大。TBM掘进施工沿线区间地质比较复杂，存在有多条断裂带，且下穿众多管线及建构筑物，安全风险大。

2）确保周边建构筑物、管线安全

本工程地处青岛市繁华地段及老城区，沿经观涛社区、耕海路、峁东南路、华强路、河东路、胶济铁路（停用）、周口路、郑州路、南昌路、长沙路、德丰路、鞍山路、香港中路、海西路铺设。而且隧道下穿胶州湾海域、李村河、地铁 M3 线、胶济铁路（停用）、跨海大桥高架桥、海泊河桥、杭鞍高架桥、沧口机场、民房、多层住宅楼、厂房、商铺、加油站等诸多建构筑物及管线，地面条件复杂。风险源共 117 个，其中Ⅰ级风险源 9 个、Ⅱ级风险源 43 个、Ⅲ级风险源 65 个。

施工中必须采取强有力的保证措施，保证周边环境（包括建筑物、管线、道路等）的安全和正常使用，才能保证工程的正常施工。

3）强化工程质量，确保结构"内实外美"

本工程暗挖隧道多、衬砌断面多，特别是大跨隧道，采用多步开挖施工，而海域隧道，由于地下水补给量为无限且具有腐蚀性，防水施工难度大，如何保障结构质量"内实外美"是本工程质量控制重点。

4）确保结构防水质量，保证不渗、不漏、不裂

本工程防水的施工工艺繁杂，车站与区间、联络通道与区间隧道等接口较多，接口是不同防水方式和工艺的结合处，防水过渡连接难度大。接口施工相互影响大。尤其是，大青区间海域段对防水等级要求较高。因此，确保结构防水质量，保证不渗、不漏、不裂是本工程的重点。

5）文明施工、环境保护

本工程自闫家山站起至终点五四广场站均处于闹市区域，对生态文明要求高，但工程建设周期长、施工范围大，施工期间不可避免地会给周边环境带来噪声、大气、废水污染等不良影响。重视文明施工、环境保护，使对社会影响降到最低，做好环境保护及文明施工是本工程的重点。

2. 技术难点

根据青岛地铁 8 号线 B2 包工程条件及现有技术水平，梳理分析工程实施存在的技术难点，具体如下：

1）施工爆破安全控制

本工程大洋站、闫家山站等明挖车站，五四广场站等暗挖车站及科大、大青等矿山法区间均采用爆破施工，但周边环境复杂，例如：大洋站南侧邻近易邦生物基地（对爆破震动非常敏感）、闫家山站周边均为民房、五四广场站位于香港中路繁华地带、科大区间下穿西大洋社区、大青区间下穿东大洋村民房及海域段，爆破施工对周边环境影响较大，民众容易产生不满情绪。

因此，降低爆破施工对环境的影响，确保爆破不对周围人员、设备、建（构）筑物、支护结构等造成危害是本工程的难点。

2）下穿或邻近管线施工，对施工安全的控制

本工程周边环境复杂，临近或下穿多种管线类型，尤其下穿五四广场站道路两侧分布有大量的热力、电力、燃气、通信、有线电视、污水、雨水、给水、中水及暗渠（7 000 mm×1 700 mm 管廊）等管线，管线迁改和管线保护难度大。

（1）各种管线修建及使用的时间长短不一，造成管线材质及当时施工工艺的质量处于不同层次，造成有些管线使用至今已经出现老化、损坏，自身强度降低等情况，在车站结构施工时，由于对地层的扰动，易造成管线沉降或偏压断裂，道路塌陷危险。

（2）给、排水管线一直使用中，由于管线损坏，存在长期渗漏水现象，在管线周围可能存在水囊，或由于长期渗漏对管线周围土体冲刷，土质相对疏松，形成流沙，若掌子面开挖到水囊附近，造成水囊破裂，存水下泄或遇到流沙，流沙外涌等现象，极易引起掌子面坍塌，从而造成管线破裂、道路塌陷等危险出现。

故各种管线对结构施工安全的影响及结构对各种管线的安全影响，是本工程的难点。

3）TBM、大青区间过海段盾构施工

青岛地铁 8 号线大青区间东侧跨海段采用土压平衡盾构＋泥水平衡盾构施工；青沧区间采用 1#、2#TBM 掘进施工；闫南区间、南嘉区间和嘉鞍区间主要采用 3#、4#TBM 掘进施工；鞍山区间和山五区间主要采用 5#、6#TBM 掘进施工。

沿线区间地质比较复杂，其中跨海段盾构法施工穿越 F_2、F_3、F_4 三条断裂带，岩体较破碎，围岩强度及稳定性较差；1#、2#TBM 掘进施工区间下穿胶济铁路（停用）、M3 线、杭鞍快速高架桥主线、民房、海泊河桥、地铁 2 号线与 3 号线换乘的五四广场站等；3#、4#TBM 掘进施工区间隧道穿越地层大部分以微风化花岗岩及其节理发育带为主，区间有多条断裂带通过，根据物探成果揭示，宽度较大、破碎程度较严重的断裂破碎带有 F_4、F_6，断裂带及节理发育带周边的隧道围岩稳定性较差，且地下水一般较为丰富。

4）大青区间西侧过海段矿山法隧道穿越断层破碎带防坍、防涌水施工

大青区间西侧过海段采用矿山法施工，隧道地质以中风化—微风化流纹岩为主，总体稳定性较好，但其间穿越 F_5 ~ F_{10} 共 6 条断层破碎带，其海域段 F_5 断层段影响长度达到 439 m。断层破碎带，特别是海域中的断层破碎带，因其岩体破碎，自稳能力很差，施工开挖中极易发生坍方，断层破碎带地下水渗透性强，海水连通性强，加之头顶无限海水，涌水补给源无限，一旦隧道发生塌方，极易产生涌水涌泥，将给本工程带来灾害性事故，施工风险大，是本工程施工的重点也是本工程施工的难点。

5）胶州北车辆基地位于高压线附近

胶州北车辆基地施工范围内含 4 座 220 kV 主线电塔，前期征地、协调难度大，出入线明挖段上方有高压电线，高压线附近施工风险高，是本工程的难点之一。

6）闫家山站及五四广场站位于敏感地带施工

闫家山站位于青岛市周口路与郑州路交叉口，此车站为明挖车站，与 5 号线及 7 号线换乘。车站范围内管线较多，地面建筑物十分密集（多为 1 层民用住宅），前期拆迁难度大（车站占地面积 4 万余平方米，且所在地块涉及闫家山村、香里村两村整体棚户区改造）及施工过程中避免不了会出现民扰问题是本工程的难点。

五四广场站位于青岛市中心繁华地带，是青岛市的经济和政治核心地带。线路上方道路交通繁忙、市政管线较多，沿线建（构）筑物密集。五四广场站紧邻青岛市人民政府及海滨风景区，地理位置敏感，工程施工风险较高。

7）闫南区间矿山法大断面隧道施工

闫南区间 B 型断面面积达 144.87 m²，断面面积大，多导洞开挖时，由于地质条件变化大，爆破方式难以适应或爆破效果不够理想，进度较缓慢。现在地层的预注浆效果不理想，由于地层变化的原因，导致预注浆措施难以达到预期目的。此外，初期支护及临时型钢支撑的质量控制及保护难度也较大。隧道爆破振速和失水沉降控制较难，造成房屋、道路及管线沉降，施工对地面周边环境的干扰大。大断面二衬分部作业工序多，施工缝多，接口多，二衬混凝土浇筑及防水作业质量难以控制。

闫南区间施工断面面积大、开挖难、支护难、地面建（构）筑物保护难度大、二衬及防水质量控制难，是本工程的难点。

8）东侧过海区间海底联络通道冷冻法施工

本区间共设 6#、7#、8#、9#、10#五座联络通道，其中 6#、7#、8#联络通道采用洞内注浆法加固，9#采用冻结法加固，10#采用地面注浆加固，联络通道均采用矿山法开挖。9#联络通道所处地层为砂层及强风化泥质粉砂岩，隧道覆土厚度约 29.9 m。由于地下水位及渗透系数高，海水含盐量大，对冷冻施工造成一定的影响，而且国内目前缺乏海底联络通道冻结施工相关经验，冻结法施工效果理想与否，对于此处施工安全起决定性作用。

9）确保结构防水质量，保证不渗、不漏、不裂

本工程防水的施工工艺繁杂，车站与区间、联络通道与区间隧道等接口较多，接口是不同防水方式和工艺的结合处，防水过渡连接难度大。接口施工相互影响大。尤其是，大青区间海域段对防水等级要求较高。因此，确保结构防水质量，保证不渗、不漏、不裂是本工程的难点。

10）减振垫浮置板整体道床施工

本工程设计有钢弹簧浮置板道床 11.17 km。此种减振道床因其道床结构复杂，施工定位精度要求高，整体质量控制难度大，铺设周期长，是制约轨道工程工期和质量控制的重点。

11）工程施工专业多，接口工程量大、交叉作业频繁

工程涉及土建工程、机电设备安装工程、建筑结构、装饰装修、给排水及消防、通风空调、动力照明、道路工程、桥梁工程、轨道工程等多个专业，施工专业多、接口工程量大、交叉作业频繁是其基本特点，是本工程施工难点之一。

2.3.3 创新技术概述

为攻克本工程技术难点，保障工程顺利实施，中国中铁组建的联合体施工单位开展了多项创新技术的研究与应用。

1. 地铁暗挖区间隧道小净距下穿已运营地铁施工技术研究

中铁八局集团有限公司依托青岛地铁 8 号线研究了地铁暗挖区间隧道小净距下穿已运营地铁施工技术，采用 ABAQUS 数值模拟软件建立了三维模型，通过模拟新建隧道的开挖过程，分析了施工过程中既有隧道结构的变形与受力变化情况，进而得到了地铁 8 号线下穿施工对既有 3 号线的影响规律，具有一定的参考价值。

2. 高水头长距离海底隧道钻爆法＋TBM 安全快速施工技术

中铁二局集团有限公司依托青岛地铁 8 号线对下穿海域长大隧道群暗挖快速施工技术进行研究，主要从两个方面进行了突破：一是形成了软弱围岩（含富水断层采取预注浆措施后）的微台阶开挖技术；二是研究了增设辅助通道，采用 TBM 方法进行平行导坑开挖，利用导坑及联络横通道，增设工作面，减小独头掘进距离，实现了快速掘进目标。

3. 海底隧道泥水盾构穿越破碎带施工技术

中铁一局集团有限公司依托青岛地铁 8 号线工程，开展适应海底隧道区段特殊要求的泥水平衡盾构机设计创新优化，极大提高了泥水平衡盾构机的掘进安全性与掘进效率；通过研究和总结，提出穿越破碎带合理掘进参数；综合海底地质补勘、刀盘掌子面涌水量动态测试、围岩状况对比等手段，提出了穿越海底隧道区段常压和带压换刀工法，保证了长距离过海隧道安全高效换刀，提高了泥水平衡盾构综合掘进效率。

4. 复杂地质海底隧道盾构始发与接收技术

中铁一局集团有限公司依托青岛地铁 8 号线海底隧道开展了复杂地质海底隧道盾构始发与接收技术研究，包含：海底隧道泥水平衡盾构分体始发施工技术、矿山法-盾构法对接段施工技术和海域段高水压无箱体条件下泥水盾构弃壳接收技术。

5. 海底机械法联络通道施工技术

中铁一局集团有限公司依托青岛地铁 8 号线对海底机械法联络通道施工技术进行系统研究，形成了以下研究成果：机械法联络通道洞门加固施工方法、主隧道钢筋混凝土管片的联络通道洞门破除施工、机械法联络通道始发及接收方法。

6. 海域环境特长隧道多工作面施工网络通风技术

中铁二局集团有限公司依托青岛地铁 8 号线研究了海域环境特长隧道多工作面施工网络通风技术，对青岛海底隧道第三阶段施工网络通风进行数值模拟，利用计算流体力学软件 Fluent 进行了数值计算，通过综合采用技术调研、工程类比、理论分析和数值模拟、归纳总结等研究手段，总结了本工程的通风重难点，解决了青岛海底隧道施工通风难题。

7. 基于 GIS 和 BIM 的数字化管控平台

中铁成都科学技术研究院有限公司对基于 GIS 和 BIM 的数字化管控平台进行了系统研究，管控平台以"一个数据库、一张监管网、一条管理线"为基本理念，在 BIM 与 GIS 数据、施工资料数据的基础上，集成项目中已实际使用的其他施工信息化系统数据，利用数据集成、实时监控、模拟分析、虚拟建造等提升项目质量，以数字化、信息化和可视化的方式提升项目建设管理水平，达到项目设定的安全、质量、工期和投资等各项管理目标，满足项目总承包单位对项目精细化管控的要求。

2.4 本章小结

青岛是山东半岛的经济中心、旅游名城，其城市化进程的不断推进，给城市公共交通体系带来巨大压力。为解决交通难题，进一步促进经济发展，青岛政府注重城市轨道交通的规划和建设，自 2010 年地铁 3 号线开工以来，已建/在建地铁数量达 10 条，运营线路 6 条，长期规划线路 19 条，青岛地铁的运营线里程位列全国前十，在北方城市中仅次于北京。青岛是滨海基岩城市，工程地质可分为构造侵蚀剥蚀区、山麓斜坡区、河流侵蚀堆积区、滨海堆积区四个一级分区，主要断裂为 NE 向，地铁工程面临的主要不良地质包括富水砂层、承压水、上软下硬底层、断层破碎围岩、人工填土、软土等。

青岛地铁 8 号线起点自胶州北站，终点至五四广场，线路正线全长 60.7 km，是连接青岛新机场、北岸城区、东岸城区的青岛首条快速骨干线路。青岛地铁 8 号线 B2 包工程，从观涛站（不含观涛站）至五四广场站，线路正线长 27.82 km，包括 8 站 10 区间、1 处车辆段基地及出入线段、2 处站后停车线（其中科技馆站站后停车线为 9 号线使用）、1 处站后折返线。工程实现了超长大断面泥水盾构首次运用于青岛地铁，其大青区间，为我国过海隧道最长的地铁线路。

青岛地铁 8 号线 B2 包工程包含多种复杂地质，如软弱带、破碎带、富水带及高压富水带，高水土压力带、振动施工敏感带、邻近已运营线路影响敏感带等。工程地处青岛市繁华地段及老城区，下穿胶州湾海域、李村河及诸多建（构）筑物与管线，地面条件复杂，不可预见的因素多，且周边环境对施工标准的要求高。复杂多变的工程条件使得该工程面临诸多技术重难点问题，如施工安全控制，确保周边建构筑物、管线安全，确保结构防水质量，过海段泥水盾构施工，过海段矿山法隧道穿越断层破碎带防坍、防涌水施工，敏感地带施工等。为攻克技术难题，保障工程顺利实施，项目组针对邻近既有运营地铁明挖基坑施工、暗挖区间隧道小净距下穿已运营地铁施工、地下工程稳定性及控制技术、敏感环境微扰动隧道开挖、高水头长距离海底隧道安全快速施工、复杂地质海底隧道盾构始发与接收等方面开展了多项创新技术研究与应用。

3 地铁暗挖区间隧道小净距下穿已运营地铁施工技术研究

本章以青岛地铁 8 号线青岛北站—沧口站区间折返线（青沧区间）暗挖段下穿已运营地铁 3 号线为工程载体，该工程属山东省地铁建设史上首次下穿运营地铁，其线路垂直距离 1.168 m，平面交角 16°，最小净距 1.734 m，超前导管加固范围距运营地铁 3 号线仅 0.407 m，下穿段长 130 m，属国内少见的小净距、小角度、长距离下穿已运营线路，施工安全风险高，施工难度大，被列为青岛地铁特别重大一级风险源。本章通过开展地铁暗挖区间隧道小净距下穿已运营地铁施工技术研究，对下穿施工沉降控制关键技术进行攻关，实现安全优质快速施工，为今后小净距、小角度、长距离下穿已运营地铁的设计、施工提供依据。

3.1 引 言

经调研，国外关于地铁下穿既有运营线或建构筑物施工的相关研究如下：BEAK JONG HYUN 公布了一种预大孔钻孔法中的分离复合开挖法专利；T. Yasuda 介绍了大规模地下空间的大断面浅埋暗挖法开发应用；K. Buecker 介绍了科隆南北城市轻轨的盾构开挖；Miliziano, Salvatore 介绍了罗马 S.Giovanni 站附近地铁 C 线机械化隧道开挖引起的沉降预测与观测；Jiang, Yusheng 报道了盾构下穿隧道开挖净空对既有盾构隧道的影响；Fulvio Tonon 介绍了 DECO 全断面隧道开挖 2 条 260 m² 的黏土管，在最小城市覆盖下进行近水平喷射灌浆；Packer, Megan, Newman 介绍了伦敦维多利亚站渗透灌浆和开挖；R. Grandori 介绍了通过 N.3 EPB TBM 施工的都灵地铁 1 号线隧道项目；Paul C. Schmall 介绍了纽约皇后区地铁东侧接入口渗透注浆；W. BILFINGER, L. G. DEMELLO 介绍了里约热内卢地铁系统的水平旋喷注浆及其控制措施；Michael G. Vitale 介绍了俄亥俄州克利夫兰欧几里得溪隧道环形注浆创新；Alfred Brand 介绍了注浆支护布鲁克林隧道；Jun GAO 报道了高速铁路隧道机械化施工支护技术研究；Aydin OEzsan 介绍了土耳其安卡拉地铁延伸隧道工程地质评价与初步支护设计；C. Karpuz, A. Qzsan 报道了安卡拉地铁延伸段隧道初期支护设计；Panagiotis Spyridis 介绍了岩土工程和创新支护系统，适用于受限建筑环境中的浅层城市地铁洞室；Vojtech Gall 报道了华盛顿地铁 F6b 段隧道预支护软基新奥法施工优化；KAJIMA CORP 公布了隧道支护施工方法专利；UNIV DONG EUI INDACAD COOP FOUND 公布了隧道支护及隧道支护施工方法专利；DSITUNNELING LLC 公布了隧道支护体系及方法专利。

地铁线网规划通常是在双线换乘站、三线换乘站实现新旧线路交叉过渡，或提前施工预留接口，避免近距离下穿已运营地铁线施工。国内关于地铁下穿既有运营线或建构筑物施工的相关研究如下：南宁地铁盾构下穿小净距既有运营隧道施工，采用了在盾构掘进过程中加大同步注浆量和二次注浆频率确保成型管片壁厚注浆密实，通过优化盾构机掘进参数和提高施工组织效率，采取不间断穿越，确保以最全的保障、最快的速度、最小的扰动完成下穿任务。同时，项目部在运营铁路上布设隧道结构位移等共计 96 个自动化监测点，每半个小时采集一次数据，实时监测铁路隧道结构及地层沉降变化。一方面，施工过程中将盾构掘进里程控制精确到毫米，并在盾构掘进过程中加大同步注浆量和二次注浆频率，确保成型管片壁后注浆密实；另一方面通过渣土改良及出渣控制，有效化解下穿铁路隧道面临的小净距、高埋深、易结泥饼、易透水、易坍塌、高水压等作业风险，保证了工程安全实施。中铁第一勘察设计院集团有限公司的袁溢研究了新建铁路隧道下穿既有运营隧道的设计与施工，认为严格控制爆破振动对既有隧道结构和线路的影响，对既有隧道及新建隧道的监控量测进行信息反馈及预测预报，指导现场施工，可以确保下穿施工时既有线行车及新建隧道施工的安全。中铁十二局第二工程有限公司的王飞结合下穿既有运营线实际工程案例，分析了具体的隧道施工要点。中铁九局集团有限公司大连分公司的李德柱研究了隧道铣挖法在建筑群下掘进施工技术，详尽地论述了悬臂式掘进机铣挖法隧道掘进施工的技术特点、工程适用范围、工艺原理、施工工艺流程及操作要点。中铁二十局集团房地产开发有限公司的武斌研究了沪昆客专下穿村庄及河流段浅埋隧道机械开挖施工技术，对施工重难点进行了分析；通过方案对比详细介绍了单臂掘进机配合液压冲击锤隧道开挖法施工技术，在下穿地表建筑物、明河施工中的应用，为今后类似隧道工程施工提供了借鉴。北京住总集团市政工程有限责任公司的钱新、黄雪梅研究应用了盾构下穿建构筑物控制沉降注浆方法，通过盾构机的 8 个超前注浆孔对刀盘前上方土体进行加固，在盾构机头过后利用管片上的预留注浆孔及时对隧道上方土体进行深孔注浆加固，有效地控制了地面建（构）筑物的最终沉降量。内蒙古科技大学建筑与土木工程学院、上海宝怡集团有限公司市政工程公司的许有俊、葛绍英、孙超等研究了隧道斜交下穿施工引起既有线的沉降变形分析，通过模拟不同工况下既有隧道的沉降变形，并与经验公式法及实测既有隧道沉降变形作比较，研究新建隧道下穿施工对既有隧道同一横断面不同监测位置的影响，结果表明新建隧道采用锚杆加超前小导管进行预支护能将沉降值控制在许可范围内。

在下穿隧道数值模拟研究方面，王渭明通过数值模拟研究了极小净距交叠隧道下穿施工对既有隧道的影响，分析了交叠区地表变形、危险截面应力及塑性区分布特点，针对开挖方法，分析了眼镜法和三台阶法施工时引起既有运营隧道衬砌的位移场和应力场变化规律，发现眼镜法对地层和围岩变形控制较好，针对施工引起的地表变形规律，提出了不同埋深下交叠隧道施工引起的地表沉降变形趋势经验公式。宁少龙利用 FLAC3D 建立三维模型，分析了黄土地层中不同施工参数对既有隧道和地表变形的影响，分别以注浆压力、土仓压力、等代层弹性模量、既有隧道弹性模量、两隧道竖向间距、土体变形模量、土体内摩擦角和土体黏聚力为模拟变量，研究了隧道开挖对临近隧道变形的影响。研究结果表明，在实际工程中可以通过适当增大注浆压力或浆液强度来减少对既有隧道的扰动分析了盾构隧道下穿施工对既有隧道的影响。丁祖德等分析了隧道轴线与建筑物不同夹角条件下隧道开挖对地表建筑物基础沉降和结构受力变形分布形态的影响，发现随着穿越角度的减小，对应的基础沉降增大，基础沿线沉降由对称分布转为侧向倾斜，建筑物倾斜和扭曲变形增加明显。

总体而言，国内外大城市地铁线网发达，地铁下穿既有运营线或建构筑物施工的研究主要为下穿引起的既有线、建构筑物沉降变形分析与控制、下穿设计与施工、地铁盾构下穿既有运营隧道施工、下穿隧道开挖施工方法等。资料表明，下穿已运营地铁线路大多采用盾构法施工，采用暗挖的实例较少，部分工程受场地等外部环境影响只能采用暗挖法，而针对小净距斜下穿既有运营隧道的工况，钻爆法是常用的施工方法，该方法主要采用钻孔爆破的方式破除掌子面前方岩体，从而实现开挖掘进，但钻爆法施工过程中的爆破冲击力会对拟建隧道掌子面上方岩体造成强烈扰动，围岩强度降低，当拟建隧道与上方既有运营隧道间距较小时，有可能造成既有运营隧道失稳，同时钻爆施工造成既有运营隧道下方岩体力学性能降低，其抵抗运营列车长期动荷载的能力下降，既有运营隧道地基可能会发生疲劳破坏，无法确保运营隧道的长期稳定性。因此，有必要基于目前研究现状，结合本项目极小净距斜下穿既有运营地铁工程实际，开展地铁暗挖区间隧道小净距下穿已运营地铁施工技术研究。

3.2 极小净距下穿既有运营地铁隧道施工仿真分析

新建隧道的施工会对周围围岩产生扰动，当既有隧道距离新建隧道较近时，既有隧道结构的应力状态会发生改变，结构产生变形，影响既有线路的正常运营，严重时会引起重大安全事故。例如在北京地铁 5 号线崇文门站穿越北京地铁 2 号线区间中，允许最大差异沉降值为 10 mm，但实际结构沉降值高至 30.9 mm，远超标准值，为安全起见该地铁线路必须采取限速运营的方式。地铁建设是百年工程，地铁自身强大的运输能力能极大地缓解城市交通压力。所以对于地铁工程，尤其是下穿地铁工程，其设计和施工环节需要更为严格的要求，否则一旦发生问题，轻则影响既有线路的正常运营，重则发生严重安全事故，后果不堪设想。因此，课题组以青岛地铁 8 号线青沧区间隧道下穿既有 3 号线隧道工程为背景，对下穿施工过程中既有隧道结构受力、变形规律进行研究分析，并根据规律优化施工方法，使下穿施工对既有地铁结构的影响降到最低。

本书经研讨确定采用 ABAQUS 数值模拟软件建立三维模型，通过模拟新建隧道的开挖过程，分析施工过程中既有隧道结构的变形与受力变化情况，进而得到地铁 8 号线下穿施工对既有 3 号线的影响规律。

3.2.1　极小净距斜下穿既有运营地铁线路数值模型建立

通过建立三维数值模型，模拟青岛地铁 8 号线青沧区间下穿 3 号线工程的施工过程，分析既有 3 号线隧道结构的受力状态和变形规律。

1. 结构模型的选取

目前地下结构设计方法大致分为以下 4 种：

（1）工程类比法：根据以往隧道工程实践经验进行工程类比设计的方法。

（2）收敛-约束法：以室内试验和现场测量为主的设计方法。

（3）荷载-结构模型：认为围岩对支护结构的作用只是产生作用在结构上的荷载，可用一般结构力学的方法进行计算。

（4）地层-结构模型：将支护结构与围岩视为一体，作为共同承受荷载的隧道结构体系。

本书主要研究新建地铁下穿施工对既有隧道的影响，存在地层和结构的相互作用和力的传递，选用地层-结构模型研究整个下穿施工过程中既有隧道的应力应变情况。

2. 数值模拟基本假定

为了便于进行模拟计算，获得主要研究因素对隧道结构的影响规律，本书在数值模拟计算时假设：

（1）岩土体材料是均质且各向同性，除最上层的杂填土层有一定坡度，其余各土层均呈水平层状分布；

（2）将岩体变形视为弹塑性变形，岩体采用 Mohr-Coulomb 弹塑性本构模型，衬砌采用线弹性本构模型；

（3）不考虑列车动荷载，将列车荷载假定为恒载，与土体自重以及隧道结构自重共同组成既有隧道结构的初始荷载；

（4）岩体的初始应力场不考虑构造应力，仅考虑其自重应力，模拟计算中不考虑地下水作用。

3. 有限元模型的创建

以青岛地铁 8 号线青沧区间暗挖段左线 ZDK47 + 555.882 ~ ZDK47 + 649.806 下穿已运营地铁 3 号线作为背景，研究新建地铁下穿施工对既有隧道的影响。8 号线隧道拱顶埋深 14.7 ~ 25.4 m，初期支护设计外径尺寸宽 × 高为 7.2 m × 7.34 m，3 号线线间距 10.235 ~ 13 m，拱顶埋深 5.1 ~ 13.5 m，初期支护设计外径尺寸宽 × 高为 6.3 m × 6.6 m。由以往理论和实践研究可知，隧道开挖对围岩产生的影响主要集中在距离隧道中心点 3 ~ 5 倍洞径范围内，在 3 倍洞径范围之外产生的影响小于 5%，在 5 倍洞径范围之外小于 1%。综合考虑到两隧道断面大小、隧道间距以及计算精度和效率，水平方向上，计算模型由 8 号线左线隧道轴线向左取 41.5 m，右线隧道轴线向右取 41.5 m；竖直方向上，下边界取至隧道底部 40 m，上边界取至地表。整体模型尺寸为 120 m × 80 m × （60 ~ 68）m，整体及隧道模型如图 3-1、图 3-2 所示，其中以地铁 8 号线线路方向为 Y 轴，竖直方向为 Z 轴，垂直于平面 YZ 为 X 轴。

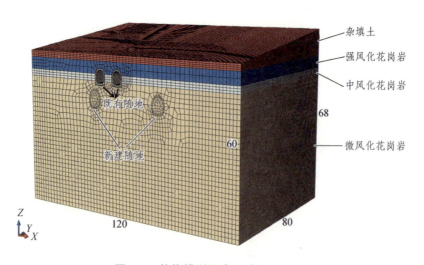

图 3-1　整体模型示意（单位：m）

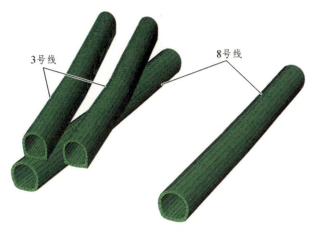

图 3-2　隧道模型示意

模型边界条件：模型顶面为自由面，无约束；模型底面为固定约束，侧面施加法向位移约束。

4. 计算参数

数值模拟计算围岩物理力学参数与混凝土结构参数取自地质勘察资料与设计文件。计算参数取值见表 3-1。

表 3-1　计算参数

材料	密度/（kg/m³）	弹性模量/MPa	泊松比	黏聚力/kPa	内摩擦角/（°）	层厚/m
杂填土	2 039	10	0.23	2	15	2.5～10.5
强风化花岗岩	2 345	48	0.23	90	40	4.75
中风化花岗岩	2 630	1 000	0.18	3 500	50	2.75
微风化花岗岩	2 630	1 800	0.16	6 000	60	50
初期支护	2 500	2 900	0.167	—	—	—
二次衬砌	2 500	3 300	0.2	—	—	—

5. 台阶法施工及模拟方法

台阶法是隧道工程中常用的开挖方法，主要适用于Ⅱ～Ⅳ级围岩和部分Ⅴ级围岩条件下的隧道开挖。通常将隧道断面分为上、下两个台阶，首先开挖上台阶，当开挖长度达到设计要求时，上台阶与下台阶同时开挖施工。台阶法的优势在于：① 将隧道大断面分为两个小断面分别开挖，对围岩扰动较小；② 灵活性强，可根据地质条件及时调整。根据不同的台阶长度划分为长台阶法、短台阶法和超短台阶法。

长台阶法台阶长度大于 50 m，一般用于围岩条件较好的Ⅰ～Ⅲ级围岩；短台阶法台阶长度较长台阶法小，一般为 5～50 m，主要适用于围岩条件较差的Ⅲ～Ⅴ级围岩。相较于长台阶法，上台阶开挖长度较小可以缩短支护结构的闭合时间，达到更好的支护效果，但上下台阶距离较小导致施工时容易产生二次扰动；超短台阶法台阶长度一般为 3 ~ 5 m，适用于 Ⅴ ~ Ⅵ 级围岩。超短台阶法的支护结构闭合时间最短，但过小的台阶距离导致机械设备集中，相互干扰较大，严重影响施工速度。台阶法施工如图 3-3 所示。

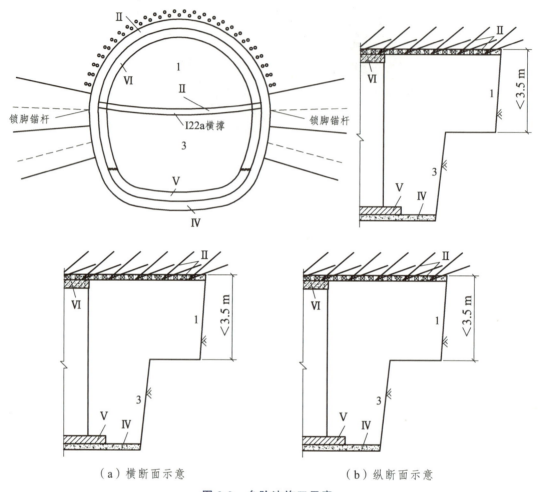

（a）横断面示意　　　　　　　　　　（b）纵断面示意

图 3-3　台阶法施工示意

　　8 号线隧道下穿 3 号线段采用单洞单线马蹄形断面，复合式衬砌，支护形式如图 3-4 所示，ZDK47 + 555.882 ~ ZDK47 + 649.806 段采用长台阶法开挖，先进行右线开挖，右线完成后开挖左线。台阶长度为 15 m，开挖进尺为 0.5 m，初期支护采用 C25 湿喷早强混凝土，初支厚度为 350 mm，二次衬砌采用 C45 混凝土，厚度为 350 mm。

　　在利用有限元软件模拟施工时，隧道开挖模拟的施工步骤如下：

　　第一步：进行地应力平衡。

　　第二步：开挖第 1 环上部土体，第 1 环上部土体单元和衬砌单元被"杀死"。

　　第三步：开挖第 2 环上部土体，第 2 环上部土体单元和衬砌单元被"杀死"，第 1 环上部衬砌单元被激活。

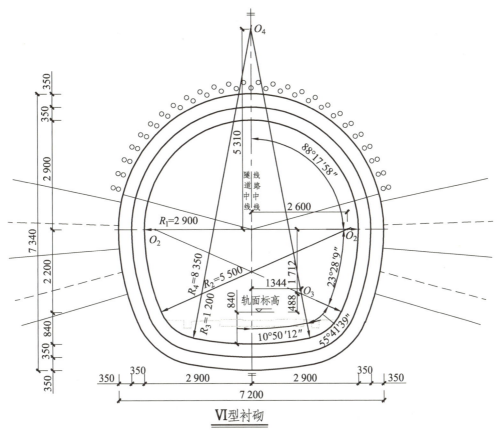

（a）隧道断面设计参数

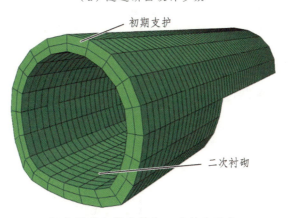

（b）隧道初期支护和二次衬砌示意

图 3-4　隧道支护形式

第四步：重复以上步骤直至上台阶开挖完成。

第五步：开挖第 31 环上部土体和第 1 环下部土体，第 31 环上部土体单元和衬砌单元被"杀死"，第 1 环下部土体单元和衬砌单元被"杀死"。

第六步：开挖第 32 环上部土体和第 2 环下部土体，第 32 环上部土体单元和衬砌单元被"杀死"，第 2 环下部土体单元和衬砌单元被"杀死"，第 31 环上部衬砌单元被激活，第 1 环下部衬砌单元被激活，第一环整体二次衬砌单元被激活。

第七步：重复以上步骤直至开挖完成。

3.2.2 既有隧道结构受力、变形规律分析

1. 考察节点的选取

本节研究新建隧道下穿施工时对既有隧道变形及受力影响规律，并对既有隧道作如下标识，见图 3-5。

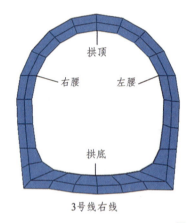

图 3-5　隧道区域划分

2. 既有隧道变形分析

当新建隧道下穿既有隧道开始施工时，既有隧道周围围岩原有的稳定应力状态被打破，从而对既有隧道结构产生影响，结构发生一定的位移。对于实际工程中的马蹄形断面隧道，通常拱顶、拱底以及拱腰处会产生较大的应力增量，因此本节通过研究拱顶、拱底、拱腰处以及最大竖向、最大水平位移的变化，分析下穿施工对既有隧道影响的位移变化规律。

1）竖向位移

图 3-6 给出了右线和左线开挖 15 m、45 m、75 m 时的位移分布云图。由新建 8 号线与既有 3 号线隧道的空间位置关系可知，在 $Y = 20$ m 断面处 8 号线左线位于 3 号线右线的正下方，存在较大的施工风险，因此选取既有隧道 $Y = 20$ m 处典型断面进行分析。既有隧道拱顶、拱底、拱腰竖向位移随着新建隧道右线开挖里程的变化曲线如图 3-7 和图 3-8 所示；随着新建隧道左线开挖里程的变化曲线如图 3-9 ~ 图 3-11 所示。规定竖向位移向上为正，向下为负。

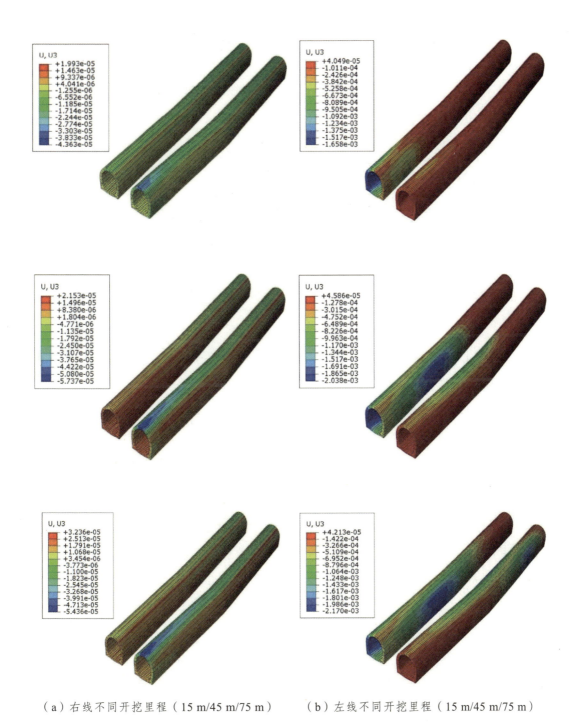

（a）右线不同开挖里程（15 m/45 m/75 m）　　　（b）左线不同开挖里程（15 m/45 m/75 m）

图 3-6　既有隧道竖向位移分布云图

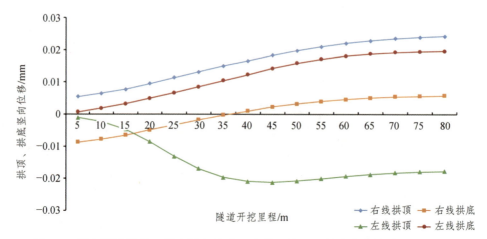

图 3-7　既有隧道拱顶、拱底竖向位移随右线开挖里程的变化曲线（$Y = 20$ m）

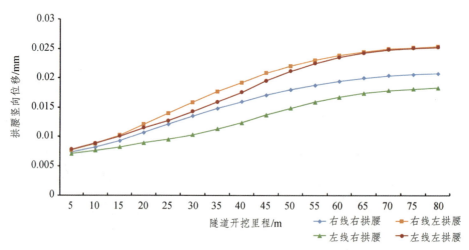

图 3-8　既有隧道拱腰竖向位移随右线开挖里程的变化曲线（$Y = 20$ m）

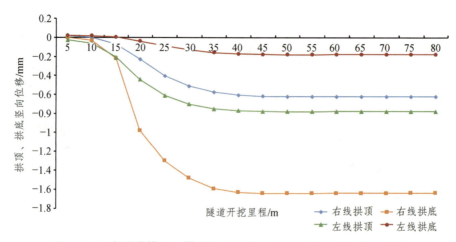

图 3-9　既有隧道拱顶、拱底竖向位移随左线开挖里程的变化曲线

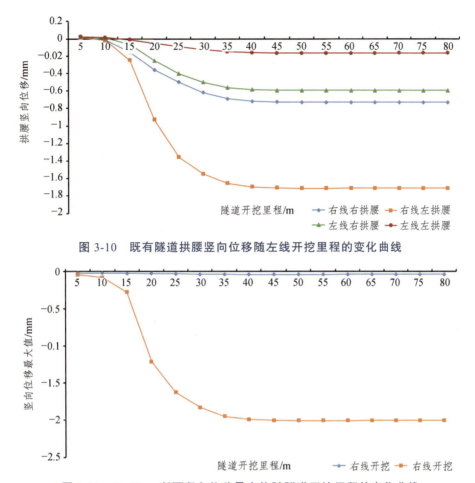

图 3-10　既有隧道拱腰竖向位移随左线开挖里程的变化曲线

图 3-11　$Y = 20$ m 断面竖向位移最大值随隧道开挖里程的变化曲线

由图 3-7 和图 3-8 可见，随着新建隧道右线开挖：

（1）对于既有隧道左线，表现为拱顶向下沉降、拱底向上隆起。当隧道开挖由 5 m 向 45 m 推进过程中，拱顶沉降值不断变大，由 −0.001 1 mm 变为 −0.021 3 mm，随着隧道继续开挖至 80 m 处，沉降值略微减小，基本稳定在 −0.017 8 mm 附近；拱底隆起值在整个开挖过程中表现为持续缓慢增大状态，拱底隆起值由 0.000 7 mm 变为 0.019 7 mm；左、右拱腰发生向上的位移，位移值在整个开挖过程中表现为持续缓慢增大状态，其中左拱腰竖向位移由 0.007 7 mm 变为 0.025 3 mm，右拱腰竖向位移由 0.007 0 mm 变为 0.018 3 mm。

（2）对于既有隧道右线，拱顶和拱底的两条竖向位移曲线变化规律相似，拱顶竖向位移由 0.005 5 mm 变为 0.024 3 mm，拱底竖向位移由 −0.008 8 mm 变为 0.005 8 mm。左、右拱腰的竖向位移同既有隧道左线拱腰位移变化相似，位移值持续缓慢增大，其中左拱腰竖向位移由 0.007 6 mm 变为 0.025 4 mm，右拱腰竖向位移由 0.007 3 mm 变为 0.020 8 mm。

（3）从竖向位移的角度，新建隧道右线的开挖，对既有隧道拱顶产生的影响大于拱底，对左拱腰产生的影响大于右拱腰，但整体的竖向位移变化量很小，不超过 0.03 mm，因此存在部分研究点没有很好的规律性。

由图 3-9 ~ 图 3-11 可见，随着新建隧道左线开挖：

（1）对于既有隧道左线，拱顶和拱底都产生沉降。当隧道开挖由 5 m 向 40 m 推进过程中，拱顶和拱底的沉降值都处于增大阶段，其中拱顶的位移变化量更大，由 − 0.025 7 mm 变为 − 0.770 6 mm，拱底竖向位移由 0.019 0 mm 变为 − 0.171 3 mm。随着隧道继续开挖至 80 m 处，拱顶、拱底沉降处于基本稳定的状态；左、右拱腰产生沉降，曲线变化规律同左线拱顶、拱底曲线相似，在开挖里程达到 40 m 之前位移值处于增大状态，40 ~ 80 m 区间处于基本稳定状态，其中右拱腰沉降较大，达到 − 0.593 6 mm。

（2）对于既有隧道右线，拱顶和拱底都产生沉降。当隧道开挖由 5 m 向 40 m 推进过程中，拱顶和拱底的沉降值都处于增大阶段，其中拱底的位移变化量远大于拱顶，由 − 0.001 1 mm 变为 − 1.63 mm。随后在开挖里程 40 ~ 80 m 区间拱顶、拱底沉降处于基本稳定状态；左、右拱腰产生沉降，在开挖里程达到 40 m 之前位移值处于增大状态，40 ~ 80 m 区间处于基本稳定状态，其中左拱腰沉降较大，达到 − 1.713 mm。

（3）从竖向位移的角度，新建隧道左线的开挖，对既有隧道右线产生的影响大于左线，其中右线拱底和右线左拱腰处产生的沉降最大。

对于 $Y = 20$ m 断面处，可以看出：新建隧道右线开挖对既有隧道的竖向位移影响远远小于左线开挖，竖向位移主要产生在新建隧道左线开挖里程达到 40 m 前。最大竖向位移为 − 2.011 mm，位于既有隧道右线左拱脚附近。

2）水平位移

图 3-12 右线开挖 15 m、45 m、75 m，左线开挖 15 m、45 m、75 m 时的位移分布云图。选取既有隧道 $Y = 20$ m 处典型断面进行分析。既有隧道拱顶、拱底、拱腰水平位移随着新建隧道右线开挖里程的变化曲线如图 3-13、图 3-14 所示；随着新建隧道左线开挖里程的变化曲线如图 3-15 ~ 图 3-17 所示。规定水平位移向右为正，向左为负（顺着隧道开挖方向看）。

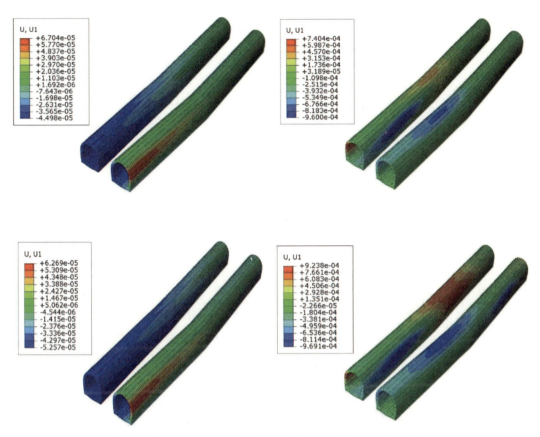

（a）右线不同开挖里程（15 m/45 m/75 m）　　（b）左线不同开挖里程（15 m/45 m/75 m）

图 3-12　既有隧道水平位移分布云图（单位：Pa）

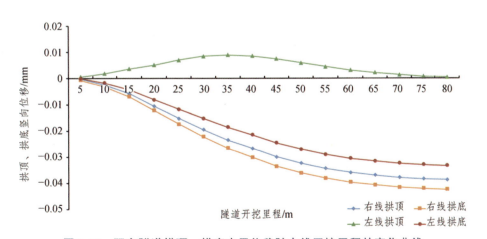

图 3-13　既有隧道拱顶、拱底水平位移随右线开挖里程的变化曲线

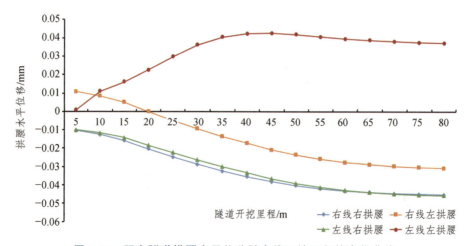

图 3-14　既有隧道拱腰水平位移随右线开挖里程的变化曲线

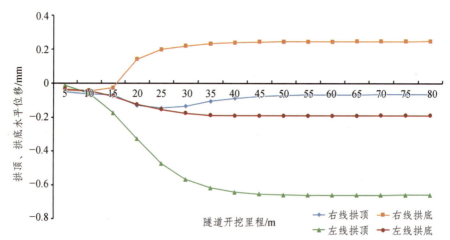

图 3-15　既有隧道拱顶、拱底水平位移随左线开挖里程的变化曲线

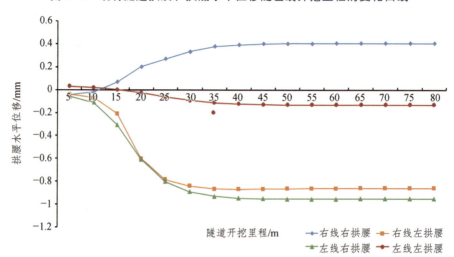

图 3-16　既有隧道拱腰水平位移随左线开挖里程的变化曲线

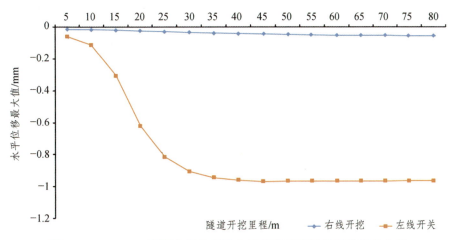

图 3-17　$Y=20$ m 断面水平位移最大值随隧道开挖里程的变化曲线

由图 3-13、图 3-14 可见，随着新建隧道右线开挖：

（1）对于既有隧道左线，拱顶产生向右的水平位移，变化趋势为在开挖里程达到 35 m 前缓慢增加，随后缓慢减小，最大值为 0.009 1 mm；拱底产生向左的水平位移，位移值随着隧道开挖里程的增大逐渐增大，最大值为 − 0.033 3 mm；左拱腰产生向右的水平位移，在隧道开挖里程为 40 m 时达到最大值 0.042 7 mm，随后开始缓慢减小，最终达到 0.037 2 mm。右拱腰产生向左的水平位移，位移值随着隧道开挖里程的增大逐渐增大，最大值为 − 0.045 6 mm。

（2）对于既有隧道右线，拱顶和拱底产生向左的水平位移，且两条水平位移曲线变化规律相似，都随着隧道开挖里程的增大逐渐增大，拱顶的最大水平位移为 − 0.038 7 mm，拱底为 − 0.042 4 mm；左拱腰在开挖里程 20 m 之前表现为向右的水平位移，之后随着隧道开挖产生向左的水平位移，最大值为 − 0.030 7 mm。右拱腰产生向左的水平位移，变化趋势同左线右拱腰相似，最大值为 − 0.045 2 mm。

（3）从水平位移的角度，新建隧道右线的开挖对两条既有隧道的影响程度相当，整体的水平位移变化量很小，向左、向右均不超过 0.06 mm，没有很好的规律性。

由图 3-15、图 3-16 可见，随着新建隧道左线开挖：

（1）对于既有隧道左线，拱顶产生向左的水平位移，位移值在开挖里程达到 40 m 前迅速增加，随后趋于稳定，最大值为 − 0.659 4 mm；拱底产生向左的水平位移，位移值增速较缓，在开挖里程 35 m 后趋于稳定，最大值为 − 0.190 5 mm；左拱腰产生向左的水平位移，最大值 − 0.131 1 mm。右拱腰产生向左的水平位移，位移值在开挖里程达到 40 m 前迅速增加，随后趋于稳定，最大值为 − 0.954 5 mm。

（2）对于既有隧道右线，拱顶产生向左的水平位移，且位移值相对较小，最大值为 − 0.145 7 mm；拱底产生向右的水平位移，在开挖里程 35 m 后趋于稳定，最大值为 0.25 mm；左拱腰产生向左的水平位移，位移值在开挖里程达到 35 m 前迅速增加，随后趋于稳定，最大值为 − 0.868 2 mm。右拱腰产生向右的水平位移，在开挖里程 35 m 后趋于稳定，最大值为 0.408 mm。

（3）从水平位移的角度，新建隧道左线的开挖，对既有隧道左线产生的影响大于右线，其中左线右拱腰处产生的水平位移最大。

由图3-17可见，对于 $Y = 20$ m 断面处：新建隧道右线开挖对既有隧道的水平位移影响远远小于左线开挖，水平位移主要产生在新建隧道左线开挖里程达到40 m前。最大水平位移为 -0.9657 mm，位于既有隧道左线的右拱腰附近。

综上所述：既有隧道结构的变形主要受新建隧道左线开挖的影响，这是因为新建隧道右线距离既有隧道较远，而左线近距离下穿既有隧道，会对隧道周围围岩产生较大扰动，改变了原有的稳定应力状态，从而使既有隧道结构产生较大变形；变形主要发生在左线开挖里程达到40 m之前，这是因为对于 $Y = 20$ m 断面，新建隧道左线在 $0 \sim 40$ m 开挖区间时距离较近，施工产生的影响较大，随着左线开挖，影响程度逐渐降低，变形趋于稳定。

3. 既有隧道受力分析

将新建隧道开挖前、既有隧道修建完成后的应力状态作为本书考察的既有隧道初始应力，如图3-18所示。

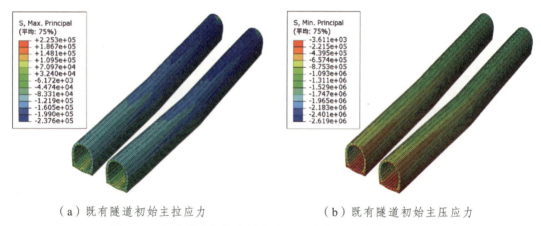

（a）既有隧道初始主拉应力　　　　　　（b）既有隧道初始主压应力

图3-18　既有隧道初始主拉应力、压应力云图（单位：Pa）

由图3-18可见，既有隧道的初始应力状态表现为底板处受到较大的拉应力，底板处最大拉应力为0.225 MPa，拱顶、拱腰等其他部位受到较大的压应力，拱腰处最大压应力为2.619 MPa。

1）既有隧道主拉应力分析

图3-19为既有隧道主拉应力随左右线不同开挖里程的变化曲线。由图3-19可知，随着新建隧道右线的开挖，既有隧道主拉应力几乎没有发生变化；当开挖新建隧道左线时，由于左线距离既有隧道较近，既有隧道主拉应力增大，但是数值变化很小，应力变化值不超过0.12 MPa。应力值较大区域位于隧道底板处，最大为0.33 MPa。

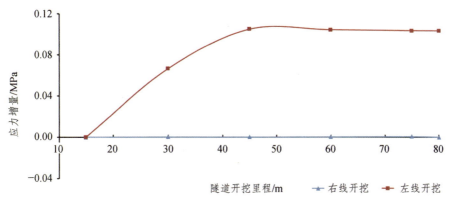

图 3-19 既有隧道主拉应力增量随隧道开挖里程的变化曲线

2）既有隧道的主压应力分析

图 3-20 为既有隧道主拉应力随左右线不同开挖里程的变化曲线。由图 3-20 可知：新建隧道右线开挖对既有隧道主压应力增量影响较小，应力变化值不超过 0.05 MPa；新建隧道左线开挖对既有隧道主压应力增量影响较大，且随着开挖里程的增大呈增长趋势，压应力值较大区域位于隧道拱腰处，最大为 2.76 MPa。

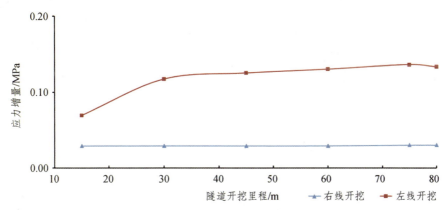

图 3-20 既有隧道主压应力增量随隧道开挖里程的变化曲线

3.2.3 不同工况对既有隧道沉降变形的影响因素分析

影响既有隧道变形大小的因素众多，如新建隧道的开挖工法、开挖进尺、围岩条件等。本书通过使用 ABAQUS 软件进行模拟开挖，研究不同开挖工法、开挖进尺以及围岩条件下既有隧道的受力变形规律。同时结合现场实测数据分析研究，得出研究结论。

1. 不同施工工法对既有隧道变形的影响分析

隧道开挖工程中，不同开挖工法对围岩存在不同的扰动，围岩受到扰动的大小会影响既有隧道结构产生变形的大小，故研究不同开挖工法下既有隧道的变形十分必要。

对于本书实际工程，隧道开挖跨度为 7.2 m，隧道围岩分级为Ⅲ级，且 3 号线施工时采用钻爆法施工，已对 3 号线基底以下围岩产生过扰动，3 号线目前已处于运营状态，新建隧道施工可能造成 3 号线结构沉降、隆起、开裂，轨道变形、道床脱空等，危及地铁 3 号线的安全，造成严重后果。为了能够安全下穿通过 3 号线，采用上下台阶法开挖，开挖进尺为 0.5 m，整个施工过程很好地控制了既有隧道的变形情况。全断面法相较于台阶法施工难度更低、速度更快，因此本节选用全断面法模拟开挖并与实际工程的台阶法进行比对研究，其中开挖进尺、支护参数等与实际工程保持一致。

1）不同工法下既有隧道变形分析

图 3-21 为隧道开挖完成时，两种开挖工法下的既有隧道竖向位移分布云图；图 3-22 为隧道开挖完成时，两种开挖工法下的既有隧道水平位移分布云图。

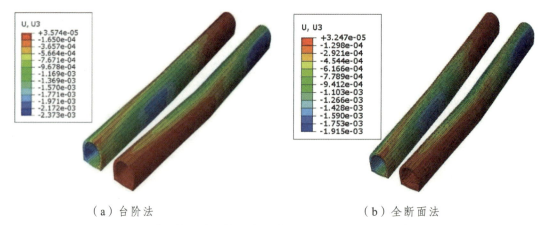

（a）台阶法　　　　　　　　　　　（b）全断面法

图 3-21　两种开挖工法下的既有隧道竖向位移分布云图（单位：Pa）

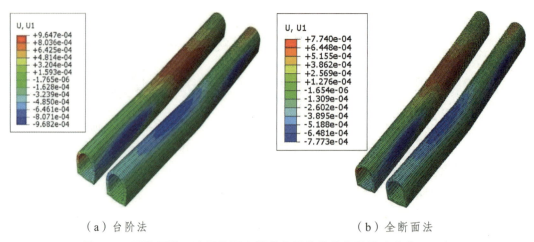

（a）台阶法　　　　　　　　　　　（b）全断面法

图 3-22　两种开挖工法下的既有隧道水平位移分布云图（单位：Pa）

由图 3-21、图 3-22 可见：虽然开挖工法不同，但其竖向位移与水平位移等值区域分布形状大致相同，在拱脚附近产生最大竖向位移，方向向下，在拱腰处产生最大水平位移，方向向左。表 3-2 为两种工法下隧道变形最大值，采用台阶法施工的最大竖向位移为 −2.373 mm，最大水平位移为 −0.968 mm，采用全断面法施工的最大竖向位移为 −1.915 mm，最大水平位移为 −0.777 mm。竖向位移向下为负，水平位移向左为负。

表 3-2 两种开挖工法下的位移值

开挖工法	最大竖向位移/mm	最大水平位移/mm
台阶法	− 2.373	− 0.968
全断面法	− 1.915	− 0.777

以上结果表明：相较于台阶法，采用全断面法施工产生的最大竖向位移和最大水平位移更小。图 3-23 为新建隧道右线开挖时既有隧道最大竖向位移与开挖里程的关系图，图 3-24 为新建隧道左线开挖时既有隧道最大竖向位移与开挖里程的关系图。由图可知：不论是新建隧道右线开挖还是左线开挖，在开挖里程到达 15 m 附近之前，两种开挖工法产生的最大竖向位移大致相同；当开挖里程位于 15 ~ 30 m 区间段时，采用台阶法施工产生的竖向位移大幅度增加，而采用全断面法施工产生的竖向位移较为稳定，仅略微增加。分析认为这是因为模拟中选取的围岩力学参数较好，开挖进尺为 0.5 m 小进尺，选用全断面法可以很好地控制既有隧道变形，而采用台阶法施工的台阶长度为 15 m，开挖下台阶会对隧道周围围岩产生二次扰动，不利于围岩的稳定，而采用全断面法施工时断面一次开挖成形，衬砌可以较早封闭，对围岩的扰动较小；当开挖里程位于 30 ~ 80 m 区间段时，两种开挖工法产生的最大竖向位移变化规律大致相同。对于两种开挖工法，新建隧道左线开挖产生的竖向位移值远远大于右线，这是因为新建隧道右线距离既有隧道较远，而左线下穿既有隧道。

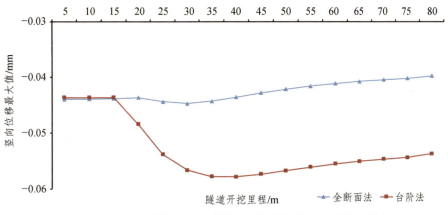

图 3-23 竖向位移最大值随开挖里程的变化曲线（右线开挖）

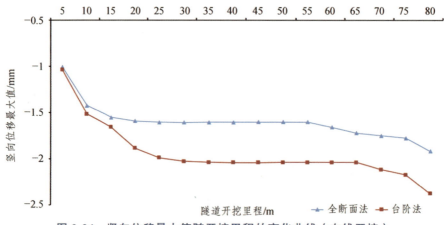

图 3-24 竖向位移最大值随开挖里程的变化曲线（左线开挖）

图 3-25 为新建隧道右线开挖时既有隧道最大水平位移与开挖里程的关系图，图 3-26 为新建隧道左线开挖时既有隧道最大水平位移与开挖里程的关系图。由图可知：对于新建隧道右线开挖，采用台阶法施工产生的水平位移在开挖里程达到 30 m 之前表现为快速增大，然后随着右线的开挖直至完成略微减小。采用全断面法施工产生的水平位移大致表现为缓慢上升，其最终结果小于台阶法施工水平位移值。但因为新建隧道右线距离既有隧道较远，两种开挖工法对既有隧道的水平位移影响很小。对于新建隧道左线开挖，两种开挖工法产生的最大水平位移变化规律大致相同，采用台阶法施工的水平位移值大于全断面法，同样两者都远大于右线开挖时的水平位移值。

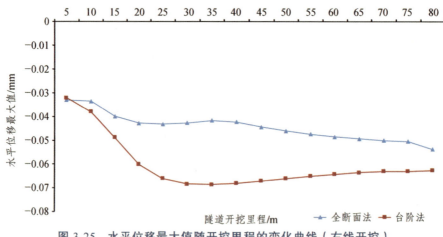

图 3-25 水平位移最大值随开挖里程的变化曲线（右线开挖）

2）不同工法下既有隧道应力分析

图 3-27 和图 3-28 为开挖完成时，两种开挖工法下既有隧道的主拉应力云图和主压应力云图。由图可见，采用不同的开挖工法施工时既有隧道结构的主压应力和主拉应力分布规律大致相同，主拉应力较大值出现在既有隧道底板处，主压应力较大值出现在既有隧道拱腰处。采用台阶法施工时，既有隧道的最大主拉应力为 0.329 MPa，最大主压应力

为 2.752 MPa；采用全断面法施工时，既有隧道的最大主拉应力为 0.297 MPa，最大主压应力为 2.680 MPa。

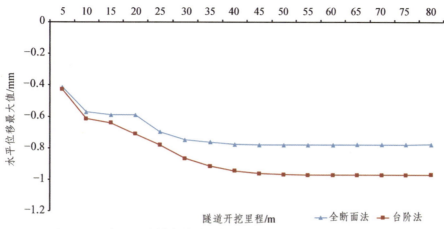

图 3-26　水平位移最大值随开挖里程的变化曲线（左线开挖）

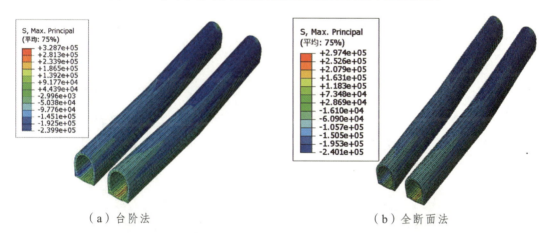

（a）台阶法　　　　　　　　　　　　　　（b）全断面法

图 3-27　两种开挖工法下既有隧道的主拉应力云图（单位：Pa）

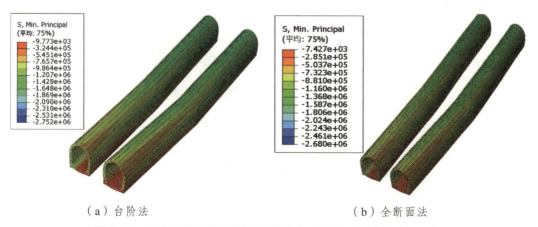

（a）台阶法　　　　　　　　　　　　　　（b）全断面法

图 3-28　两种开挖工法下既有隧道的主压应力云图（单位：Pa）

综上所述，在本书工况条件下（Ⅲ级围岩，开挖进尺为 0.5 m），从控制既有隧道结构位移终值和应力变化角度，采用全断面法开挖要优于台阶法。因此，对于围岩条件较好情况下的隧道下穿工程，可以采用开挖进尺较小的全断面法开挖。但全断面法只适用于围岩等级为Ⅰ~Ⅲ级、开挖进尺较小、开挖断面较小的隧道。当围岩条件较差时，台阶法施工虽然会对围岩产生二次扰动，但是由于台阶的存在可以对开挖面起到一定的支撑作用，有利于掌子面围岩稳定。

2. 不同开挖进尺对既有隧道变形的影响分析

对于隧道开挖工程，开挖进尺的大小是一个重要的因素，不同的开挖进尺对隧道周围围岩影响不同。当开挖进尺较大时，可能会使既有隧道结构产生较大变形，影响既有线路运营的安全性，而选取较小的开挖进尺会增加建设成本和施工时间，因此研究不同开挖进尺下既有隧道的应力应变规律，从而确定合理的开挖进尺十分必要。本节以 0.5 m 开挖进尺的台阶法施工为基准，又分别数值模拟了开挖进尺为 1 m 和 1.5 m 时的隧道开挖过程，通过对比分析来研究开挖进尺对既有隧道变形及应力的影响规律。

1）不同开挖进尺下既有隧道变形分析

图 3-29 和图 3-30 分别为采用 0.5 m、1 m 和 1.5 m 开挖进尺，开挖完成时既有隧道的竖向位移分布云图和水平位移分布云图。

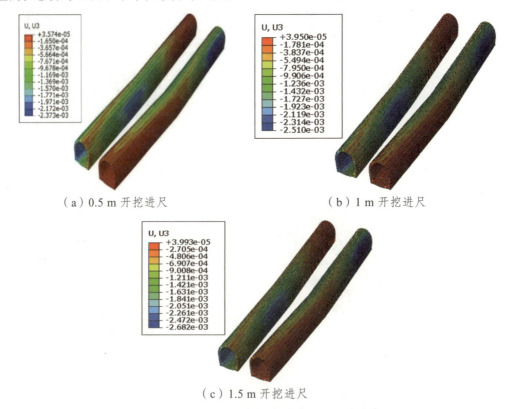

（a）0.5 m 开挖进尺　　　　　　　　　　（b）1 m 开挖进尺

（c）1.5 m 开挖进尺

图 3-29　不同开挖进尺下的既有隧道竖向位移分布云图

（a）0.5 m 开挖进尺　　　　　　　　（b）1 m 开挖进尺

（c）1.5 m 开挖进尺

图 3-30　不同开挖进尺下的既有隧道水平位移分布云图

由图 3-29 和图 3-30 可见：在不同的开挖进尺下，既有隧道竖向位移与水平位移等值区域分布形状大致相同。表 3-3 为不同进尺施工的位移量最值，采用 0.5 m 开挖进尺施工的最大竖向位移为 - 2.373 mm，最大水平位移为 - 0.968 mm；采用 1 m 开挖进尺施工的最大竖向位移为 - 2.510 mm，最大水平位移为 - 1.105 mm；采用 1.5 m 开挖进尺施工的最大竖向位移为 - 2.682 mm，最大水平位移为 - 1.235 mm。竖向位移向下为负，水平位移向左为负。

表 3-3　不同开挖进尺下的位移值

开挖进尺/m	最大竖向位移/mm	最大水平位移/mm
0.5	- 2.373	- 0.968
1	- 2.510	- 1.105
1.5	- 2.682	- 1.235

　　因为新建隧道右线距离既有隧道较远，当采用台阶法施工时对既有隧道的变形影响很小，所以本小节针对新建隧道左线开挖，研究分析在不同开挖进尺条件下，既有隧道最大竖向位移和水平位移随隧道开挖里程的变化规律。

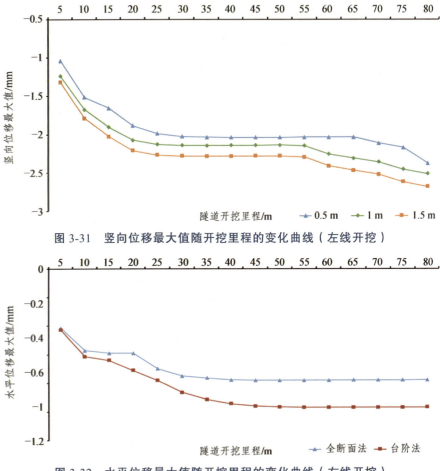

图 3-31　竖向位移最大值随开挖里程的变化曲线（左线开挖）

图 3-32　水平位移最大值随开挖里程的变化曲线（左线开挖）

　　由图 3-31 可知：当新建隧道开挖时，既有隧道产生的竖向位移随着开挖进尺的变大而增大；左线开挖里程达到 55 m 之前，三种开挖进尺下既有隧道的竖向位移变化规律大致相同，当超过 55 m 后，采用 1 m 和 1.5 m 开挖进尺下的竖向位移以相似的增长率变大，采用 0.5 m 开挖进尺下的竖向位移保持稳定，直到开挖里程超过 65 m 后开始增大。由图 3-32 可知：既有隧道的水平位移随着开挖进尺的变大而增大，且三种开挖进尺下水平位移变化规律也大致相同。因此，从控制既有隧道结构位移终值角度，应采用较小的开挖进尺。

　　2）不同开挖进尺下既有隧道应力分析

　　图 3-33 和图 3-34 为三种开挖进尺下，开挖完成时既有隧道的主拉应力云图和主压应力云图。从图中可以看出，采用不同的开挖进尺施工时既有隧道结构的主压应力和主拉应力分布规律大致相同，主拉应力较大值出现在既有隧道底板处，主压应力较大值出现

在既有隧道拱腰处。开挖进尺为 0.5 m 时，既有隧道的最大主拉应力为 0.329 MPa，最大主压应力为 2.752 MPa；开挖进尺为 1 m 时，既有隧道的最大主拉应力为 0.338 MPa，最大主压应力为 2.770 MPa；开挖进尺为 1.5 m 时，既有隧道的最大主拉应力为 0.349 MPa，最大主压应力为 2.788 MPa。可见既有隧道的最大主拉应力和最大主压应力随着开挖进尺的变大而增大，但增幅较小，说明在一定范围内开挖进尺的大小对既有隧道应力影响较小。

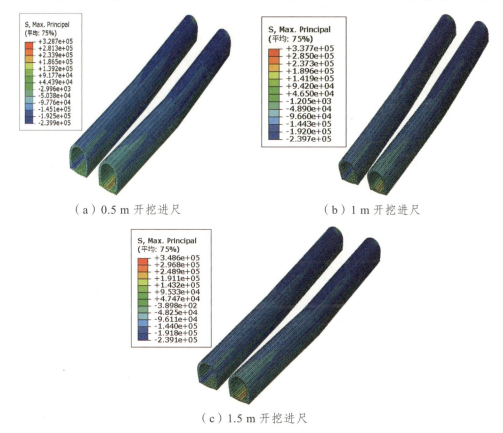

（a）0.5 m 开挖进尺   （b）1 m 开挖进尺

（c）1.5 m 开挖进尺

图 3-33　不同开挖进尺下既有隧道的主拉应力云图

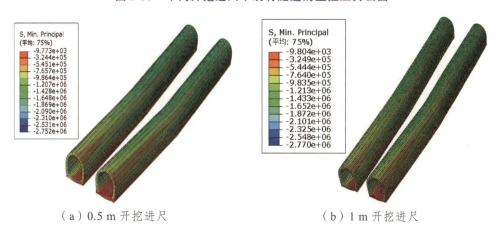

（a）0.5 m 开挖进尺   （b）1 m 开挖进尺

（c）1.5 m 开挖进尺

图 3-34　不同开挖进尺下既有隧道的主压应力云图

3. 不同围岩条件对既有隧道变形的影响分析

对于隧道开挖工程，新建隧道结构和既有隧道结构所在地层的地质条件好坏会直接影响既有隧道的变形受力情况，因此研究新建隧道结构和既有隧道结构处于不同围岩条件下既有隧道的应力应变规律十分必要，可以为以后的类似工程提供参考。本书实际工程中隧道处于Ⅲ级围岩条件，通过改变围岩的弹性模量、泊松比等参数模拟隧道位于不同地层之中的变形和受力情况。详细计算参数如表 3-4 所示。

表 3-4　围岩物理力学参数

围岩级别	弹性模量/GPa	泊松比	黏聚力/kPa	内摩擦角/（°）
Ⅲ	10	0.18	3 500	50
	18	0.16	6 000	60
Ⅳ	4	0.31	600	50
	6	0.3	700	55
Ⅴ	1	0.36	150	45
	2	0.35	200	50

图 3-35 和图 3-36 分别为隧道位于Ⅲ级围岩、Ⅳ级围岩和Ⅴ级围岩条件下既有隧道的竖向位移分布云图和水平位移分布云图。

（a）Ⅲ级围岩

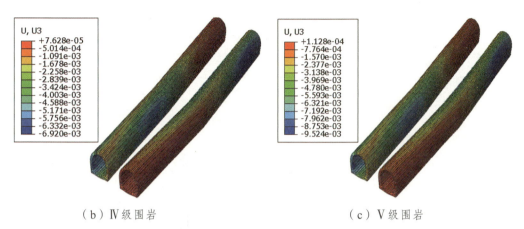

（b）Ⅳ级围岩　　　　　　　　　　　（c）Ⅴ级围岩

图 3-35　不同围岩条件下既有隧道竖向位移分布云图

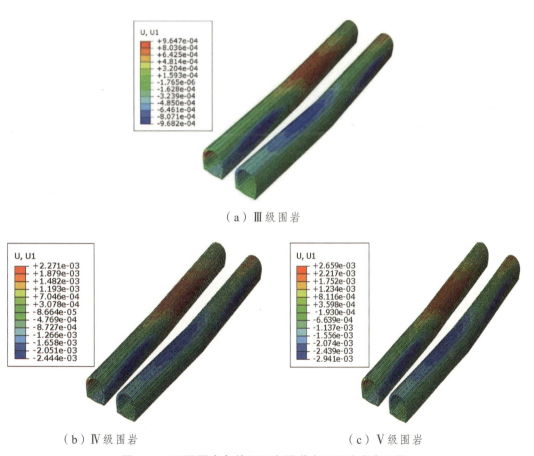

（a）Ⅲ级围岩

（b）Ⅳ级围岩　　　　　　　　　　　（c）Ⅴ级围岩

图 3-36　不同围岩条件下既有隧道水平位移分布云图

最大竖向位移和最大水平位移如表 3-5 所示。

表 3-5 不同围岩条件下的位移值

围岩条件	最大竖向位移/mm	最大水平位移/mm
Ⅲ级围岩	− 2.373	− 0.968
Ⅳ级围岩	− 6.920	− 2.444
Ⅴ级围岩	− 9.524	− 2.941

本小节同样针对新建隧道左线开挖，研究分析在不同围岩条件下，既有隧道最大竖向位移和水平位移随隧道开挖里程的变化规律。

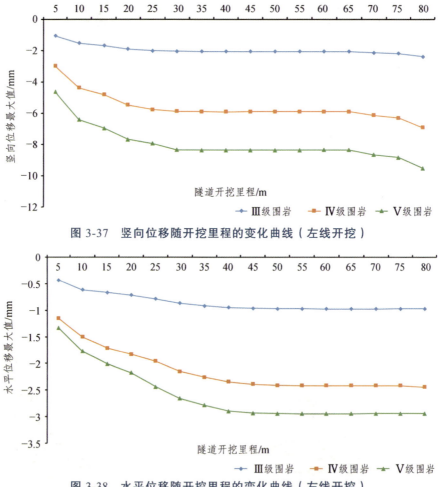

图 3-37 竖向位移随开挖里程的变化曲线（左线开挖）

图 3-38 水平位移随开挖里程的变化曲线（左线开挖）

由图 3-37 和图 3-38 可知：在不同围岩条件下，既有隧道竖向位移最大值和水平位移最大值随着隧道开挖里程的变化规律大致相同；围岩条件的好坏对既有隧道的变形有明显影响，围岩条件越差，既有隧道产生的变形越大。Ⅳ级围岩条件下，既有隧道最大竖向位移为 − 6.920 mm，最大水平位移为 − 2.444 mm；Ⅴ级围岩条件下，既有隧道最大竖向位移为 − 9.524 mm，最大水平位移为 − 2.941 mm。竖向位移向下为负，水平位移向左为负。

当围岩条件较差时，需要选择合适的开挖工法，提高支护强度，并以较小进尺开挖施工，从而降低对既有隧道的影响。

3.2.4　小　结

本节通过应用 ABAQUS 软件对青岛地铁 8 号线青沧区间隧道下穿既有 3 号线隧道工程建立三维数值模型，研究了青岛地铁 8 号线隧道施工中 3 号线隧道结构的变形、受力情况，以及不同开挖工法、开挖步距及围岩条件下对 3 号线隧道结构的影响，结论如下：

（1）当距离既有隧道较远的新建隧道右线开挖时，对既有隧道的竖向位移影响较小。当从既有隧道正下方穿过的新建隧道左线开挖时，对既有隧道竖向位移和水平位移影响明显增大。左线隧道开挖 40 m 前是位移变化幅度最大的区间。

（2）随着新建隧道右线的开挖，既有隧道最大主拉应力几乎没有发生变化；当开挖新建隧道左线时，既有隧道最大主拉应力突然增大，但是数值变化很小，应力变化值不超过 0.12 MPa。应力值较大区域位于隧道底板处，最大为 0.33 MPa。既有隧道主压应力逐渐增大，但是数值变化较小，应力变化值不超过 0.2 MPa。应力值较大区域位于隧道底板处，最大为 2.76 MPa。

（3）对于台阶法和全断面法两种开挖方法，在本书工况条件下，从控制既有隧道结构位移终值和应力的角度来讲，全断面法要优于台阶法。

（4）对于不同开挖进尺，开挖进尺越大，既有隧道的竖向位移和水平位移越大。开挖进尺大小对既有隧道结构应力影响较小，既有隧道的最大主拉应力和最大主压应力随着开挖进尺的增大而增大，但变化很小。对于小净距隧道下穿工程，为了控制既有结构的变形应采用较小的开挖进尺。

（5）对于不同围岩条件，围岩条件越差，既有隧道的竖向位移和水平位移越大。因此对于处于较差围岩条件下的类似隧道工程，应选择合适的开挖方法，适当减小开挖进尺并增强支护；对于较好的围岩条件可选用全断面法开挖并适当增加开挖进尺，从而缩短施工时间。

3.3　极小净距下穿既有运营地铁隧道开挖施工技术研究

结合对青岛地铁 8 号线青沧区间下穿已运营地铁 3 号线进行三维数值分析结果，当青岛地铁 8 号线左线下穿已运营地铁 3 号线正下方开挖施工时，对已运营地铁 3 号线竖向位移和水平位移影响极大，已运营地铁 3 号线主拉应力最大，青岛地铁 8 号线左线隧道开挖极易引起已运营地铁 3 号线结构沉降变形，因此，作者团队针对本工程施工工况，对极小净距斜下穿既有运营地铁隧道开挖施工技术进行研究，尽量减少对围岩的扰动，确保隧道开挖以及既有地铁 3 号线运营安全。

3.3.1 极小净距斜下穿既有运营地铁隧道开挖方法比选

当前地铁施工的主要方法有明挖法、盖挖法、钻爆法、掘进机法、盾构法和浅埋暗挖法。对于下穿工程，可选择的方法有钻爆法、掘进机法、盾构法和浅埋暗挖法。

新建隧道施工时，应根据工程地质条件、水文地质条件和工程特点等选取合适的开挖方法。各开挖方法的对比如表 3-6 所示。

表 3-6　开挖方法对比

开挖方法	工法简介	适用范围	对既有隧道的影响程度	施工难易程度
全断面法	对隧道断面一次开挖成型	Ⅰ～Ⅲ级围岩	最大	最易
台阶法	将隧道断面分为上下两部分，先开挖上部断面，达到设计距离再开挖下部，随后同步推进	Ⅱ～Ⅳ级和部分Ⅴ级围岩	较大	较易
双侧壁导坑法	将隧道断面分为左中右三部分，先开挖左、右导洞，最后开挖中间部分	Ⅴ级围岩条件	较小	较难
交叉中隔壁法	将隧道断面分为 4 个或 6 个部分，自上而下分部施工，及时支护	Ⅴ级、Ⅵ级围岩	最小	最难

已运营地铁 3 号线采用钻爆法施工，已存在 2～3 m 的爆破松动圈，常规爆破开挖不能满足本工程施工安全要求，加之隧道洞身位于中、微风化花岗岩地层，围岩单轴饱和抗压强度>50 MPa，也不具备破碎锤开挖条件。因此，结合本工程实际，最终选用破岩能力强的悬臂掘进机以切削研磨的方式对一个步距范围内隧道进行分部开挖，先开挖隧道周边围岩，开挖结束后进行初期支护，后进行核心土开挖，减少对围岩的扰动及对已运营线路的震动影响，开挖前对拟开挖段掌子面前方围岩进行超前支护，提高拟开挖段与既有运营隧道重叠区域围岩的力学性能；开挖时预留掘进头作业空间，通过采用加厚初喷混凝土厚度、加强超前支护的技术措施，防止初期围岩掉块，建立分等级施工预案保证运营安全。

3.3.2　下穿既有运营地铁隧道超前支护加固施工技术

1. 技术背景

悬臂掘进机切割头长度为 1 m，开挖时需预留约 1.2 m 作业空间，否则切割头极易碰掉钢架，如图 3-39 所示。预留作业空间纵剖面图、现场图如图 3-40 和图 3-41 所示。

图 3-39　预留作业空间不足导致钢架被机头碰掉

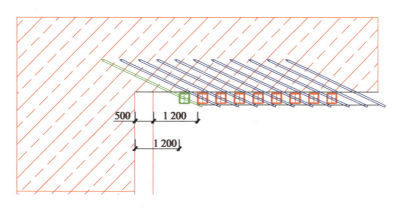

图 3-40　预留作业空间纵剖面图（单位：mm）

图 3-41　预留作业空间现场图

2. 超前小导管注浆预支护

下穿段拱部 150°范围内采用 ϕ48 超前小导管注浆超前支护，$L = 4$ m，$t = 6$ mm，20°打设，环纵间距为 0.4 m × 1 m。超前小导管布置如图 3-42 所示。

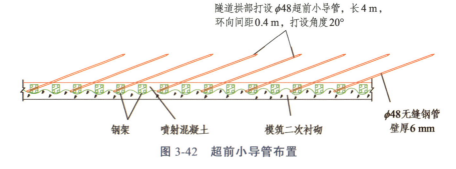

图 3-42　超前小导管布置

1）小导管参数选择

材料：超前小导管采用 ϕ48、厚 6 mm（局部 ϕ42、厚 3.5 mm）普通热轧无缝钢管，钢管长度 4 m，为便于超前小导管插入围岩内，钢管前端做成尖锥状，管身设若干溢浆孔，孔径为 3 ~ 5 mm，孔距为 15 cm，梅花形布置，孔位互成 90°，后端 1.5 m 范围内不设溢浆孔，小导管构造如图 3-43 所示。

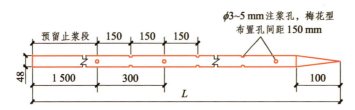

图 3-43　超前小导管构造图（单位：mm）

须严格控制小导管外插角及间距，防止外插角过大，打到已运营地铁结构内。

2）注浆参数选择

水泥浆水灰比：1:1（质量比）或根据现场注浆效果确定。

注浆压力：控制注浆压力≤0.4 MPa，避免对运营线造成影响。

围岩空隙率参考值：砂土 40%，黏土 20%，破碎岩层 5%。施工中根据现场注浆情况调整注浆量。

3）下穿段超前小导管施工要求

（1）采用风钻配备 60 钻头成孔安装，其钻孔深度应大于导管长度，钻孔直径比钢管直径大 3~5 mm，然后将小导管穿过钢架，用锤击顶入，顶入长度不小于钢管长度的 90%，并用高压风将钢管内的砂石吹出。

（2）小导管安设后，封堵孔口及周围裂隙，必要时在小导管附近及工作面喷射混凝土，以防止工作面坍塌。

（3）注浆前应进行压水试验，检查机械设备是否正常，管路连接是否正确，为加快注浆速度和发挥设备效率，可采用群管注浆（每次 3~5 根）。

（4）注浆浆液必须充满钢管及周围的空隙并密实，其注浆量和注浆压力应根据实验确定，每孔的注浆量和注浆压力可根据现场地层情况适当调整。

（5）注浆过程中要随时观察注浆压力及注浆泵排浆量的变化，分析注浆情况，防止堵管、跑浆、漏浆。做好注浆记录，以便分析注浆效果。

（6）注浆时注意观察已运营地铁区间的自动化监测数据，做到信息化指导施工。

3. 超前加固储备措施

遇到围岩破碎时，采用上半断面帷幕注浆方式，超前加固前方围岩。施工前，通知监理确认，监理确认后，召集施工、监理、设计、勘察、监测、业主六方现场会议，共同确定是否需要采用注浆加固方案。

首次注浆施工前准备有效的现场水压测试、水量测试、超前地质预报资料。

注浆采用前进式注浆，注浆范围为开挖线外 2 m，注浆段长度 12 m，一个注浆段完成后留 2 m 不开挖作为下一注浆段的止浆岩盘，注浆终压为 0.3~0.5 MPa。一段注浆开孔直径为 130 mm，终孔直径为 108 mm，注浆前在止浆盘内埋 ϕ100 焊接钢管作为孔口管，孔口管长 2.2 m，孔口外露 20 cm。

施工程序为：施工准备→测量定位→钻孔→孔口管安装→注浆→检验验收。

1）注浆孔位布置

按照设计孔位布孔由外向内施做注浆孔，第一序施工孔位布置为：外围环向第一圈注浆孔沿开挖线内布置，以此类推依次向内进行钻孔，注浆。具体布置方案如图 3-44 所示。

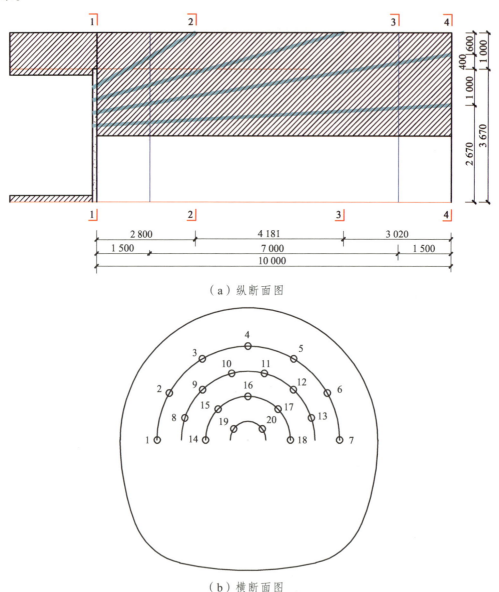

（a）纵断面图

（b）横断面图

图 3-44 上半断面注浆方案示意（单位：mm）

2）平台搭设

为了保证上半断面钻孔和注浆，在隧道内采用钢管脚手架搭设作业平台，平台满足钻机和施工人员承重及高度要求，按照有关安全要求搭设护栏并挂安全网，上面满铺木板。

3）掌子面钻孔

按照孔位布置图，采用钻机在掌子面钻孔，孔径 108 mm，钻孔时按照不同部位采用不同的上扬角（注意上扬角角度的控制，防止打到已运营线结构内）。

4）孔口管安装

孔口管采用外径 100 mm、壁厚 3.5 mm 焊缝钢管，长度 2.2 m，外端焊接内径 100 mm DN32 法兰盘，管外缠麻丝油膏，采用冲击锤夯入孔内，法兰盘距岩面 20 cm，方便拆卸连接螺丝。管外缝隙用锚固剂塞填，要求孔口管外壁和岩面密贴，不能漏水和冒浆。孔口管大样如图 3-45 所示。

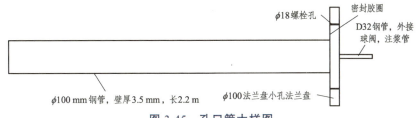

图 3-45　孔口管大样图

5）钻　进

在孔口管内采用潜孔钻机进行钻孔，钻孔直径 130 mm，一次钻进长度 4～6 m，开孔时调整钻杆适度上扬以抵消长距离钻孔的钻杆下垂度。先钻单号孔，后钻进双号孔，左右对称、从上部向下部进行，同时要保证邻近区域在纵向上要错开施工。

6）注浆及其注意事项

单孔注浆半径为 2 m，注浆压力根据现场围岩条件，进行注浆试验确定。

注浆采用普通水泥浆，水灰比 = 0.6～1.2；浆液水灰比及浆液配比应根据注浆效果及现场实际情况及时调整。

钻孔和注浆顺序由外向内，同一圈孔间隔施工。

7）注浆前的准备工作

（1）安装注浆法兰头；

（2）检修和调试注浆设备；

（3）配置浆液及注浆材料的准备；

（4）洗孔：用注浆泵向孔内注清水，不少于 10 min，以提高注浆效果，同时测取钻孔吸水率，以确保浆液初始浓度。

8）注浆参数

（1）浆液浓度：初始浓度：单液浆，水灰比 0.6。

正常注浆浓度：单液浆，水灰比 1。

处理跑浆事故：水泥水玻璃双液浆，C∶S = 1∶1。

（2）浓度调整原则：先稀后浓，根据进浆量和注浆压力的变化，及时调整浆液浓度，若长时间压力不变，进浆量大，则调浓一级，若压力上升快，则调稀一级。为了加快施工进度，减少钻进和注浆的间隔时间，可以在每一次注浆快结束时注入双液浆，以加快浆液的凝固。

（3）扩散距离：顶部及两侧水平方向，扩散 2 m。

（4）注浆终压：0.3 ~ 0.5 MPa，并根据现场试验确定。

（5）注浆结束标准：注浆量越来越少，达到注浆终压并持续 0.5 h，即可结束注浆。

（6）钻注时间：钻孔时，出水即注，依次往复，在每注浆 0.5 h 后，应停止注浆 0.5 h，监测是否对运营线产生影响；若造成运营线结构位移或轨道变形，应立刻停止注浆，重新设置注浆参数。

9）注浆注意事项

详细记录注浆信息，及时填写注浆施工记录。

严格按注浆参数进行注浆，确保注浆效果；每次注浆前检修好设备，确保管路连接牢固和压力表正常，防止注浆中出现爆管；及时观察注浆压力表，并做好注浆压力及浆液记录，以便注浆结束时分析每孔注浆情况；注浆结束后要高档位冲洗注浆管路，防止注浆管路堵塞。

应根据现场围岩情况适当减小外圈注浆范围和角度，避免对运营线造成影响。注浆长度根据施工涌水情况及超前地质预报结果进行调整，注浆范围应根据现场出水情况进行调整，优化注浆孔布置。

3.3.3 悬臂掘进机分部长台阶法开挖施工技术

结合施工实际，综合地质勘查资料及超前探孔取芯测试结果，获取掌子面前方隧道开挖影响范围内岩层分布与围岩物理力学参数，待拟开挖段掌子面前方围岩注浆加固后，采用悬臂掘进机对掌子面前方岩体进行分部开挖作业，沿拟开挖段轮廓线形成连续的开挖槽，开挖过程中监测既有运营隧道的支护应力状态与位移。

下穿段采用单洞单线马蹄形断面，复合式衬砌，15 ~ 20 m 长台阶法非爆开挖施工，采用悬臂掘进机（三一 EBZ260H 型）分上、下台阶开挖。具体如图 3-46 和图 3-47 所示。

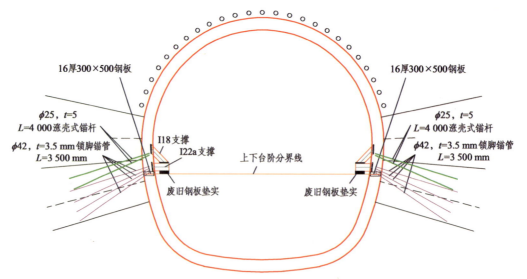

图 3-46 长台阶法施工步骤示意（单位：mm）

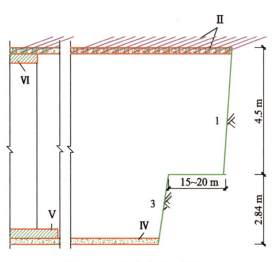

图 3-47　长台阶法剖视图

注：可根据现场实际情况，对台阶长度、高度适当调整。施工中 1 次进尺长度应严格控制在两榀钢架间距之内。

1.　悬臂掘进机参数

三一 EBZ260H 理论最大掘进硬度为岩石单轴饱和抗压强度 90 MPa，采用 1 台 800 kVA 变压器提供 1 140 V 电压驱动，装机功率 437 kW，履带式爬坡能力为 18°，设备参数统计如表 3-7。

表 3-7　悬臂掘进机参数

设备型号	EBZ260H	截割功率/kW	260
额定电压	1 140 V	额定电流	160 A
长度/m	11.8	高度/m	1.85
履带两侧宽/m	2.6	装机功率/kW	437
定位截割高度最小值/m	3.2	定位截割高度最大值/m	5.08
定位截割宽度最小值/m	3.4	定位截割宽度最大值/m	6.1
整机重量/t	91	标配铲板宽/m	3.0

整机如图 3-48 所示。

2. 悬臂式掘进机截割方式

根据现场技术人员放出开挖轮廓线及隧道中线和拱脚红外线激光导向作为依据进行掘进。

图 3-48 悬臂掘进机

悬臂式掘进机就位后，打开位于机头部位的喷水开关喷水降尘，同时加大通风时间，进一步降尘，开始从左侧边墙沿开挖轮廓削出一条槽，再从右侧边墙沿开挖轮廓削出一条槽，再开挖拱顶轮廓成槽，向前移动掘进机再一次就位，就位后截割头采取自下而上、左右循环切削，开挖完整个掌子面。在切削同时铲板部耙爪将切削下来的渣土装入第一运输机，第一运输机转运至掘进机后部，使用挖掘机将渣土装入出渣车运出至井口。开挖完成后，进行二次修整以达到准确的设计断面。

在开挖隧道周边围岩时，为了减小对掌子面上方围岩的扰动，首先在隧道一侧边墙沿轮廓线切削研磨出第一开挖槽部，然后在另一侧边缘沿轮廓线切削研磨出第二开挖槽部，最后沿隧道拱顶边缘轮廓线切削研磨出第三开挖槽部，完成沿隧道边缘开挖槽的整体开挖。

在进行隧道核心土开挖时，对预留核心土的切削研磨运动轨迹为自下而上的 S 形轨迹，且核心土的开挖深度与步距相等。开挖轨迹如图 3-49 所示。

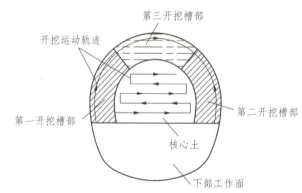

图 3-49 开挖槽与核心土开挖轨迹剖面图

采用悬臂式掘进机以切削研磨方式进行开挖，掘进头的侧面对土体起到切削作用，前端面对土体起到研磨的作用，与传统的钻爆施工方法相比，能够大幅度减小开挖施工对围岩的扰动。采用开挖周边围岩，预留核心土的方法，有效地保证了掌子面的稳定性。悬臂式掘进机及其掘进施工如图 3-50 所示。

（a）掘进机   （b）掘进施工

图 3-50　悬臂式掘进机开挖示意

针对不同硬度的岩石可定制不同的截齿，科学合理的截齿螺旋线排布，确保机器有更好的掘削能力，可根据实际工况条件选择最佳截割头，提高施工效率。当局部遇有硬岩时，可以选用小直径切割头，切割力大，破岩能力强，以降低掘进难度及截齿消耗量。施工前需提前备足载齿等易耗备件备品。

悬臂掘进机开挖完成后，立即初喷 4 cm 厚混凝土，防止初期掉块，掘进完成初喷后现场如图 3-51 所示。

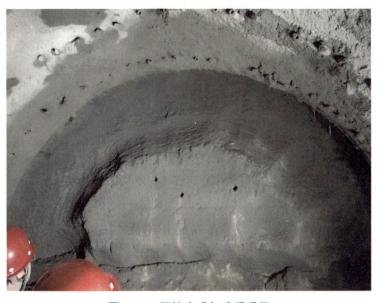

图 3-51　开挖完成初喷后现场

3. 悬臂式掘进机出料运输方式

掘进施工时掘进机先驶入隧道一头，利用切割部在隧道掌子面进行切削掘进，切削下来的渣土直接由"第一运输机"输送至掘进机后方，再装入运渣车运至井口后由龙门吊垂直提升至场内临时存渣区，掘进完成后进行初期支护（格栅钢架安装、喷射混凝土）施做，掘进机则后退至不影响后续工序施工位置等待下一掘进工序。整个隧道掘进过程实现全机械开挖，不仅对围岩扰动小，也避免对已运营线的影响。每循环掘进进尺 0.5 m，预留 1.2 m 切割头作业空间，开挖过程中需保持机械间距，施工方式如图 3-52 所示。

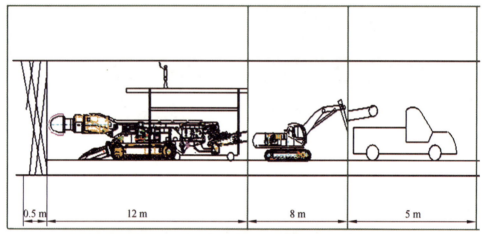

图 3-52　掘进机掘进及运输施工示意

悬臂式掘进机在隧道施工中对围岩扰动小，适应能力强，开挖质量高，洞室开挖断面圆顺度高，便于喷混凝土支护，可缩短工期，保障安全。施工中加强掌子面临时排水管理，施工积水汇集于隧道中线位置排出，避免拱墙底脚积水浸泡。

掘进机在掌子面掘进完成后，支护工班按照设计支护方式进行初期支护，如此循环施工。格栅支护施工前需进行初喷稳定围岩及掌子面岩面，初喷厚度不小于 4 cm。安装格栅钢架、纵向连接筋、打设超前小导管、中空锚杆、锁脚锚杆（管），挂外侧钢筋网喷射 C25 早强混凝土封闭暴露的土体至达到设计要求支护厚度。

4. 技术效果分析

通过对悬臂掘进机施工时间统计。上台阶每进尺 0.5 m，掘进时间为 3 h 50 min，下台阶每进尺 1 m（两个循环），掘进时间为 6 h 10 min。表 3-8 和表 3-9 为上台阶和下台阶掘进时间统计。

表 3-8　上台阶掘进时间统计

序号	日期	里程		开挖掘进时间	掘进时间/h
1	2018.12.31	536.162	536.662	7:00—11:00	4
2	2019.1.1	536.662	537.162	19:00—22:00	3
3	2019.1.1	537.162	537.662	7:00—11:00	4
4	2019.1.2	537.662	538.162	21:00—23:00	3
5	2019.1.2	538.162	538.662	7:00—9:00	2
6	2019.1.3	538.662	539.162	16:00—18:00	2
7	2019.1.3	539.162	539.662	10:00—14:00	4
8	2019.1.4	539.662	540.162	22:00—1:00	4
9	2019.1.5	540.162	540.662	6:00—11:00	5
10	2019.1.7	540.662	541.162	6:00—11:00	5
11	2019.1.8	541.162	541.662	10:40—15:30	3.8
12	2019.1.8	541.662	542.162	7:30—12:00	4.5
13	2019.1.9	542.162	542.662	9:00—13:00	5
14	2019.1.10	542.662	543.162	19:30—2:30	7
15	2019.1.11	543.162	543.662	9:30—14:30	5
16	2019.1.11	543.662	544.162	4:30—6:31	2
17	2019.1.12	544.162	544.662	19:30—23:00	3.5
18	2019.1.12	544.662	545.162	11:30—15:00	3.5
19	2019.1.13	545.162	545.662	2:30—6:00	3.5
20	2019.1.14	545.662	546.162	17:00—19:30	2.5
平均掘进时间					3.815

表 3-9 下台阶掘进时间统计

序号	日期	里程		开挖掘进时间	掘进时间/h
1	2019.2.1	527.162	527.662	14:00—1:00	11
2	2019.2.1	527.662	528.162	14:00—1:00	
3	2019.2.2	528.162	528.662	10:00—15:00	5
4	2019.2.2	528.662	529.162	10:00—15:00	
5	2019.2.2	529.162	529.662	12:30—17:30	5
6	2019.2.2	529.662	530.162	12:30—17:30	
7	2019.2.3	530.162	530.662	2:30—11:00	8.5
8	2019.2.3	530.662	531.162	2:30—11:00	
9	2019.2.4	531.162	531.662	17:30—23:00	5.5
10	2019.2.4	531.662	532.162	17:30—23:00	
11	2019.2.4	532.162	532.662	8:30—13:00	5.5
12	2019.2.4	532.662	533.162	8:30—13:00	
13	2019.2.5	533.162	533.662	8:30—13:00	5.5
14	2019.2.5	533.662	534.162	8:30—13:00	
15	2019.2.7	534.662	535.162	15:00—21:00	6
16	2019.2.7	535.162	535.662	15:00—21:00	
17	2019.2.7	535.662	536.162	8:00—13:00	5
18	2019.2.7	536.162	536.662	8:00—13:00	
19	2019.2.8	536.662	537.162	8:00—13:00	5
20	2019.2.8	537.162	537.662	8:00—13:00	
平均掘进时间					6.2

经实践统计，得出以下结论：进度指标 0.5 m/d。下穿段围岩以中风化花岗岩为主，各工序作业时间为：悬臂掘进机开挖时间为 4~6 h，初喷混凝土时间为 0.5 h，格栅钢架安装时间为 1.5 h，中空及锁脚锚杆打设时间为 1.5 h，超前小导管打设及注浆时间为 3 h，喷射混凝土时间为 2 h，合计 12.5~14.5 h。施工过程中加强工序搭接管理，不断优化循环作业时间，加快封闭时间。

3.3.4 小 结

本节通过对极小净距斜下穿既有运营地铁隧道开挖方法进行比选和设计，提出一种极小净距下穿既有运营地铁区间隧道开挖施工方法，采用悬臂掘进机对一个步距范围内隧道进行分部开挖，先开挖隧道周边围岩，开挖结束后进行初期支护，后进行核心土开挖，减少对围岩的扰动及对已运营线路的振动影响，开挖前对拟开挖段掌子面前方围岩进行超前支护，提高拟开挖段与既有运营隧道重叠区域围岩的力学性能；开挖时预留掘进头作业空间，通过采用加厚初喷混凝土厚度、加强超前支护的技术措施，防止初期围岩掉块，确保隧道开挖以及既有地铁3号线运营安全。

3.4 下穿既有运营地铁隧道复合支护体系设计与施工技术研究

3.4.1 复合初期支护体系沉降变形控制施工技术

1. 技术背景

8号线区间隧道下穿3号线段采用单洞单线马蹄形断面，复合式衬砌，ZDK47+540.430～ZDK47+670段采用长台阶法非爆开挖施工，下穿段长度为129.57 m。

采用φ48超前小导管进行超前支护，三一重工EBZ260H型悬臂掘进机组织开挖（破岩能力≤60 MPa），遇硬岩无法挖动时，采取液压潜孔钻机钻孔+液压破碎锤进行破碎开挖，最后采用格栅钢架加锚网喷混凝土及时进行初期支护。

下穿段隧道上、下台阶错开长度15～20 m，上台阶拱脚向外扩挖20～30 cm，安装4根L形φ22螺纹钢与钢架主筋焊接牢固，喷射C25混凝土形成大拱脚，以约束上台阶开挖后的沉降变形，上台阶每循环进尺控制在1榀钢架间距内（0.5 m），下台阶每循环进尺控制在2榀钢架间距内（1 m）。

初期支护紧跟开挖作业面，开挖后立即对围岩进行初喷、架立格栅拱架、挂钢筋网，喷射混凝土分1～3次复喷达到设计要求，并覆盖全部钢筋和锚杆露头。

施工中，对3号线隧道实行自动化监测，做到信息化施工，检测结果指导现场施工，并可根据检测数据适当调整施工步骤。

2. 复合初支体系设计

下穿段隧道按喷锚构筑法进行设计和施工，初期支护采用喷混凝土、钢筋网和格栅钢架，二衬采用钢筋混凝土。支护参数如下：

（1）上半断面帷幕注浆，注浆范围为开挖线外2 m，注浆段长度20 m（12 m），一个注浆段完成后留3 m（2 m）围岩作为下一注浆段的止浆岩盘，注浆终压为0.3～0.5 MPa，注浆方式为前进式。须在施工过程中根据实际揭示地质，召开监理、勘察、设计、业主等六方会议确定是否注浆，或是否优化为采用长度4～6米φ42小导管在掌子面预注浆加固。

（2）接近段 ZDK47 + 540 ~ ZDK47 + 550 段拱部 150°范围采用双排ϕ42 超前小导管注浆进行超前支护，L = 3 m，t = 3.5 mm，内层 10° ~ 15°环纵间距为 0.4 m × 1.0 m，外层 15° ~ 20°环纵间距为 0.4 m × 1.0 m；下穿段 ZDK47 + 550 ~ ZDK47 + 580 段拱部 150°范围采用ϕ48 超前小导管注浆进行超前支护，L = 3 m，t = 6 mm，打设角度为 20°，环纵间距为 0.4 m × 0.5 m；ZDK47 + 580 ~ ZDK47 + 670 段拱部 150°范围采用ϕ48 超前小导管注浆进行超前支护，L = 4 m，t = 6 mm，打设角度为 20°，环纵间距为 0.4 m × 1 m。

（3）悬臂掘进机或液压钻机钻孔 + 液压破碎锤非爆开挖。

（4）ϕ28 主筋格栅钢架全环设置，间距 0.5 m，格栅间距可根据地质情况或监测信息予以调整。ϕ22 纵向连接筋连接，间距 1 m，内外交错布置。

（5）边墙ϕ25 中空锚杆，L = 3 m，环纵间距为 1.0 m × 1.0 m（1.2 m × 1.0 m）。下穿段开挖时在每榀钢架上台阶拱脚处左右各打设 4 根ϕ42 锁脚锚管、t = 3.5 mm、L = 3.5 m。下台阶开挖前，在上台阶拱脚左右各打设 2 根ϕ25、t = 5 mm、L = 4 m 涨壳式锁脚锚杆，提供 60 kN 预应力锁定上台阶钢架。

（6）全环 ϕ8 单层钢筋网，200 mm × 200 mm 网格。

（7）350 厚初支喷混凝土：C25 早强混凝土，全断面支护。

3. 复合初支体系施工工艺

1）开挖面及拱脚初喷封闭措施

悬臂掘进机掘进 0.5 m 后，加上 1.2 m 作业空间，共 1.7 m 围岩暴露，须立即初喷不小于 4 cm 厚混凝土，防止围岩掉块、遇水软化，如图 3-53 所示。

图 3-53　初喷封闭掌子面

掘进完成后安装钢架，安装前必须清理钢架底部虚渣，拱脚喷射 10 cm 厚 C25 混凝土，并设置 300 mm × 500 mm × 16 mm 钢垫板，保证支垫在基岩上，同时加强拱脚及锁脚，严格施作钢架锁脚锚杆（管），控制向下倾角、错固长度等指标，保证锁脚锚杆（管）锚固支撑效果防止变形沉降，如图 3-54 所示。

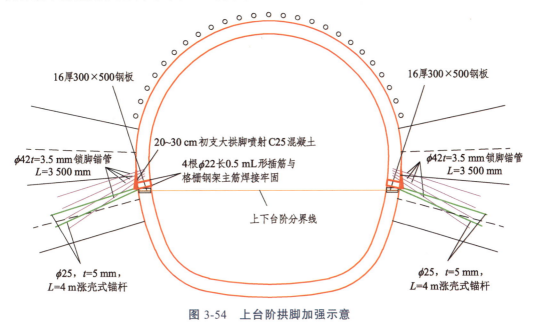

图 3-54　上台阶拱脚加强示意

2）格栅支护施工

格栅支护施工前需进行初喷稳定围岩及掌子面岩面，初喷厚度不小于 4 cm。安装格栅钢架、纵向连接筋、打设中孔锚杆、锁脚锚杆，挂外侧钢筋网喷射 C25 早强混凝土封闭暴露的土体至设计要求支护厚度。

（1）格栅加工。

隧道采用钢格栅 + 网喷混凝土支护，格栅采用钢筋加工厂集中加工。格栅加工交底由技术人员严格按照标准规范交底于钢筋集中加工厂加工人员。钢筋格栅第一榀制作好后在场地内试拼，保证满足规范及设计要求的偏差，首件验收合格后，再投入批量生产。

格栅钢架应根据编号分别加工，加工时必须进行专业测量，采用全站仪整体测量放样，整体成榀加工、编号、存放，以保证格栅钢架连接时的整体安装质量。

加工做到尺寸准确，弧形圆顺；钢筋焊接（或搭接）长度满足设计要求，钢架两侧对称焊接成型时，钢架主筋中心与轴线重合，接头处相邻两节圆心重合，连接孔位准确。

成型的格栅钢架应圆顺，允许偏差为：拱架矢高及弧长 + 20 mm，架长 ± 20 mm。格栅钢架组装后应在同一平面内，尺寸允许偏差为 ± 20 mm，扭曲度为 20 mm。格栅钢架各单元主筋、加强筋、连接角钢焊接成型，片与片之间用 M22 螺栓连接。所有焊缝均采用双面搭接焊接电弧焊，焊接长度 5 d，同一焊接区段内，钢筋接头面积按有关规范处理。

严格焊前及焊缝检查，注意事项：

焊接材料附有质量证明书，并符合设计文件和国家标准规定。钢筋按照钢材质量证明书进行现场复检。有锈蚀的钢筋禁止使用，对轻微浮锈油污等清除干净并对焊点进行防锈处理。

焊制前进行焊工摸底试焊，按照手工电弧焊规范经考试合格的评定焊接等级。并按照规范选用焊接电流、电压、引弧速度等，并要求供电质量稳定。

施焊前焊工复查组装质量及焊缝区的处理情况，如不符合要求，修整合格后才能焊接。焊接完毕后清除熔渣及金属飞溅物，不允许出现漏焊和假焊等现象。

格栅加工允许偏差见表 3-10。

表 3-10　格栅加工允许偏差

序号	项目		允许偏差	检查方法
1	拱架矢高及弧长		+20～0	尺量
2	墙架长度		±20～0	尺量
3	拱、墙架高、宽尺寸		10～0	尺量
4	格栅组装试拼	高度	±30	尺量
		宽度	±20	尺量
		平面翘曲	+20～0	尺量
		螺栓眼中心间距	±1.0	尺量
5	钢筋间距		±10	尺量
6	钢筋搭接长		±15	尺量

（2）格栅安装。

定位测量：首先用全站仪测定出拱顶中线，确定拱脚高程。

安装前的准备工作：加工好的单元格栅钢架分单元堆码，并挂牌标识，以防用错。安设前进行断面尺寸检查，及时处理欠挖部分，保证钢架正确安设，安设前将格栅拱角部位的松渣处理干净，杜绝有夹层出现，并垫上钢板，防止钢架下沉。

钢格栅安装：开挖后应及时安装，两榀钢格栅间沿周边设 Φ22 纵向连接筋，环向间距 100 cm，形成纵向连接体系，然后挂设钢筋网片，钢筋网片绑扎在钢架的设计位置，并与格栅钢架牢固连接，格栅钢架连接板采用 M30×70 高强螺栓进行连接。施作初期支护混凝土。格栅安装允许偏差应满足下列要求：钢架纵向允许偏差为 ±30 mm；钢架横向允许偏差为 ±20 mm；高程偏差允许误差为 ±15 mm；垂直度允许偏差为 5‰；钢架保护层厚度允许偏差为 -5 mm。

3）中空锚杆、锁脚锚杆（管）施工

在开挖过程中，采用中空注浆锚杆、锁脚锚杆（管）对土体加固、止水，固定钢格栅。

（1）中空锚杆：设置于隧道边墙，$\phi25$ 中空锚杆，长度 3 m，壁厚 5 mm，下穿段环纵间距 1.2 m×1.0 m，梅花形布置，锚杆打设角度宜垂直于裂隙与裂隙呈大角度打设。

（2）锁脚锚杆（管）：下穿段开挖时在每榀钢架上台阶拱脚处左右各打设 4 根 $\phi42$、$t=3.5$ mm、$L=3.5$ m 锁脚锚管。下台阶开挖前，在上台阶拱脚左右各打设 2 根 $\phi25$、$t=5$ mm、$L=4$ m 涨壳式锁脚锚杆，提供 60 kN 预应力锁定上台阶钢架。锁脚锚杆（管）与格栅主筋焊接牢靠，并加焊 L 形钢筋可靠连接，防止下台阶开挖时掉拱。

（3）中空注浆锚杆支护施工。

锚杆制作：采用厂家生产的定型产品，锚杆由中空全螺纹杆体、排气管、锚头、止浆塞、垫板、螺母组成。

锚杆成孔机具采用手持 YT-28 风钻。钻孔完毕应将孔内岩粉和土屑清洗干净。

将安装好锚头的中空锚杆和排气管同时插入孔内，锚头上的倒刺立即将锚杆挂住。施工中应对锚杆检查位置、钻孔直径、钻孔深度和角度、锚杆杆体长度和杆体插入长度。

（4）锁脚锚杆（管）支护施工。

开挖时在每榀钢架上下台阶连接处设四根锁脚锚杆（管），水平倾角 30°，锚杆成孔机具采用手持 YT-28 风钻，锁脚锚管与格栅主筋焊接牢固。

注浆浆液采用 M30 水泥砂浆，水灰比 = 0.4～1.0，浆液配比和注浆压力根据现场试验调整。注浆压力范围控制在 0.3～0.6 MPa，注浆压力逐步升高达到终压并稳定后结束注浆。

（5）涨壳式预应力锚杆。

配件包括：涨壳式锚头，锚杆体，止浆塞，Q235 垫板，螺母。

图 3-55　涨壳式锚杆

操作工艺流程：定位→注浆管制作→钻孔→锚杆安设→锚具安装→张拉与锁定杆体紧固→涨壳锚头涨开→注浆→锚头保护

钻孔成形并清孔，涨壳式锚杆头直径 32 mm，需使用 60 mm 钻头钻孔，孔深 4.0 m，成孔后使用高压风枪清孔。

将安装有涨壳锚头的杆体插入孔底部；杆体与岩面之间采用锚固剂或棉毡等封堵，并加装止浆塞、锚垫板，安装螺母紧固垫板。

用力矩扳手预紧杆体，最大力矩为 100 kN，使涨壳锚头在锚孔中充分涨开。

施加预应力完成后及时注浆，注浆材料宜采用 M30 水泥浆，水灰比宜为 0.4 ~ 1，注浆压力控制在 0.3 ~ 0.5 MPa。注浆程序：迅速将锚杆、注浆管及注浆泵用快速接头连接好；开动注浆泵注浆，直到浆液从孔口周边溢出或压力表达到设计压力值为止。

4）钢筋网施工

（1）钢筋网材料。

钢筋网片在钢筋加工厂集中加工成型，安装固定于钢架上，相邻钢筋网片搭接长度不小于 1 个网格。钢筋网片采用 φ8@200 mm × 200 mm 网格，布置在钢格栅内侧。

钢筋网原材进场时，必须按批抽取试件作力学性能（屈服强度、抗拉强度和伸长率）和工艺性能（冷弯）试验，其质量必须符合现行国家标准的规定和设计要求，保证其类型、规格、性能等应符合设计要求和国家、行业有关技术标准的规定。

（2）钢筋网的制作及施工标准：

钢筋网与隧道断面形状相适应并与锚杆或其他固定装置联结牢固。

钢筋应冷拉调直后使用，钢筋表面不得有裂纹、油污、颗粒状或片状锈蚀。

钢筋网的网格间距应符合设计要求，网格尺寸允许偏差为 ± 10 mm。

钢筋网搭接长度为 200 mm。

5）喷射混凝土施工

格栅钢架安装完成后，及时施作喷射混凝土，封闭支护结构。采用 C25 湿喷早强混凝土。下穿段喷射厚度为 350 mm。

（1）湿喷混凝土施工工艺。

湿喷法把按配合比加水拌制好的混凝土混合料送入湿喷机，通过高压风将混合料喷到受喷面上。

（2）湿喷混凝土施工设备。

喷射混凝土湿喷工艺，应配置的基本设备为：JS750 强制搅拌站 1 套，TK700 型湿喷机 2 台，24 m³/min 空压机 2 台。

（3）湿喷混凝土施工方法。

喷射机安装好后，先通风、清洁管道内杂物。同时用高压风吹扫受喷面，清除受喷面上的尘埃。

喷射混凝土的喷射路线应自上而下，呈 S 形运动；喷射时，喷头作连续不断的圆周运动，并形成螺旋状前进，后一圈压前一圈三分之一。

喷射机要求风压为 0.3 ~ 0.5 MPa，喷头距受喷面的距离控制在 0.6 ~ 1.0 m 时较好。

混凝土喷射应分片一次自下而上进行，并先喷格栅钢架与壁面间混凝土，然后再喷两钢筋格栅之间混凝土。

（4）湿喷混凝土技术要求。

初喷混凝土紧跟开挖面，复喷前先按设计要求完成锚杆、注浆小导管、钢筋网和格栅钢架的安装工作。喷射混凝土分层喷射，初支一次喷射厚度为 7 ~ 10 cm。后一层喷射在前一层混凝土终凝后进行，若终凝 1 h 以后再次喷射混凝土时，受喷面应用风、水清洗。

实验室负责优选喷射混凝土的配合比与现场控制，喷射施工前先进行试喷，试喷合格后再投入喷射施工，并按规定制作混凝土试块，进行强度检测。

每次喷混凝土完毕后，及时检查厚度，若厚度不够需进行补喷达到设计厚度。

禁止将回弹料作为喷射料使用。

坚决实行"四不"制度，即：喷混凝土工序不完，隧道开挖面不前进；喷混凝土厚度不够不前进；混凝土喷射后发现问题未解决不前进；监测结果表明不安全不前进。

4. 已运营线沉降变形控制预案

针对悬臂掘进机开挖 1.2 m 预留空间预防掉块，进而导致已运营线沉降变形（控制值 5 mm、预警值 3 mm），制订分级施工应急预案，共分四级施工。采用轻型钢架能在掉块出现时第一时间封闭 1.2 m 预留段，通过现场应急演练，上台阶轻型钢架安装时间每榀 6 min，可在 15 min 内安装完成 2 榀，喷 15 cm 厚 C25 混凝土快速封闭，最后架立普通格栅钢架喷砼 20 cm 厚，形成双层初支预防早期掉块。

1）一级施工预案

一级施工工况为：3 号线自动化监测数据≥1 mm、掌子面出现掉块趋势（有零星掉块）、出现异常渗漏水但拱顶侧墙岩面无裂纹。

主要应对措施如下：

（1）立刻停止开挖，挂网初喷。

（2）架立格栅钢架、挂网喷混凝土封闭。

（3）封闭后再打设超前小导管、锁脚锚管、边墙锚杆，剔除混凝土保护层后与钢架焊接连接。

（4）组织初支背后注浆，遏制继续沉降。

（5）监测数据稳定后，再行组织悬臂掘进机下一循环开挖。

2）二级施工预案

二级施工工况为：3 号线自动化监测数据≥2 mm、掌子面出现部分掉块（掉块轮廓小于 50 cm）、出现异常渗漏水、拱顶侧墙岩面出现裂纹。

主要应对措施如下：

（1）立即停止开挖，快速架立轻型钢架密排至掌子面挂网喷 15 cm 厚 C25 混凝土进行封闭，密排架立（间距 30 cm），现场预备 6 榀。轻型格栅加工参照 IV₁ 型钢架图加工（断面放大至 7.2 m×7.34 m），主筋为 φ22 螺纹钢，轻型钢架安装图、剖面图如图 3-56 和图 3-57 所示，实物如图 3-58 所示。

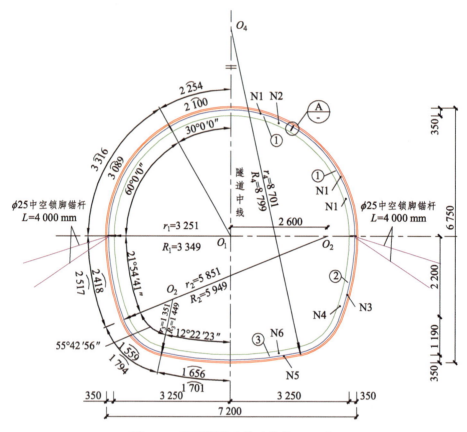

图 3-56　轻型钢架安装（单位：mm）

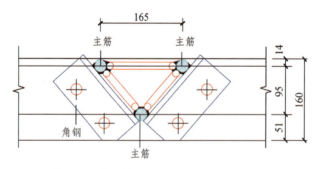

图 3-57　轻型钢架剖面图（单位：mm）

（2）随后架立主洞格栅钢架（使用现有右线Ⅳ₁型 Φ22 主筋钢架），侵限部分待二衬施工时再行处理，采取换拱或减薄二衬厚度（减薄 5～10 cm）、加大二衬主筋的方式，格栅钢架安装如图 3-59 所示。

（3）监测数据稳定后，再行组织悬臂掘进机开挖。

图 3-58　轻型钢架

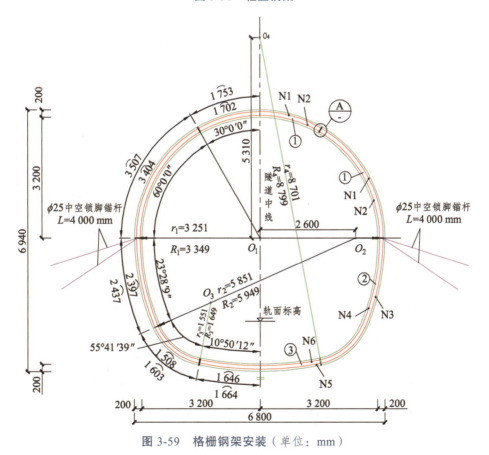

图 3-59　格栅钢架安装（单位：mm）

3）三级施工预案

三级施工工况为：3 号线自动化监测数据≥3 mm、掌子面出现较多较快掉块、出现异常渗漏水、拱顶侧墙岩面出现较大裂纹。

主要措施如下：

（1）立即停止开挖，用方木 + 木板顶住掌子面上方。

（2）同时组织人员沙袋堆满掌子面（准备 3 000 个应急沙袋），将整个掌子面封堵，铺设钢筋网片喷混凝土封闭（厚度>30 cm），如图 3-60 所示。

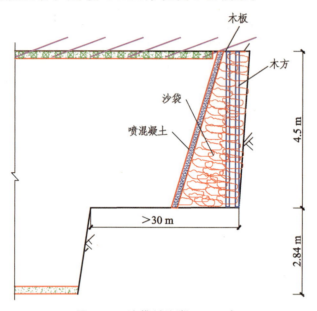

图 3-60 沙袋封堵掌子面示意

（3）采用 ϕ42 钢花管注浆加固掌子面及两侧初支，如图 3-61 所示。

图 3-61 注浆加固掌子面及两侧初支示意

（4）启动半断面帷幕注浆方案及超前大管棚方案，如图 3-62 和图 3-63 所示。

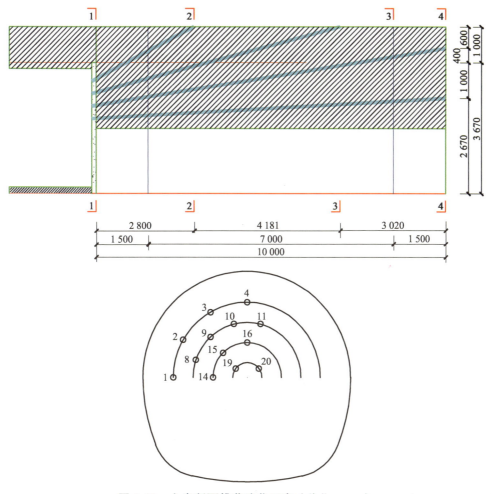

图 3-62 上半断面帷幕注浆示意（单位：mm）

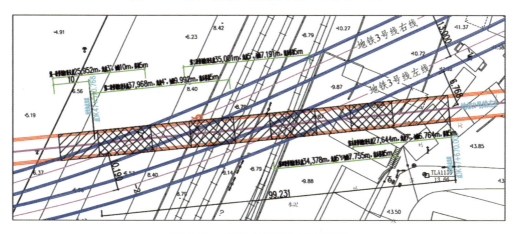

图 3-63 步进式超前大管棚示意

（5）监测数据稳定后，再行组织悬臂掘进机配合液压钻机 + 破碎锤开挖，如图 3-64 所示。

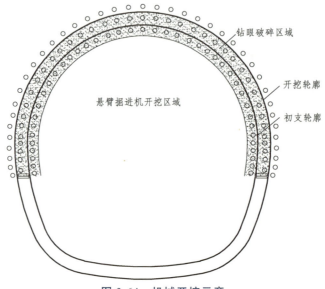

钻眼破碎区域

开挖轮廓

初支轮廓

悬臂掘进机开挖区域

图 3-64　机械开挖示意

4）应急物资储备

针对下穿已运营线路高风险施工，现场储备足够的应急物资，以应对可能的沉降变形甚至坍塌，见表 3-11。

表 3-11　现场应急抢险物资

序号	材料、设备名称	单位	数量	规格型号	性能指标	存于何处
1	喷射混凝土机	台	1	PZ-7	7 m^3/h	现场
2	注浆泵	台	2	CZ-38		现场
3	汽腿式风钻	台	10	YT-28		现场
4	装载机	辆	1	WA50	斗容量 2.7 m^3	现场
5	风镐	台	6	G10	26 L/s	现场
6	小型挖掘机	辆	2	PC80	斗容量 0.3 m^3	现场
7	千斤顶	台	2	YCW-120 型	120 T	现场
8	卷扬机	台	2	JJ2-0.5	拉力 5 t	现场
9	对讲机	台	10	GP88S		现场
10	发电机	台	1		200 kW	现场
11	通风机	台	1	JBT61-2	250～390 m^3/min	现场
12	污水泵	台	2	BW250/50 型	150～250 L/min	现场
13	I18 钢拱架	榀	5			洞内

序号	材料、设备名称	单位	数量	规格型号	性能指标	存于何处
14	轻型钢架	榀	6			洞内
15	临时立柱	榀	10			洞内
16	砂袋	只	1 000			洞内
17	编织袋	只	2 000			洞内
18	加气砖	方	5			洞内
19	方木	方	5			洞内

3.4.2　非对称注浆沉降变形控制施工技术

在开挖前对掌子面前方围岩预先进行非对称注浆加固，采用 $\phi42$，$t=3.5$ 小导管 + 球阀注浆加固围岩，加固纵向范围为沿开挖隧道一个步距的长度，水平范围为一个步距内待开挖隧道与既有运营隧道在水平面内投影重叠的区域，竖向加固范围为待开挖隧道轮廓线与既有运营隧道轮廓线之间的区域，注浆加固范围如图 3-65 所示。

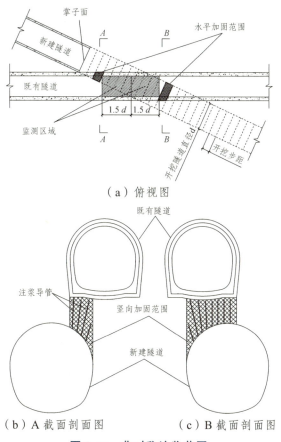

（a）俯视图

（b）A 截面剖面图　　　（c）B 截面剖面图

图 3-65　非对称注浆范围

注浆材料采用水泥单液浆，水泥浆液的水灰比控制在 0.8~1，水灰比要求不能过高或过低，过高的水灰比会导致注浆范围内自由水过多，过低的水灰比会导致浆液的可注性较差，围岩裂隙充填率过低，进而注浆加固效果不满足要求。注浆压力控制在 0.5 MPa 内，防止已运营地铁线隆起。

3.5　本章小结

本章围绕青岛地铁 8 号线青沧区间暗挖段下穿已运营地铁 3 号线工程，开展小净距、小角度、长距离下穿已运营线路技术研究。取得结论如下：

（1）采用 ABAQUS 软件建立三维数值模型，研究了青岛地铁 8 号线隧道施工中运营 3 号线隧道结构的变形、受力情况，以及不同开挖工法、开挖步距及围岩条件下对 3 号线隧道结构的影响，总结了一些规律性成果如下：

① 对于处于较好围岩条件下的类似隧道工程，可以选择全断面法开挖；对于较差围岩条件应选用较小开挖进尺的台阶法开挖，保证施工安全。

② 在下穿既有隧道施工过程中，开挖进尺越小，新建隧道开挖对既有隧道变形和受力影响越小；围岩条件越好，新建隧道开挖对既有隧道变形和受力影响越小。

③ 通过对现场实测数据进行分析得出：新建隧道开挖对既有隧道拱腰和拱底影响较为明显，对既有隧道净空收敛的影响相对较小；对既有隧道左线影响较为明显，对右线影响相对较小。

（2）提出了一种非爆破开挖方法，开挖时预留核心土，采用悬臂式掘进机以切削研磨的方式对一个步距范围内隧道进行分部开挖，先开挖隧道周边围岩，开挖结束后进行初期支护，后进行核心土开挖，避免以往常见钻爆法施工所引起的扰动。开挖过程中实时监测上部运营隧道的沉降变形，开挖结束后采用预留径向注浆管 + 球阀的非对称注浆方式对沉降值过大的围岩区域下方补充注浆，有效控制既有运营隧道不均匀沉降。

（3）提出了一种复合初期支护体系，在长台阶法的基础上，通过加强超前支护、加强锁脚的方式，在上台阶拱脚垫设钢板，投入涨壳式锚杆并施加一定预应力锁定上台阶拱脚，与侧墙中空锚杆、钢筋网、格栅钢架形成联合受力支护体系，有效抑制开挖沉降变形。

4 高水头长距离海底隧道钻爆法+TBM 快速施工技术研究

为确保青岛地铁 8 号线与青岛胶东国际机场同时投入使用，本工程工期压缩近 1 年，在保证安全质量的前提下，对快速施工的要求迫切。本章根据青岛地铁 8 号线穿越海域段工程特点和施工技术的要求，对下穿海域长大隧道群开展暗挖快速施工技术进行研究，主要从两个方面进行突破：一是研究软弱围岩（含富水断层采取预注浆措施后）的微台阶开挖技术；二是研究增设辅助通道，采 TBM 方法进行平行导坑开挖。本章探究利用导坑及联络横通道，增设工作面，减小独头掘进距离，实现基于"钻爆法+TBM"的快速掘进施工技术研究。同时，根据本工程的地质特点，开展了单护盾双模式掘进机不同模式、不同地段的掘进参数控制研究，TBM/EPB 模式转换技术研究。

4.1 引 言

随着经济一体化需求日益迫切和地下公共交通网络蓬勃发展，高度自动化的泥水盾构、异形盾构和双模盾构以其施工速度快、成型质量高、安全性能好、对环境影响小等优越性能，已经成为修建城市越江跨河交通隧道的主要施工设备。统计结果表明，截至 2016 年底，仅在我国境内采用盾构法修建的水下隧道已达 70 余座。以南京长江隧道、济南黄河隧道、佛莞城际铁路狮子洋隧道、南湖路湘江隧道、沅江过江通道、上海外滩通道、钱江隧道等为代表，它们广泛分布于长江、黄河、珠江、湘江、沅江、黄浦江、钱塘江等各大水系干支流上，极大缓解了城市交通拥堵，有效促进了区域经济发展。伴随着众多标志性越江跨海隧道工程的建成和投运，我国在江（海）底复杂困难地层盾构施工关键技术研究方面已取得长足发展和显著进步。文献调研结果显示，国内众多专家和学者已经从复杂地质应对策略、盾构设备选型方案、岩机相互作用原理、掘进施工方案优化、衬砌结构承载性能等多个角度对盾构隧道安全高效施工技术问题进行了详细的探讨和分析。其中，杨书江、李波等针对厦门海域球状风化花岗岩地层和武汉长江底部上软下硬、软硬交替复合地层进行分析，提出了具有针对性的螺旋传输机磨损断裂应对策略和刀盘结泥饼防治措施。蒋超基于佛莞城际狮子洋隧道和沿海城市某海底隧道的工程特点及地质条件进行探讨，改进了气垫式泥水平衡盾构和泥水-土压双模盾构的设备整体选型方法与关键部件配置方案，解决了泥水盾构舱内岩体滞排问题。程池浩等和李建斌等对隧道施工过程中"围岩-盾构"系统相互作用机制进行研究，通过改性地质条件、改良设备构件、优化施工参数完善了长距离高水压越江跨海盾构隧道地质适应性分析方法。

邢慧堂，吴世明等，刘方等，安宏斌等，从浅覆土始发软弱地层扰动特性，下穿堤防风险分析及保护措施，江中深槽区安全掘进控制技术，富水砂层无端头加固接收方案等方面优化了复杂困难地层盾构隧道掘进施工方案体系。何川等、封坤等从孔隙水压、结构刚度和接缝形式等方面着手，对管片环的受力、变形及抗裂等性能进行分析，揭示了水下隧道结构破坏内在原因和基本规律，为提升高水压渗透地层盾构隧道衬砌结构承载稳定能力提供了理论指导。

上述研究成果推动了国内越江跨海隧道建设的发展和进步，但大多针对某一盾构隧道工程所遇到的具体问题，而对近年来国内水下隧道掘进机快速施工过程中所取得的整体技术突破仍缺乏讨论和研究，特别是掘进机穿越破碎围岩地带的施工技术更是少见。

本章以青岛地铁8号线的典型越江跨海隧道工程为案例，从地质条件、施工技术、项目管理等多个方面进行系统分析，归纳海底隧道代表性复杂地层水下盾构隧道建设过程中所遇到的技术难题，提炼了钻爆法＋TBM快速施工技术、单护盾双模式掘进机穿越海底破碎带施工技术、海底隧道穿越破碎带施工技术、海底隧道单护盾双模式掘进机的TBM/EPB模式转换技术等复杂困难地质环境下的水下隧道施工成套关键技术。

4.2　特长海底地铁隧道钻爆法＋TBM快速开挖关键技术

4.2.1　软弱地层微台阶爆破技术

1. 传统微台阶法爆破开挖存在的主要问题及原因

（1）不能够形成较为稳定的台阶，台阶前缘破坏严重，甚至发展到掌子面，威胁到掌子面的稳定。主要原因是爆破参数不合理，控制工艺差，比如大孔网参数、药量过大形成抛掷，网络逐排起爆、钻孔偏差大等原因。

（2）上台阶拱架的锁脚质量无法保障和产生背后脱空现象。主要原因是上台阶掌子面底板爆破受传统过量装药利于翻渣思想的束缚，引起爆破产生过大振动，导致围岩严重松弛，并在微台阶爆破时（甚至不实施光面爆破）又进一步发展所致。

2. 上台阶底板微创爆破技术

1）上台阶炮孔分区示意及底板孔技术要求

隧道上台阶爆破开挖设计通常将炮孔划分为四个区域，掏扩槽区、掘进区、光爆区、底板区，如图4-1所示。在上述四个区域中底板区的最下一排炮孔（底板孔）的爆破作用对下台阶自由面（下台阶平面）影响最大，因此要确保下台阶有效几何尺寸，首先必须要求底板孔不对下台阶平面造成过度损伤，同时又要求底板孔爆破后，岩石松动度能够满足挖掘机较轻松的作业，避免挖掘机过度用力作业反而损伤下台阶平面，如图4-2所示。其次，上台阶底板区底角三角区域，由于夹制作用，常规爆破作业为避免拱脚欠挖，在此区域炸药量较多和孔距过密，造成超挖严重，拱架底部悬空，影响隧道稳定性。因此对于上台阶底板区底角三角区域，应避免欠挖，更要控制超挖。

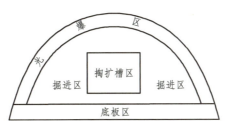

图 4-1　上台阶炮孔分区

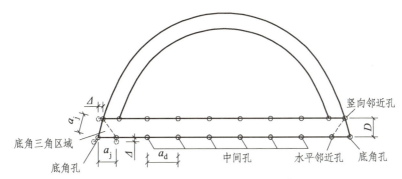

图 4-2　上台阶底板区底板孔示意

2）上台阶底板孔关键爆破技术参数

（1）底板孔排距 D（距离上排炮孔距离）：取 50～70 cm，Ⅳ级围岩取大值，Ⅴ级围岩取小值。

（2）底板孔眼距：中间孔按均匀分配，眼距 a_d = 100～120 cm；底角孔与邻近两孔（竖向邻近孔、水平向邻近孔）眼距取一致，a_j = 50～60 cm；上述眼距Ⅳ级围岩取大值，Ⅴ级围岩取小值。

（3）底板孔外插值 Δ = 10～15 cm。

（4）底板孔单孔装药量以底板中间孔为基础按体积法计算，经研究得到精装药量计算公式如式（4-1）～式（4-3）所示。

$$Q_d = q \times a_d \times (D + \Delta) \times L_{上} \tag{4-1}$$

$$Q_j = 1.2 \times 0.3 \times Q_d \tag{4-2}$$

$$Q_{j临} = 0.5 \times Q_d \tag{4-3}$$

式中：q——炸药单耗，kg/m³，一般取 0.45～0.60 kg/m³（Ⅳ级围岩取大值，Ⅴ级围岩取小值）；

　　　a_d——底板孔中间孔眼距，m；

　　　D——底板孔与上排孔排距，m；

　　　Δ——底板孔外插值，m；

　　　$L_{上}$——上台阶孔深，m，一般取 1～2.1 m，根据围岩级别和开挖进尺确定，Ⅳ级围岩取大值，Ⅴ级围岩取小值；

　　　Q_d——底板中间孔单孔装药量，kg；

Q_j——底角孔装药量，kg；

$Q_{j临}$——水平向邻近孔装药量，kg。

（5）底角孔采取导爆索药串结构，水平向邻近孔采取空气间隔装药结构，竖向邻近孔按常规光爆孔设计，中间孔采用连续装药结构。

（6）底板孔起爆顺序：自中间依次顺序起爆，且必须保障滞后上排孔一个段位。

3. 下台阶微创爆破技术

1）下台阶微创的定义

（1）下台阶爆破不得有抛掷现象存在，但又必须让爆破后的岩块有效脱离并适当松动为度，形成 20～30 cm 的轻微隆起现象，以便挖掘机能顺利实现清渣作业。

（2）爆破开挖后的台阶实际长度（台阶前缘与掌子面最小距离）与台阶理论设计长度的比值控制在 85% 及以上，定义为爆破开挖时对微台阶的创伤程度轻微。

2）下台阶微创爆破技术原理

沿隧道中线对称按 W 形起爆，让最先起爆的炮孔向微台阶中线两侧"分散"，有效避免在微台阶中心区产生斜面或凹坑。严格控制前后排以及邻近孔起爆时差，既保障邻近孔最大波峰振动不叠加，而前后排振动又有一定搭接，同时按掘进孔高度不同，确定掘进孔深度和精准装药量，从而达到既不过度破坏围岩，又能实现围岩松动、破碎便于出渣。微台阶爆破原理正视图、侧视图分别如图 4-3 和图 4-4 所示。

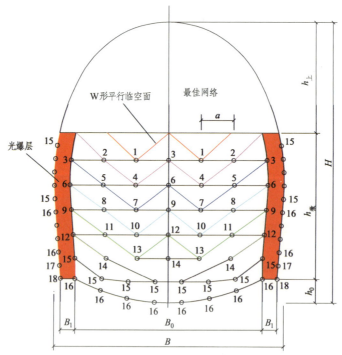

图 4-3　微台阶爆破原理正视图

注：图中数字 1～8 指起爆顺序。

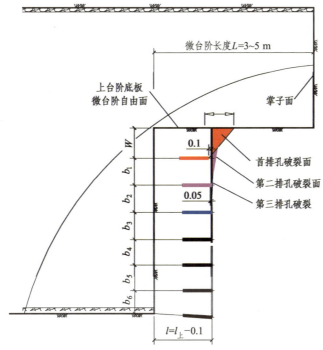

图 4-4 微台阶爆破原理侧视图

3）下台阶掘进区关键爆破技术参数

（1）W 形分散对称起爆网络。

下台阶掘进区以隧道中线为对称轴，将掘进区均分为左右两部分，如图 4-5 所示。每排炮孔最先起爆的 2 个孔（o_{i1}，i 表示炮孔排数）分散到对称轴两侧，布置于掘进区左右部分的中部附近。每排炮孔最先起爆孔在同一列，并以此列孔为基线，依次向两侧对称设计网络，形成 W 形起爆网络，为后续各孔创造出 W 形临空面。该临空面破裂角大、临空面表面积大，有利于改善爆破效果，特别是中线上的孔为双临空面条件，在同孔网参数条件下，它的炸药单耗相对于常规一字形、V 形、梯形等网络设计有所降低，大大减小了爆破对台阶中部前缘损伤，改善了台阶稳定性。

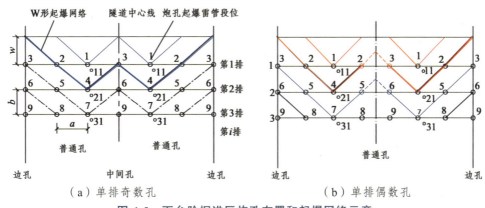

图 4-5 下台阶掘进区炮孔布置和起爆网络示意

（2）W形分散对称起爆网络关键孔网参数。

主要是指炮孔布置形式，首排孔抵抗线，炮孔眼距、排距。根据研究确定关键参数如下：

① 每排炮孔数应一致，炮孔数量宜为奇数，并成方向布置，网络设计最优；当断面宽度不满足布置奇数的要求，需布置成偶数时，隧道中线两侧最近炮孔起爆段位宜相差1个段位。

② 首排孔最小抵抗线：$W = 1.0 \sim 1.2 \text{ m}$（核心参数，保护）

③ 炮孔的眼距：$a = W = 1.0 \sim 1.2 \text{ m}$

④ 炮孔的排距：$b = (0.8 \sim 1.0)a$

（3）微差接力精确起爆时差控制。

① 后排炮孔最先起爆炮孔较前排最先起爆炮孔至少间隔两个段位，但又不大于前排最后起爆孔一个段位。如：第 i 排首先起爆的孔（o_{i1}）接力（滞后）第 $i-1$ 排中首先起爆的[$o_{(i-1)1}$]至少间隔两个序号（两个段位）但不大于 $i-1$ 排中最后起爆孔的序号加1（一个段位），既实现孔间微差、又实现了排间接力微差，且保障了相邻排间孔间应力波主峰错开不叠加，削弱了排间破坏效应，维护台阶的稳定。

② 相邻炮孔起爆按微差起爆设计，间隔至少一个段位，实现孔间微差。

（4）台阶炮孔深度设置。

由台阶爆破机理知，自上而下，炮孔爆破的难度加大，而下台阶前两排由于上台阶爆破形成的松弛圈和松散层存在，更加剧了上下排炮孔爆破区别。因此为保障台阶有效几何尺寸，对于下台阶前三排爆破孔孔深与下部孔区别设计。同时微台阶法需上台阶和下台阶同步掘进，而上台阶爆破利用率低于下台阶，因此下台阶爆破深度应小于上台阶爆破深度，在以上研究分析基础上，确定下台阶各排炮孔深度，如图4-6所示。

关键参数：

① 以下台阶第三排孔孔深为标准孔深（$L_{\text{下}}$）：

$$L_{\text{下}} = L_{\text{上}} - \Delta L$$

式中：$L_{\text{上}}$——上台阶掘进孔孔深，cm。

$$\Delta L = 10 \text{ cm}$$

② 下台阶第一排爆破孔深（$L_{\text{下}1}$）：$L_{\text{下}1} = L_{\text{下}} - 10$，单位 cm

③ 下台阶第二排炮孔孔深（$L_{\text{下}2}$）：$L_{\text{下}2} = L_{\text{下}} - 5$，单位 cm

④ 下台阶其余排炮孔深度等于标准孔深 $L_{\text{下}}$。

（5）台阶炮孔精确装药量。

充分考虑临空面、爆破破裂角等影响因素，对不同部位炮孔装药量进行精细设计，关键原则如下：

① 将掘进区炮孔分为三类。

中心孔：单排炮孔数量为奇数时，隧道中线部位为炮孔中间孔。

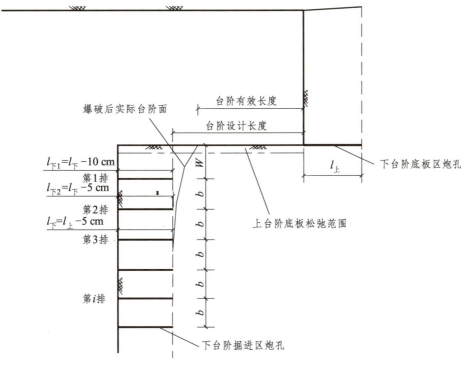

图 4-6 下台阶掘进区炮孔纵断面示意

边孔：靠近两侧光爆孔的两列炮孔。

普通孔：除中心孔、边孔以外的炮孔。

② 爆破装药原则。

以普通孔单孔装药量为标准装药量 Q，按体积法计算药量，装药单耗取 0.35 ~ 0.5 kg/m³，进行设计计算，V级偏小取值，Ⅳ级偏大取值。

中心孔为双临空面，单孔装药量取标准装药量的 50%，即 $Q_{中} = 0.5 \times Q$。

边孔单孔爆破体积与中心孔基本相当，但破裂角较小，单孔装药量取中心孔药量的 120%，即 $Q_{边} = 1.2 \times 0.5 \times Q$。

（6）台阶炮孔装药结构。

① 中心孔、边孔采取空气间隔装药结构。

② 普通孔为连续装药结构。

4.2.2 穿越海底断层带平导双模式 TBM 掘进技术

1. 设备改造与模式转换

1）设备改造

（1）更换掘进机铰接密封、盾尾刷；增加一道盾尾密封刷，共四道盾尾刷可承受约 0.6 MPa 的压力，防止渗漏水。

（2）在掘进机上固定安装 TBM 专用超前钻机（钻孔深度可达到 40 m），跟管钻进，打设水平钻孔，连接压力表及水表，进一步查明 F_5 断层上盘围岩情况及水压；配备双液注浆设备，必要时对刀盘前方一定距离进行超前注浆加固。

2）模式转换

为确保施工安全，TBM 刀盘掘进至距离 F_5 断层约 20 m 时，提前将敞开模式转换为土压平衡模式，模式转换步骤如下：

（1）断开主机上的除尘风管，只保留设备桥上的一段，盾体隔板上的除尘口封堵，并拆除防溜车装置。

（2）将后配套与 TBM 主机之间的拖拉油缸及各种管线断开，管线整理并固定在合适位置；再将设备桥前端支撑在管片运输车上，利用牵引机车拖拉后配套台车整体后退 15 m 左右，获得模式转换操作空间。然后用临时工装支撑设备桥前端，皮带机接料段，保证后配套物料运输通道畅通。

（3）延伸轨枕及轨道至主机管片拼装机下方，然后依次拆除主机皮带机后段和前段，并分别用管片输送车依次运出。

（4）分块拆除土舱内溜槽结构，并通过驱动中部临时导轨逐步运出，分块割除溜渣板，通过土舱下部螺旋机筒体运出。

（5）将搅拌棒、主驱动中心过渡承压隔板结构、过渡泡沫管路结构运进土舱，并按照刀盘搅拌棒（焊接式）、盾体被动搅拌棒（可拆式）、泡沫管路保护结构、主驱动中心过渡压力隔板、泡沫管路、回转接头顺序安装于既定位置。

（6）将螺旋机吊装门架工装分块运到洞内并组装，然后将螺旋输送机运到洞内。并借助临时导链将螺旋机吊装、调整、安装到位，同时安装螺旋机拉杆。要求在此过程中螺旋轴呈收回状态，并机械锁定。最后将螺旋机运输小车运出，拆除螺旋机吊装门架。

（7）将后配套整体前移，断开的管线重新连接。进行整机系统调试后即可按照土压平衡模式向前掘进。至此，所有单护盾模式至土压平衡模式转换工作完成。

2. 土压平衡的建立

土压平衡模式掘进就是利用切削刀盘，将正面岩土体切削下来，进入刀盘后面的贮留密封舱内，并使舱内具有适当压力与开挖面水土压力平衡，以减少 TBM 推进对地层土体的扰动。当土舱和螺旋输送机中的渣土积累到一定数量时，开挖面被切下的渣土经开口入泥土舱的阻力增大，当土舱压力与开挖面的土压力和地下水的水压力相平衡时，开挖面就能保持稳定，开挖面对应的上方围岩部分也不致坍塌或隆起，这时只要保持土舱进渣量与螺旋机出渣量相平衡，开挖工作就能顺利进行。

施工过程中根据不同地层的特点不断对掘进参数进行优化使 TBM 姿态达到最佳。施工参数优化流程见图 4-7。

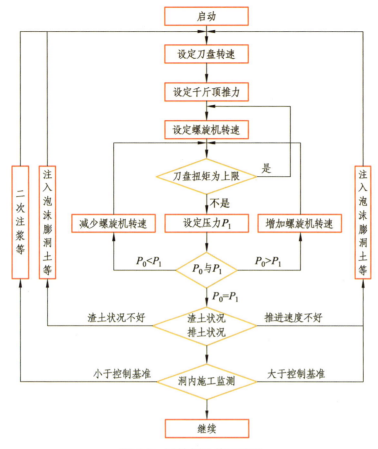

图 4-7　开挖掘进施工流程

土压平衡模式土舱压力主要取决于刀盘前的水土压力，一般取刀盘中心处的水土压力为准，F_5 断层位于海域段，土舱压力

$$P_1 = \beta \cdot \gamma \cdot h$$

式中：P_1——涌水水压；

$\quad\quad\beta$——折减系数；

$\quad\quad H$——涌水点与地下水位的高差；

$\quad\quad\gamma$——水的重度。

TBM 在掘进工程中可参照以上方法计算平衡压力（即土舱压力）的设定值。并根据洞内监测数据及时进行调整。

3. 渣土改良和出土量控制

1）渣土改良的作用

TBM 在 F_5 断层中掘进施工，进行渣土改良是保证 TBM 施工安全、顺利、快速的一项不可缺少的最重要技术手段。具有如下作用：

（1）保证渣土和添加介质充分拌和，以保证形成不透水塑流性的渣土从而建立良好的土压平衡机理，只有渣土改良效果好才能从根本上保证掘进过程中掌子面稳定，同时提高掘进效率，以保证预定的施工进度目标。

（2）降低F_5断层中的破碎泥糊的黏附性，防止刀盘结泥饼。有效降低刀盘扭矩，提高掘进效率。

（3）渣土改良达到一定的效果，可有效防止渣水分离，防止螺旋机喷涌现象。

2）渣土改良方法

渣土改良就是通过TBM的专用装置向掌子面及土舱加入添加剂，利用刀盘的旋转搅拌、土舱搅拌装置搅拌使添加剂与土渣混合，其主要目的就是要使TBM切削下来的渣土具有好的流塑性、合适的稠度、较低的透水性和较小的摩阻力，以满足在F_5破碎带中掘进时能达到理想的工作状况。添加剂主要有泡沫剂、膨润土及聚合物。

3）改良剂参数确定

TBM掘进F_5断层时，采用泡沫对渣土进行改良，泡沫发泡倍率14倍，注入率80%，泡沫混合液浓度为5%。

膨润土泥浆配合比为水：膨润土：外加剂＝10：1：0.2。膨润土为优质的钠基膨润土，外加剂为碱、CMC及超流化剂DAV等，泥浆坍落度控制在20 cm以内。

4）渣土改良的主要技术措施

渣土和易性是判定渣土改良成效的最重要标准。正常的和易性，是土水不分离且流动性较好，渣土稠度在180～220 mm。这也很大程度上影响了TBM推进效率。

（1）在F_5断层中掘进时，设置合适的泡沫参数、向掌子面注入适量泡沫，在土舱偏上位置同步注入适量的水，形成输出的为流动性较好的土石混合物，降低了对刀具磨损、降低刀盘扭矩、螺旋输送机的磨损，在螺旋输送机形成土塞效应，防止喷涌。

（2）在地下水发育或富水地段，可向土舱中加入配比合适的膨润土液，也可采取辅助气压掘进，适当保压，阻挡部分水进入土舱。

5）出土量控制

出土量管理是土压平衡模式掘进的根本，是保证控制地层损失率的最直接、最有效的手段。

TBM掘进时采用皮带出渣，直接进入渣土池，无法直接量测出渣量，故以进渣速度与出渣速度相匹配，可控制出土量，主要的方法如下：

设TBM每分钟掘进速度为V（m/min），则进渣数量为

$$1.2 \times 3.14 \times 6.885 \times 6.885V/4 = 44.65V$$

而螺旋输送机最大出渣能力440 m³/h，螺旋输送机最大转速为25 r/min，则螺旋输送机每转动一圈的出土量为

$$440/(25 \times 60) = 0.27 \ m^3$$

所以控制出土量的方法就是，根据掘进速度控制螺旋输送机的转速

$$n = 44.65V/0.27$$

TBM 施工中，对掘进所排出的渣土样本进行分析，判断地质情况，根据地质情况，确定螺旋机的转速。

4. 超前注浆

在掘进机上固定安装 TBM 专用超前钻机，跟管钻进，打设水平孔，连接压力表及水表，进一步查明 F_5 断层上盘围岩情况及水压，超前注浆加固如图 4-8 所示。根据超前钻探情况采取相应措施：

（1）若水平孔显示地质情况稳定，地下水较小，水压较低，正常向前掘进；

（2）若发现地质情况较差，地下水较大、水压较高，停止掘进。同时向 TBM 上的 6 个超前注浆孔，跟管钻进 $\phi42$ 的超前小导管，对刀盘前方软弱围岩注入水泥-水玻璃双液浆进行超前加固，加固完成检查效果后方可恢复掘进。

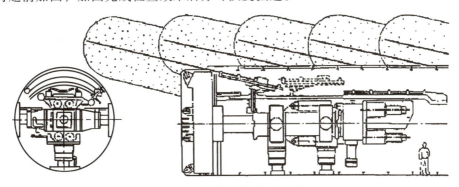

图 4-8　超前注浆加固示意

4.2.3　TBM 平导多环管片拆除转矿山法施工技术

1. 工艺原理

施工前使用预制螺栓将 6 道 [14 槽钢安装于管片注浆孔上，对洞门中心里程 15 m 范围内的不需拆除和待拆除的管片进行加固。加固完成后采用 $\phi32$ 乳化炸药和毫秒延时雷管先进行中间环（第 4 环）粉碎爆破，为其他环管片拆除提供临空面。其余环管片由中间向两端爆破拆除，沿环向拼接缝钻孔装药，整环整单元拆除，不需破坏管片单元结构。总体拆除顺序为第 4 环→第 3 环、第 5 环→第 2 环、第 6 环→第 1 环、第 7 环，起爆前将即将爆破管片上的连接螺栓和纵向联系条拆除。管片拆除并外运完成后，首先施作马头门上台阶 3~5 m 的开挖及支护，上台阶爆破产生的渣土不需外运，翻平渣土作为材料运输通道和挑高段开挖支护的操作平台，完成挑高段施工后将渣土外运，进行马头门下台阶开挖及支护施工，马头门开设完成，进而转入矿山法隧道施工。

2. 主要技术措施和流程

1）管片加固措施

隧道纵向使用6道30 m长的〔14槽钢作为纵向联系条，加固范围为联络通道中心里程15 m范围内，槽钢上开设螺栓孔，开孔间距3.0 m，采用预制螺栓穿孔与管片上的注浆孔拧紧，螺栓于加工场内预制，丝杠长145 mm，直径85 mm，设5 mm厚垫片。方案图纸如图4-9和图4-10所示。

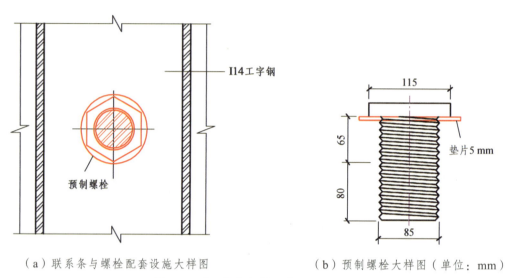

（a）联系条与螺栓配套设施大样图　　　　（b）预制螺栓大样图（单位：mm）

图4-9　联系条与螺栓配套设施图纸

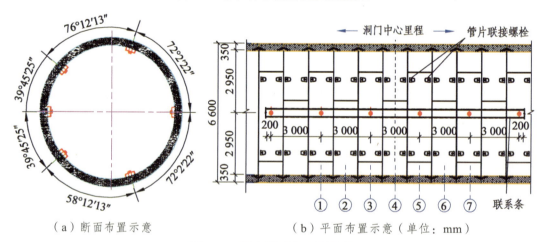

（a）断面布置示意　　　　（b）平面布置示意（单位：mm）

图4-10　纵向联系条布置示意

2）管片拆除

管片拆除由中间向两侧进行，拆除顺序为第4环→第3环、第5环→第2环、第6环→第1环、第7环，起爆前将即将爆破的管片连接螺栓和纵向联系条拆除。

（1）首环（第4环）管片拆除。

考虑首环（第4环）爆破拆除的管片不易完整地取出，需将该管片中的混凝土破碎，然后拆除管片中的钢筋，为其余环管片的拆除提供临空面，采用钻孔参数为：间距40 cm，排距30 cm，孔深35 cm（管片厚度35 cm）。爆破采用毫秒延时雷管主要是保证管片爆破时的起爆顺序，总体上按"由内向外、接缝最后"的起爆顺序，雷管段数主要使用1、3、5段。为减小接缝处爆破对相邻管片的影响，故该处装药量减半，装药参数如下：1段单孔装药量0.2 kg，3段单孔装药量0.2 kg，5段单孔装药量0.1 kg。起爆前将与第4环（即将拆除部分）相连的连接螺栓和加固联系条拆除。具体参数见表4-1和图4-11。

表4-1　首环（第4环）管片钻爆参数

第4环管片 1.5 m×1.5 m 为例			
段别	孔数/个	单孔装药量/kg	总装药量/kg
1	8	0.2	1.6
3	8	0.2	1.6
5	8	0.1	0.8
合计	24	—	4.0
说明	若第4环管片于纵向接缝处爆破时，装药量也应减半，按单孔0.1 kg		

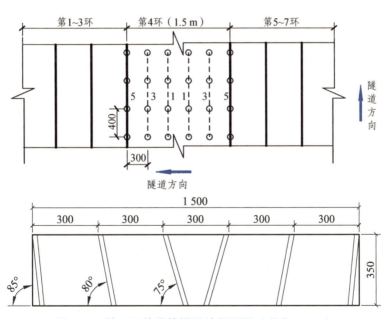

图4-11　第4环管片钻爆设计断面图（单位：mm）

（2）其他环（第1~3环、第5~7环）管片拆除。

其余环管片拆除时只需沿管片环向接缝斜向钻孔，间距40 cm，孔深35 cm，目的是将管片从整体中剥离出，并不需要破坏单元管片的结构，使用1段雷管同时起爆即可，为保证管片拆除的彻底性单孔装药量按 0.2 kg/个孔。起爆前将与该环即将拆除部分相连的连接螺栓和加固联系条拆除。具体参数见表 4-2 和图 4-12。

表 4-2　其他环（第 1～3 环、第 5～7 环）管片钻爆参数

第 3、5 环管片同时拆除整单元为例（1.5 m×2.4 m）			
段别	孔数/个	单孔装药量/kg	总装药量/kg
1	14	0.2	2.8
合计	14	—	2.8
说明	为节约施工时间，可同时进行两环管片拆除，此为第 3、5 环管片拆除设计，第 2、6 环和第 1、7 环管片拆除同按此钻爆设计		

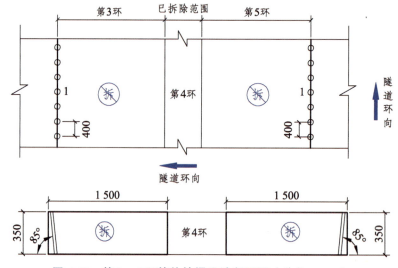

图 4-12　第 3、5 环管片钻爆设计断面图（单位：mm）

4.3　单护盾双模式掘进机穿越海底破碎带施工技术

4.3.1　单护盾双模式掘进机穿越海底破碎带掘进参数控制

1. 掘进参数

单护盾双模式掘进机，不管是 TBM 模式还是 EPB 模式，向前行进都是靠安装在支承环周围的千斤顶顶力，各千斤顶推力之和就是掘进的总推力。

双模式掘进机总推力包括施工全过程中遇到的阻力。双模式掘进机的总推力必须大于各种推进阻力的总和，否则掘进机无法向前推进。

双模式掘进机的设计推力可按式（4-4）确定：

$$F_d = F_1 + F_2 + F_3 + F_4 + F_5 + F_6 \qquad (4\text{-}4)$$

式中：F_1——掘进机外壳与周围地层的磨阻力；

$\quad\quad F_2$——掘进机正面刀盘面板推进阻力；

$\quad\quad F_3$——管片与盾尾间的磨阻力；

$\quad\quad F_4$——切口环贯入地层的贯入阻力；

$\quad\quad F_5$——变向阻力；

$\quad\quad F_6$——后接台车的牵引阻力。

后续章节将区分不同掘进模式、不同地层进行总推力的总结分析。

刀盘的设计扭矩与地层条件与盾构种类、构造、直径等因素有关。可由式（4-5）确定：

$$T = T_1 + T_2 + T_3 + T_4 + T_5 + T_6 + T_7 \qquad (4\text{-}5)$$

式中：T_1——盘形滚刀切削土体所需的扭矩；

$\quad\quad T_2$——由于刀盘自重所产生的抵抗旋转的扭矩；

$\quad\quad T_3$——刀盘正面推力所产生的抵抗旋转的扭矩；

$\quad\quad T_4$——刀盘密封装置抵抗旋转的扭矩；

$\quad\quad T_5$——刀盘所受的摩擦扭矩；

$\quad\quad T_6$——刀盘开口处切削渣土所需的扭矩；

$\quad\quad T_7$——土舱内的搅动力矩。

正常掘进时，扭矩应低于双模式掘进机额定最大扭矩。当工作扭矩达到最大扭矩时，刀盘将停止转动，如反复启动未果，即可启动专门开关（此时可达脱困扭矩），使刀盘重新启动。本项目采用的 TBM 模式与 EPB 模式转换的双模式掘进机额定扭矩为 6 418 kN·m，刀盘转速为 0 ~ 4 r/min（可用转速最大为 3 r/min）。

由于掘进速度 = 刀盘转速 × 贯入度（即刀盘每转的进尺），在选定刀盘转速后，操作手唯一能直接控制的就是调整掘进速度的电位器值。由于岩层情况不同，掘进所需的扭矩和推力不同，掘进机实际达到的掘进速度也不同。操作手根据扭矩、推力的情况及刀盘振动、出土情况选择掘进速度电位器选择值的大小来调节掘进速度。

掘进速度、刀盘转速、贯入度和掘进速度电位器选择值这几个参数都是相互促进又相互制约的。当要提高掘进速度时就必须提高刀盘转速和贯入度以及选择较大的掘进速度电位器值。但随着掘进速度的增加，贯入度不断加大，伴随而来的是刀盘扭矩的增加。如刀盘扭矩过大会加大整个传动系统的负荷，最终导致超荷而停止掘进。所以当刀盘扭矩随着掘进速度升高而升高时，就必须控制好掘进速度、刀盘转速、贯入度和掘进速度电位器选择值之间的关系，从而达到一个合理值，使掘进处于正常状态。

一方面，掘进速度主要根据地层土质、刀盘转速、扭矩等因素综合确定，不同的地质条件，应选择不同的掘进速度。正常掘进速度应控制在 20 ~ 50 mm/min。另一方面，由于 EPB 模式是依赖排土来控制的，土舱的入土量必须与出土量匹配。掘进速度和排土量的变化，土舱压力也会在地层压力值附近波动，施工中应控制调整掘进速度和排土量的配合，使压力波动控制在最小幅度。因此采用 EPB 模式的掘进速度较 TBM 模式掘进速度慢。

2. 壁后注浆

管片壁后注浆按掘进机推进时间和注浆目的的不同，可分为同步注浆、二次注浆。

1）注浆目的

掘进机的刀盘开挖直径为 6 906 mm，管片外径为 6 600 mm，当管片在盾尾处安装完成后掘进机向前掘进，管片与土层之间形成建筑间隙时，快速采用浆液材料填充此环形间隙，此工艺即为同步注浆工艺。

同步注浆的主要作用在于：① 防止和减少地层沉陷，保证环境安全；② 确保管片环获得早期稳定，改善管片环的受力条件，防止管片局部破损；③ 有利于掘进方向的控制。

2）注浆方式

采用盾尾同步注浆方式及时注入浆液填充环形建筑空间，即在掘进时，通过安装在盾尾内的 4 条内置式注浆管向管片与地层间的环形建筑空间注入填充浆液。每条管上设有压力表和阀门，该管通过管道与 1#拖车上配置的 4 台砂浆泵分别相连，砂浆泵可手动控制，也可自动控制。由于管片所受的水土压力不同（顶部的管片所受水土压力略低于底部的管片水土压力），所以在同步注浆时可通过手动控制来调节各注浆管的注浆压力。

本工程由于受地下水丰富、长距离大纵坡掘进、水压高的影响。如果采用传统的水泥砂浆，由于水泥砂浆初凝时间长，无法快速凝结达到止水效果，施工时无法满足要求。因此本项目采用的是同步水泥 + 水玻璃双液注浆。

3）浆液材料的种类及其性质

同步注浆浆液应当具备如下性能：

（1）具有良好的长期稳定性及流动性，适当的初凝时间。

（2）具有良好的填充性能。

（3）具有一定的早期强度。

（4）在地下水环境中，不易产生稀释现象。

（5）具有固结后体积收缩小，渗水率小的特点。

（6）浆液无公害。

目前，国内常用的同步注浆材料一般分为两大类：

一类是惰性浆液，是由粉煤灰、砂、石灰膏、水和外加剂等拌和而成，不含水泥等凝胶材料，早期和后期强度较低。具有凝结时间长、不易堵管、填充效果好、施工效率高、性价比高等优点，因此应用广泛。但防水效果差，对控制地面沉降和约束管片不利。

另一类是活性浆液，也叫可硬性浆液，是由粉煤灰、砂、水泥、水和外加剂等拌和而成，具有一定的早期强度和后期强度。可硬性浆液凝固后能增强隧道的防水性，对控制地面沉降和约束管片有利。但是凝结时间短，易堵管，成本高，施工效率低。

由于本工程处于断层破碎带地层围岩受施工扰动大，隧道外侧地层松散，因此，同步注浆应当采用可硬性浆液。

4）注浆参数

（1）注浆量。

掘进的理论空隙量

$$V = \pi \times (D^2 - d^2) \times L / 4$$

式中：D——掘进机的切削外径；

d——管片外径；

L——每环掘进长度。

理论上讲，浆液只需100%填充总空隙即可，但是实际的注浆量应比理论注浆量要大，实际的同步注浆量$Q = V \times K$，其中K为注入率，与以下因素有关：

① 浆体的失水收缩固结，有效注入量小于实际注入量。

② 部分浆液会劈裂到周围地层中。

③ 曲线掘进、纠偏或盾构抬头或磕头时，实际开挖断面呈椭圆形。

④ 操作不慎，盾构走蛇形。

⑤ 掘进时，壳体外周带土，使开挖断面大于TBM的切削外径。

⑥ 施工过程中浆液损耗。

本项目设计注入率K取1.3～1.8，因此注浆量约为6.3～8.76 m³。

（2）浆液配比。

浆液采用可硬性浆液，浆液配比如表4-3所示。

表4-3　浆液配合比

水泥	细砂	粉煤灰	膨润土	水
170	450	350	75	450

（3）注浆压力。

由于是从盾尾圆周上的4个孔位同时注浆，为防止管片上浮，而且考虑浆液的流动性，上部每孔的压力应比下部每孔的压力略大0.05～0.1 MPa。注浆压力控制在0.2～0.4 MPa，硬岩掘进同步注浆必须注入饱满，且每10环打设一道止浆环箍，确保填充密实。

（4）注浆速度。

同步注浆速度和推进速度保持一致，即在TBM推进的同时进行同步注浆。

（5）施工工艺。

① 浆液的拌制。

水泥、粉煤灰不可有结块现象，砂采用细度模数为1.6～2.2细砂，不可有大粒径的异物；各成分材料按合理顺序投放（水、水泥、砂依次进行）；搅拌要均匀，搅拌时间在2～3 min左右，不得有结块。

② 浆液的运输与储存。

浆液拌好后用输送管道输送到储浆罐内，通过电瓶车运至作业面，随后将浆液泵入

TBM台车上的储料罐中并立即进行搅拌。储料罐带有卧式搅拌轴，以防止运输时间过长，浆液长时间静止而发生初凝；浆液储存设备要经常清洗。

③ 同步注浆施工步骤。

接好注浆管路；将拌制好的浆液由运输车运输至掘进机的储浆罐中，并启动搅拌器搅拌砂浆；注浆跟推进同步进行，且注浆速度应与推进速度相适应，无特殊情况须4个泵同时注浆；注浆饱满程度由注浆压力和注浆量双重控制；在安装管片或出渣过程中，要预留部分砂浆，间断泵入以保持管路畅通。

每分钟注浆冲程总数

$$N = (V/v)/(1\,500/s)$$

式中：V——每环注浆总量，m^3；

　　　v——单个冲程注浆量，m^3；

　　　s——掘进速度，（mm/min）。

同步注浆存在收缩、管片局部渗漏、管片与围岩之间间隙向土舱内汇水汇浆等情况，必须进行二次注浆。二次注浆材料通过吊装孔进行，一般选用水泥-水玻璃双液浆。双液浆参数为：水玻璃：水 = 1∶3（体积比），水玻璃混合液∶单液浆 = 1∶1，在管片脱出台车架后进行，按照同步注浆 0.3~0.5 考虑，每隔 10 环进行一次，注浆压力为 0.2~0.4 MPa。

二次注浆前需在吊装孔内装入单向逆止阀并凿穿外侧保护层。二次注浆机放置在连接桥上，可与掘进机掘进同步实施。

3. 压力建立

EPB 模式掘进就是利用切削刀盘，将正面岩土体切削下来，进入刀盘后面的贮留密封舱内，并使舱内具有适当压力与开挖面水土压力相平衡，以减少掘进机推进对地层土体的扰动。当土舱和螺旋输送机中的渣土积累到一定数量时，开挖面被切下的渣土经开口进入土舱的阻力增大，当土舱压力与开挖面的水土压力相平衡时，开挖面就能保持稳定，开挖面对应的上方围岩部分也不致坍落或隆起，这时只要保持土舱进渣量与螺旋机出渣量相平衡，开挖工作就能顺利进行。

施工过程中根据不同的地层特点不断对掘进参数进行优化使 TBM 姿态达到最佳。施工参数优化流程如图 4-13 所示。

EPB 模式土舱压力主要取决于刀盘前的水土压力，一般取刀盘中心处的水土压力为准，F_5 断层位于海域段，土舱压力（涌入水压）

$$P_1 = \beta \times \gamma \times h$$

式中：β——折减系数；

　　　h——涌水点与地下水位的高差；

　　　γ——水的重度。

掘进机在掘进工程中可参照以上方法计算平衡压力（即土舱压力）的设定值。并根据洞内监测数据及时进行调整。

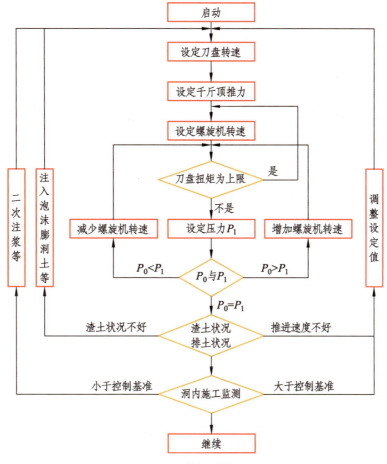

图 4-13　开挖掘进施工流程

主要技术措施为以下两点：

（1）在 F_5 断层中掘进时，设置合适的泡沫参数、向掌子面注入适量泡沫，在土舱偏上位置同步注入适量的水，形成输出的为流动性较好的土石混合物，降低了对刀具磨损、降低刀盘扭矩、螺旋输送机的磨损，在螺旋输送机形成土塞效应，防止喷涌。

（2）在地下水发育或富水地段，可向土舱中加入配比合适的膨润土液，也可采取辅助气压掘进，适当保压，阻挡部分水进入土舱。

4. 姿态控制

1）掘进机的姿态监测方法

根据以前的施工经验，结合本标段区间隧道的具体情况，拟采用 VMT 隧道自动导向系统和人工测量辅助进行掘进机姿态监测。本工程的掘进机带有自动测量激光导向系统，该系统配置了导向、自动定位、掘进程序软件和显示器等，能够全天候在 TBM 主控室动态显示掘进机当前位置与隧道设计轴线的偏差以及趋势。据此调整控制设备掘进方向，使其始终保持在允许的偏差范围内。

随着掘进机推进导向系统后视基准点需要前移，必须通过人工测量来进行精确定位，为保证推进方向的准确可靠性，拟每周进行两次人工测量，以校核自动导向系统的测量数据并复核掘进机的位置、姿态。确保掘进机掘进方向的正确。人工辅助测量方法如下：

（1）滚动角的监测。

采用电子水准仪测量高程差，进行滚动圆心角计算的方法监测。可在切口环隔墙后方对称设置两点（测量标志），使该两点的连线为一水平线并且其长度为一定值 L，测量两点的高程差，即可算出滚动角。如图 4-14 所示。

A、B 为测量标志，a、b 为掘进机发生滚动后测量标志所处的新位置，H_a、H_b 为测出的两点的高程，α 为掘进机的滚动圆心角。

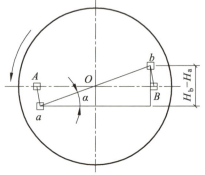

$$\alpha = \arcsin[(H_b - H_a)/L]$$

如果 $H_b - H_a > 0$，那么掘进机逆时针方向滚动；如果 $H_b - H_a < 0$，那么掘进机顺时针方向滚动。

（2）竖直方向角、水平方向角的监测。

图 4-14 滚动角测算

采用全站仪测量掘进机的切口环后方隔墙及中体后方铰接处断面中心点三维坐标与线路设计中线坐标的变化，可得到掘进机的方向偏差。

2）掘进机的姿态调整措施

（1）滚动偏差调整。

由于掘进机未出洞时，壳体与导台钢轨摩擦力小，考虑到反扭矩影响，刀盘应该缓慢加力，扭矩、推力缓慢增大，并在掘进机壳体上焊接角钢与车站底板相连，以防盾体转动，并随着盾体的前进依次切除。当掘进机滚动偏差超过 0.5°时，设备会报警，提示掘进机操作手必须对刀盘进行纠偏，掘进机滚动偏差采用刀盘正反转的方法纠正。

（2）方向偏差调整。

根据线路条件所做的分段轴线拟合控制计划、导向系统反映的掘进机姿态信息，结合隧道地层情况，通过分区操作（分为四个区）推进油缸来控制掘进方向。控制掘进机方向的主要因素是控制推进千斤顶的推度，通过调整各推进油缸的推度来调整掘进机姿态。

推进油缸采用一台电液比例调速泵供油，将每个区域的推进油缸编为一组，每组油缸设一个电磁比例减压阀，用来调节各组推进油缸的工作压力，借此控制或纠正掘进机的前进方向。在上坡段掘进时，适当加大掘进机下部油缸的推力和速度；在下坡段掘进时则适当加大上部油缸的推力和速度；在左转弯曲线段掘进时，则适当加大右侧油缸推力和速度；在右转弯时，则适当加大左侧油缸的推力和速度；在直线平坡段掘进时，则应尽量使所有油缸的推力和速度保持一致。根据自动导向系统量测的结果和在控制室监视器上显示出来的掘进机当前位置和设计位置以及相关的数据和图表，平缓地调整各分区千斤顶推度，让掘进机尽可能靠近设计线路掘进，防止姿态偏差过大引起的成型隧道质量问题及掘进机卡机现象。

5. 出土量控制

出土量管理是 EPB 模式掘进的根本，是保证控制地层损失率的最直接、最有效的手段。每环管片理论开挖体积

$$V = \gamma V_0 = \gamma L \pi r^2$$

式中：V_0——理论开挖量，每环（幅宽 1.5 m）理论密实开挖量 V_0 为 56.18 m³；

   L——管片幅宽；

   r——开挖半径；

   γ——松散系数。

掘进机以 EPB 模式掘进时采用皮带出渣，直接进入渣土池，无法直接量测出渣量，故以进渣速度与出渣速度相匹配，可控制出土量，主要的方法如下：设掘进机每分钟掘进速度为 V(m/min)，则进渣量为 $1.2 \times 3.14 \times 6.885 \times 6.885V/4 = 44.65V$，而螺旋输送机最大出渣能力 440 m³/h，最大转速为 25 r/min，则螺旋输送机每转动一圈的出土量为 $440/(25 \times 60) = 0.27$ m³，所以控制出土量的方法就是，根据掘进速度控制螺旋输送机的转速，$n = 44.65V/0.27$。

在掘进机施工过程中，同时应对掘进所排出的渣土样本进行分析，判断地质情况，并根据地质情况，确定螺旋机的转速。

4.3.2 TBM 模式下的掘进参数控制

1. 穿越微风化凝灰岩的掘进参数控制

1）地质概况

本工程采用 TBM 模式掘进围岩完整的微风化凝灰岩，第 80～140 环共 60 环（即 90 m），掘进机主要穿越地层为 ⑱₈ 微风化凝灰岩。掘进过程中出现了如图 4-15 所示地质纵断面。

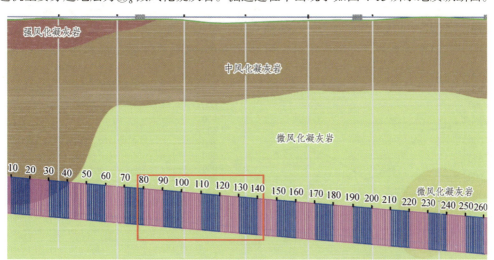

图 4-15 采用 TBM 模式掘进微风化凝灰岩段地质纵断面图

2）掘进参数分析

选取上述 TBM 模式穿越微风化凝灰岩第 80～140 环共 60 环的掘进参数进行统计分析，如表 4-4 所示。

表 4-4　选取第 80～140 环的掘进参数统计

环号	总推力 /t	扭矩 /（kN·m）	刀盘转速 /（r/min）	掘进速度 /（mm/min）	贯入度 /（mm/r）
80	1 159	1 430	3.0	23	7.7
90	1 114	1 749	3.0	33	11
100	695	1 623	3.0	37	12.3
109	562	1 589	3.0	49	16.3
120	798	1 608	3.0	41	13.7
130	953	1 430	3.0	27	9
140	876	1 527	3.0	21	7

说明：采用 TBM 敞开模式掘进，土舱无压力。

总推力、刀盘扭矩、掘进机的推进速度（掘进速度）变化曲线如图 4-16 所示（由于刀盘转速固定，因此贯入度和掘进速度的曲线是一致的）。从图 4-16 可以看出：

（1）采用 TBM 模式在围岩完整的微风化凝灰岩掘进时，总推力主要集中在 600～1 100 t 内波动。

（2）采用 TBM 模式在完整的微风化凝灰岩掘进时，刀盘扭矩主要集中在 1 400～1 750 kN·m 内波动。

（3）此区段（第 80～140 环）每环掘进速度最小为 21 mm/min，最大速度为 49 mm/min，平均掘进速度为 36 mm/min。

由于海底从地表测试沉降有困难，通过对隧道内管片的拱顶沉降和净空收敛监测数据分析可知，隧道沉降值较小，其沉降均值在 7 mm。总体上，上述掘进参数合理有效。

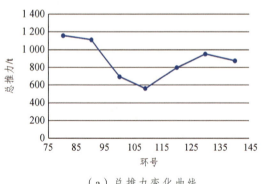

（a）总推力变化曲线

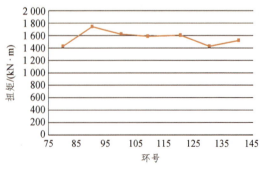

（b）刀盘扭矩变化曲线

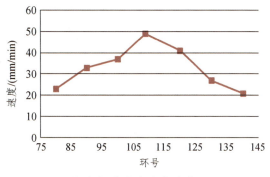

（c）掘进速度变化曲线

图 4-16　本工程第 80～140 环的掘进参数变化曲线

2. 穿越凝灰岩破碎带的掘进参数控制

1）地质概况

本工程采用 TBM 模式穿越影响范围约 420 m 的 F_6 断层破碎带，其中的第 351～410 环共 60 环（即 90 m）处于 F_{6b} 与 F_{6a} 断层破碎带之间，地层主要是⑱₈微风化凝灰岩。

F_6 断层破碎带基岩破碎——较破碎，地下水为基岩裂隙水，水量属中等富水，最大水压为 0.21 MPa。该段隧道埋深 51.4～53.2 m，我们取该段第 351～410 环作为研究对象。掘进过程中出现了如图 4-17 所示纵断面。

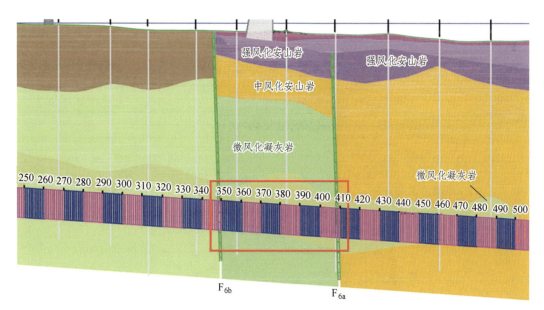

图 4-17　采用 TBM 模式掘进 F_6 断层破碎带地质纵断面图

2）掘进参数分析

选取上述 TBM 模式穿越凝灰岩破碎带第 351～410 环共 60 环的掘进参数进行统计分析，如表 4-5 所示。

表 4-5 选取第 351～410 环掘进参数统计

环号	总推力 /t	扭矩 /（kN·m）	刀盘转速 /（r/min）	掘进速度 /（mm/min）	贯入度 /（mm/r）
351	800	1 729	3.0	49	16.3
360	776	1 476	3.0	39	13
370	829	1 660	3.0	42	14
380	942	1 786	3.0	31	10.3
390	885	1 757	3.0	31	10.3
400	920	1 860	3.0	32	10.7
410	932	1 625	3.0	27	9

总推力、刀盘扭矩、掘进机的推进速度（掘进速度）变化曲线如图 4-18 所示（由于刀盘转速固定，因此贯入度和掘进速度的曲线是一致的）。从图 4-18 可以看出：

（1）采用 TBM 模式在凝灰岩质的断层破碎带掘进时，总推力主要集中在 770～950 t 内波动。

（2）采用 TBM 模式在凝灰岩质的断层破碎带掘进时，刀盘扭矩主要集中在 1 600～1 800 kN·m 内波动。

（3）此区段（第 351～410 环）每环掘进速度最小为 27 mm/min，最大速度为 49 mm/min，平均掘进速度为 36 mm/min。

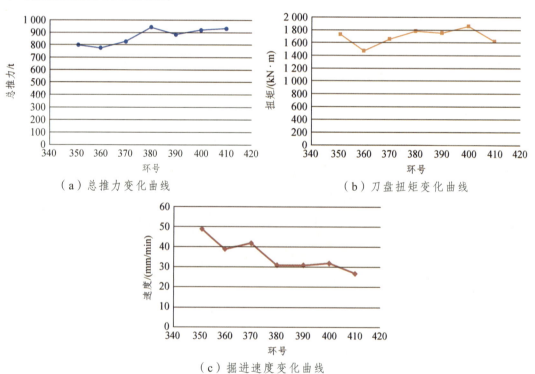

（a）总推力变化曲线　　　　　　　（b）刀盘扭矩变化曲线

（c）掘进速度变化曲线

图 4-18 本工程第 351～410 环的掘进参数变化曲线

由于海底从地表测试沉降有困难，通过对隧道内管片的拱顶沉降和净空收敛监测数据分析结合刀具磨损情况可知，上述掘进参数总体上合理有效。

3. 穿越微风化安山岩的掘进参数控制

1）地质概况

本工程采用 TBM 模式掘进微风化安山岩，第 711～770 环共 60 环（即 90 m），掘进机主要穿越⑱₉微风化凝灰岩。如图 4-19 所示。

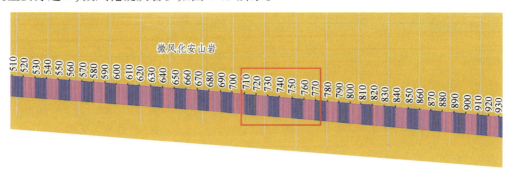

图 4-19　采用 TBM 模式掘进微风化安山岩地质纵断面图

2）掘进参数分析

选取上述 TBM 模式穿越微风化安山岩第 711～770 环共 60 环的掘进参数进行统计分析，如表 4-6 所示。

表 4-6　选取第 711～770 环掘进参数统计

环号	总推力 /t	扭矩 /（kN·m）	刀盘转速 /（r/min）	速度 /（mm/min）	贯入度 /（mm/r）
711	879	1 875	3.0	39	13
720	915	1 964	3.0	41	13.7
730	692	1 700	3.0	39	13
740	848	1 990	3.0	36	12
750	917	1 711	3.0	37.6	12.5
760	881	1 747	3.0	36	12
770	683	1 727	3.0	36	12

总推力、刀盘扭矩、掘进机的推进速度（掘进速度）变化曲线如图 4-20 所示（由于刀盘转速固定，因此贯入度和掘进速度的曲线是一致的）。从图 4-20 可以看出：

（1）采用 TBM 模式在微风化安山岩地层中掘进时，总推力主要集中在 680～920 t 内波动。

（2）采用 TBM 模式在微风化安山岩地层中掘进时，刀盘扭矩主要集中在 1 700～2 000 kN·m 内波动。

（3）此区段（第711～770环）每环掘进速度最小为36 mm/min，最大速度为41 mm/min，平均掘进速度为38 mm/min。

由于海底从地表测试沉降有困难，通过对隧道内管片的拱顶沉降和净空收敛监测数据分析结合刀具磨损情况可知，上述掘进参数总体上合理有效。

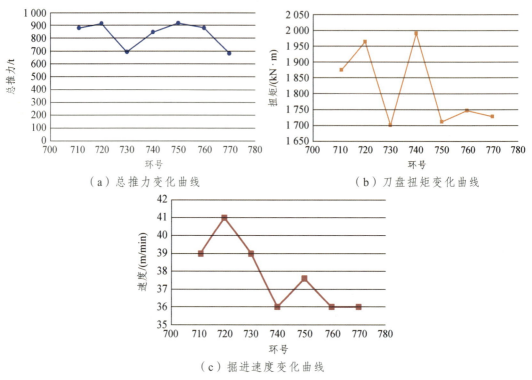

（a）总推力变化曲线　　　　　（b）刀盘扭矩变化曲线

（c）掘进速度变化曲线

图4-20　本工程第711～770环的掘进参数变化曲线

4. TBM模式下的施工技术措施

1）刀盘改造

在始发段 F_7 断层破碎带掘进过程中，由于对断层破碎带的认知不足，导致大石块进入土舱内，将主机皮带刮伤，无法掘进。通过在刀盘开口处增设钢格栅，减少了大石块进入土舱，有效地防止了主机皮带被刮伤。保证掘进工作的连续作业，并能顺利地通过断层破碎带。

2）同步注浆改造

本工程前1 500 m采用敞开模式（TBM模式）掘进，土舱无压力，管片回填注浆采用传统的水泥砂浆施工，加之穿越断层破碎带时由于地下水丰富、长距离大纵坡掘进、水压高的影响，水泥砂浆初凝时间长，无法快速凝结达到止水效果，施工时无法满足要求。因此在施工过程中将原设计的同步水泥砂浆更换为同步水泥＋水玻璃双液注浆，有效的阻隔的管片背部水力连通，能实现快速凝结，解决了管片无浆液支撑而导致的下沉及破损问题，保证了成型隧道质量及地层的稳定。

4.3.3 EPB 模式下的掘进参数控制

本工程采用 TBM 模式掘进至里程 PDK1 + 525 时将 TBM 模式转换为 EPB 模式，后续 585 m 采用 EPB 模式进行掘进。隧道穿越影响范围约 490 m 的 F_5 断层破碎带，穿越地层主要为 $⑱_8$ 微风化凝灰岩。如图 4-21 所示。

虽 F_5 断层破碎带影响范围约 490 m，但其中里程 PDK1 + 525 ~ PDK1 + 600（即第 951 ~ 1 000 环）、PDK1 + 765 ~ PDK1 + 850（即第 1 110 ~ 1 167 环）、PDK1 + 930 ~ PDK2 + 080（即第 1 220 ~ 1 320 环）该三个区域基岩破碎—较破碎，地下水为基岩裂隙水，水量属中等富水—强富水，最大水压为 0.4 MPa；其余部位围岩较完整，水量属弱富水。

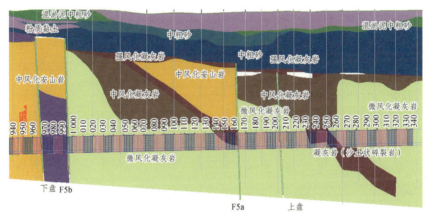

图 4-21　EPB 模式掘进微风化凝灰岩地质纵断面图

1. 穿越微风化凝灰岩的掘进参数控制

1）地质概况

本工程采用 EPB 模式掘进围岩完整的微风化凝灰岩，第 1 011 ~ 1 070 环共 60 环（即 90 m），地层主要为 $⑱_8$ 微风化凝灰岩。如图 4-22 所示。

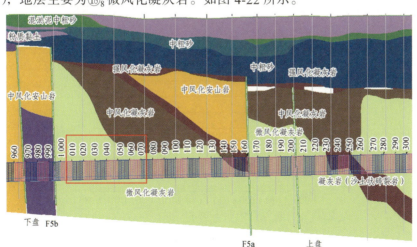

图 4-22　EPB 模式掘进微风化凝灰岩地质纵断面图

2）掘进参数分析

选取上述EPB模式穿越微风化凝灰岩第1 011～1 070环共60环的掘进参数进行统计分析，如表4-7所示。

表4-7   选取第1 011～1 070环掘进参数统计

环号	总推力 /t	扭矩 /（kN·m）	刀盘转速 /（r/min）	掘进速度 /（mm/min）	贯入度 /（mm/r）
1 011	768	1 724	2.5	24	9.7
1 020	716	2 647	2.5	26	10
1 030	804	1 883	2.5	20	8
1 040	841	2 259	2.5	27	10.9
1 050	822	1 917	2.5	22	8.7
1 060	457	2 168	2.5	36	14
1 070	762	2 651	2.5	36	14

总推力、刀盘扭矩、掘进机的推进速度（掘进速度）变化曲线如图4-23所示（由于刀盘转速固定，因此贯入度和掘进速度的曲线是一致的）。从图4-23可以看出：

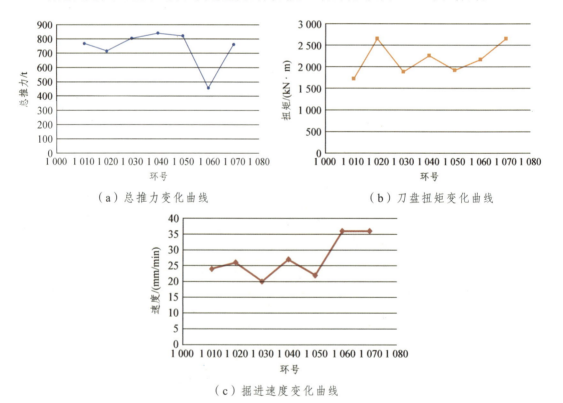

（a）总推力变化曲线

（b）刀盘扭矩变化曲线

（c）掘进速度变化曲线

图4-23   本工程第1 011～1 070环的掘进参数变化曲线

（1）采用 EPB 模式在围岩完整的微风化凝灰岩掘进时，总推力主要集中在 500~800 t 内波动。

（2）采用 EPB 模式在围岩完整的微风化凝灰岩掘进时，刀盘扭矩主要集中在 1 900~2 600 kN·m 内波动。

（3）此区段（第 1 011~1 070 环）每环掘进速度最小为 22 mm/min，最大速度为 36 mm/min，平均掘进速度为 27 mm/min。

由于海底从地表测试沉降有困难，通过对隧道内管片的拱顶沉降和净空收敛监测数据分析结合刀具磨损情况可知，上述掘进参数总体上合理有效。

2. 穿越凝灰岩破碎带的掘进参数控制

1）地质概况

本工程采用 EPB 模式掘进凝灰岩质破碎带，第 1 221~1 280 环共 60 环（即 90 m），穿越地层主要为⑱₈ 微风化凝灰岩。如图 4-24 所示。

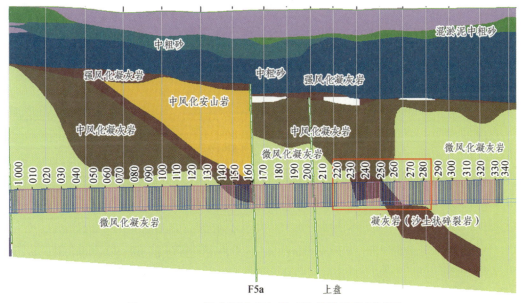

图 4-24　EPB 模式掘进凝灰岩破碎带地质纵断面图

2）掘进参数分析

选取上述 EPB 模式穿越凝灰岩破碎带第 1 221~1 280 环共 60 环的掘进参数进行统计分析，如表 4-8 所示。

表 4-8　选取第 1 221~1 280 环掘进参数统计表

环号	总推力 /t	扭矩 /（kN·m）	刀盘转速 /（r/min）	掘进速度 /（mm/min）	贯入度 /（mm/r）
1 221	731	1 782	2.0	33	16.5
1 230	801	1 772	2.0	25	12.5

续表

环号	总推力 /t	扭矩 /（kN·m）	刀盘转速 /（r/min）	掘进速度 /（mm/min）	贯入度 /（mm/r）
1 240	705	1 707	2.0	31	15.5
1 250	713	1 789	2.0	26	13.0
1 260	703	1 793	2.0	30	15.0
1 270	1 086	1 850	2.0	29	14.5
1 280	969	1 734	2.0	36	18.0

　　总推力、刀盘扭矩、掘进机的推进速度（掘进速度）变化曲线如图 4-25 所示（由于刀盘转速固定，因此贯入度和掘进速度的曲线是一致的）。从图 4-25 可以看出：

　　（1）采用 EPB 模式在凝灰岩破碎带掘进时，总推力主要集中在 650～1 100 t 内波动。

　　（2）采用 EPB 模式在凝灰岩破碎带掘进时，刀盘扭矩主要集中在 1 700～2 000 kN·m 内波动。

　　（3）此区段（第 1 221～1 280 环）每环掘进速度最小为 26 mm/min，最大速度为 36 mm/min，平均掘进速度为 30 mm/min。

　　由于海底从地表测试沉降有困难，通过对隧道内管片的拱顶沉降和净空收敛监测数据分析结合刀具磨损情况可知，上述掘进参数总体上合理有效。

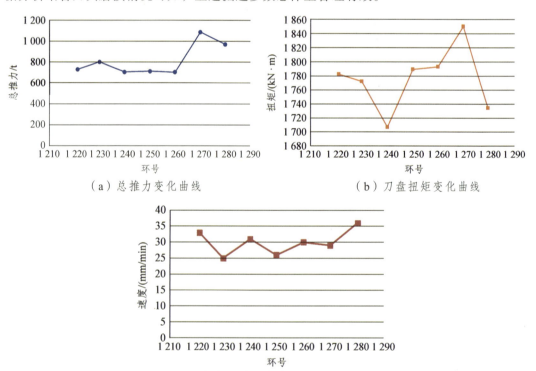

（a）总推力变化曲线　　　　　　　　（b）刀盘扭矩变化曲线

（c）掘进速度变化曲线

图 4-25　本工程第 1 221～1 280 环的掘进参数变化曲线

3. EPB 模式下的施工技术措施

1）刀盘改造

将 TBM 模式掘进时在刀盘上增加的钢格栅进行割除，保证渣土能顺利的进入土舱内，达到压力平衡。

2）断层破碎带超前地质预报及注浆加固

在掘进至破碎带前，提前对掌子面前方围岩进行超前地质预报及注浆加固，保证掌子面前方围岩稳定安全后再进行掘进施工。关于破碎带超前地质预报及注浆加固详见本书第 6 章。

4.3.4　特殊地段掘进参数控制

本工程的特殊地段主要包括始发段和下穿海珍品养殖池段。

1. 始发段掘进参数控制

本工程始发时位于矿山法隧道内，始发段隧道埋深 41.5 ~ 42.7 m，如图 4-26 所示隧道上方覆土由上至下依次为⑯$_8$强风化凝灰岩、⑰$_{8-3}$中风化凝灰岩、⑱$_8$微风化凝灰岩。掘进机穿越⑱$_{8-3}$中风化凝灰岩、⑱$_8$微风化凝灰岩。

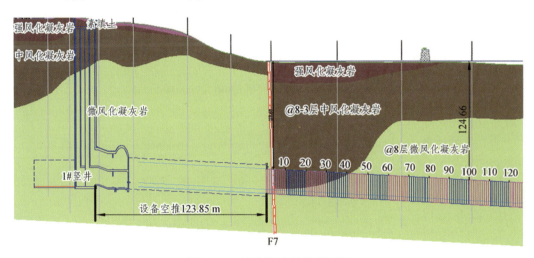

图 4-26　始发段地质纵断面图

由于本项目掘进机始发段位于矿山法导洞内，施工时未设置洞门钢环，掌子面为矿山法初支喷射混凝土结构。掘进机始发后掌子面不能及时封闭，须待盾体全部进入岩体后，对掌子面进行挂设钢筋网进行二次喷射混凝土加固。

导台纵断面如图 4-27 所示，施工步骤如下：

（1）在 1#竖井—导洞掌子面 123.85 m 导洞内设置导台，导台距离导洞掌子面 1 m，反力架安装处，导台断开预留 2 m 空间，以便反力架安装。

（2）导台上方设置反力孔，反力孔纵横向间距均为1.5 m，施工时注意控制纵横向间距，不得随意改变，施工完成后注意保护，防止堵塞。

（3）为保证掘进机主机在台上空推到导洞掌子面后保持良好的姿态，导台纵向设置2%的纵坡，坡面与导洞底板一致，施工时严格控制导轨轨面标高。

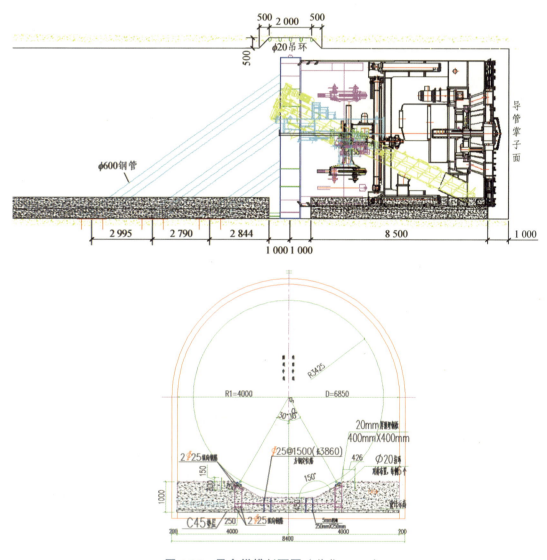

图4-27 导台纵横剖面图（单位：mm）

1#竖井正下方设置一副钢托架，托架必须采取有效的加固措施，位置按设计轴线准确放样，拼接成整体吊入井下就位，如图4-28和图4-29所示。钢轨中心与导台钢轨中心位于同一竖直面内，纵坡与设计坡度一致，与导台接头处略抬高2 cm，底面的工字钢与预埋的钢板焊接，并对两侧加设支撑加固，防止掘进机推进时发生侧移。安装时按照测量放样的基线吊入井下就位、固定。

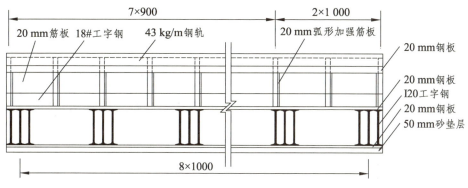

图 4-28 钢托架立面图

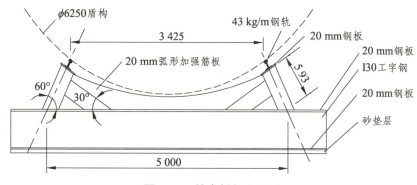

图 4-29 始发托架立面图

始发导台轨道精确定位完成后，方可将掘进机主机吊运下井组装。

主机下井顺序为：前体→中体→刀盘→管片拼装机→盾尾→皮带机。

后配套拖车组装顺序为：风管→下井拖车起吊→拖车下井→拖车前移。

各节拖车下井顺序为：设备连接桥→第一节拖车（1#）→第二节拖车（2#）→……→第六节拖车（6#）。

在钢托架和掘进机外壳上对称焊接两个反力牛腿，采用液压泵站及 2 套 200 t 的千斤顶将掘进机主机顶推至导台上。掘进机推进至导台时，在导台预留反力孔里安装两根 240 mm 工字钢，为空推提供反力。每推进 1.5 m，移动一次工字钢，直到空推结束，掘进机就位。

安装反力架（图 4-30）时，与导台连接部位要焊接牢实，以保证反力架脚板有足够的抗压强度；用全站仪双向校正两根立柱的垂直度，使其形成的平面与推进轴线垂直；然后在反力架上测出最后一环负环管片的位置，弹好控制线，确认高程及左右位置与始发环管片一致后。由于反力架和导台为掘进机始发时提供初始的推力以及初始的空间姿态，在安装反力架时，反力架左右偏差控制在 ±10 mm 之内，高程偏差控制在 ±5 mm 之内。

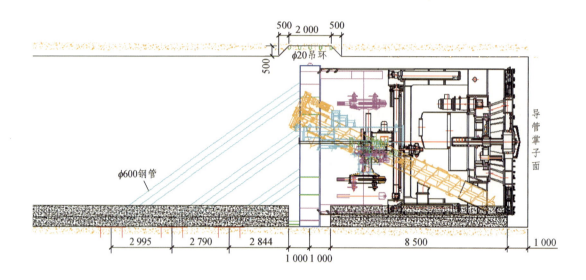

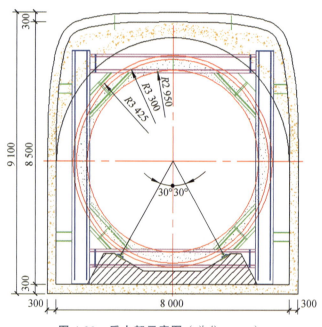

图 4-30　反力架示意图（单位：mm）

　　按设计要求精确测量定位后，组装反力架和负环管片，为掘进机推进提供后座反力。负环管片与隧道正洞管片相同。为利于洞门施工，负环管片的 0 环伸入洞内 0.7 m，在洞门施工时再将这环管片拆除，负环管片组装采用错缝拼装；根据始发位置的情况，反力架和负环管片的布置详见图 4-31、图 4-32。

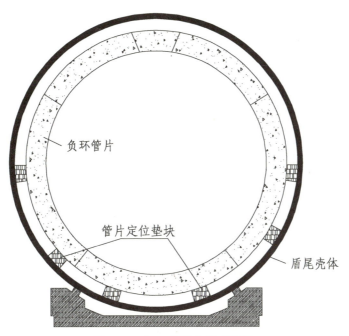

图 4-31 负环管片安装断面图

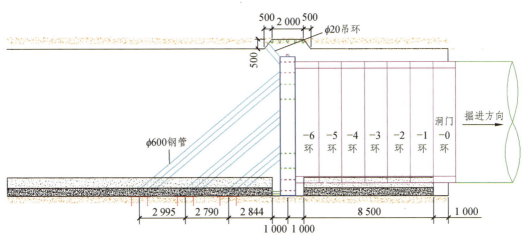

图 4-32 负环管片排布示意图（单位：mm）

负环拼装流程：

（1）安装第一环管片（-6），并用千斤顶后推，使之与反力架相连。

（2）收回千斤顶，安装第二环负环管片（-5）。

（3）TBM 推进第三环（-4），当行程为 0.7 m 时，TBM 刀盘与洞门密封装置接触。

（4）TBM 推进第三环（-4），当行程为 1.4 m 时，TBM 刀盘开始切削土体。

（5）TBM 推进第四环（-3），当行程为 1.1 m 时，开始出土渣。

（6）当安装完 0 环后，开始掘进永久第一环。

掘进机空推至始发掌子面后，严格控制其标高、间距及中心轴线。考虑到后期沉降因素，掘进机中心可比设计轴线略高 20～30 mm。

在对反力架固定前，应按设计对其进行精确的定位，反力架的整体倾斜度应与导台混凝土基座坡度一致，以防止反力架偏心受力，保证掘进机设备始发姿态的准确。反力架必须牢固地支撑在矿山法结构上。

（1）滚动偏差调整。

由于掘进机未进入土层时，壳体与始发基座钢轨摩擦力小，考虑到反扭矩的因素，刀盘应缓慢加力，使扭矩、推力缓慢增大，并在掘进机壳体上焊接角钢与始发井基底相连，以防盾体转动，并随着盾体的前进依次切除。当掘进机滚动偏差超过 0.5°时，设备会报警，以提示掘进机操作手必须对刀盘进行纠偏。掘进机滚动偏差采用刀盘反转的方法纠正。由于进洞掌子面不平整，刀盘以磨岩为主。

（2）方向偏差调整。

如果姿态发生很大的偏差，则应进行姿态调整，每环调整量应控制在 5 mm 内。

（3）施工姿态水平偏差 ≤ ±50 mm，垂直偏差 ≤ ±50 mm。

始发段掘进参数如表 4-9 所示。

表 4-9　始发段掘进参数

推力 /t	推进速度 /（mm/min）	扭矩 /（kN·m）	刀盘转速 /（r/min）	土舱压力 /MPa	备　注
400～700	5 mm～10 mm	800～1 200	1～1.2	0	TBM 模式

2. 下穿海珍品养殖池掘进控制

1）海珍品养殖池概况

隧道以 $R = 800$ m 的曲线半径左转弯下穿 1#海珍品养殖池，随后又以 $R = 800$ m 的曲线半径右转弯下穿 2#海珍品养殖池，隧道在该地段期间主要穿过的地层为⑱$_8$微风化凝灰岩。隧道上方覆土主要为①素填土、⑯$_9$强风化安山岩、⑰$_9$中等风化安山岩、⑰$_8$中等风化凝灰岩。隧道于 PDK0＋241 m 进入养殖池，PDK0＋660 m 穿过养殖池，穿越海珍品养殖池时隧道埋深 43.7～51.1 m。隧道与海珍品养殖池纵断面关系如图 4-33 和图 4-34 所示。

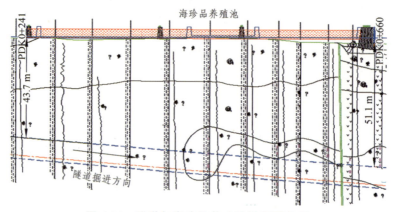

图 4-33　隧道与海珍品养殖池纵断面关系

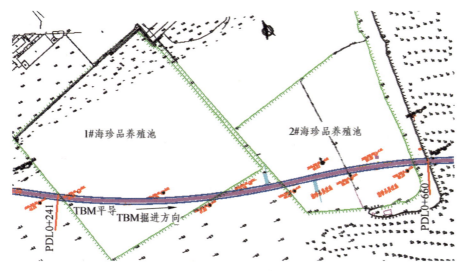

图 4-34　隧道线路与海珍品养殖池平面示意

海珍品养殖池共两个，1#尺寸 201 m×203 m，2#尺寸 153 m×178 m。养殖池内水深约为 2.5~4.0 m，其围护采用钢筋混凝土浇筑而成。如图 4-35 所示。

图 4-35　海珍品养殖池

2）掘进技术

（1）养殖池现场勘查。

①　在掘进机掘进至 PDK0＋241 m 前 30 m 时，同监理单位提前对海珍品养殖池进行现场勘查，主要检查养殖池围堰混凝土墙损坏情况，并做好记录。

②　掘进机在穿越养殖池过程中每天安排技术人员对养殖池进行巡视检查，发现问题及时反馈并记录。

（2）施工参数。

①　姿态控制。

为了尽量减少对地层的扰动，必须严格控制掘进姿态，尽量不纠偏。出现偏差时，应当控制纠偏幅度，勤纠少纠。

由于隧道在 $R = 800$ m 的半径曲线下穿海珍品养殖池。根据设计，每环超前量为 12.4 mm。在该曲线段掘进时，管片易往曲线外侧偏移，预先将掘进机向曲线内侧偏移 20～30 mm，隧道为左转弯时，将掘进机盾体轴线偏离至 +20～+30 mm；反之隧道为右转弯时，将掘进机盾体轴线偏离至 -20～-30 mm。

② 掘进速度。

在掘进过程中，既要保证较快速度通过，又要保持与同步注浆匹配，因此掘进速度均控制在 30～40 mm/min。

③ 出土量管理。

严格控制出土量，减少地层损失是掘进机顺利下穿海珍品养殖池的关键。在掘进过程中加强了出土量的管理，每环掘进至 500 mm、1 000 mm 及 1 500 mm 时现场技术人员进入土舱内对掌子面围岩进行查看，时刻注意围岩有无塌方情况，同时做好记录。

④ 同步注浆及二次补充注浆。

每环同步注浆量控制在 7～8 m³，根据实际情况适当增加。现场同步注浆采用盾尾水泥 + 水玻璃双液浆，保证尽快形成环箍。在 2 号台车顶部采用单液浆进行二次填充，同样适当增加单液浆水泥用量，保证浆液快速凝结。

通过下穿海珍品养殖池时，每环最大注浆量为 9.0 m³，最小注浆量为 7.5 m³。由于及时进行了二次补浆，减少了后期沉降风险。

（3）监控测量。

① 监测频率。

在 TBM 下穿海珍品养殖池时以及穿越后 10 d 内，监测频率为 4 次/d，包括围堰混凝土沉降、隧道管片沉降及收敛。

② 养殖池混凝土围堰上面监测点布设。

掘进施工时共穿越养殖池围堰 4 处，在每处由隧道中线往两侧共布置 9 个监测点，每个点间距 2 m，如图 4-36 与图 4-37 所示。

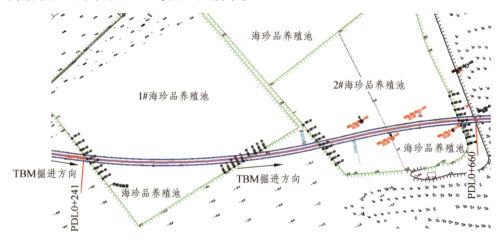

图 4-36 养殖池混凝土围堰上监测点布设

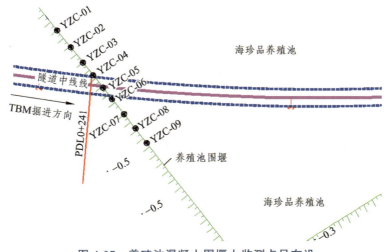

图 4-37　养殖池混凝土围堰上监测点号布设

③ 监测结果统计。

在 TBM 下穿海珍品养殖池时与穿越后 10 d 内对围堰混凝土沉降、隧道管片拱顶沉降及收敛进行了监测数据统计，如表 4-10～表 4-12 所示。

表 4-10　围堰沉降数据统计

测点编号	初始测值 /mm	穿越时		穿越后 10 d 内	
		最大速率 /（mm/d）	累计变量 /mm	最大速率 /（mm/d）	累计变量 /mm
YZC-01	0	− 0.15	− 0.45	− 0.70	− 1.78
YZC-02	0	− 0.20	− 0.30	− 0.55	− 0.89
YZC-03	0	− 0.11	− 1.48	− 0.36	− 4.66
YZC-04	0	0.10	− 1.25	− 0.22	− 3.04
YZC-05	0	0.10	− 1.59	− 0.20	− 4.88
YZC-06	0	− 0.10	− 0.50	− 0.20	− 1.34
YZC-07	0	− 0.08	− 0.40	− 0.10	− 0.66
YZC-08	0	− 0.12	− 1.36	− 0.32	− 2.15
YZC-09	0	− 0.15	− 1.59	− 0.40	− 2.45
YZC-10	0	− 0.20	− 1.60	− 0.60	− 3.01
YZC-11	0	− 0.30	− 1.42	− 0.53	− 2.69
YZC-12	0	− 0.18	− 1.72	− 0.85	− 2.82
YZC-13	0	− 0.45	− 2.85	− 0.56	− 4.45
YZC-14	0	0.67	− 2.23	− 0.40	− 4.32
YZC-15	0	− 0.50	− 2.20	− 0.60	− 5.24

测点编号	初始测值/mm	穿越时		穿越后 10 d 内	
		最大速率/（mm/d）	累计变量/mm	最大速率/（mm/d）	累计变量/mm
YZC-16	0	−0.61	−2.90	−0.55	−4.49
YZC-17	0	−0.22	−1.20	−0.42	−3.80
YZC-18	0	−0.18	−0.70	−0.40	−2.34
YZC-19	0	0.12	−0.26	−0.20	−1.86
YZC-20	0	0.14	−0.15	−0.15	−1.02
YZC-21	0	−1.11	−2.44	−0.85	−4.47
YZC-22	0	−0.88	−1.72	−0.90	−5.22
YZC-23	0	−0.75	−2.44	−0.66	−3.64
YZC-24	0	−0.99	−2.05	−0.68	−4.19
YZC-25	0	0.25	1.34	−0.26	−0.52
YZC-26	0	0.51	2.15	−0.55	1.03
YZC-27	0	−1.10	−1.23	−0.85	−2.77
YZC-28	0	−0.26	−0.85	−0.20	−1.15
YZC-29	0	−0.80	−1.25	−0.70	−2.48
YZC-30	0	−0.55	−2.86	−1.20	−3.88
YZC-31	0	−0.67	−1.20	−1.05	−4.66
YZC-32	0	−0.89	−2.12	−1.36	−6.40
YZC-33	0	−1.03	−3.41	−0.59	−5.22
YZC-34	0	−0.70	−1.19	−0.50	−3.14
YZC-35	0	0.78	−1.20	−0.32	−1.81
YZC-36	0	0.50	−0.60	−0.20	−1.26

注：沉降预警值最大累计变量±8 mm，最大速率±1.6 mm/d。

表 4-11 隧道管片收敛监测数据统计

测点编号	初始测值/mm	穿越时		穿越后 10 d 内		备注
		最大速率/（mm/d）	累计变量/mm	最大速率/（mm/d）	累计变量/mm	
SL70	0	−0.30	−2.76	−0.20	−3.62	
SL100	0	−0.20	−2.37	−0.10	−2.77	第一道围堰
SL130	0	−0.40	−3.43	−0.36	−4.89	

续表

测点编号	初始测值 /mm	穿越时		穿越后 10 d 内		备注
		最大速率 /（mm/d）	累计变量 /mm	最大速率 /（mm/d）	累计变量 /mm	
SL190	0	0.20	1.14	− 0.10	0.24	第二道围堰
SL220	0	− 0.60	− 4.36	− 0.40	− 6.72	
SL250	0	0.10	0.82	− 0.20	− 1.34	第三道围堰
SL280	0	0.15	1.07	− 0.18	− 0.45	
SL340	0	0.30	2.45	− 0.10	1.67	第四道围堰
SL370	0	− 0.40	− 3.97	− 0.20	− 4.56	

注：净空收敛预警值最大累计变量±8 mm，最大速率±1.6 mm/d。

表 4-12　隧道管片拱顶沉降监测数据统计表

测点编号	初始测值 /mm	穿越时		穿越后 10 d 内		备注
		最大速率 /（mm/d）	累计变量 /mm	最大速率 /（mm/d）	累计变量 /mm	
SGC70	0	− 0.60	− 3.88	− 0.30	− 4.12	第一道围堰
SGC100	0	− 0.30	− 2.15	− 0.21	− 2.56	
SGC130	0	− 0.45	− 2.84	− 0.20	− 3.25	
SGC190	0	− 0.50	− 3.26	− 0.30	− 3.02	第二道围堰
SGC220	0	− 0.20	− 1.80	− 0.10	− 1.75	
SGC250	0	− 0.30	− 2.01	− 0.21	− 2.59	第三道围堰
SGC280	0	− 0.42	− 2.44	− 0.20	− 1.58	
SGC340	0	− 0.35	− 2.10	− 0.23	− 3.44	第四道围堰
SGC370	0	− 0.40	− 2.56	− 0.30	− 4.36	

注：净空收敛预警值最大累计变量±8 mm，最大速率±2.4 mm/d。

经过对 TBM 下穿海珍品养殖池时与穿越后 10 d 内对围堰混凝土沉降、隧道管片拱顶沉降及收敛的监测数据分析，得出，TBM 下穿海珍品养殖池时围堰沉降最大速率为 − 1.11 mm/d、最大沉降量为 − 2.90 mm，穿越后 10 d 内围堰沉降最大速率为 − 1.36 mm/d、最大沉降量为 − 6.40 mm；TBM 下穿海珍品养殖池时隧道管片拱顶沉降最大速率为 − 0.60 mm/d、最大沉降量为 − 3.88 mm，穿越后 10 d 内隧道管片拱顶沉降最大速率为 − 0.30 mm/d、最大沉降量为 − 4.36 mm；TBM 下穿海珍品养殖池时隧道管片收敛最大速率为 − 0.60 mm/d、最大沉降量为 − 4.36 mm，穿越后 10 d 内隧道管片收敛最大速率为 − 0.60 mm/d、最大沉降量为 − 6.72 mm。围堰沉降、隧道管片拱顶沉降及收敛均在预警值范围内。

4.4 海底隧道单护盾双模式掘进机的 TBM/EPB 模式转换技术

4.4.1 掘进模式的选用

本项目采用的是硬岩敞开模式（TBM 模式）与土压平衡模式（EPB 模式）转换的双模式岩石掘进机。该类型的双模式掘进机是结合 TBM 切削出渣技术和盾构螺旋输送机出渣技术组成的双模式掘进机。

一般来说，EPB 模式适用于对施工安全性和可靠性要求更高的软土地层或破碎带地层，TBM 模式适用于全断面岩石地层，如图 4-38 所示。相比传统的土压平衡式复合面板盾构机，TBM 掘进模式在全断面岩石地层具有掘进效率高、刀具磨损量更小，换刀成本相对较低、节约渣土改良成本等优点。

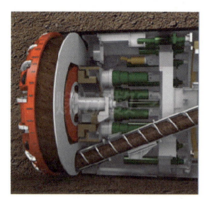

图 4-38　EPB 与 TBM 掘进模式

从机械设备本身来说，EPB 与 TBM 两者主要差异在于切削土体以及运输土体的方式不同，如图 4-39 所示。EPB 主要通过螺旋输送机送出，而 TBM 则是刀盘背面安装的刮土板将进入土舱的岩石刮送至中心排土皮带输送机，再由皮带输送机将岩石排出。

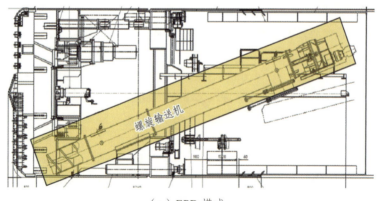

（a）EPB 模式

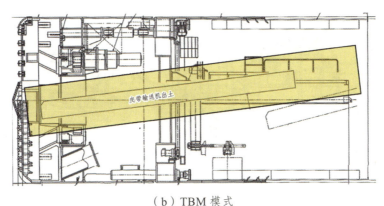

（b）TBM 模式

图 4-39　EPB 与 TBM 出渣设备的差别

1）本工程掘进机的基本结构

依托工程为大洋站—青岛北站区间平行导洞隧道，全长 2 110 m。其中掘进机空推 100 m（不含 23.8 m 风道），以 TBM 模式掘进 1 500 m；以 EPB 模式掘进 510 m。

TBM 模式主机布置如图 4-40 所示，主机皮带从主驱动中心处伸入土舱，在刀盘背部安装溜渣板，土舱中心处安装溜渣槽。TBM 切削下来的渣土经溜渣板、溜渣槽掉入主机皮带上，再经后配套皮带机转运出去。在前盾除尘孔安装除尘装置，用以降低粉尘。

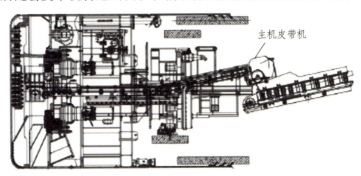

主机皮带机

图 4-40　TBM 模式主机布置

EPB 模式主机布置如图 4-41 所示，在主驱动中心安装回转接头、泡沫及膨润土管路，通过回转接头的通道及刀盘上的管路进到刀头前面，对渣土进行改良；在主机螺旋机口安装螺旋输送机，渣土在螺旋输送机内形成土塞效应，在螺旋机轴旋转的带动下，渣土通过螺旋机后舱门掉到皮带机上转运出去。在土舱隔板和螺旋机筒体上安装土压传感器，用以检测土舱和螺旋机内土压。

2）特殊设计

掘进机刀盘具有双向溜渣板结构，可实现左右双向旋转来切削渣土，以便于回正盾体的滚转，但仍为开放式的支腿结构，以便具有平衡模式时的功能。主驱动采用的是内外双层密封结构，以便在安装中心皮带机时，主轴承的中心部位敞开。前盾设置 2 个稳定器，硬岩掘进时可伸靴支撑围岩，以达到约束刀盘振动的作用，从而减缓盾体的转动。

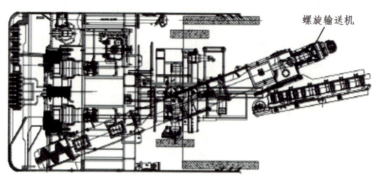

螺旋输送机

图 4-41　EPB 模式主机布置

3）优缺点

优点：① 适用范围广，能够适应多种不同地质的开挖作业，特别是掘进区间内地质变化较大的场合；② 设备使用率高，成本较之单模式要高，但相比两台设备要低很多；③ 节省施工成本，减少设备损耗，提高成洞质量。具体来说，在围岩稳定地层采用 TBM 模式掘进，通过中心皮带机方式出渣，土舱内留存的渣土较少，极大地减少了刀盘的搅拌阻力，刀盘可在较小的扭矩下高速旋转切削围岩，从而可以获得较高的掘进速度，相应主驱动的电力消耗也少；土舱内渣土较少，对滚刀的阻力小，阻力小的情况下滚刀转动速度快，相应的刀箱被渣土卡住的情况就少，渣土对刀箱的二次磨损就小。在围岩软弱、不能自稳或稳定性差地层采用 EPB 模式掘进，通过螺旋输送机方式出渣，保持土舱压力，可以控制围岩发生坍塌。

缺点：① 在更换掘进模式时，由于需要拆装和更换大量结构件，工作量大，时间长；② 受空间和结构的限制，部分结构设计存在不合理现象，在施工时还需要做大量的改进工作。

4.4.2　模式转换最佳位置确定方法

TBM/EPB 模式转换工艺决定了转换期间须拆装螺旋输送机、中心回转接头、土舱内刮泥板等 TBM/EPB 不同掘进模式下的设备。在模式转换期间，无法实现带压工作，只能在常压下工作，故 TBM/EPB 模式互转时，必须确保掘进掌子面有足够的稳定性。

一般情况下理解，模式转换的最佳位置即为软（或破碎）、硬地层交界面处，而软、硬地层交接处，岩层风化程度较大，在地下水作用下，自稳性极差，模式转换施工风险大，安全性无法保障；故模式转换位置选择在硬岩段靠近软、硬交接面处；如果模式转换位置入硬岩段较多，则模式转换后，该段岩层掘进期间，刀具磨损量增加，施工效率降低，施工成本增加，如果掘进参数控制不当，会造成刀具损坏，增加换刀成本；如果模式转换位置太靠近软硬交接面，则由于地层突变，掘进掌子面土层无自稳性，导致模式转换无法完成，须采取其他方法对掌子面加固后方能进行模式转换，延长施工工期，增加施工成本。

由于本章仅涉及"从 TBM 模式转换到 EPB 模式"，未涉及"从 EPB 模式转换到 TBM 模式"，因此仅讨论前者的模式转换最佳位置。

由于从 TBM 转换到 EPB 是从稳定性好的围岩进入稳定性差的围岩，如果不及时转换模式，很可能面临塌方等安全事故；而从 EPB 转换到 TBM 如果未及时转换模式，仅是刀具磨损加重，施工进度上不去，不经济，并未带来安全事故。因此，从这一点来说，从 TBM 转换到 EPB 需要提前进行，即在硬岩（或完整性好的围岩）中尚未到达软硬交界面（或完整与破碎带的交界面）就完成模式转换。

通过分析，本章提出"三步法"确定模式转换最佳位置：第一步是根据地勘资料，确定模式转换相应位置，并对相应的地层情况进行分析；第二步是结合超前地质预报法，提前对前方围岩进行地质预报，与地勘资料结合进行分析；最后一步，结合超前地质预报法与地勘资料分析的转换点里程，采用 TBM 模式掘进至分析出的转换点里程前 10～15 m 时停机，采用超前地质钻机对前方围岩进行地质钻探，更加精准地探测前方围岩情况，最终确定模式转换最佳位置为：距离断层破碎带 10～15 m。如图 4-42 所示。

图 4-42　TBM 模式转换到 EPB 模式的最佳转换位置示意

4.4.3　模式转换全过程施工技术

本节详细阐述从 TBM 模式转换到 EPB 模式的全过程施工技术。

1. 前期设备拆除及工作平台清理

1）拆除除尘装置

断开主机上的除尘设备，只保留设备桥上的一段，盾体隔板上的除尘口封堵，并拆除防溜车装置。如图 4-43 和图 4-44 所示。

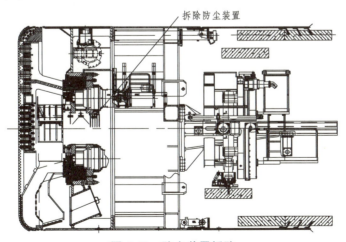

图 4-43　除尘装置拆除

2）断开设备桥与拼装机链接

为了保证转换模式所需相关部件的运输、拆除部件的运输以及作业人员操作的方便，需对后方工作平台进行清理。将后配套皮带与 TBM 主机皮带之间的拖拉油缸及各种管线断开，管线整理并固定在合适位置，拆除时需做好接口标识，以便后续二次安装；再将设备桥前端支撑在管片运输车上，利用牵引机车拖拉后配套台车整体后退 10 m 左右，获得模式转换操作空间，如图 4-45～图 4-47 所示。然后用临时工装支撑设备桥前端，皮带机接料段，保证物料运输通道畅通，如图 4-48 所示。

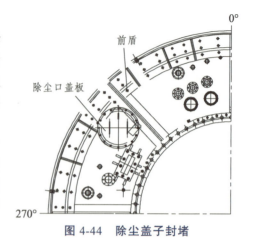

图 4-44　除尘盖子封堵

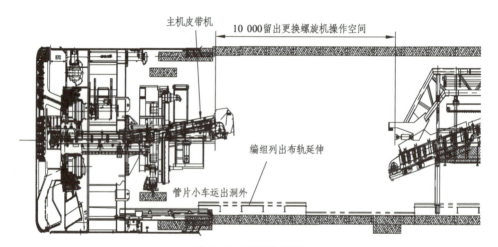

图 4-45　后配套后退

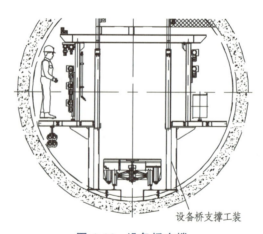

图 4-46　设备桥支撑

图 4-47　后配套后退

图 4-48　安装临时工装支撑设备桥前段

3）主机皮带拆除

拆除盾尾管片喂料机并延伸轨枕及轨道至主机管片拼装机下方，掘进机后方皮带机为后方工作平台后方至后续设备车架之间的倾斜段的皮带机结构，为了清出螺旋输送机的安装通道和皮带输送机的拆除通道，更换模式前应予以拆除。主机皮带前段长约6.95 m，重约 3 t，后段长约 4.3 m，重约 3.5 t。拆除前应使用 2 只 5 t 环链葫芦将皮带机两段固定，确保所有葫芦固定牢固，将固定端与管片连接，如图 4-49 所示。拆除步骤可分为：

（1）割断传送带，拆除皮带机主动轮和土舱内从动轮，将割断的传送带卷送至车架顶端；

（2）拆除皮带机从动端（皮带机进土端）支撑横梁；

（3）拆除皮带架上所有小托辊。拆除皮带机伸缩油缸，并对油缸进出油口进行封堵。

（4）用两个 5 t 葫芦和两根 5 t 吊带在主机皮带架前后受力平衡位置悬挂，后端葫芦挂在顶部管片，前端皮带挂在铰接油缸左上，将皮带架拆除放置于电机车平板车上运输至井口，用龙门吊吊至地面。

整个拆除过程，皮带机下方人员需要撤离，葫芦操作员需站在安全区域，严禁站在皮带机上，同时设备均应缓慢放下，务必保证洞内人员的安全以及皮带机电动机的完整。

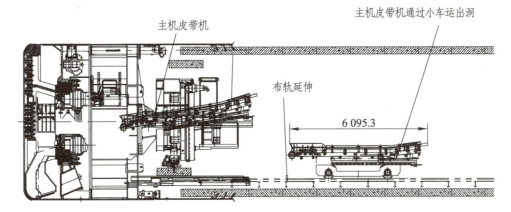

图 4-49　主机皮带拆除

4）溜渣槽、翻渣板拆除，土舱内刮板移除

分块拆除土舱内溜槽结构，在拆除溜渣槽之前在除尘口处安装轴流风机，对气割时土舱内产生的有毒有害气体进行排放，同时需要专职安全员手持便携式气体检测仪全程进行检测并做好书面记录。一旦有毒有害气体检测超标必须第一时间停止作业，疏散人员。

土舱内共有 6 块溜渣槽，按照从上到下顺时针方向进行拆除，拆除前在盾体上方焊接吊耳，用5 t葫芦将要割除的溜渣槽进行悬挂固定，在土舱内用走道板搭设工作平台，气割人员分两批交替作业。气割人员必须穿戴好防护用品，防止气割产生的火星烫伤。

在气割完成后拆除法兰螺栓，然后拉动葫芦，缓缓将溜渣槽放置到中心回转节处，此过程中必须确保土舱下方无人作业。通过主驱动中心孔将溜渣槽吊运至中盾。依次对溜渣槽、翻渣板进行拆除，通过土舱下部螺旋机筒体运出。同时，土舱内刮板与刀盘为螺栓连接，在移除刮板之前必须做好螺栓部件等相关位置的固定措施，以防出现意外。工作人员在舱内移除刮板的时候应注意保持舱内通风条件良好及足够的应急照明灯亮度，工作平台应能够保障工作人员的安全，并设有紧急出口。刮板拆除之后，由环链葫芦运出。在运出时一定要保证葫芦动作平稳缓慢，防止出现驱动电机水冷外壳的破坏以及器械伤人等意外情况。具体过程如图 4-50 ~ 图 4-53 所示。

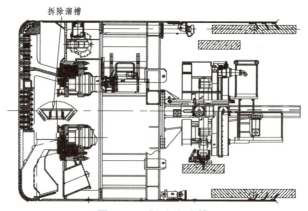

拆除溜槽

图 4-50　拆除溜渣槽

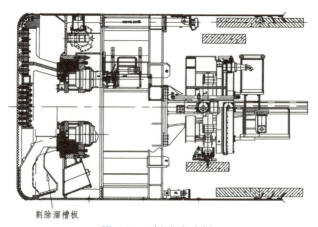

割除溜槽板

图 4-51　割除溜渣板

图 4-52　拆除溜渣槽

图 4-53　割除溜渣板

2. 安装螺旋机及相关设备

1）安装回转中心接头、搅拌棒、焊接刀盘格栅

刀盘背部预留 4 个搅拌棒焊接位置，土舱面预留两个搅拌棒安装位置，土舱面为法兰连接。刀盘背面的搅拌棒在安装前需先按安装图纸切割安装孔，搅拌棒根部插入安装孔后再焊接固定。土舱壁上的搅拌棒安装前需按图纸找出定位点，然后按照预留法兰孔连接。

搅拌棒在土舱内由葫芦吊运定位时，作业人员必须确认吊点焊接牢固可靠，吊带缠绕稳定可靠后才可起吊。

由于该刀盘设计开口率较大，且后续掘进过程中可能有大块石头从刀盘开口处掉落至土舱内，会导致螺旋机卡死现象发生，因此在转换为螺旋机模式时对刀盘开口率进行改造。在刀盘开口率处交叉焊接 5 cm 钢板的锲形块，在焊接时先将根部固定，然后用二保焊进行焊接，确保焊接牢固。具体操作过程中，将搅拌棒、主驱动中心过渡承压隔板结构、过渡泡沫管路结构运进土舱，拆除螺旋机筒体盖子，并按照刀盘搅拌棒（焊接式）、盾体被动搅拌棒（可拆式）、泡沫管路保护结构、主驱动中心过渡压力隔板、泡沫管路、回转接头顺序安装于既定位置。该中心回转中心按照法兰连接分为 4 半，其中间采用螺栓连接，在安装前确认螺栓齐全。将中心分体，通过主机皮带口运送至土舱内部，对准法兰孔进行对接。具体过程如图 4-54 ~ 图 4-56 所示。

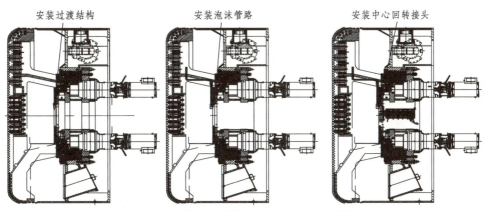
安装过渡结构　　　安装泡沫管路　　　安装中心回转接头

图 4-54　安装过渡结构、泡沫管路、回转接头

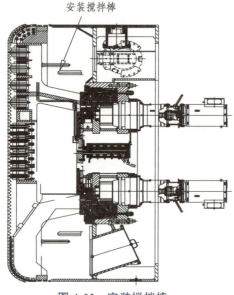

图4-55 安装搅拌棒

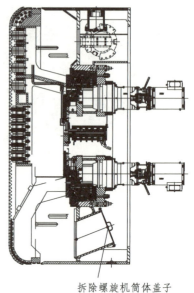

图4-56 拆除螺旋机筒盖

需要注意的是：

（1）刀盘泡沫喷口全部拆除疏通、更换前部胶皮；

（2）在管路连接前先测试刀盘管路是否通畅；

（3）连接法兰分四部分，提前焊接吊耳运输到土舱后再拼装安装；

（4）回转中心因长时间未使用，安装前更换所有密封并测压，安装回转中心密封时特别注意第一道和最后一道密封唇口朝向，且保证密封干净，严格按图纸安装。

在安装完成后，委托外部单位对主驱动进行各项检测，主要对内外密封、减速机进行检测，并且更换新的320#齿轮油。确保主驱动正常。

2）安装吊装支架

管片机轨道梁前部横梁型安装到位，V形梁和左右平台拆除。将之前准备好的材料运输至设备桥前方，确定好位置，按照图4-57进行安装。焊接位置确保焊接牢固，无缝隙。

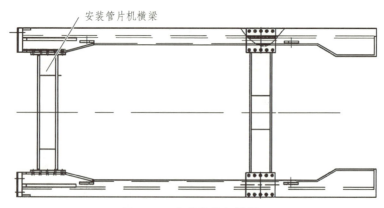

图4-57 安装管片机横梁

将螺旋机吊装门架（分块）运到洞内并拼装，安装及定位如图4-58和图4-59所示。门型架吊装时先确定各吊点牢固，吊带或钢丝绳无磨损，吊物下方严禁站人，整个吊装过程需要有安全员现场监督施工。

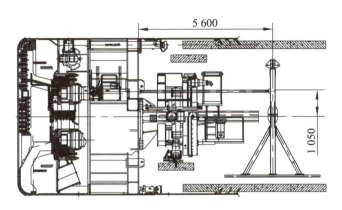

图 4-58　门型吊梁安装

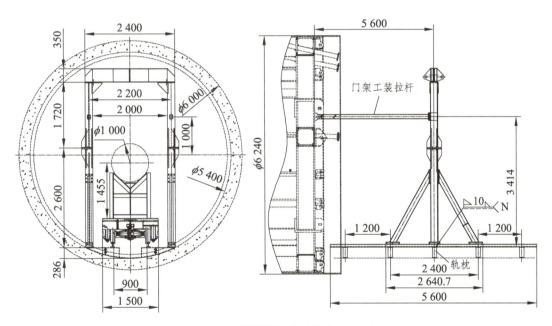

图 4-59　门型吊梁固定（单位：mm）

3）安装螺旋输送机

用 200 t 汽车吊将螺旋机吊至井下平板车上，用钢丝绳进行固定，管片运输车将螺机运到洞内，并如图 4-60 挂上倒链（注：螺机轴呈缩回状态，并机械固定）。

将螺旋输送机运至主机处（螺旋机固定在一个平板车运往主机处，现场测量螺机需要固定高度，保证螺旋机可以顺利通过拼装机，拼装机平移油缸缩到底，提升油缸完全伸出，保证提升臂降至最低点），利用龙门架1、2吊点、将螺旋机吊起，平板车移出，盾体顶部铰接油缸座吊点和其他辅助吊点吊装平移安装螺机。在螺机安装过程中注意各倒链受力情况。（隧道管片上不可设置承重吊点，必须在后方平台悬臂梁上设置吊装螺旋输送机的承重门架。管片上可设置螺旋机平移辅助吊点或稳定辅助吊点。）由起吊门架上的4只10 t的环链葫芦将螺旋机吊起，螺旋机上的起吊吊耳需按吊耳标准VDLB198-88以10 t起吊能力制作，吊耳与螺旋机的焊接必须牢固可靠，确认所有葫芦可靠后方可起吊。并如图4-61所示挂上倒链（注：螺机轴呈缩回状态，并机械固定）。

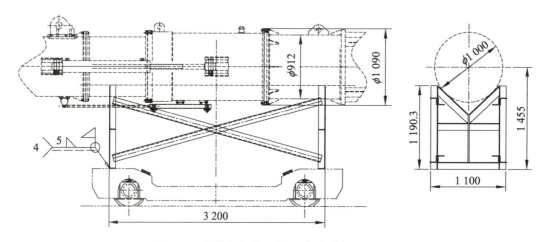

图4-60　螺旋机洞内运输固定（单位：mm）

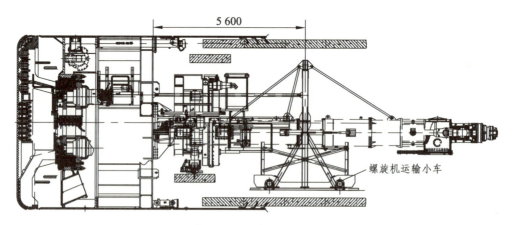

图4-61　螺旋机水平起吊（单位：mm）

吊装螺旋机，必要时增加临时吊装点。吊装螺旋输送机到位后，安装螺旋输送机法兰螺栓及拉杆，如图4-62～图4-65所示。

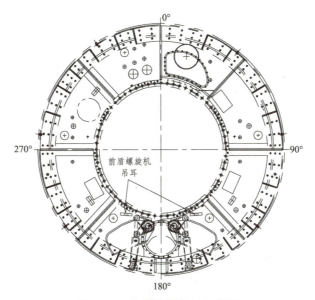

图 4-62　前盾设置螺旋机吊耳

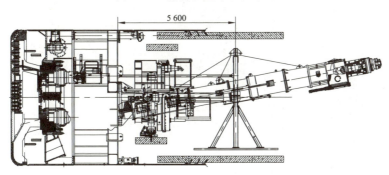

图 4-63　起吊角度变化（单位：mm）

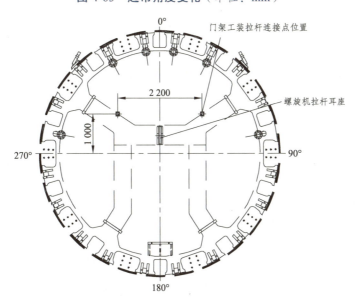

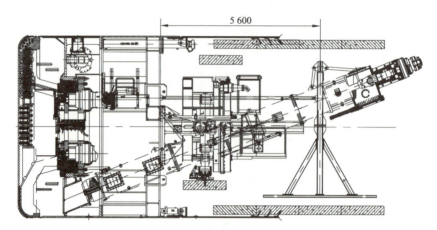

图 4-64　螺旋机安装（单位：mm）

图 4-65　现场螺旋运输机安装

4）拆除门型吊梁

在螺旋机安装后对门架进行拆除，用平板小车运输至井口，拆除螺旋机吊装门架，如图 4-66 所示。

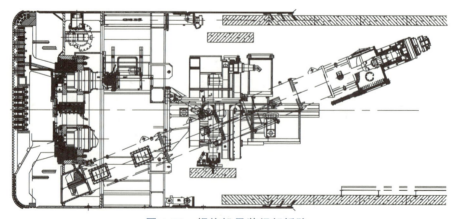

图 4-66　螺旋机吊装门架拆除

将后配套整体前拉，与轨道梁连接，断开的管路及电缆重新连接，螺旋输送机轴伸出，如图4-67所示。

将泡沫系统等装好，完成整个模式转换工作。

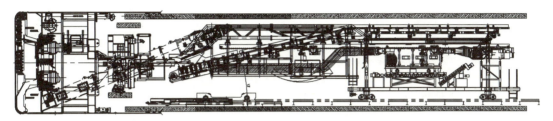

图4-67　设备桥连接

3. 后续设备及管路恢复

1）平台恢复

螺旋机安装完成后，安装后方工作平台，恢复先前拆除的机内平台，安装后方平台悬臂梁直接的连接横梁。

2）后方皮带机复位

先前拆除的后方皮带机重新由电瓶车运至隧道内，由2只2t环链葫芦将其与车架顶部水平段皮带机的连接端提升到位后安装连接销轴。连接完成后由2只2t环链葫芦将从动端提升至螺旋机土斗下方，到位后安装从动端的支撑横梁。

起吊前必须确认葫芦吊点安全可靠后才可起吊，连接销轴和支撑横梁确认安装完成后才可撤去起吊葫芦。起吊过程中葫芦操作人员必须站在隧道内电瓶车两侧的安全控件内作业，皮带机上和皮带机正下方不得有人员逗留。

后方皮带机主结构安装完成后将之前割断的传送带重新粘接复位，皮带机驱动通电调试。

3）管路电路恢复

（1）已经拆除的管路按事先做好的标记重新连接；

（2）中心回转接头上的所有管路配管连接；

（3）土舱壁上的所有加泥加水及泡沫管路连接；

（4）螺旋机所有液压管路连接；

（5）螺旋机加泥加泡管路连接；

（6）已拆除的机内电气柜恢复。

4）整机系统调试

将断开的所有管线重新连接后。进行整机系统调试后即可按照土压平衡模式向前掘进。整机系统调试包括：

（1）螺旋输送机动作及液压系统调试；

（2）中心回转接头所有管路调试；

（3）土舱壁上所有加泥加水及泡沫管路调试；

（4）整机联动调试。

至此，所有模式转换工作完成。

4.5 本章小结

为确保青岛地铁 8 号线工程与胶州新机场同时投入使用，对快速施工有着迫切要求。本章针对下穿海域长大隧道群暗挖快速施工技术进行研究，得出结论如下：

（1）面临工期提前压力，制订 TBM 平导实现正洞多工作面掘进方案，并通过创新微台阶法施工技术、双模式 TBM 掘进技术和安全爆破拆除 TBM 多环管片实现工法快速转换等技术措施，可大幅加快施工进度。

（2）根据本工程地质特点，在确保安全的前提下，考虑经济性和工期等要求，初步试验掘进机推力、扭矩、刀盘转速、出土量、同步注浆量、泡沫改良剂发泡率、泡沫剂混合比例等基本掘进参数，动态调整优化，总结形成了一套单护盾 TBM/EPB 双模式掘进机在不同掘进模式、不同地层条件下的掘进参数，具体包括：TBM 模式在微风化凝灰岩、凝灰岩破碎带、微风化安山岩三种地层，以及 EPB 模式在微风化凝灰岩、凝灰岩破碎带两种地层，共计五种工况的合理掘进参数搭配。

（3）根据掘进机始发段的施工特点，以及下穿海珍品养殖池既有建（构）筑物自身的结构特点、地质条件，与新建隧道的位置关系等综合因素，提出了穿越上述两个特殊段落的合理掘进参数设置和控制技术措施。

（4）结合本工程的具体情况，设定本工程掘进模式分段选用如下：全长 2 110 m，其中掘进机空推 100 m（不含 23.8 m 风道），以 TBM 模式掘进 1 500 m，以 EPB 模式掘进 510 m。

（5）提出了 TBM 模式向 EPB 模式转换中，最佳位置的确定方法。经过现场施工应用，确定了从 TBM 模式转换到 EPB 模式的最佳转换位置是：掘进机刀盘切口在硬岩距离断层破碎带交界面 10～15 m 的位置。

（6）总结出模式转换施工工艺流程。经过施工验证，总结形成了整套从 TBM 模式转换为 EPB 模式的转换施工技术。

5 海底隧道泥水盾构穿越破碎带施工技术

本章为适应海底隧道区段对泥水平衡盾构机的特殊要求，在整环耐磨合金块、前置式泥浆门、人舱预留饱和氢氧穿梭舱接口、盾尾密封四道盾尾刷、舱内锷式破碎机、刀盘泥饼冲刷装置等方面开展了设计创新，极大提高了泥水平衡盾构机的掘进安全性与掘进效率。通过研究和总结，提出穿越破碎带合理掘进参数。综合海底地质补勘、刀盘掌子面涌水量动态测试、围岩状况对比等手段，提出了穿越海底隧道区段常压和带压换刀工法，保证了长距离过海隧道安全高效环刀，提高了泥水平衡盾构综合掘进效率。

5.1 引　言

盾构开挖是当前地铁隧道开挖的主要技术之一，针对盾构隧道掘进控制技术的研究主要集中在以下几方面：

1. 盾构机选型研究现状

刘允刚根据工程地质条件选择盾构类型及主要技术参数。朱宏海针对上软下硬复合地层盾构施工存在的困难和问题，从盾构隧道设计、盾构选型及施工方面提出处理方案及措施。吕善针对广深港客运专线工程，叙述了盾构机选型原则与依据，通过分析盾构选型与地层渗透系数、颗粒级配及水土压力的关系总结了盾构机选型的主要办法。徐薇针对盾构掘进姿态的影响因素，提出了管片选型与姿态控制的关系，最终探讨了结合盾构姿态等因素进行管片选型和拼装施工的要点。刘旭全针对济南地铁 R2 号线工程，就承压水地层盾构机选型配套、刀具配置、掘进参数确定等方面进行研究，获得了适应该地层施工的盾构选型和配套模式以及施工工艺参数。吴沛霖对国内代表性海底盾构隧道工程的刀盘刀具选型及优化措施进行了回顾，重点分析了当前代表性海底盾构隧道工程建设过程中存在的主要挑战与相应研究思路。

2. 盾构隧道穿越断层破碎带掘进控制技术研究现状

郑清君依托狮子洋隧道盾构工程针对掘进施工中易发生变化的边界条件分析了掘进关键技术要点并提出了针对性技术措施。孙华从盾构设备方面介绍了泥水盾构穿越岩层破碎带的难点及处理措施。李有兵狮子洋隧道工程实例，系统总结了 FEM 数值模拟、刀盘刀具配置、掘进参数选择、盾构姿态控制技术等上软下硬地层综合施工技术。杜闯东对泥水和土压平衡盾构在基岩破碎带或上软下硬等不良地层掘进中出现的坍塌受阻情况和处理技术方案进行了阐述和总结。詹涛基于南昌市轨道交通 1 号线工程，总结了泥水盾构穿越赣江断裂破碎带的相关施工技术，从盾构掘进控制、泥浆质量、同步注浆和二次注浆等方面探讨了施工技术改进情况。苏兴以南京长江隧道为背景根据拉依达准则和盾构施工状态对左线数据进行处理筛选，将主要掘进参数进行横向和纵向统计分析，得出相关结论，同时基于泥水盾构掘进参数实测数据，用数理统计的方法对主要参数进行相关性分析。苏保柱等依托长沙地铁 3 号线工程，提出盾构穿越富水断裂破碎带时的各种施工风险并从盾构掘进姿态、盾体保压措施、刀盘刀具、壁后注浆等方面提出了相应的控制措施。姜克寒依托长沙地铁 6 号线，分析了不同掘进参数对地表竖向沉降变形的影响。

总体而言，国内外已修建了多条海底隧道，但是同工程实践相比，研究工作稍显不足，对长大过海盾构隧道建设中关键技术和问题的研究还有待突破。本章针对青岛地铁 8 号线跨海段工程地质条件复杂、施工风险大、施工不确定因素多等特点，开展海底隧道泥水盾构穿越破碎带施工技术研究，包括海底盾构隧道穿越断层带施工风险及稳定性分析、海底盾构隧道穿越断层破碎带掘进控制技术等方面，通过研究解决地铁 8 号线跨海段泥水盾构施工过程中的技术难题。

5.2 海底盾构隧道穿越断层带施工风险及稳定性分析

运用比例分析法，针对青岛地铁 8 号线泥水平衡盾构海底隧道工程，按照事件发生的比例与损失的后果进行乘积后的风险量来确定事故风险的大小，对青岛地铁 8 号线破碎带的风险进行了识别，重点研究了青岛地铁 8 号线破碎带工程实施过程中的几种典型风险的应对措施，并给出了风险应对的思路和程序。之后通过有限元软件 FLAC 3D 模拟计算盾构隧道在穿越 F_4 破碎带时的力学响应，分析了隧道围岩施工的稳定性，根据现场监测数据验证了模拟的可靠性，对盾构机在破碎带中掘进的施工参数进行了讨论，获得了泥水平衡盾构海底隧道区段最优掘进参数。

5.2.1 海底泥水平衡盾构隧道穿越断层破碎带风险分析

1. 破碎带工程地质

本工程泥水盾构区间海域段共穿越 2 条断裂带（F_3、F_4 断裂带），如图 5-1 所示，其中 F_3 断裂带长 90 m，F_4 断裂带长 613 m。

F_3 基岩破碎带位于海域中东部，线路右 CK44 + 160 ~ 右 CK44 + 250 之间，宽度约 90 m，大致呈东北西南走向，走向约为 25°，与隧道交角为近 90°，破碎处基岩面埋深在 29 m 左右，F_3 断裂西侧为凝灰岩，断裂东侧为泥质粉砂岩及火山角砾岩，主要力学性质为左行压扭性断裂。

F$_4$基岩破碎带位于海域中部，线路右 CK42 + 830 ~ 右 CK43 + 440 之间，宽度约 610 m，大致呈东北西南走向，走向约为25°，与隧道交角为近90°，破碎处基岩面埋深在 29.5 ~ 32.5 m 之间，上覆厚层砂土。主要为第⑯$_{8-2}$层砂土状碎裂凝灰岩、第⑰$_{8-2}$层块状碎裂凝灰岩、第⑰$_{8-3}$层中等风化凝灰岩（JL）碎裂岩和第⑱$_{8-3}$层微风化凝灰岩（JL）。

第⑯$_{8-2}$层凝灰岩（砂土状碎裂岩）：灰白色—灰褐色—紫褐色，矿物风化较强烈，岩芯多为黏土质砂土—粗砾砂状，手可搓碎散，岩芯采取率在 75% ~ 95%。揭露段岩体完整性指数 K_v 一般为 0.15 ~ 0.23，揭露段岩体属极破碎 ~ 破碎的软岩，岩体基本质量等级 V 级。

第⑰$_{8-2}$层砂土状凝灰岩碎裂岩：紫灰色，矿物中等风化，节理裂隙发育，岩芯多为碎块状—块状，少量短柱状，柱体表面粗糙，锤击易碎，岩芯采取率在 65%左右。揭露段岩体属极破碎 ~ 破碎的软岩，岩体基本质量等级 V 级。

第⑰$_{8-3}$层中等风化凝灰岩（JL）碎裂岩：紫灰色，矿物中等风化，节理裂隙发育，岩芯破碎，破碎面见较多高岭土等次生矿物，岩芯以块状 ~ 短柱为主，表面较粗糙，锤击可碎。岩芯采取率在 70% ~ 80%。揭露段岩体属较破碎的软岩，岩体基本质量等级 IV 级。

第⑱$_{8-3}$层微风化凝灰岩（JL）：暗紫色，矿物新鲜，节理裂隙较发育，岩芯为块状—短柱状，表面较光滑，锤击声脆，难碎。岩芯采取率在 65% ~ 85%。揭露段岩体完整性指数 K_v 一般 0.44 ~ 0.60，揭露段岩体属较破碎—较完整的较硬—坚硬岩，岩体基本质量指标（BQ）为 298 ~ 343，岩体基本质量等级 IV 级。

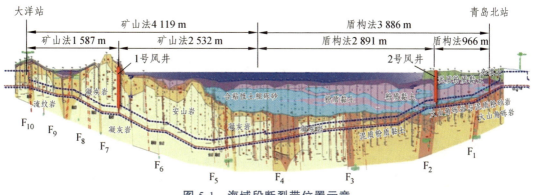

图 5-1　海域段断裂带位置示意

2. 破碎带水文地质

区间地表水为海水。水位随季节变化，水量随季节变化明显。

1）区间地下水

地下水赋存方式主要为第四系松散岩类孔隙潜水、风化基岩孔隙水和构造基岩裂隙水三种。

（1）第四系松散岩类孔隙水。

第四系松散岩类孔隙水的含水层主要赋积于人工弃填土和海相沉积之含砂类土层中，与胶州湾海水贯通，并和胶州湾海水有一定的水力联系，地下水位与季节和潮汐的潮起潮落有一定联系，含水量亦极为丰富。

（2）风化基岩裂隙水。

风化裂隙水主要赋存于基岩强风化—中等风化带中，岩石呈砂土状、砂状、角砾状，风化裂隙发育，呈似层状分布于地形相对低洼地带，属孔隙-裂隙潜水。由于裂隙发育不均匀，其富水性亦不均匀。

由于风化裂隙发育的不均一，其富水性也有一定差异，风化裂隙水水量较小，富水性贫，涌水量受季节性影响较大。

受裂隙性质、发育特点（发育程度、规模、张开和充填情况等）和补给条件等因素的影响，对于基岩海岸，近海地下基岩裂隙水受潮汐影响，与海水连通性较好，涌水量较大。

（3）基岩构造裂隙水。

构造裂隙水主要赋存于断裂带块状碎裂岩中，以块状致密凝灰岩为脆性岩石的代表。岩石主要呈现弹性形变，破坏时以拉断为主；裂隙稀疏，但张开性好，延伸远，导水能力好。这类岩石多构成含水（或透水）层，富水性与断裂带的性质、规模和补给条件有关，无统一水面，具有一定的承压性，整体上本区间断层及节理、裂隙均较发育，构造裂隙水局部发育。与孔隙水相比较，它分布不均匀，往往无统一的水力联系。

2）潮 汐

过海段为胶州湾北部区域，海水受潮汐影响，水深变化较大。整体水深自西向东加大，最高潮位水深 3~11 m。

3）构造裂隙水

构造裂隙水主要赋存于断裂带及构造影响带。

（1）第四系孔隙潜水：主要分布于剥蚀堆积缓坡、侵蚀堆积缓坡地貌，主要的含水层为第①层填土、第④层含淤泥粉细砂、第⑨层粗砾砂、第⑫层粗砾砂。它与基岩裂隙水相连通，存在径流补给关系。

勘探期间测得在线路里程 AK44+800~AK46+100 段为填海造地段，地下水埋深 2.8 m~6.5 m，地下水受海水潮汐影响较大，无稳定水位，且与潮汐呈滞后现象。

（2）基岩裂隙潜水：基岩裂隙潜水可分为风化裂隙潜水及构造裂隙潜水。

（3）风化裂隙潜水：主要赋存于基岩强风化—中等风化带岩石呈砂土状、砂状、角砾状，风化裂隙发育，呈似层状分布与地形相对低洼地带。地下水主要接受大气降水及补给区的补给，以地下径流的形式，缓慢排泄。由于构造裂隙发育的不均一，其富水性也有一定差异，风化裂隙水水量较小，富水性贫，涌水量受季节性影响较大。

（4）构造裂隙潜水：主要赋存于断层两侧的构造影响带，呈脉状、带状产出，无统一水面，具有一定的承压性，整体上本区间断层、岩脉及节理、裂隙均较发育，构造裂隙水较发育。在汇水条件较好的地段，地下水富水性中等—丰富。洞室开挖过程中，常形成点状或线状涌水。

4）沿线地下水补给、排泄条件及动态特征

第四系孔隙潜水主要受大气降水补给及上游水源地补给以及较高地势的基岩裂隙水补给。该层潜水面的形状及径流方向受地势控制，基本与地形一致，主要由西北向东南方向径流。

基岩裂隙水主要接受大气降水、第四系孔隙水的下渗以及水源地补给，受裂隙发育程度的影响，径流量一般较小，排泄方式主要为蒸发和下游径流。该层潜水面的形状及径流方向受地势控制，基本与地形一致。

地下水的流向主要受区域侵蚀基准面和地貌的控制，从地下水位反映的形态看，地下水径流方向大体为由西北向东南，局部因为山体的原因，地下水由山体向四周径流。地下水水位随季节、降雨情况有一定的变化，具有明显的丰、枯水期变化，丰水期水位上升，枯水期水位下降，本段地铁沿线含水层主要为弱—中等透水层，一般年内变幅 1 ~ 2 m。

5）地层渗透性

各土层的渗透性及透水性见表 5-1。

表 5-1　土层渗透性及透水性

岩土层名称		简要水文地质特征	渗透系数推荐值 /（m/d）	透水性
第⑥层淤泥质粉质黏土		透水性差，局部因粗砂含量的不同，局部表现出一定的透水性	0.01 ~ 0.02	弱透水
第⑨层中粗粒砂		含黏性土较少，孔隙填充物较少，透水性较好	20 ~ 30	强透水
第⑪层粉质黏土		含砂量较少，透水性差	0.001 ~ 0.01	微透水
第⑫层中粗砂		分选磨圆较差，土质结构较好，孔隙含有一定的填充物，透水性较好	15 ~ 25	强透水
基岩	风化节理裂隙	为基岩的强风化、中等风化及微风化节理发育带。裂隙不发育—较发育，赋水性和透水性较差	0.05 ~ 0.5	弱透水
	构造节理裂隙	构造节理裂隙发育，赋水性及透水性较好	1.0 ~ 3.0	中等透水层

3. 卡机风险分析

卡机的原因大都是因地质破碎、疏松或地应力太大造成掌子面塌方或围岩变形过快使刀盘被卡。刀盘卡死不仅严重影响施工进度，而且在脱困过程中会对地层产生扰动，造成地表沉降。鉴于刀盘被卡问题的严重性，结合青岛地铁 8 号线工程对刀盘被卡原因进行了简要分析。盾构刀盘被卡死的情况通常称之为刀盘"抱死"，砂性土、砂土及黏土中发生的概率比较低，但在砂卵石层中（尤其含有大粒径卵石）发生的概率较高。刀盘卡死不仅严重影响施工进度，而且在刀盘脱困时所需启动扭矩较大，会对主驱动保险轴造成损伤，严重时保险轴断裂，造成严重的经济损失。频繁转动刀会对地层产生扰动，不利于地层稳定。

总结分析青岛地铁 8 号线施工过程中刀盘卡死的原因如下：

1）地质原因

地质条件是施工安全最主要的因素，岩层收敛、塌方、地层破碎都可能导致盾构被困。比如在膨胀性较大围岩中掘进所需的转矩大于盾构所提供的最大扭矩时，盾构会被围岩困住；遇到地层破碎时盾构姿态控制困难也可能会出现姿态变化过大导致盾构被困现象。围岩局部不稳定会使盾构调向困难，在盾构掘进中刀盘一侧受力大而另一侧在破碎的岩层中刀盘受力较小使刀盘一直向受力大一侧偏，掌子面出现台阶状增加了盾构被卡的可能性。

2）泥浆浓度不够或浓度过大

当膨润土浆液浓度过低时，排浆泵只带出砂、土及小粒径的卵石，一些比较大的卵石滞留在开挖舱。掘进结束后，如果开挖舱内浆液循环时间过短致使渣土没有排净，拼装管片时开挖舱泥浆内混杂的大粒径卵石及未排干净的渣土会沉积在刀盘底部，再次转动刀盘时，刀盘受到的摩擦阻力矩较大，当超过其自身的额定最大扭矩时，刀盘被卡住。当膨润土浆液浓度过高时，停止掘进后，高浓度泥浆会在开挖面形成一层较厚的泥饼，刀盘刀具可能被嵌入泥饼中，加上开挖后泥浆中沉淀下来的一些渣土，使得刀盘旋转的阻力矩较大，造成刀盘不能旋转。

3）盾构机刀具磨损严重

盾构机在断裂带中掘进时，地层对盾构刀具磨损较严重。从刀盘中心向外，刀具速度依次递增，磨损程度逐渐加大。盾构掘进时，由于刀具磨损，刀盘扭矩较大，当遇到大粒径卵石时，会出现崩刀现象，造成扭矩突然增大，当刀盘扭矩大于设备设定的自我保护安全扭矩时，刀盘转动停止，造成再次启动困难。

4）停止推进后刀盘旋转时间和泥浆循环时间太短，停机扭矩过大

在盾构早期施工时由于缺乏经验，掘进结束后，立即停止刀盘旋转，停机扭矩过大造成刀盘再次启动困难。一方面，停机位置地层中与刀盘接触的部分砂石未被切削下来。另一方面，已经切削下来的较大卵石因为刀盘停止旋转不能随膨润土悬浮液（泥浆）排出开挖舱沉积下来。

5）地层产生变形

掘进结束后，保压过程中地层可能产生变形压迫刀盘，使刀盘启动摩擦力矩较大，造成刀盘卡死。

6）施工原因

（1）注浆控制。在掘进过程中对注浆量控制是非常关键的。注浆压力过高或注浆量过大，会减小盾壳与围岩的间隙从而增大摩擦力，可能导致盾构被困；但这种情况一般出现在长时间停机后砂浆凝固在盾壳。

（2）姿态控制。当地质条件和隧道设计曲线发生变化时。由于操作人员现场控制的能力不等，部分操作人员不能短时间内通过不良地质段和不能及时调整参数（包括扭矩、电流、转速、贯入度、推力等），因而盾构姿态突变或频繁变化。盾构的最大转弯半径是一定的，当姿态突变，其调向值超出最大允许范围时，会出现被困现象。盾构掘进中短时间内频繁往复调向无形中减小了隧道开直径，也增加了被困概率。

4. 围岩失稳风险分析

隧道工程围岩稳定性的影响因素很多，主要包括岩土结构、地质构造、岩石物理力学性质、地下水、初始应力等自然因素，以及洞室形状、尺寸大小、洞室轴线定位、施工工艺、支护形式等人为因素。

1）岩土结构

围岩的地质结构是岩层和各类结构面的空间分布特征及其相互组合关系，它对地下工程稳定性的影响主要表现为结构面对岩土破坏模式和破坏面的控制作用，对比较坚硬的围岩尤为关键，结构面参数包括地质结构面的分布及其强度变形特性。当围岩有两组以上的结构面切割岩体，特别是出现的次数多、延伸长、贯通性强和结构面强度较低的断层和节理组时，将很可能产生围岩失稳。因此，根据围岩结构面的发育情况，常将洞室围岩分为块状、层状、碎裂状及松散状等状态，以评定地下结构工程的稳定性。

围岩的岩性是影响围岩稳定性的基本因素，是反映围岩物理力学性质的依据，主要表现在围岩的强度和变形性质方面。根据国内外工程岩体、围岩稳定性分级的情况，目前一般沿用单轴抗压强度指标来反映。决定围岩岩石的强度和变形特征的主要因素是岩石的岩性。岩石力学参数主要包括岩体的容重、内聚力、内摩擦角、完整性程度、岩块的坚硬程度、结构面的抗剪、抗拉及抗压特性等。

2）岩石物理力学性质

围岩的结构状态是控制围岩稳定的关键因素，岩石的应力-应变和强度特征直接受其物理力学性质决定，因而对地下工程稳定性有重要的影响。尤其对于岩土结构面不甚发育的围岩，岩石强度对围岩的稳定起主导作用，如大块状结构较完整的围岩，这类围岩中因节理和层理等结构面少，且结构面强度高，围岩强度常常和岩石强度很接近，此时岩石强度越高，洞室越稳定；另外，像软弱围岩，如黏土质岩、泥岩、泥板岩等，构造和结构面也不是关键因素，影响围岩稳定的主要因素是围岩自身强度和变形性质。

3）地下水

地表水和大气降水沿着孔、裂隙向岩土内渗透，与岩土体内原有的地下水在地壳内形成一个地下水的分布空间，对围岩产生力学，物理和化学方面的作用，不利于围岩稳定，容易造成地下工程塌方或者失稳。根据以往地下工程建设当中围岩所出现的有关问题，大体可归纳为以下三点原因：

（1）动水压力作用。有一定水渗透能力的围岩，地下水沿着孔隙、裂隙在岩土体内的流动产生动力，当洞室开挖后，地下水有了新的排泄通道，在洞周产生渗压梯度，对围岩的水推力增加，使岩石向洞内滑动，从而影响工程岩体的稳定性。

（2）静水压力的作用。岩土体内的孔隙、裂隙既是地下水的通道，又是地下水的赋存空间，储存于岩体内的地下水一方面会在孔隙、裂隙内产生静水压力，另一方面又可以改变工程岩体内的重力分布，从而打破岩土体内原有的应力平衡，影响围岩的稳定性。

（3）对岩土强度的软化作用。岩体的强度除了与其自身的矿物组成、结构、构造等因素有关外，还与其所处的地下水环境关系密切。岩土孔隙，裂隙内的水一方面促进围岩的侵蚀、溶解或者是某些矿物成分发生化学变化，从而使围岩强度下降，如岩盐、石膏、蒙脱石为主的黏土岩会引起膨胀；另一方面，地下水的存在增加了围岩的含水量和饱和度，因而降低软弱结构面的 c 和 φ 值，如胶结弱的砂岩会产生管涌、潜蚀、突水等事故，这两方面都会加剧围岩的失稳和破坏。

（4）人为因素的作用。施工因素主要是指隧道的方位、规模、形态、施工方法、支护形式及其他工程活动的影响等。以上这些因素都对洞室稳定有一定的影响，一定条件下可以忽略它们中的一部分，但在一些场合，则必须对它们进行专门的研究。地下工程的方位设计，特别是在高地应力区有大的断层破碎带以及有较发育节理组的情况下十分必要。

另外施工方法及开挖顺序对围岩稳定也很重要。现代岩石力学研究也表明，开挖岩体具有"记忆"特性，下一步开挖岩体对上一步开挖行为存在"记忆"，开挖过程是一个时间与空间不断变化的过程，这一过程往往是不可逆的非线性演化过程，它的最终状态与该开挖过程相关。

5. 盾尾渗漏风险分析

盾尾刷产生渗漏必将影响同步注浆的质量，达不到注浆的预期目的，给工程质量带来隐患。泥水平衡也将受到影响，给盾构掘进增加不安全因素，同时给管片拼装带来不便。因此对盾尾刷渗漏要格外重视，仔细观察，认真分析，在不影响盾构正常掘进的条件下，制订切实可行的有效的预防措施和解决办法。盾构机施工过程中发生盾尾漏浆，会导致盾尾密封刷异常损坏，严重影响施工进度。

通过对青岛地铁 8 号线盾构机掘进过程仔细思考，分析总结出导致盾尾渗漏的几个主要原因：

1）同步注浆

同步注浆是盾构掘进的一个重要环节，同步注浆的质量直接影响地铁隧道工程的质量。注浆量不足会发生管片漏水，引起管片下沉，管片间产生错台，进而引起地表沉降，严重时会对隧道周边的地面建筑物造成破坏产生严重后果。同步注浆量过大，注浆压力必定增高，注浆压力设定不合理，可能会击穿密封刷而引起漏浆现象。另外，由于盾构机操作人员技术不熟练，操作经验不足，管路压力设定不合理，部分管路注浆量偏大造成砂浆不能充分填充管片空隙，而是堆积在注浆口附近使注浆通道受限制，后续浆液压力剧增，当浆液压力高于盾尾刷和油脂的抗压力时就会击穿盾尾刷发生漏浆现象。

2）开挖舱压力

在盾构机掘进、管片拼装或停机保压过程中，SAMSON 自动保压系统设定压力高于理论设定压力从而造成开挖舱泥浆压力偏高，开挖舱泥浆通过盾壳与地层的间隙与盾尾相通，泥浆可能会穿透密封刷而发生渗漏。另外，掘进过程中泥浆循环系统操作难度较大，若盾构司机操作泥浆循环系统经验不足造成气垫舱液位忽高忽低或排浆管与破碎机之间的隔栅被较大的石块堵塞造成排浆量突然降低，而进浆流量没有及时调整会使气垫舱液位突然升高，进而开挖舱泥浆压力也随之突然增大，泥浆压力瞬间增大可能会击穿盾尾刷而产生泄漏。

3）盾尾注脂量和注脂压力不足

盾构掘进过程中，盾尾刷与管片摩擦消耗的油脂与掘进速度成正比，如果掘进速度过快而没有及时调整盾尾注脂泵注脂率，密封刷内的油脂压力将达不到设定压力，势必造成盾尾渗漏。

4）管片拼装

（1）由于管片拼装手技术不熟练或连接螺栓没打紧会造成管片错台，如果环与环之间错台过大或是同一环管片块与块之间纵向错台较大，都会造成盾尾刷与管片之间结合不密实，掘进时泥浆压力会把盾尾油脂挤出尾刷从而发生泥浆的泄漏。

（2）管片拼装前没有清除盾尾内杂物，盾构掘进时杂物很可能在与管片外表面摩擦力的作用下跑到盾尾刷边缘毁坏密封刷造成漏浆现象。

（3）管片拼装时要缩回推力油缸，由于刀盘舱内有泥水压力作用，当泥水压力对盾构机施加的反向推力大于推力油缸的锁紧力时，盾构机将后退从而造成盾尾刷损坏。

5）盾构姿态

在盾构掘进过程中，可能会由于盾构司机经验不足或地质等各方面因素的影响使盾构机与导向系统难以避免有一定的偏差。为了使盾构机与设计理论线吻合必须对偏差进行纠正，盾构纠偏过程要细水长流，纠偏速度过快势必导致盾构各个区域的油缸推力相差较大，盾构机对管片会产生偏压现象，油缸推力大的一侧盾尾间隙变大而另一侧变小，盾尾间隙大的一侧盾尾刷与管片贴合不严实会产生漏浆现象，小的一侧盾尾刷受到过度挤压而发生弹性形变。纠偏过程结束后盾构机中线与理论中线重合，各方向盾尾间隙大小基本一致，而失去弹性一侧的盾尾刷，密封效果减弱造成渗漏。

6. 风险分析意义

盾构隧道工程项目，在进行正常施工过程中，如果某个活动存在导致整个施工流程体系的直接或间接损失的可能性，就称此项目存在风险。而将施工过程中可能出现的风险进行归并，让其归属在同一孕险环境内，有利于对隧道施工风险更好地把控与分析。

孕险环境是指潜在发生事故的各种场地区域、周边环境或针对性的施工工艺、管理方案等，在施工前将孕险环境进行划分，找出其中的各种致险因子，制定风险等级，进行风险分析和防范措施及监控措施，把施工的风险消灭在萌芽状态，确保施工的有序进行。

由于不同的地质环境和水文地质条件，让隧道施工的不确定性尤为突出。并且盾构隧道施工对周围环境具有一定的干扰，对周围的建筑物、居民生活和环境都有影响，这使得隧道施工的风险不仅具有不同环境造成的多样性，而且具有明显的层次性。因此，在进行风险分析识别前必须确定盾构隧道施工处在何种孕险环境下。随着工程的进展而进入不同的孕险环境，一些风险会逐渐降低，但不同类型的环境也会出现一些不同种类的风险。

由于穿越破碎带距离长，地质条件复杂，破碎带内裂隙发育、岩体破碎，极大提高了隧道穿越过程中的围岩坍塌和卡机风险；破碎带处于胶州湾海底，通常是地下水蓄积场所，并与海水连通，并且在高水头压力作用下进行海底盾构掘进施工极易造成突涌水。因此，对隧道穿越近海破碎带的围岩坍塌、卡机和盾尾渗漏等风险进行工程风险评估具有重要意义。

针对盾构隧道施工的风险进行识别分析，主要存在定性分析与定量分析两种风险识别与分析方法，一是通过大量类似盾构隧道施工条件来分析，找出风险存在的变化规律，预测出其发生的概率，权衡风险事件造成的后果严重性，将结果量化，并找出其权重进行排序，将找出风险事件分成低、中、高风险，再作出相应的应对措施进行风险规避处理；二是由于缺乏相似的工程案例，或者该工程具有别的隧道施工不具有的特殊性因素，不能以其他工程的已知数据作为借鉴的情况下，主要采用主观估计方法来确定某风险因子出现的概率和后果严重性程度。

7. 破碎带风险评估

针对青岛地铁 8 号线工程，基于大量的盾构隧道施工案例，运用比例分析法，将每次盾构隧道施工过程中的出现的事故记录，按照事件发生的比例与损失的后果进行乘积后的风险量来确定事故风险的大小。由式（5-1）计算风险量 R：

$$R = P \times E \tag{5-1}$$

式中：P——可能性因子；

E——伤害后果因子。

1）对工程的风险损失评分

对工程的风险损失评分如表 5-2 所示。

表 5-2　风险源（风险后果）分类

描述语	分类	处置原则	控制方案
不可接受	I	必须采取风险控制措施降低风险，至少应将风险降低至可接受或不愿接受的水平	应编制风险预警与应急处置方案，或进行方案修正或调整等
不愿接受	II	应实施风险管理降低风险，且风险降低的所需成本不应高于风险发生后的损失	应实施风险防范与监测，制定风险处置措施
可接受	III	宜实施风险管理，可采取风险处理措施	宜加强日常管理与监测
可忽略	IV	可实施风险管理	可开展日常审视检查

2）对工程的风险概率评分

对工程的风险出现的概率评分如表 5-3、表 5-4 所示。

表 5-3　风险发生可能性等级标准

等级	1	2	3	4	5
可能性	频繁的	可能的	偶尔的	罕见的	不可能的
概率或频率值	（$X>10-1$）	（$10-1>X>10-2$）	（$10-2>X>10-3$）	（$10-3>X>10-6$）	（$10-6>X$）

表 5-4　风险损失等级标准

等级	A	B	C	D	E
严重程度	灾难性的	非常严重的	严重的	需考虑的	可忽略的

3）灾害风险评估矩阵

对工程灾害风险评估矩阵如表 5-5 所示。

表 5-5　风险评估矩阵

灾害分类频率		A	B	C	D	E
		灾难性的	非常严重的	严重的	需考虑的	可忽略的
1	频繁的	Ⅰ级	Ⅰ级	Ⅰ级	Ⅱ级	Ⅲ级
2	可能的	Ⅰ级	Ⅰ级	Ⅱ级	Ⅲ级	Ⅲ级
3	偶尔的	Ⅰ级	Ⅱ级	Ⅲ级	Ⅲ级	Ⅳ级
4	罕见的	Ⅱ级	Ⅲ级	Ⅲ级	Ⅳ级	Ⅳ级
5	不可能的	Ⅲ级	Ⅲ级	Ⅳ级	Ⅳ级	Ⅳ级

4）破碎带施工期潜在风险综合评估

在进行了风险的严重度和概率水平评分后，即可应用风险评估矩阵表进行危险水平的评级。这是相当简便的风险评估矩阵，在风险分析中也是用得较多的一种。

按照灾害风险评估矩阵对本工程施工期的风险源进行综合分析和评估，并确定了本盾构破碎带工程施工期主要风险源及风险等级，风险分析评价如表 5-6 所示。

表 5-6　风险源分析评价

序号	风险因素	风险出现的可能性	风险评价	风险级别
1	地质与环境风险	偶尔	4D	四级
2	盾构适应性和可靠性	频繁	4C	三级
3	卡机	偶尔	4C	三级
4	围岩失稳	偶尔	3C	三级
5	开挖面失稳（环境保护）	偶尔	4C	三级
6	泥水压力失衡	频繁	4C	三级
7	盾构复合地层换刀	频繁	4C	三级
8	盾尾渗漏	频繁	4C	三级
9	火灾风险	偶尔	3C	三级

从表 5-6 分析：地质与环境风险为四级风险，盾构适应性和可靠性、卡机、围岩失稳、开挖面失稳（环境保护）、不良地质、泥水压力失衡、盾尾渗漏为三级风险，施工中予以重点关注和控制。

5）施工风险规避

根据风险评估的结论，选择科学的风险管理规避措施，对施工风险的进行有效的规避。在具体项目中，通常对多种管理规避方法进行拟合，以达到想要的结果。风险管理规避可分为两类：技术控制类和经济控制类。前者是为了避免或消除风险事故发生的可能性，限制不可避免的损失，防止引发一系列风险事故继续扩大；后者是控制技术实施后对不可控制风险的降低经济损失的措施，其核心是消除和降低风险成本。

针对青岛地铁 8 号线破碎带风险评估，各主要风险都在可接受范围之内，隧道风险管理按预定计划执行，直至工程结束。当遇到当风险不可接受时，应对风险进行再处理，并重新制订相应施工方案，并进行新一轮的风险管理，一直至风险达到可接受的范围内。

对卡机、围岩失稳、盾尾渗漏等各主要风险进行了提前规避。对于卡机风险，主要掘进过程中控制泥浆浓度，保证注浆压力以及注浆量，施工过程中及时更换刀具，控制掘进姿态。规避围岩失稳，针对掘进地质的岩土结构、地下水、岩石物理力学性质，施工过程中严格控制掘进速度和掘进推力等施工参数。针对盾尾渗漏风险，施工过程中严格控制同步注浆质量，保证盾构机操作人员技术，运用 samson 系统控制开挖舱泥水压力，及时保证盾尾注脂量以及注脂压力，保证管片拼装质量。

本工程将风险分析与管理的基本知识与地铁盾构法隧道工程相结合，对地铁盾构法隧道破碎带施工过程中的风险识别方法进行了研究。提出运用比例分析法，结合青岛地铁 8 号线工程，按照事件发生的比例与损失的后果进行乘积后的风险量来确定事故风险的大小，对青岛地铁 8 号线破碎带的风险进行了识别。采用本工程提出的风险识别方法既能从工程整体上考虑各施工环节的风险，又能考虑各风险之间的相互关系，可使青岛地铁 8 号线破碎带施工过程中的风险识别更全面、更科学，并且更具有可操作性。在风险识别的基础上，结合以往海底及跨江隧道工程建设的实践经验、数据资料以及隧道工程理论，重点研究了青岛地铁 8 号线破碎带工程实施过程中的几种典型风险的应对措施，并给出了风险应对的思路和程序。对以后的高水压大埋深海底隧道以及跨江跨河隧道等工程的风险提供了借鉴意义。

5.2.2 海底盾构穿越破碎带稳定性分析

1. 盾构隧道开挖力学理论分析

在积年累月的地质构造作用下围岩处于初始应力平衡状态，盾构开挖相当于在隧道围岩开挖面解除约束，打破了初始平衡并使围岩应力得以释放，造成洞内应力重分布，洞内各点的变形和应力状态随之改变。因此，充分了解隧道的力学作用机理才能对其稳定性作出更全面的分析。

1）岩体本构模型

岩体本构关系是岩土介质在外力作用下的应力或应力速率与其应变或应变速率之间的函数关系，因为岩土体结构是非连续和非均质的复杂结构体，其本构关系到目前为止还没有统一的模型，比较常用的理论模型是理想的弹性体模型和弹塑性模型。

（1）理想弹性体模型。

理想弹性体模型是岩体结构中较简单的本构模型，这种模型不考虑岩土体的塑性变形，其本构关系方程表达式如式（5-2）。

$$
\begin{cases}
\sigma_x = \lambda\Delta + 2G\varepsilon_x \\
\sigma_y = \lambda\Delta + 2G\varepsilon_y \\
\sigma_z = \lambda\Delta + 2G\varepsilon_z \\
\tau_{xy} = G\gamma_{xy} \\
\tau_{yz} = G\gamma_{yz}
\end{cases}
\tag{5-2}
$$

式中： σ_x —— x 轴方向主应力；

σ_y —— y 轴方向主应力；

σ_z —— z 轴方向主应力；

τ_{xy} —— xy 平面内切应力；

τ_{yz} —— yz 平面内切应力。

其中 Δ、λ、G 表达式如式（5-3）～式（5-5）。

$$
\Delta = \varepsilon_x + \varepsilon_y + \varepsilon_z
\tag{5-3}
$$

$$
G = \frac{E}{2(1+\mu)a}
\tag{5-4}
$$

$$
\lambda = \frac{E\mu}{(1+\mu)(1-2\mu)}
\tag{5-5}
$$

（2）弹塑性模型。

实际工程中，即使是在初始应力场作用下，岩体、土体内部存在屈服区域表现屈服特性也是有可能的，在这种情况下若是卸载点 P 的应力强度大于弹性极限，则卸载曲线将会偏离加载曲线而回不到原点，变形 ε 包括塑性变形 ε_p 和弹性变形 ε_e，见图 5-2 弹塑性本构模型；如果卸载点 P 的应力强度小于岩石的弹性极限，则卸载曲线基本上沿着加载曲线回到原点，表现为弹性恢复。

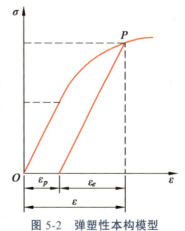

图 5-2　弹塑性本构模型

持续加载时，岩土介质能否进入塑性屈服阶段，可根据岩土材料的屈服准则来判断。若岩石应力处于弹性阶段，受力满足胡克定律，这时可用偏应力张量和偏应变张量表示为

$$
S_{ij} = 2Ge_{ij}^e
\tag{5-6}
$$

其中应变偏量为

$$
e = \frac{1}{3}(\varepsilon_x + \varepsilon_y + \varepsilon_z)
\tag{5-7}
$$

式中： S_{ij} ——偏应力张量；

e_{ij}——偏应变张量；

G——剪切模量。

塑性变形理论一般只适合于简单的加载形式，作如下基本假设：

① 岩土介质为各向同性材料；

② 弹性体积应变与平均应力成正比；

③ 偏应力与应变张量相似，应力与应变主轴相重合。

$$G' = \frac{\sigma_t}{3\varepsilon_t} \tag{5-8}$$

其中

$$\varepsilon_t = \frac{\sqrt{2}}{3}\sqrt{(\varepsilon_1 - \varepsilon_2)^2 + (\varepsilon_2 - \varepsilon_3)^2 + (\varepsilon_3 - \varepsilon_1)^2} \tag{5-9}$$

式中：ε_1——最大主应变；

ε_3——最小主应变；

σ_1——最大主应力；

σ_3——最小主应力；

此时塑性阶段的本构关系可以表示成：

$$S_{ij} = \frac{2\sigma_t}{3\varepsilon_t}e_{ij}^p \tag{5-10}$$

2）岩体弹塑性屈服准则

屈服准则表示材料在复杂应力状态下开始进入屈服的条件，它的作用是控制塑性变形的开始阶段。常见的屈服准则有莫尔-库仑准则和德鲁克-普拉格准则，本章岩体的材料采用前者。莫尔-库仑准则是描述常见岩土材料最基本的准则，其控制方程如式（5-11）。

$$f(\sigma_1, \sigma_2, \sigma_3) = \frac{1}{2}(\sigma_1 - \sigma_2) + \frac{1}{2}(\sigma_1 + \sigma_3)\sin\varphi + c\cos\varphi = 0 \tag{5-11}$$

式中：σ_1——第一主应力；

σ_2——第二主应变；

σ_3——第三主应力；

c——黏聚力；

φ——内摩擦角。

2. 隧道开挖稳定性影响因素

1）岩土体结构

隧道周围岩石和土体的结构是指各种结构的空间分布特征及其相互组合关系，它对隧道周围岩土体稳定性的控制作用表现为结构面对岩土体破坏模式及破坏面的控制作用。当岩土体包含两种以上的结构面切割岩土体时，尤其是含有块状、破碎状和断层时有很大的概率会导致隧道周围的岩土体发生失稳。岩土体本身的性质是影响隧道周围岩土体稳定性的基本因素，也直接决定了岩土体的力学特征和性质。该破碎带为凝灰岩，呈紫灰色，矿物中等风化，节理裂隙发育，岩芯破碎，破碎面见较多高岭土等次生矿物，岩芯以块状—短柱为主，表面较粗糙，锤击可碎。揭露段岩体属较破碎的软岩，岩体基本质量等级为Ⅳ级。

2）岩土体力学性质

岩土体力学性质主要表现为岩石的强度和变形，岩土体强度是控制隧道周围岩土体稳定性的关键因素，尤其对于破碎带中碎块状岩石。块状致密凝灰岩为脆性岩石的代表，岩石主要呈现弹性变，破坏时以拉断为主，断层降低了地基岩体的强度及稳定性。断层破碎带力学强度低，压缩性增大，抗剪强度远低于岩体其他部位的抗剪强度，容易发生较大沉陷。

3）地下水

地下水对隧道周围岩土体稳定性有着直接的影响，主要体现在强度和应力状态两个方面。地下水位以下时，随着岩土体静水压力增加，岩土体有效应力减小，应力状态变差，进而导致岩土体失稳。地铁穿过隔水层时，水压增大；破碎带岩体裂隙水比较发育、透水性强，孔隙水压力的作用降低了围岩的稳定性，在盾构掘进过程中可能会出现围岩渗漏水、掌子面涌水、坍塌等事故。该工程断裂带块状碎裂岩中主要为构造裂隙水，裂隙稀疏，但张开性好，延伸远，导水能力好。这类岩石多构成含水（或透水）层，富水性与断裂带的性质、规模和补给条件有关，无统一水面，具有一定的承压性，整体上本区间断层及节理、裂隙均较发育，构造裂隙水局部发育。与孔隙水相比较，它分布不均匀，往往无统一的水力联系。

4）应力场

原岩初始地应力直接影响到围岩的稳定性，它在围岩变形乃至破坏过程中起到非常大的作用，地质勘察的重要内容之一就是勘探清楚原岩初始地应力。浅埋隧道和深埋隧道的影响差异明显，浅埋隧道不用过多考虑初始地应力带来的影响，深埋隧道则影响很大，深埋隧道开挖时尤其要注意初始地应力。一般可以用岩体的抗压强度与竖向或水平方向最大主应力之比（R_{cs}/σ_{max}）来表示对围岩分级的影响，这作为一个重要指标来判断围岩稳定性。应力场一般可以分为自重应力场和构造应力场两大类。地应力场对岩土体稳定性影响较大，地应力的大小和方向可以决定岩石和土体的应力状态。

5）人为施工因素

隧道围岩稳定性影响因素中人为施工因素是不可忽略的，在隧道所穿越地层条件无法改变的情况下，所涉及隧道的开挖方式、开挖技术和施工中所采用的支护措施、施工过程中的参数控制是决定隧道开挖后能否稳定的主要因素。一般情况下必须提前做好地质勘探根据实际情况设计隧道。本章将会涉及泥水盾构机在地层掘进时参数控制的影响，在盾构机掘进的过程中，要及时调整掘进参数，尤其在不同的地层中掘进时，施工参数有着非常大的不同，及时调整盾构机的推力、刀盘转速和掘进速度等参数来确保隧道周围岩体的稳定性。

3. 海底隧道穿越破碎带稳定性数值模拟

1）工程概况

青岛地铁 8 号线工程大青区间东侧海域段施工采用泥水平衡式盾构机掘进。如图 5-3 所示，掘进过程中的一大难题是穿越破碎带，本书以 F_4 破碎带为例进行分析。该破碎带位于海域中部，线路右 CK42＋830～右 CK43＋440，大致呈东北西南走向宽度约 610 m，走向约为 25°，与隧道交角为近 90°，破碎处基岩面埋深在 29.5～32.5 m，上覆厚层砂土，基岩破碎带主要为块状碎裂凝灰岩、中等风化凝灰岩。本节使用 FLAC 3D 对海底盾构穿越破碎带施工过程进行数值模拟。

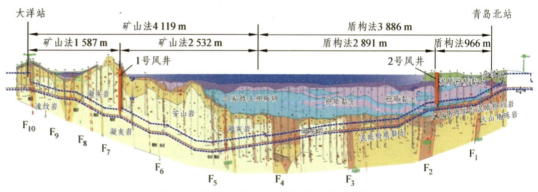

图 5-3　青岛地铁 8 号线海域段设计概况

2）物理模型建立

使用有限元软件 FLAC 3D 6.0 建模时选取青岛地铁 8 号线海域段 F_4 破碎带的主要地质特征，盾构机开挖直径为 7 m。根据右线地质纵断面图，岩石和土层从上到下分别为中粗砂、粉质黏土、凝灰岩，且认为岩石和土体为无限体，为了避免边界效应和考虑到盾构开挖后地应力进行重分布，将岩石和土体取成一个 60 m×60 m×60 m 的立方体，隧道埋深为 26.5 m，纵向长度取 60 m，隧道周围对网格进行了加密。

并做以下假设：

（1）假定各岩层均成层均质水平分布；

（2）地层和材料的应力应变均在弹塑性范围内变化；

（3）地应力场由中立自动生成。

本工程衬砌单元采用 1.5 m 宽的混凝土管片，所以本模型取 3 m 为一个进尺，采用壳单元实现。物理模型如图 5-4 所示。

从上至下分别为中粗砂、粉质黏土、微风化凝灰岩（黄色）、碎裂的中风化凝灰岩（绿色）。

3）参数赋值

根据《青岛市地铁 8 号线详细勘察阶段大洋站至青岛北站站区间勘察报告》确定参数，见表 5-7。

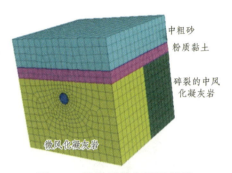

中粗砂
粉质黏土
碎裂的中风化凝灰岩
微风化凝灰岩

图 5-4　隧道三维有限元模型

表 5-7　赋值参数

编号	地层岩性	容重/（kN/m³）	弹性模量/MPa	黏聚力/kPa	泊松比	内摩擦角/（°）
1	中粗砂	19.6	52.0	35	0.3	20.9
2	粉质黏土	19.7	43.5	44	0.33	15.9
3	微风化凝灰岩	23.4	9 000	—	0.2	65
4	中风化凝灰岩（破碎）	23.0	2 000	—	0.22	55

注：衬砌管片：弹性模量 35.5×10^3 MPa；泊松比 0.25；密度 25 kN/m³。

4）本构模型选取及边界条件设置

由于 F_4 破碎带的岩石和土体有着明显的非线性，所以必须进行弹塑性分析，本节采用莫尔-库仑塑性模型。

模型采用不透水边界，底面及前后左右四个面固定，考虑地下水的影响，水面设置在模型顶面，并根据地质剖面图将模型之外的上部荷载加在模型的顶面。给模型赋予材料参数后，通过进行初始地应力平衡，得到初始地应力场，并以初始地应力为基础进行后续开挖计算。

5）盾构开挖变形规律

模拟实际工程地质条件，在进入 F_4 破碎带之前，盾构机是在围岩整体性较好的微风化凝灰岩中掘进，然后进入碎裂凝灰岩破碎带。如图 5-5、图 5-6 所示：

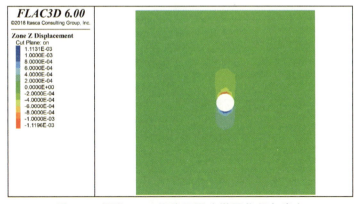

图 5-5　掘进 24 m 位移云图（微风化凝灰岩）

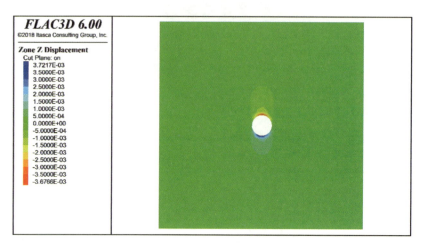

图 5-6　掘进 54 m 位移云图（破碎带）

由图 5-7 和图 5-8 可知，在相同进尺情况下隧道在破碎带周围的竖向位移要明显大于微风化凝灰岩。隧道在微风化凝灰岩中拱顶竖向沉降位移为 1.18 mm，拱底位移为 1.21 mm；在碎裂中风化凝灰岩中拱顶位移 3.73 mm，拱底位移 3.75 mm。两种地质条件上部岩层沉降影响范围及沉降值不同。在破碎带中掘进时，上部岩层沉降影响范围相对较小，但沉降值较大，可以达到 1 mm；而非破碎带掘进时上部岩层沉降影响范围相对较大，而沉降值较小，为 0.2 mm。

盾构开挖施工时拱顶沉降现场实际检测数据与模拟结果对比如图 5-9 所示，对比表明，实际检测与数值模拟结果基本一致。

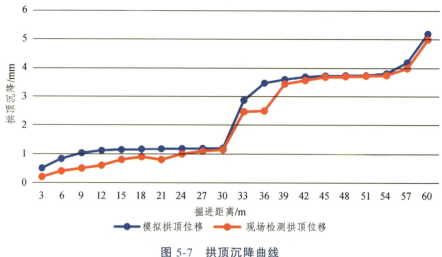

图 5-7　拱顶沉降曲线

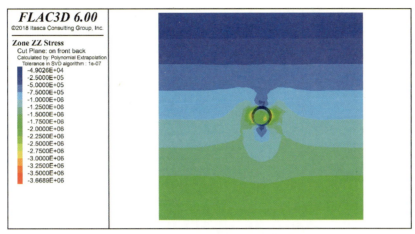

图 5-8　掘进 24 m 应力云图（微风化凝灰岩）

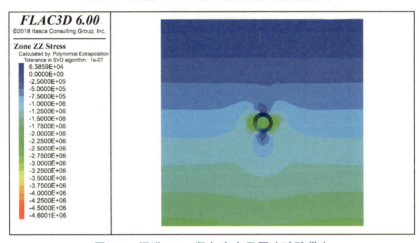

图 5-9　掘进 54 m 竖向应力云图（破碎带）

掘进由微风化岩层过渡到 F_4 破碎带时隧道拱顶沉降由于围岩整体性突然变差导致沉降值从 1.15 mm 突然增加到 2.91 mm，且随着开挖进尺的深入，沉降值也在慢慢增加，最后拱顶的沉降值可以达到 5 mm 左右。

通过微风化凝灰岩与 F_4 破碎带沉降曲线的对比，可以预见在盾构机穿越破碎带时会有比较大沉降以及由于沉降过大导致如掌子面失稳、上部碎裂岩体引起的海水入侵等问题。

6）围岩应力分布规律

相同进尺下，图 5-10 和图 5-11 分别表示掘进 24 m 和 54 m 时隧道在微风化凝灰岩中和破碎带中的应力分布云图，大致都呈"漏斗"形分布，由于盾构的开挖导致隧道周围岩石应力重分布，应力主要集中在拱顶、拱底以及拱腰附近，应力最大值集中在拱腰附近，最大值为 $-3.67 \times 10^6 \, \text{Pa}$。

随着应力的进一步释放，拱底和拱顶的竖向应力相对较小，盾构在破碎带中掘进时，拱顶和拱底出现拉应力。由于破碎带中为碎裂的中风化凝灰岩，整体性较差，抗拉性能较弱，在这种应力状态下很容易出现围岩失稳，引起沉降位移过大。

图 5-10 交界处最大主应力分布正面图

图 5-11 交界处最大主应力分布剖面图

由图 5-12 可以看出最大主应力云图中都为压应力，在开挖拱顶的上方应力释放现象明显，且最大主应力集中在拱腰，其值为 -5.5×10^5 Pa，并沿对称轴对称分布，拱底的最大应力分布与拱顶类似，拱底中心点最大主应力值要比周围的应力值低。

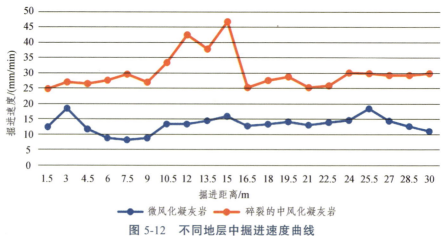

图 5-12 不同地层中掘进速度曲线

图 5-13 中可以看出在微风化凝灰岩和碎裂的中风化凝灰岩的交界处，会呈现"凸起"状，最大主应力会在交界处集中，且盾构机所在的岩层应力分布不再均匀，并且会波及隧道附近的岩体，对其产生影响。

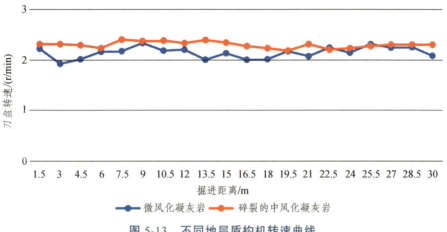

图 5-13　不同地层盾构机转速曲线

7）掘进过程中掘进参数控制

根据青岛地铁 8 号线现场施工的《盾构掘进记录表》，可以读取到盾构机在微风化凝灰岩和破碎的中风化凝灰岩的掘进参数，不同地层中的掘进速度及掘进推力随着掘进距离变化如图 5-14 所示。

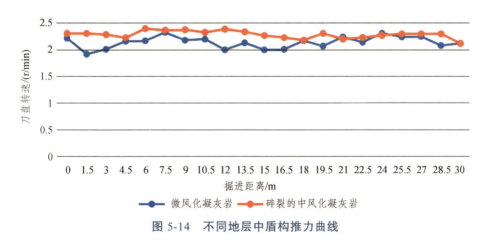

图 5-14　不同地层中盾构推力曲线

从图 5-11、图 5-13、图 5-14 中可以看出，由于微风化凝灰岩的岩性完整，整体性较好，所以盾构机在微风化凝灰岩地层中的掘进速度以及刀盘的转速较慢，且盾构机所施加的推力要大于盾构机在破碎带中掘进所需要的推力。但当盾构机在穿越破碎带时盾构机的推力和掘进速度都相对比较稳定，变化幅度较小。结合完整的施工记录给出盾构机在穿越破碎带时掘进参数建议值如表 5-8 所示。

表 5-8 强、中风化岩层（含断裂带）泥水盾构掘进参数（参考）

序号	项目	单位	控制数值
1	进浆流量	m^3/h	950 ~ 970
2	排浆流量	m^3/h	970 ~ 1 000
3	总推力	T	2 000 ~ 3 000
4	刀盘转速	r/min	1.3 ~ 1.5
5	刀盘扭矩	$kN \cdot m$	3 000
6	掘进速度	mm/min	10 ~ 20
7	注浆量	m^3	7.76 ~ 9.31
8	泥浆密度	g/cm^3	1.2 ~ 1.3
9	泥浆黏度	s	22 ~ 28

5.2.3 结 论

（1）针对地铁 8 号线海底隧道工程，按照事件发生的比例与损失的后果进行乘积后的风险量来确定事故风险的大小，对海底隧道穿越破碎带区段的施工风险进行了识别，获得了几种典型风险的发生可能性，并提出了针对性的应对措施。

（2）盾构机从微风化凝灰岩进入破碎带时，拱顶位移明显增大，拱底因岩体应力释放向上隆起且位移值要大于拱顶的沉降值。岩性完整的岩层位移沉降影响范围大，但沉降值较小，而破碎带岩层影响范围较小而沉降值较大，在掘进过程即将进入破碎带时，可以适当采取提前加固措施。

（3）在盾构机掘进的过程中竖向应力云图大致随着深度均匀分布，且竖向应力主要集中在岩体开挖附近，最大值沿对称轴对称分布在拱腰两侧。盾构在岩体完整性差的岩层（破碎带）中掘进时，可能会在拱顶和拱底两处出现拉应力区，对碎裂的岩层稳定性非常不利，引发围岩失稳破坏。在微风化凝灰岩和破碎带的交界处，拱顶有明显的应力释放现象，最大主应力在拱腰处集中，并且会对开挖面附近的岩体产生影响，使得开挖面附近及隧道周围岩体的最大主应力要大于附近岩体的应力。

（4）因破碎带岩体碎裂、完整性差，力学强度低，抗剪性能差，容易发生失稳。所以，盾构机在破碎带掘进时，要及时调整掘进参数，推力、掘进速度及刀盘转速不宜过大，且要求平稳，才能够避免引发围岩失稳、渗水等事故。

5.3 海底盾构隧道穿越断层破碎带掘进控制技术研究

为适应泥水平衡盾构海底隧道区段对泥水平衡盾构机的特殊要求，在整环耐磨合金块、前置式泥浆门、人舱预留饱和氦氧穿梭舱接口、盾尾密封四道盾尾刷、舱内锷式破碎机、刀盘泥饼冲刷装置等方面开展了设计创新。在泥水平衡盾构施工动态数据基础上，分析了海底隧道泥水平衡盾构掘进过程中刀盘扭矩、刀盘转速、总推力、掘进速度等盾构掘进参数演化规律。从盾尾密封、高压换刀、破碎带稳定、岩层软硬不均、盾构姿态调整等方面对盾构穿越富水断裂破碎带地段进行了工程重点、难点分析，并提出了相应的刀盘配置、盾体保压及盾尾密封等盾构机改造措施和破碎带施工高压换刀、开挖面稳定控制、盾构掘进姿态控制等施工措施。综合海底地质补勘、刀盘掌子面涌水量动态测试、围岩状况对比等手段，提出了泥水平衡盾构穿越海底隧道区段常压换刀点选择方法及配套措施，综合以上措施，保证了泥水平衡盾构机安全高效穿越海底断层破碎带。

5.3.1　海域段高水压复杂地层泥水平衡盾构设备设计优化

青岛地铁 8 号线泥水平衡盾构长期在胶州湾海底掘进，海底最深处距离海平面 55.2 m，理论盾构顶部水压 0.55 MPa，顶部水土压力 0.61 MPa，盾构底部水压 0.62 MPa，底部水土压力 0.68 MPa。隧道管片规格为 $\phi6.7$ m/$\phi6$ m/22.5°/1.5 m，如图 5-15 所示。由于本工程管片规格与原设计的该两台盾构机应用工程相比变化较大，同时针对本工程地质特点对盾构机配置的要求，需要进行多方面的改造才能适应本工程的需求。

图 5-15　管片断面图

1. 刀盘设计

刀盘设计为复合式刀盘，6 主梁 + 6 副梁，开口率 35%，开挖直径 7 020 mm。

刀盘上配备 6 把 18 英寸中心双刃滚刀，35 把 19 英寸单刃滚刀，12 把边刮刀，49 把刮刀，焊接撕裂刀 12 把，如图 5-16 所示。

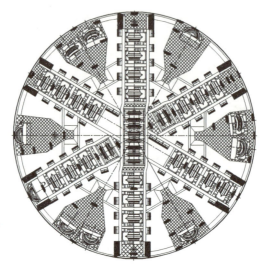

图 5-16　刀盘面板示意

如图 5-17 所示，刀盘大圆环采用整环耐磨合金块设计，面板无刀的地方采用耐磨复合钢板全覆盖，面板上共有 5 个磨损检测装置。

刀盘大圆环采用整环耐磨合金块设计

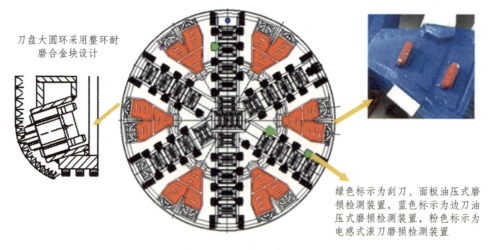

绿色标示为刮刀、面板油压式磨损检测装置，蓝色标示为边刀油压式磨损检测装置，粉色标示为电感式滚刀磨损检测装置

图 5-17　刀盘耐磨设计

2. 主驱动设计

由于工程开挖直径增大，主驱动采用伸缩摆动式设计，可利用伸缩油缸摆动功能实现超挖，便于更换刀具，如图 5-18 所示。

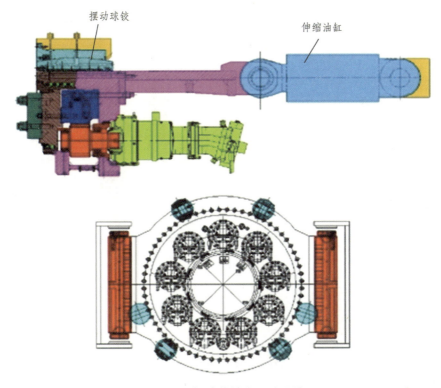

图 5-18　摆动伸缩主驱动设计

　　根据本工程资料显示，最大水压超过 0.6 MPa，原设备主驱动承压能力按照 0.6 MPa设计，不能适应本工程的压力需求，因此需要对驱动外密封进行升级，将其更换，新的密封承压能力可以达到 1.05 MPa，如图 5-19 所示。

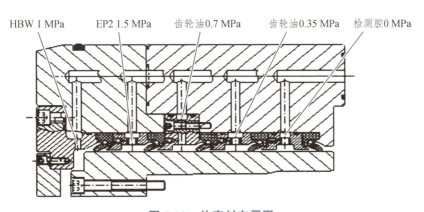

图 5-19　外密封布置图

3. 泥浆门设计

　　在改造过程中，采用前置式泥浆门，前置式泥浆门相比后置式泥浆门而言，在关闭状态下，泥水舱的压力让门板处于压紧状态，密封性能更加可靠；同时提升油缸设置有内置式行程传感器，可以实时监测泥浆门开合情况；另外还设置有泥浆门开、闭时机械保护装置，如图 5-20 所示。

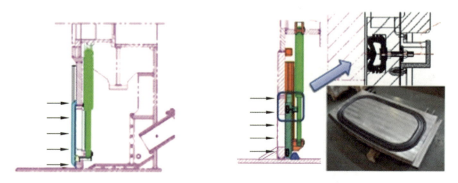

图 5-20 前置式泥浆门与后置式泥浆门对比示意

4. 人舱设计

如图 5-21 所示，针对本工程掘进里程长、高水压换刀时间短效率低下的情况，人舱设计预留与饱和氦氧穿梭舱连接的接口。

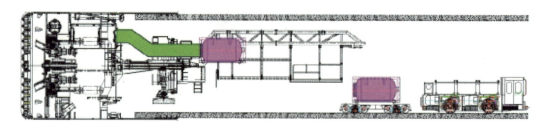

图 5-21 饱和氦氧穿梭舱与人舱连接示意

5. 铰接密封设计

如图 5-22 所示，铰接密封采用两道气囊+橡胶组合式密封，密封性能可靠；同时第一道铰接密封可进行调节，并可实现在洞内更换。

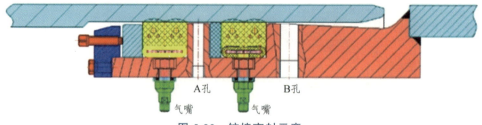

图 5-22 铰接密封示意

6. 盾尾密封设计

盾尾密封采用四道盾尾刷设计，如图 5-23 所示，最后一道尾刷采用特殊设计，特制的弹簧板能够有效防止砂浆进入尾刷内部。

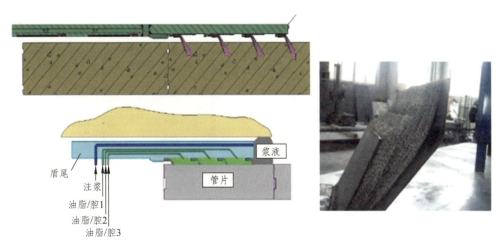

图 5-23 盾尾密封刷示意图

7. 破碎地层堵舱滞排设计

1）舱内锷式破碎机设计

采用锷式破碎机将进入盾构舱内的大块碎石夹碎，避免大块隧道堵塞输浆管路，如图 5-24 所示。

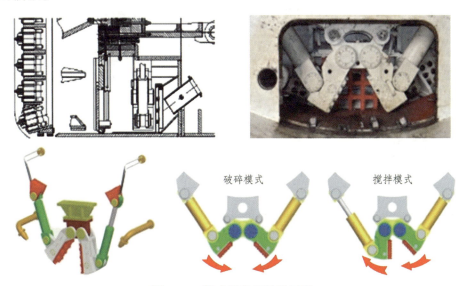

图 5-24 锷式破碎机设计示意

2）防滞排环流系统针对性设计

针对渣土堵舱滞排的情况，结合本工程实际情况，在破碎机前后设计有多道冲刷，如图 5-25 所示，包括：泥浆门前部冲刷、泥浆门后部冲刷、破碎机冲刷、格栅前部冲刷、格栅内部冲刷。

除此之外，盾构机还有逆冲洗模式，和主机段小循环模式功能，如图 5-26 所示。

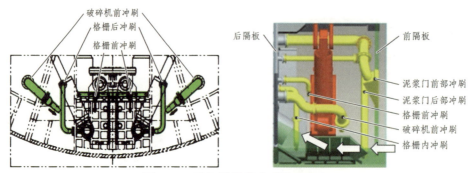

图 5-25　防堵舱滞排冲刷管路示意

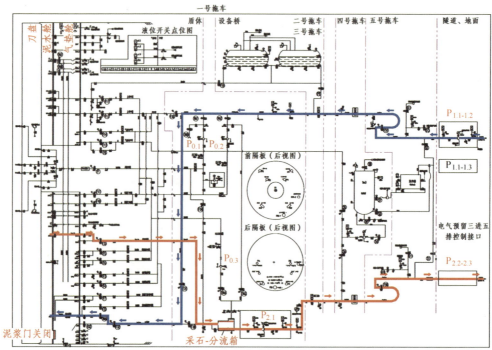

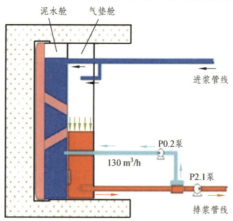

图 5-26　逆循环模式及主机段小循环功能

8. 刀盘防结泥饼设计

1）刀盘外环的泥饼冲刷

由于刀盘外环对应前盾隔板外环固定部分，冲刷压力水可不经过旋转接头，这样水压力可配置得较高，如图 5-27 所示，以便冲刷水有足够的速度或动能对开口泥饼进行冲刷。

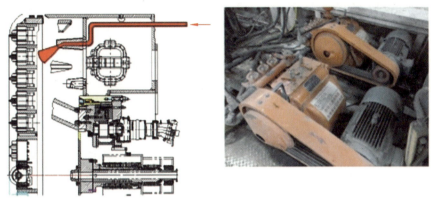

图 5-27　刀盘外环泥饼冲刷示意

2）中心冲刷

如图 5-28 所示，采用 55 kW 的泥浆泵从进浆系统中获浆升压 0.7 MPa，即在进浆压力的基础上增加 0.7 MPa 的压力，流量 200 m³/h。通过回转接头中心喷孔对土舱中心进行冲刷，3 个喷口分别对向三组中心刀背部。

3）刀盘中心的周边和牛腿冲刷

利用泥水舱进浆口对向牛腿方向冲刷，如图 5-29 所示。

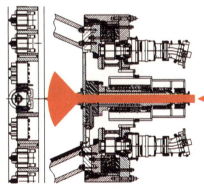

图 5-28　中心冲刷示意

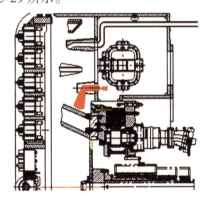

图 5-29　刀盘中心的周边和牛腿冲刷示意

5.3.2　海底隧道泥水盾构总体掘进参数分析

泥水盾构在进行施工过程中，不同地层段地质的变化会导致各个掘进参数的变化，只对掘进参数在单个地层下分析会存在一定的局限性，因此需要对掘进参数在整个连续施工区间进行统计分析。

盾构掘进施工参数包括刀盘扭矩、转速、推力、掘进速度及出土量等掘进参数和注浆压力、注浆量等注浆参数及泥浆进浆出浆量等管路流量控制参数，以隧道右线为例分析盾构穿越大埋深海底隧道掘进施工参数，主要包括刀盘扭矩、刀盘转速、总推力、掘进速度等。由于盾构掘进前 70 m 作为盾构分体始发工序预掘进，此后开始正常掘进，故以 50 环及其之后掘进数据作为参考。

1. 刀盘扭矩变化规律

对右线工程的 1 933 环泥水盾构刀盘扭矩数据进行统计分析，可以得到泥水盾构刀盘扭矩变化趋势，如图 5-30。

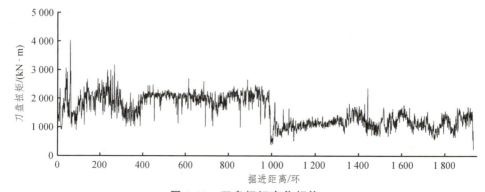

图 5-30　刀盘扭矩变化规律

从图 5-30 可看出：

（1）盾构刀盘扭矩在第 50～263 环处于持续上升阶段，数值波动较大；第 263～428 环，数值出现先降后升现象；第 428～990 环左右，数值较稳定；第 990～1 000 环左右，数值出现骤降；第 1 000～1 530 环左右，数值较稳定；第 1 530 环之后，数值波动较大。

（2）对上图中的突变点、转折点进行分析，由图及施工数据可得，在第 58 环、第 263 环、第 340 环、第 1 000 环、第 1 530～1 890 环、第 1 930 环，这些环左右的刀盘扭矩或发生大幅度改变或发生转折，查阅相关工程资料，对其原因进行解释：第 58 环左右开始掘进时，此时刚完成三阶段盾构分体始发，破开岩层结构造成扭矩突变；第 263 环之前地层主要为中粗砂及强风化火山角砾岩，之后地层掺杂了粉质黏土及中风化泥质粉砂岩，扭矩由升转降说明粉质黏土地层土壤密度更大，颗粒更密实；刀盘扭矩在第 340 环左右出现先减小后增大现象，是由于处在粉质黏土地层与中风化泥质粉砂岩地层交界处；第 1 000 环左右发生骤降是因为由中风化火山角砾岩地层进入微风化凝灰岩地层，地质条件更为复杂；第 1 530～1 890 环处于 F4 断层破碎带，相关分析详见"3.3.5.2"小节；第 1 930 环急剧下降是因为掘进完成，盾构机出洞造成。

2. 刀盘转速变化规律

对右线工程 1 933 环泥水盾构刀盘转速数据进行统计分析，可以得到泥水盾构刀盘转速变化趋势，如图 5-31 所示。

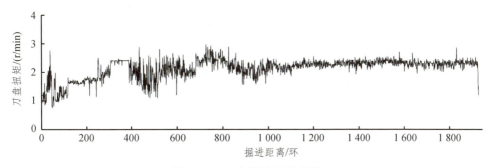

图 5-31　刀盘转速变化规律

从图 5-31 可看出：

（1）盾构刀盘转速在前 50 环剧烈波动，第 50～310 环处于上升阶段，数值较稳定；第 310～400 环，数值非常稳定；第 400～1 000 环左右，数值波动比较剧烈；第 1 000～1 900 环左右，数值较稳定；最后 3 环数值骤降。

（2）从地层条件上对上图中的突变点、转折点进行分析，由图及施工数据可得，在前 50 环、第 300 环、第 400～1 000 环、第 1 930 环，这些环左右的刀盘扭矩或发生大幅度改变或发生转折，查阅相关工程资料，对其原因进行解释：前 50 环掘进时，为三阶段盾构分体始发过程，故不断调整盾构使得刀盘转速变化剧烈；刀盘扭矩在第 300 环左右出现先增大后平稳现象，是由于前后地层在地层条件相近情况下中粗砂的含量发生变化产生影响；第 400～1 000 环左右波动比较剧烈是由于中风化火山角砾岩及中风化泥质粉砂岩地层地质条件差，岩体破碎；第 1 000～1 900 环处于微、中风化凝灰岩地层，刀盘转速稳定在较高转速区间；第 1 930 环急剧下降是因为掘进完成，盾构机出洞造成。

3. 总推力变化规律

对右线工程的 1 933 环泥水盾构总推力数据进行统计分析，可以得到泥水盾构总推力变化趋势。

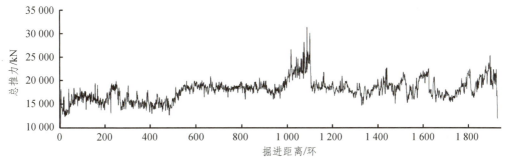

图 5-32　总推力变化规律

从图 5-32 可看出：

（1）盾构刀盘转速在前 50 环急剧下降，第 50～500 环处于小幅波动阶段，数值较稳定；第 500～565 环处于小幅稳定上升阶段，数值较稳定；第 565～940 环数值较平稳；

第 940～1 100 环左右数值呈震荡上升势态；第 1 100～1 930 环左右，数值波动比较剧烈；最后 3 环数值骤降。

（2）从地层条件上对上图中的突变点、转折点进行分析，由图及施工数据可得，在前 50 环、第 260 环、第 500～565 环、第 940～1 100 环、第 1 100～1 930 环，这些环左右的刀盘扭矩或发生大幅度改变或发生转折，查阅相关工程资料，对其原因进行解释：前 50 环掘进时，为三阶段盾构分体始发过程，故不断调整盾构使得刀盘推力变化剧烈；刀盘扭矩在 260 环左右出现先增大后减小现象，是因为掘进过程中粉质黏土及中风化泥质粉砂岩含量增多，由主要地层为中粗砂及中风化火山角砾岩的中硬土地层进入中软土地层所导致；第 500～565 环整体处于中、强风化泥质粉砂岩地层，推力上升可能是由于地层中强风化泥质粉砂岩含量的减少；第 940～1 100 环前段处于 F₃ 断层破碎带，主要岩体为中风化火山角砾岩碎裂岩，后端主要为微、中风化凝灰岩，由软质岩石地层进入硬岩地层致使盾构总推力逐步上升；第 1 100～1 930 环此阶段主要岩体为微、中、强风化凝灰岩及其碎裂岩，该段地层破碎，推力数值波动较大；第 1 930 环急剧下降是因为掘进完成，盾构机出洞造成。

4. 掘进速度变化规律

对右线工程的 1 933 环泥水盾构掘进速度数据进行统计分析，可以得到泥水盾构掘进速度变化趋势。

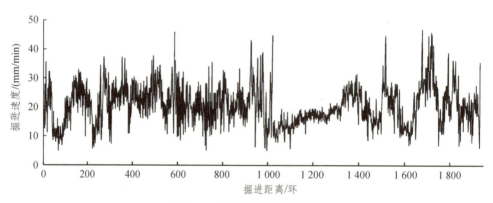

图 5-33 掘进速度变化规律

从图 5-33 可看出：

（1）盾构刀盘转速在前 50 环盾构始发阶段出现剧烈波动，第 50～1 000 环数值波动较大；第 1 000～1 360 环处于稳定上升阶段，数值较稳定；第 1 360～1 930 环数值波动变化幅度较大；最后 3 环数值骤升。

（2）从地层条件上对上图中的突变点、转折点进行分析，由图及施工数据可得，在前 50 环、第 50～1 000 环、第 1 000～1 360 环、第 1 360～1 930 环，这些环左右的刀盘扭矩或发生大幅度改变或发生转折，查阅相关工程资料，对其原因进行解释：前 50 环掘进时，为三阶段盾构分体始发过程，故不断调整盾构姿态使得掘进速度变化剧烈；第 50~1 000 环整体处于粉质黏土、中粗砂、强风化火山角砾岩、中风化泥质粉砂岩地层，地层岩石软硬不均导致掘进速度变化波动较大；第 1 000~1 360 环开始进入微风化凝灰岩地层，整体岩层硬度较之前提高导致掘进速度突变下降后稳步提升；第 1 100~1 930 环，此阶段主要岩体为微、中、强风化凝灰岩碎裂岩，该段地层破碎，掘进速度数值幅度波动剧烈；1 930 环急剧下降是因为掘进完成，盾构机出洞造成。

5.3.3　泥水盾构高水压条件下长距离穿越破碎带施工技术研究

1. 破碎带工程地质条件

F_3 基岩破碎带位于海域中东部，线路右 CK44 + 160~右 CK44 + 250，宽度约 90 m，大致呈东北西南走向，走向约为 25°，与隧道交角为近 90°，破碎处基岩面埋深在 29 m 左右，F_3 断裂西侧为凝灰岩，断裂东侧为泥质粉砂岩及火山角砾岩，主要力学性质为左行压扭性断裂。主要地层为⑯$_{11\text{-}2}$ 强风化火山角砾岩（块状碎裂岩）、⑰$_{11\text{-}2}$ 中风化火山角砾岩（块状碎裂岩）。

右线 F_3 断层破碎带（图 5-34）约在第 940~990 环，共计 54 环；左线 F_3 断层破碎带（图 5-35）约在第 943~981 环，共计 39 环。

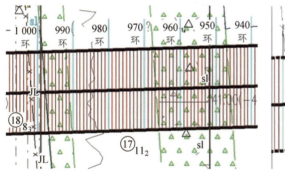

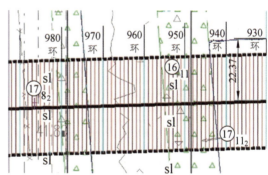

图 5-34　右线 F_3 断层破碎带地质剖面图　　图 5-35　左线 F_3 断层破碎带地质剖面图

F_4 基岩破碎带位于海域中部，线路右 CK42 + 830~右 CK43 + 440，宽度约 610 m，大致呈东北西南走向，走向约为 25°，与隧道交角为近 90°，破碎处基岩面埋深在 29.5~32.5 m，上覆厚层砂土，主要力学性质为左行压扭性断裂。主要地层为第⑯$_{8\text{-}2}$ 层砂土状碎裂凝灰岩、第⑰$_{8\text{-}2}$ 层块状碎裂凝灰岩、第⑰$_{8\text{-}3}$ 层中等风化凝灰岩（JL）碎裂岩和第⑱$_{8\text{-}3}$ 层微风化凝灰岩（JL）。

右线 F_4 断层破碎带（图 5-36）约在第 1 530~1 890 环，共计 361 环；左线 F_4 断层破碎带（图 5-37）约在第 1 470~1 865 环，共计 396 环。

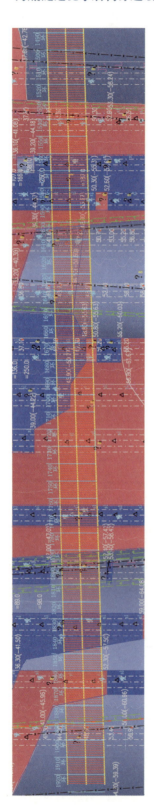

图 5-36 右线 F₄ 断层破碎带地质剖面图

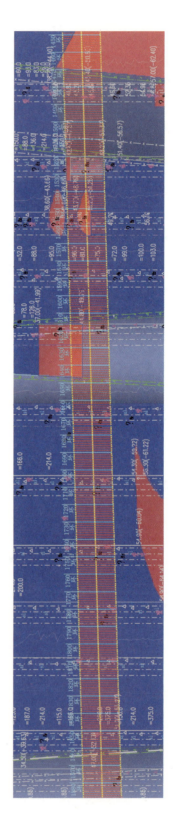

图 5-37 左线 F₄ 断层破碎带地质剖面图

2. 破碎带水文地质条件

区间线路附近平均潮差为 3.00 m，最大潮差 5 m，湾内以往复流为主，涨潮流进入湾内，落潮则流出海湾，且湾内涨潮流速大于落潮流速。过海段为胶州湾北部区域，海水受潮汐影响，水深变化较大。整体水深自西向东加大，最高潮位水深 3～11 m。

其中 F_4 断裂带中西南部揭露具有承压性的构造裂隙水，含水体为节理裂隙微风化凝灰岩，承压水头高 68 m，基岩渗透系数达 1.34 m/d，水量较大。

3. 施工难点分析

1）高水压、长距离掘进易造成盾尾密封失效

由于断层切割基岩，沟通基岩构造裂隙水与基岩上覆厚层砂层地下水的水力联系，使断层裂隙水富水性增大，且盾构在海底长距离掘进易造成盾尾密封因磨损导致失效，从而引起地下水由盾尾处窜入隧道，造成隧道被淹等严重后果。

2）不良地层高水压条件换刀增大施工风险

通常压气换刀作业舱压控制在 0.36 MPa 以内，而该工程盾构过海段破碎带刀具更换点拱顶埋深（含水深）50 m 左右，最高压气换刀作业需要在 0.54 MPa 左右的压力下进行。由于处于碎裂岩地层地质条件复杂，停机换刀时不仅开挖面存在失稳可能性，且加大了人员进舱换刀施工组织难度。

3）破碎带碎裂岩节理裂隙发育，掌子面易失稳

穿越破碎带距离长，地质条件复杂，且破碎带处于胶州湾海底，在高水头压力作用下进行海底盾构掘进时，可能会有掌子面失稳情况出现，并击穿掌子面上部覆土层，使其与海水相连通，导致海底覆土层中砂、石等进入泥水循环或伴随泥水舱泥浆逃逸现象发生，施工风险较大。

4）岩层软硬不均，刀盘刀具磨损严重

泥水盾构刀盘磨损情况与地质条件、掘进参数、刀具配置和掘进距离等多因素相关，尤其是在断层破碎带等不良地层中掘进时，极易对刀盘刀具产生冲击，磨损更加严重。

5）破碎地层盾构姿态调整困难

因海域段地层相对稳定所提供的滚动阻力大，会产生盾体滚动偏差，在线路变坡段或急弯段掘进，有可能产生较大偏差，盾构纠偏较为困难。同时由于海域段掘进时推力及扭矩较大，掘进速度较慢，易造成导向系统全站仪倾斜而测量错误，进而影响盾构掘进施工。

4. 相应控制措施

1）盾构刀盘配置

根据本工程地质情况，选用以下刀盘刀具配置具有较优地层适应性。采用 6 主梁 + 6 副梁复合式刀盘，开口率 35%，开挖直径为 7 m。刀盘上配备 6 把 18 寸中心双刃滚刀，35 把 19 寸单刃滚刀，12 把边刮刀，49 把刮刀，焊接撕裂刀 12 把。同时为应对破碎带掘进刀具严重磨损情况，刀盘大圆环采用整环耐磨合金块设计，面板无刀的地方采用耐磨复合钢板全覆盖，面板上共设有 5 个磨损检测装置。

2）盾体保压措施

地质条件复杂地层掘进时：通过盾体周边的径向孔向盾尾后3~5环注入足量的聚氨酯进行封堵后方来水，防止管片后部的水流入前方以及保证前方土舱内土体的稳定性。同时通过盾尾环向油脂管道向盾尾前后腔注入足量的盾尾油脂，主要防止盾尾后部地下水通过盾尾刷空隙渗入至隧道内，油脂管道注脂压力控制在 1~1.4 MPa 左右。必要时采取加大同步注浆，对拖出盾尾的 2~5 环管片采用水泥、水玻璃双液浆进行二次注浆封堵，以防止盾尾的来水通过盾壳与开挖面的间隙流至刀盘。

3）破碎带高水压换刀

本工程 F_4 断层破碎带设置了两处带压换刀点及一处带压查刀点，换刀点地层主要为中、微风化凝灰岩碎裂岩地层，且拱顶埋深（含水深）为 50~52 m，所以均采用带压进舱方式查换刀具，具体流程如图 5-38 所示。

4）开挖面稳定控制

开挖面是一种动态平衡，盾构在下穿海域段施工时，无论是掘进阶段还是停止掘进阶段，必须动态设定切口压力并防止切口压力的波动，保证土体稳定的同时又不击穿覆土层。

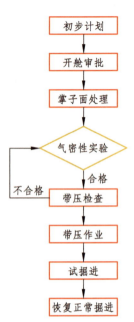

图 5-38 带压进舱换刀流程

5）破碎带盾构掘进姿态控制

盾构在掘进时，为控制盾构机水平和垂直偏差在允许范围内，四组千斤顶推力应较为均衡，避免掘进过程中千斤顶行程过大，否则可能会造成推力轴线与管片中心线不在同一直线上。在掘进过程中应保持泥浆质量，保证其比重和黏度，使得出渣顺利，尽量保持盾构连续掘进，同时要严格控制同步注浆量，以保证管片背部间隙能有效填充。

有关规范规定盾构掘进时的轴线偏差不可超过 50 mm，而盾构掘进过程中总会偏离设计轴线，进行纠偏时必须有计划有步骤地进行。在掘进过程中随时注意滚动角的变化，及时根据盾构机的滚动角数值调整刀盘的转动方向。同时根据泥岩地层情况对各项掘进参数进行调整。在纠偏过程中，掘进速度要放慢，并且注意纠偏时由于单侧千斤顶受力过大对管片造成的破损。为了避免人为因素对盾构姿态造成过大的影响，选择合理的管片类型，严格管片拼装质量，避免因此而引起对盾构姿态的调整。在纠偏时密切注意盾构姿态、管片选型及盾尾间隙等，盾尾与管片四周的间隙要均匀。当盾构偏离设计轴线较大时，不得猛纠猛调，避免往相反方向纠偏过大或盾尾与管片摩擦使管片破裂。

5. 破碎带掘进施工参数分析

盾构掘进施工参数包括刀盘扭矩、转速、推力、掘进速度及出土量等掘进参数和注浆压力、注浆量等注浆参数及泥浆进浆出浆量等管路流量控制参数，以隧道右线为例分析盾构在高水压条件下穿越两条破碎带的部分掘进施工参数。

1）第 940～990 环 F_3 破碎带掘进参数分析

（1）总推力变化规律。

对右线工程 F_3 破碎带 50 环泥水盾构推力数据进行统计分析，可以得到泥水盾构总推力变化趋势，如图 5-39 所示。

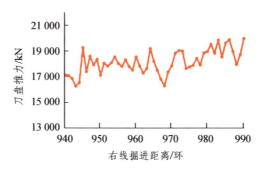

图 5-39 F_3 破碎带泥水盾构刀盘推力变化曲线

从图 5-39 可以看出：

① 泥水盾构总推力在第 940～946 环进入 F_3 破碎带之前产生明显波动，是由中风化泥质砂粉岩进入中风化火山角砾岩地层发生变化所产生的。第 965 环附近总推力发生波动是由于断裂带尾部岩层发生突变，其余掘进环数刀盘总推力相对较平稳。

② 整体 F_3 破碎带掘进区段刀盘推力稳定在 17 000～20 000 kN，而整体中风化火山角砾岩层掘进总推力处于 18 000～19 000 kN，破碎带掘进总推力相较正常掘进段波动较大。

（2）刀盘扭矩变化规律。

对右线工程 F_3 破碎带 50 环泥水盾构刀盘扭矩数据进行统计分析，可以得到泥水盾构刀盘扭矩沿工程区间总体变化趋势，如图 5-40 所示。

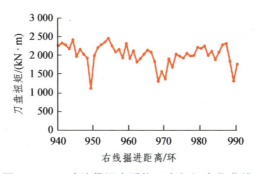

图 5-40 F_3 破碎带泥水盾构刀盘扭矩变化曲线

由图 5-40 可以看出：

① 泥水盾构刀盘扭矩在破碎带初始端第 950 环处及末端第 989 环由于中风化地层发生变化导致突降，其余环刀盘扭矩相对稳定。

② 除去初始端及末端，F_3 破碎带区间刀盘扭矩稳定在 2 000 kN·m，相较于整体中风化火山角砾岩层 2 000 kN·m 变化不大。

（3）刀盘转速变化规律。

对右线工程 F_3 破碎带 50 环泥水盾构刀盘转速数据进行统计分析，可以得到泥水盾构刀盘转速变化趋势，如图 5-41 所示。

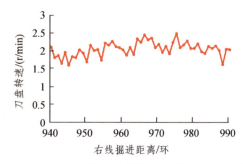

图 5-41 F_3 破碎带泥水盾构刀盘转速变化曲线

由图 5-41 可以看出整体 F_3 破碎带泥水盾构刀盘转速稳定在 1.5～2.5 r/min，相较整体中风化火山角砾岩层刀盘转速均值 2.1 r/min 有小幅波动，可在保证开挖面稳定的同时实现安全快速掘进的目的。

（4）掘进速度变化规律。

对右线工程 F_3 破碎带第 50 环泥水盾构掘进速度数据进行统计分析，可以得到泥水盾构掘进速度沿工程区间总体变化趋势，如图 5-42 所示。

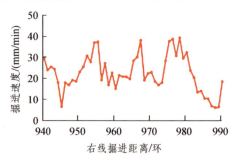

图 5-42 F_3 破碎带泥水盾构掘进速度变化曲线

由图 5-42 可以看出：

① 泥水盾构掘进速度在进入破碎带前 940～944 环发生明显降低，第 944～982 环之间相对较稳定，第 982～990 环处于破碎带末端地层发生变化导致速度下降。

② 整体来看泥水盾构穿越 F_3 破碎带前后由于地质条件较差掘进速度波动较大，处于 6～39 mm/min 之间，进入破碎带后趋于 15～35 mm/min 之间，而整体中风化火山角砾岩层掘进速度处于 18～25 mm/min 之间，相较于正常段波动幅度变大，可在保证施工质量的前提下达到快速安全通过破碎带的目的。

2）F_3 破碎带掘进参数相关性分析

本小节根据区间盾构隧道掘进施工现场数据，通过曲线拟合盾构在 F_3 破碎带掘进时的各个主要掘进参数之间的散点图，得出相应的关系曲线及关系式，并利用决定系数 R^2 进行相关性评价。

统计过程使用 excel 软件中的 R^2（决定系数），取值为 0 ~ 1，越接近 1，证明数据的相关性越好。基于统计样本数量较多及施工情况复杂的情况，可认为 $R^2 = 0 ~ 0.9$ 为没有相关性，$R^2 = 0.1 ~ 0.3$ 为弱相关，$R^2 = 0.3 ~ 0.5$ 为中等相关，$R^2 = 0.5 ~ 1$ 为强相关。

（1）掘进速度与总推力、扭矩、转速的相互关系。

总推力、刀盘扭矩、刀盘转速均为盾构施工掘进重要参数，对于其合理选择影响着施工效率及质量。根据施工现场实测数据得出掘进速度与总推力、刀盘扭矩、刀盘转速的散点关系如图 5-43 ~ 图 5-45 所示。

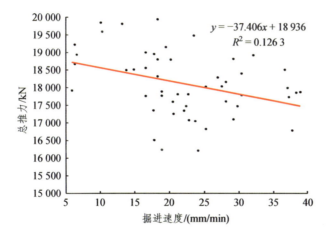

图 5-43　F_3 破碎带地层掘进速度与总推力关系曲线

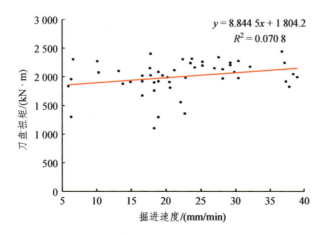

图 5-44　F_3 破碎带地层掘进速度与刀盘扭矩关系曲线

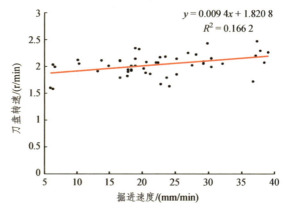

图 5-45　F_3破碎带地层掘进速度与刀盘转速关系曲线

从图 5-43 ～ 图 5-45 中可看出，在以中风化火山角砾岩碎裂岩为主要岩体的 F_3 破碎带掘进时，掘进速度与总推力的决定系数 R^2 为 0.126 3，呈弱相关；趋势线斜率为 −37.406，为负相关关系；通过拟合现场实测数据散点图，得出中风化火山角砾岩破碎地层掘进速度与总推力之间的关系如下：

$$y = -37.406x + 18\,936 \qquad (5\text{-}12)$$

式中：y——盾构机总推力，kN；

　　　x——盾构机掘进速度，mm/min。

掘进速度与刀盘扭矩的决定系数 R^2 为 0.070 8，没有相关性。是因为破碎带岩体呈碎裂状，地质条件复杂，掘进难度大，人为主观因素的存在导致两者相关性低。

掘进速度与刀盘扭矩的决定系数 R^2 为 0.166 2，呈弱相关；趋势线斜率为 0.009 4，为正相关关系；通过拟合现场实测数据散点图，得出中风化火山角砾岩破碎地层掘进速度与刀盘转速之间的关系如下：

$$y = 0.009\,4x + 1.820\,8 \qquad (5\text{-}13)$$

式中：y——盾构机刀盘转速，r/min；

　　　x——盾构机掘进速度，mm/min。

（2）刀盘扭矩与总推力、转速的相互关系如图 5-46 和图 5-47 所示。

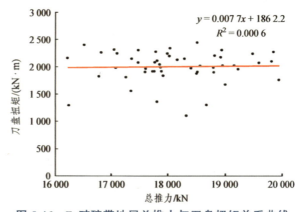

图 5-46　F_3破碎带地层总推力与刀盘扭矩关系曲线

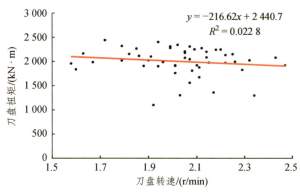

图 5-47 F₃ 破碎带地层刀盘转速与刀盘扭矩关系曲线

从图 5-46 和图 5-47 中可看出，刀盘扭矩与总推力、刀盘转速的决定系数 R^2 分别为 0.000 6、0.022 8，没有相关性，这是因为破碎带岩体呈碎裂状，地质条件复杂，掘进难度大，人为主观因素的存在导致两者相关性低。

3）第 1 530 ~ 1 890 环 F₄ 破碎带掘进参数分析

（1）总推力变化规律。

对右线工程 F₄ 破碎带第 360 环泥水盾构推力数据进行统计分析，可以得到泥水盾构总推力变化趋势，如图 5-48 所示。

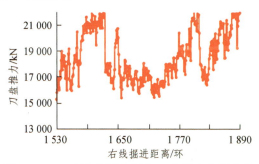

图 5-48 F₄ 破碎带泥水盾构刀盘推力变化曲线

从图 5-48 可以看出

① 泥水盾构总推力在进入破碎带之后波动明显，从第 1 530 ~ 1 624 环呈现波动中上升势态，第 1 624 ~ 1 808 环呈上升趋势，数值波动较大第 1 808 ~ 1 890 环呈现同样上升势态。

② 从地层条件看，第 1 530 ~ 1 624 环呈上升势态是由于泥水盾构由微风化凝灰岩进入中风化凝灰岩产生波动，第 1 624 环处于强、微风化岩层交界处，因此出现推力下跌；第 1 624 环到 1 808 环处于强、中、微风化岩层交替地带，数值波动较大，第 1 808 环附近出现推力下跌是由于盾构机从中风化岩层进入微风化岩层而产生突降；第 1 808 换到 1 890 环地层处于中、微风化岩层交替，因而推力波动较大。整体 F₄ 破碎带掘进区段刀盘推力稳定在 16 000 ~ 22 000 kN 之间，而整体强、中风化岩层掘进总推力处于 20 000 ~ 30 000 kN 之间，破碎带掘进总推力相较正常掘进段降低。

（2）刀盘扭矩变化规律。

对右线工程 F_4 破碎带第 360 环泥水盾构刀盘扭矩数据进行统计分析，可以得到泥水盾构刀盘扭矩沿工程区间总体变化趋势如图 5-49 所示。

由图 5-49 可以看出：

第 1 530 ~ 1 890 环呈现多次上升下降趋势，主要是由于强、中、微风化凝灰岩地层转换，整体波动较规律。F_4 破碎带区间泥水盾构刀盘扭矩处于 500 ~ 1 600 kN·m 波动较大，相较于整体强、中风化岩层平均刀盘扭矩 3 000 kN·m 大幅降低。

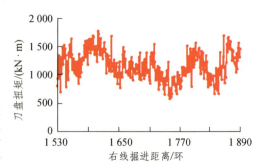

图 5-49　F_4 破碎带泥水盾构刀盘
扭矩变化曲线

（3）刀盘转速变化规律。

对右线工程 F_4 破碎带第 360 环泥水盾构刀盘转速数据进行统计分析，可以得到泥水盾构刀盘转速变化趋势，如图 5-50 所示。

由图 5-50 可以看出整体 F_4 破碎带泥水盾构刀盘转速除去个别点以外稳定在 2.1 ~ 2.5 r/min，相较整体强、中风化岩层刀盘转速均值 1.4 r/min 有小幅提升，在保证开挖面稳定的同时实现了安全快速掘进的目的。

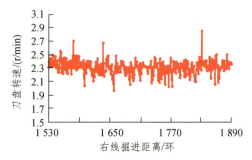

图 5-50　F_4 破碎带泥水盾构刀盘
转速变化曲线

（4）掘进速度变化规律。

对右线工程 F_4 破碎带 360 环泥水盾构掘进速度数据进行统计分析，可以得到泥水盾构掘进速度沿工程区间总体变化趋势，如图 5-51 所示。

由图 5-51 可以看出：

① 泥水盾构掘进速度在第 1 530 ~ 1 577 环除去个别点以外较为稳定，第 1 577 ~ 1 720 环呈震荡上升势态，第 1 720 ~ 1 762 环呈下跌趋势，第 1 762 ~ 1 848 环出现掘进速度先增大后减小的现象，第 1 848 ~ 1 890 环数值较稳定。

② 从地层条件看，第 1 577 ~ 1 720 环呈震荡上升势态是由于泥水盾构掘进区间处于强、

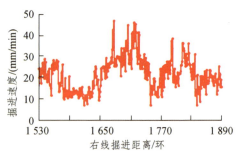

图 5-51　F_4 破碎带泥水盾构掘进
速度变化曲线

微风化地层交替处，第 1 720 ~ 1 762 环呈下跌趋势是由于强、中风化岩层交界处，第 1 762 ~ 1 848 环出现先增后减现象是因为地质条件由中风化凝灰岩过渡到微风化凝灰岩再过渡到强风化凝灰岩。整体来看泥水盾构穿越 F_4 破碎带掘进速度波动较大，处于 10 ~ 45 mm/min，而整体强、中风化岩层掘进速度处于 10 ~ 20 mm/min，相较于正常段波动幅度变大，在保证施工质量的前提下达到快速安全通过破碎带的目的。

4）F_4破碎带掘进参数相关性分析

（1）掘进速度与总推力、扭矩、转速的相互关系。

从图5-52~图5-54中可看出，在以砂土状碎裂凝灰岩、块状碎裂凝灰岩、中等风化凝灰岩碎裂岩和微风化凝灰岩为主要岩体的F_4破碎带掘进时，掘进速度与总推力的决定系数R^2为0.3269，呈中等相关；掘进速度与总推力存在负相关关系，随着掘进速度增加总推力需求减小；通过拟合现场实测数据散点图，得出中、微风化凝灰岩破碎地层掘进速度与总推力之间的关系如下：

$$y = 21\,658\mathrm{e}^{-0.007x} \tag{5-14}$$

式中：y——盾构机总推力，kN；

x——盾构机掘进速度，mm/min。

掘进速度与刀盘扭矩、刀盘转速的决定系数R^2分别为0.0001、0.005，没有相关性。从图5-53可以看出随掘进速度的增加扭矩变化的趋势线较稳定，但是具体每环数据波动很大，说明破碎带岩体呈碎裂状，地质条件复杂，掘进难度大，人为主观因素的存在导致掘进速度与两者相关性低。

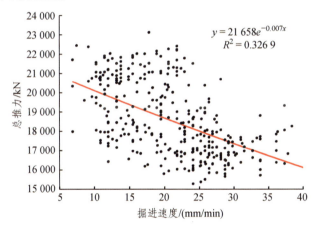

图5-52　F_4破碎带地层掘进速度与总推力关系曲线

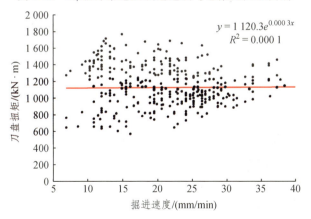

图5-53　F_4破碎带地层掘进速度与刀盘扭矩关系曲线

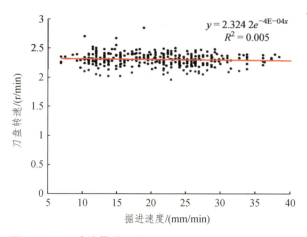

图 5-54　F_4 破碎带地层掘进速度与刀盘转速关系曲线

（2）刀盘扭矩与总推力、转速的相互关系。

刀盘扭矩与总推力的决定系数 R^2 为 0.183 9，呈弱相关；总推力与刀盘扭矩存在正相关关系；通过拟合现场实测数据散点图，如图 5-55 和图 5-56 所示，得出中、微风化凝灰岩破碎地层总推力与刀盘扭矩之间的关系如下：

$$y = 444.21e^{5E-0.5x}$$（5-15）

式中：y——盾构机总推力，$kN \cdot m$；

　　　x——盾构机总推力，kN。

刀盘扭矩与刀盘转速的决定系数 R^2 为 0.001 2，没有相关性，这是因为破碎带岩体呈碎裂状，地质条件复杂，掘进难度大，人为主观因素的存在导致两者相关性低。

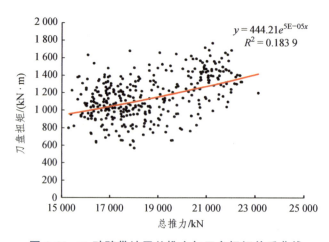

图 5-55　F_4 破碎带地层总推力与刀盘扭矩关系曲线

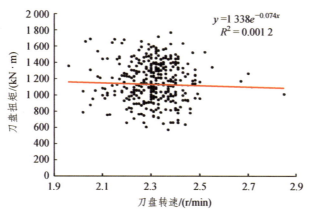

$$y = 1\,338e^{-0.074x}$$
$$R^2 = 0.001\,2$$

图 5-56　F_4 破碎带地层刀盘转速与刀盘扭矩关系曲线

5.3.4　长距离过海隧道盾构换刀工艺

1. 刀盘刀具配置

针对泥水平衡盾构穿越海底断层破碎带对盾构机刀具的特殊要求，针对刀盘刀具开展了针对性设计，如表 5-9 所示。

表 5-9　刀盘刀具配置

	刀盘参数			
1	刀盘规格（直径×长度）	$\phi7\,020 \times 1\,740.7$	mm	
2	旋转方向	正/反		正/反
3	开口率	35	%	
4	结构总重（含刀具）	约 82	t	
5	主要结构件材质	Q345B		
6	主动搅拌臂数量	4	根	
	刀具参数			
1	滚刀			
2	双联中心滚刀数量	6	把	
3	双联中心滚刀直径	457.2	mm	
4	双联滚刀高度	187.7	mm	
5	单刃滚刀数量	35	把	
6	单刃滚刀直径	483	mm	
7	单刃滚刀高度	187.7	mm	
8	切刀			

续表

刀具参数				
9	切刀数量	49	把	
10	切刀高度	145	mm	
11	焊接撕裂刀			
12	焊接撕裂刀数量	12	把	
13	焊接撕裂刀高度	153	mm	
14	边刮刀			
15	边刮刀数量	12	把	
16	边刮刀径向伸出量	75	mm	
17	超挖刀			
18	超挖刀数量	1	把	
19	超挖刀扩挖量	40	mm	

2. 换刀位置选取

1）选取条件

（1）优先选择岩层稳定、覆土厚、上部岩层覆盖多及掌子面为全断面硬岩地层。

（2）适合气压换刀地层：粉质土层透水性差，压气效果较好，压气气压本身的支护作用，围岩的脱水作用产生的强度会大大增强。黏性土层，土质软弱开挖面不稳定，可依靠压气气压的挡土作用和脱水作用使掌子面得到加固和稳定。

通常需要具备以下几个条件：

① 隧道覆土埋深>2 倍隧道直径。

② 隧道正上方存在不小于 3 m 的黏土层且地下水位在黏土层以上。

③ 隧道正上方不存在砂层及淤泥层等孔隙比大、压缩系数大的地层。

（3）对于区间地质条件较差，不能满足常压开舱换刀的条件，并且由于停机位置环境特殊（例如 F_4 断裂带）及隧道埋深较大，不能采取气压换刀的方式，须预先选择查/换刀位置，并提前进行查/换刀位置地层加固后采用常压换刀或减压限排措施进入舱内进行查/换刀。

（4）将盾构掘进地层中的石英含量作为选择预设查换刀位置/距离的一项重要依据。

⑪粉质黏土石英含量 18%，⑪$_1$中粗砂石英含量 46.8%，⑫中粗砂石英含量 56.3%，泥质粉砂岩石英含量 10% ~ 50%，火山角砾岩石英含量 15% ~ 65%，凝灰岩石英含量 10% ~ 15%。

2）换刀位置

（1）左线刀具检查及更换点如图 5-57 所示，具体情况汇总于表 5-10。

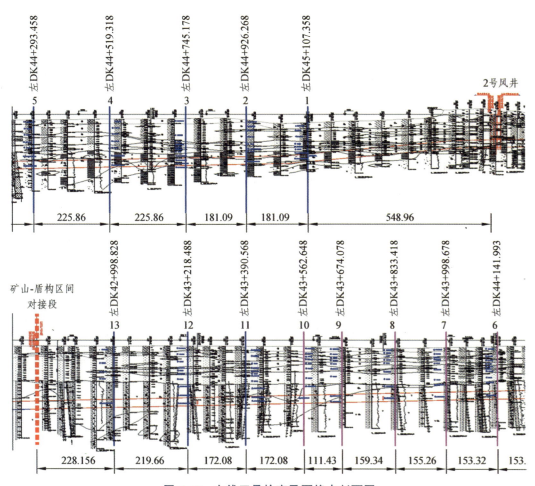

图 5-57　左线刀具检查及更换点剖面图

表 5-10　左线刀具检查及更换点情况汇总

换刀点	里程	距离上一换刀点距离及掘进地层	拱顶埋深（含水深）	换刀点地层	备注
1	DK45+107.358	548.96 m（中粗砂、粉质黏土 303.47 m，上软下硬160.73 m，全断面岩层84.75 m）	35.04 m	17-13 中风化泥质粉砂岩	中风化泥质粉砂岩厚度 5.88 m
2	DK44+926.268	181.09 m（中风化泥质粉砂 181.09 m）	37.39 m	17-13 中风化泥质粉砂岩	中风化泥质粉砂岩厚度 4.75 m
3	DK44+745.178	181.09 m（强、中风化泥质粉砂岩层 181.09 m）	38.49 m	16-13 强风化泥质粉砂岩、17-13 中风化泥质粉砂岩	强风化泥质粉砂岩厚度 2.1 m
4	DK44+519.318	225.86 m（中风化火山角砾岩层 11.15 m、强风化泥质粉砂岩层 1 214.71 m）	39.86 m	16-13 强风化泥质粉砂岩、17-13 中风化泥质粉砂岩、17-11 中风化火山角砾岩层	中风化泥质粉砂岩厚度 3.2 m

续表

换刀点	里程	距离上一换刀点距离及掘进地层	拱顶埋深（含水深）	换刀点地层	备注
5	DK44+293.458	225.86 m（中风化泥质粉砂 133.4 m，强风化泥质粉砂岩，92.46 m）	41.34 m	17-11 中风化火山角砾岩、17-13 中风化泥质粉砂岩	中风化泥质粉砂岩厚度 3.4 m
6	DK44+141.998	151.46 m（中风化火山角砾岩 103.13 m、中风化凝灰岩 48.3 m）	42.15 m	17-8 中风化凝灰岩	中风化凝灰岩厚度 8.3 m
7	DK43+988.678	153.32 m（中风化凝灰岩124.95 m，微风化凝灰岩128.37 m）	44.75 m	18-8 微风化凝灰岩	微风化凝灰岩厚度 6.5 m
8	DK43+833.418	155.26 m（微风化凝灰岩）	45.09 m	18-8 微风化凝灰岩	微风化凝灰岩厚度 5 m
9	DK43+674.078	159.34 m（微风化凝灰岩159.34 mm）	46.94 m	18-8 微风化凝灰岩	微风化凝灰岩厚度 9 m
10	DK43+562.648	111.43 m（微风化凝灰岩52.6 m，中风化凝灰岩58.83 m）	48.46 m	18-8 微风化凝灰岩	中风化凝灰岩厚度 9.7 m
11	DK43+390.568	172.08 m（强、中风化凝灰岩 55.7 m，中风化凝灰岩71.38 m，F_4 断裂带约 45 m）	49.49 m	16-8-3 强风化凝灰岩（碎裂岩）、17-8-3 中风化凝灰岩（节理）	中风化凝灰岩（节理）厚度 0.4 m
12	DK43+218.488	172.08 m（中风化凝灰岩碎裂岩地层 172.08 m）	50.74 m	17-8-3 中风化凝灰岩（节理）	中风化凝灰岩（节理）厚度 11.7 m
13	DK42+998.828 距离接收端 228 m	219.66 m（中风化凝灰岩碎裂岩层 219.6 m）	51.82 m	17-8-2 中风化凝灰岩碎裂岩层	中风化凝灰岩碎裂岩层厚度 14.8 m

注：1、3、5、12、13 为带压开舱点，6、7、8、9、10 为常压开舱点，2、4、11 为带压查刀点。

（2）右线刀具检查及更换点如图 5-58 所示，具体情况汇总于表 5-11。

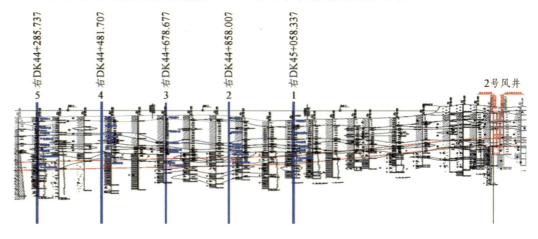

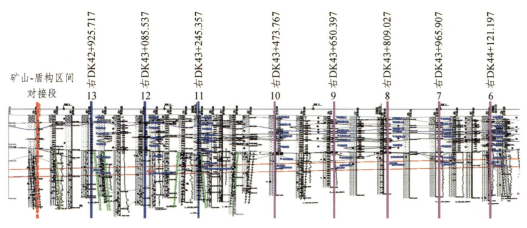

图 5-58　右线刀具检查及更换点剖面图

表 5-11　右线刀具检查及更换点情况汇总

换刀点	里程	距离上一换刀点距离及掘进地层	拱顶埋深（含水深）	换刀点地层	备注
1	DK45+059.337	595.68 m（中粗砂层、1 粉质黏土层 272.2 m，上软下硬地层 206.6 m，中风化泥质粉砂岩 93.2 m）	36.2 m	17-13 中风化泥质粉砂岩	中风化泥质粉砂岩厚度 1.56 m
2	DK44+868.007	191.33 m（全断面中风化泥质粉砂岩 33 m，强风化泥质粉砂岩层、中风化泥质粉砂岩层 97 m）	39.9 m	16-13 强风化泥质粉砂岩层、17-13 中风化泥质粉砂岩层	强风化泥质粉砂岩层厚度 3.8 m
3	DK44+676.677	191.33 m（强风化泥质粉砂岩，中风化泥质粉砂岩地层 133.4 m，中风化火山角砾岩，中风化泥质粉砂岩地层 100.7 m）	42.8 m	17-13 中风化泥质粉砂岩层	中风化泥质粉砂岩层厚度 5 m
4	DK44+481.707	194.97 m（强风化泥质粉砂岩，中风化火山角砾岩，中风化泥质粉砂岩地层 235.2 m）	43.2 m	17-13 中风化泥质粉砂岩层	中风化泥质粉砂岩层厚度 1.9 m
5	DK44+286.737	194.97 m（中风化泥质粉砂岩掘进约 60.7 m，中风化火山角砾岩地层 118.9 m）	43.9 m	17-13 中风化泥质粉砂岩层	中风化泥质粉砂岩层厚度 1.7 m
6	DK44+121.197	165.54 m［中风化火山角砾岩 101.8 m（含断裂带 55 m），中风化凝灰岩约 48.5 m（含断裂带 38 m）］	44.47 m	17-8 中风化凝灰岩	微风化凝灰岩厚度 7.3 m
7	DK43+965.907	155.29 m（中风化凝灰岩掘进约 95.8 m，微风化凝灰岩 58.6 m）	44.58 m	18-8 微风化凝灰岩	中风化凝灰岩厚度 3.3 m
8	DK43+809.027	156.88（微风化凝灰岩掘进地层约 155.2 m）	45.21 m	18-8 微风化凝灰岩	微风化凝灰岩厚度 7.5 m
9	DK43+650.397	158.63 m（微风化凝灰岩层掘进约 1 583.6 m）	47.14 m	18-8 微风化凝灰岩	微风化凝灰岩厚度 1.4 m

续表

换刀点	里程	距离上一换刀点距离及掘进地层	拱顶埋深（含水深）	换刀点地层	备注
10	DK43+473.767	176.63 m（微风化凝灰岩层掘进约176.6 m）	48.97 m	18-8微风化凝灰岩	微风化凝灰岩厚度7.6 m
11	DK43+245.357	162.37 m［强风化凝灰岩，中风化凝灰岩（JL）碎裂岩地层90.57 m，中风化凝灰岩 71.8 m（进入F₄断裂带约45 m）］	50.05 m	17-8中风化凝灰岩	中风化凝灰岩厚度11.8 m
12	DK43+085.537	226.02 m（微中风化凝灰岩（JL）碎裂岩地层226 m）	51.17 m	18-8微风化凝灰岩	微风化凝灰岩厚度13.9 m
13	DK42+925.717	161.717 m［微风化凝灰岩（JL）砂土状碎裂岩地层161.717 m］	52.22 m	18-8微风化凝灰岩	微风化凝灰岩厚度14.6 m

注：1、3、5、11、13为带压开舱点，6、7、8、9、10为常压开舱点，2、4、12为带压查刀点。

3. 常压换刀工法

1）开舱前的准备工作

开舱流程如图5-59所示。

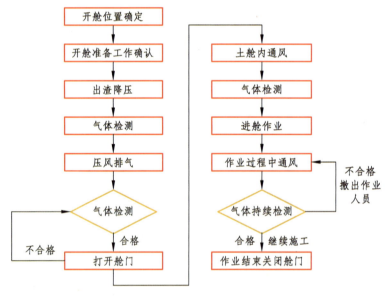

图5-59 开舱流程图

（1）开舱位置的确定。

根据查/换刀依据，常压开舱查换刀位于全断面强/中风化岩层中。相关内容详见"3.4.2"小节。

（2）开舱准备工作。

为确保开舱作业连续、快速，必须做好充分的准备工作，包括开舱作业工具、洞内水电、洞内外通风、气体检测仪器、压排风机具料具、进舱人员的技术交底、安全交底等准备工作由专人负责，完成后由技术人员确认，机电部长审核。

① 洞内加固措施。

止水环箍：在盾尾后 3~5 环进行二次补浆，启用成型管片的 5 个注浆孔（除封顶块）进行注浆，以达到成圈的止水环箍，防止管片后部的水流入前方以及保证前方土舱内土体的稳定性。

② 浆液配合比。

水泥：水 = 1：1（质量比）。

水泥浆：水玻璃 = 1：0.5（体积比）。

注浆以压力控制为主，压力控制在 0.2~0.6 MPa，止水环施作的压浆量根据压力值而定，达到注浆设计压力后，维持此压力 3~4 min 即可停止注浆。

③ 盾体注入膨润土浆液。

盾体注入膨润土浆液主要目的主要体现在两方面：一方面，减少前、中盾在后续复推过程中的摩擦阻力，对前中盾环向四周起到一定的润滑作用，最大程度降低总推力消耗；另一方面，在盾体与岩面空隙注入膨润土浆液形成第二道防水线，阻挡盾尾后部地下水渗入土舱内。

④ 盾尾注入盾尾油脂。

开舱前，通过盾尾环向油脂管道向盾尾前后腔注入足量的盾尾油脂，主要防止盾尾后部地下水通过盾尾刷空隙渗入至隧道内，油脂管道注脂压力控制在 1.0~1.4 MPa，注入油脂量约 240~480 kg。

（3）出渣降压。

① 排出渣土。

盾构机到达预先指定的位置停止掘进，加大循环流量，通过排浆泵将液位降至刀盘的 1/3~1/2 位置。通过 Samson 系统将舱内压力降低，通过舱壁检查孔检查，不冒气、不冒浆，内外同压方可开舱。

② 开舱检查舱内气体及掌子面地质情况。

先卸掉舱门螺丝，打开舱门后，由佩戴好防毒面具的检查人员进舱检查。检查内容为：掌子面稳定情况及舱内气体组成。

掌子面稳定性检查：检查人员先用手电筒先观测舱顶部是否有泥土块松动或掉落，刀盘前方是否有土体不稳情况，确保人员进舱安全。由土建工程师或相关专业技术人员对刀盘掌子面地层的稳定性进行评价进而作出判断，证实工作面稳定后进行舱内气体检测。如发现掌子面稳定性差，则人员立即出舱，关闭舱门。最后由项目总工和盾构队长确定是否继续掘进或启动备用方案——带压进舱方案。

舱内气体检测：开舱前应请专业气体检测人员使用专用气体检测仪，检测舱内是否含有易燃、有害气体及各气体浓度。

（4）通过人舱板上的球阀对土舱内气体进行检测，并按照要求做好记录。

（5）开舱前压风排气。

泥水盾构机是通过打开人闸与气舱的门，然后打开气舱与土舱的门，往土舱内输送置换新鲜空气。

（6）打开舱门

气体检测合格后，首先检查舱内压力在通风过程中是否发生变化，舱内泥浆液位（水位）情况是否异常，清查人舱内非防爆设备，在开舱前对人舱空气质量再次进行检测，合格后方可打开舱门。

2）开舱作业时舱内通风

（1）舱内通风和气体检测。

舱门打开后，先进行活物试验，等活物实验完成合格后，气体检测人员携带气体检测仪器和防爆手电，首先对土舱顶部以及人舱附近左下和右下方空气进行检测，同时现场值班土建工程师判断地层情况，确认安全后，方可进入土舱进行下一步检测，全面检测完毕且判断地层稳定，空气质量合格，经现场负责人复核确认。判断安全后，维保人员进舱，安设安全灯具和打开通风口处舱内盖板，引入风管进行通风，开始空气循环。

（2）刀具检查和刀具更换。

第一次刀具检查更换完成后，在 F_3 破碎带前的硬岩区每隔 200 m 左右预先设置一个查（换）刀点，并进行注浆加固处理（并根据实际盾构掘进参数做相应的调整）。

（3）作业过程中的通风和气体检测。

在刀具处理过程中，必须保证通风的连续性，并由气体检测人员对土舱内气体进行不间断检测，如有异常，应及时撤出土舱内人员，加强通风力度，待土舱内气体浓度合格后，方可继续进行进舱作业。

（4）关闭舱门。

当刀具更换完毕后，泥水舱内存有大量的空气，泥浆渣土占泥水舱总容积的二分之一。为了保证地层的稳定，在恢复推进初期采取辅助气压作业，循环泥浆不断补充泥水舱或不断掘进开挖增加土舱内泥浆，同时压气作业的自动补偿系统仍然在工作。首先确保泥水舱压力保持在设定的数值上，循环泥浆不断填充泥水舱，舱压会有一定的上升，这时打开人闸室顶部的平衡阀释放一定量的压缩空气。注意要缓慢释放，尽可能减少泥水舱压力的波动，让泥浆取代压缩空气，逐渐建立起泥水平衡。通过对泥浆量和平衡阀释放气体量，最终泥浆与压缩空气置换完成。在舱压不变的情况下，关闭压气作业的自动补偿系统，正式恢复推进。

4. 带压换刀工法

1）带压进舱的准备

首先要根据之前的掘进参数等状况，对舱内的问题作出充分的分析和预判，对舱内所需的操作作出相应的预判；同时要根据计划开舱处的水文地质资料、停机前出渣土成分及数量、地表监测数据、掘进时同步注浆情况等参数的分析，确定带压进舱的实施方案及技术交底。

（1）加大同步注浆。

在掘进到停机点前 10 环时检查同步注浆系统，主要是 6 根注浆管路是否运转正常。如果有管路不通，浆泵无力，冲程数与实际泵送量差距较大等情况，进行管路疏通和注浆泵的全面清洗，使整个注浆系统处于优良的工作状态。在掘进到停机点前 5 环时对整个膨润土系统进行检查，包括刀盘前方和盾体周围两个方向的膨润土管路和膨润土泵的运转情况。整个系统的各部分检查就绪后进行试注浆。试注浆过程中主要是观察各管路的压力是否正常，如果压力过大或者过小都必须对系统进行调试，同步注浆浆液的配比根据现场情况确定，初凝时间控制在 6 h 左右。同步注浆压力一般大于水土压力 0.1 MPa。

（2）铰接密封。

盾构机铰接由 14 根油缸组成，铰接系统工作压力高达 0.65 MPa，铰接密封形式采用 3 道橡胶密封并具备紧急充气功能。盾构机铰接采用集中自动润滑的方式进行。建压前对铰接密封进行检查，在加压过程中注意观察盾尾刷密封情况。

（3）管片二次注浆。

在掘进至开舱位置后对拖出盾尾的 2～5 环管片进行二次注浆封堵，防止盾尾的来水通过盾壳与开挖面的间隙流至刀盘，注浆采用水泥、水玻璃双液浆进行封堵。盾尾二次注浆根据泥水舱压力控制注浆压力，以防浆液注入刀盘，刀盘应慢转。

2）压力设置

（1）盾构到达预先设定的进舱里程点。盾构到达预定进舱里程点之前的两环，必须保证同步注浆效果，确保管片壁后空隙填充密实，无流水涌入刀盘。

（2）根据地下水位和地质条件，确定进舱时舱室内需要保持的气压。地层不稳定时，根据水土合算重新计算压力。

（3）掘进工作模式下，气垫舱压力 P 根据掌子面水土压力确定，其上限值 P_{max} 为静止水土压力，其下限值 P_{min} 为主动水土压力。根据朗肯土压力计算公式进行计算。根据本工程地质条件，盾构区间海底段水土压力采用水土分算。压力计算示意如图 5-60 所示。

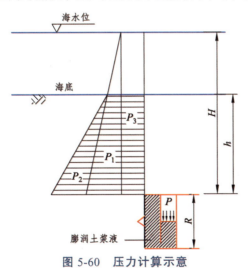

图 5-60 压力计算示意

掌子面顶部在稳定状态下有以下平衡关系：

$$P - R \times \gamma_{膨润土液} = P_1 + P_2 + P_3 \tag{5-16}$$

$$P_{max} = P_1 + P_2 + P_3 = \gamma_水 \times H + \sum K_0[(\gamma_i - \gamma_水) \times h_i] + 20 + R/2 \times \gamma_{膨润土液} \tag{5-17}$$

式中：P_1——水压力，kPa；

P_2——静止土压力，kPa；

P_3——变动压力，一般取 20 kPa；

$\gamma_水$——海水的容重，kN/m^3，取 10.25 kN/m^3；

$\gamma_{膨润土液}$——膨润土液容重，kN/m^3，取 12 kN/m^3；

R——盾构开挖，取 6.986 m；

K_0——掌子面顶部土体静止土压力系数；

γ_i——土的容重，kN/m^3；

h_i——土层的厚度。

$$P_{min} = P_1 + P_2' + P_3$$
$$= \gamma_水 \times H + \sum[K_a(\gamma_i - \gamma_水) \times h_i - 2 \times C_u \times \sqrt{K_a}] + 20 + R/2 \times \gamma_{膨润土液} \tag{5-18}$$

式中：P_2'——主动土压力，kPa；

K_a——掌子面顶部土体主动土压力系数；

C_u——掌子面顶部土体的凝聚力，kPa。

计算气垫舱压力上限值和下限值，实际取值介于理论计算值的上、下限之间，取两者平均值。带压进仓作业时，压力值设定为 $P - R/2 \times \gamma_{膨润土液}$。

泥水盾构区间施工过程中要根据潮汐变化，实时海水深度进行调整。

（4）盾构的以下系统必须处于待命状态：气闸系统；低压空气系统；所有要求的注浆口、排浆口必须处于工作状态。

3）泥水舱内建压

（1）泥浆制备。

膨润土泥浆在开舱过程中控制气压和漏气量起到极其重要的作用，为了使泥浆的效果达到施工需要，在带压换刀前应对其配比和效果进行试验。

膨润土泥浆的技术指标包括：膨润土配比、膨化时间、制备流程。

（2）泥膜建立。

开挖舱泥膜建立分为两个阶段：前期泥浆循环调整（分为进舱前 20 环、进舱前 10 环两步）及盾构机掘进到预定位置。

① 前期泥浆循环调整。

a. 进舱前 20 环泥浆调整。

在预定进舱前的 20 环就应对整体泥浆进行置换，目的是优化泥浆中的颗粒组分含量和建立起泥水框架体系，在泥浆中只有合理的颗粒级配和强有力的结构力才能形成高质量泥膜，确保地层稳定，直到进舱时地层不漏不塌，这是能否保证进舱安全至关重要的一步。

b. 进舱前 10 环泥浆调整。

在预定进舱的前 10 环对泥浆进行加强调整，以保证掌子面和整个盾壳周围的土体表面上形成致密泥膜，防止进舱时压力在正面和盾壳周围逃逸，确保能够保压。

② 进舱作业前的泥膜建立。

a. 在确定进舱时间后，应在之前及时对开挖舱进行泥浆置换，第一步采用比重为 1.1 ~ 1.15，黏度为 20 ~ 23 s 的稀泥浆进行 6 h 的大循环浆液置换（具体时间根据现实情况而定），使浆液在地层中形成较厚的泥膜渗透带，然后泥浆场调浆进行第二步操作。

b. 第二步采用比重为 1.15 ~ 1.2，黏度为 25 ~ 30 s 的泥浆再进行 6 h 的大循环浆液置换（具体时间根据现实情况而定），使浆液在开挖面表面进一步形成较厚的致密泥皮，静止 2 h 后观察液面稳定情况。

c. 第三步当气泡舱液位完全稳定后，进行开挖舱气体置换密封试验。降压或升压的过程中，严格控制升降速度，液面变化的速度控制在 2 cm/min 之内，切口压力波动控制在设定值的 ± 10 kPa 之内。

d. 第四步当气体置换完毕并停止泥浆循环之后，为了确保在长时间进舱作业过程中开挖舱内泥浆质量的稳定，必须采用黏度不小于 100 s（膨润土：200 g，水 1 000 g，HS-3：15 g），比重不小于 1.2 的高浓度高质量泥浆直接用同步注浆泵向开挖舱。确保掌子面稳定。

通过搅拌站搅拌罐拌制并输送到隧道砂浆运输车上，利用水平运输系统将泥浆运输到盾构机上；在开舱前通过进浆管注入到刀盘舱，边转动刀盘边注入高浓度新浆，将新浆与泥水舱的泥浆充分搅拌，在正压下形成良好的密封效果。

（3）膨润土泥膜的修复。

高压进舱时，如高压进舱时间过长，泥膜容易破损或开裂，有水土要从裂纹处流出，这样就不能保证掌子面稳定，要及时对掌子面泥膜进行修复，根据不同地层情况，泥膜的修复黏度和比重不同。盾构机控制室内需要安排专门值班人员，密切留意盾构机液面和气舱压力稳定情况，当达到规定压力后，开始进行保压，保压一般持续 2 h，保压过程中，注浆罐中要保留适当泥浆。控制室内要安排不间断观察，记录初始压力和压力波动的时间、波动的范围。泥浆进行过一定的渗透后，压力会有一定的下降，此时通过注浆泵继续向舱内补浆，直至液面和压力恢复到最大允许压力，并通过切口水压以及液位情况，通过数据的变化来判断泥膜的情况，如判断出泥膜损坏，及时对开挖舱内的泥浆进行置换，然后通过气泡舱压力和泥浆液位情况，来判断是否形成优质泥膜。

4）开挖舱液位控制

盾构机停机后，盾构机膨润土置换完成，泥膜形成良好，如图 5-61 所示，计算并确定盾构机的切口压力值。现以切口压力值以 300 kPa，液位降至开挖舱的 1/2 处为例。

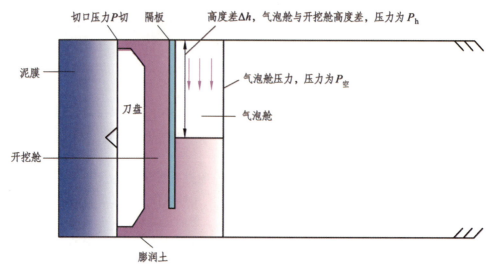

图 5-61 停机后气压平衡

根据公式 $P_空 = P_切 + P\Delta h$ ，开挖舱内液体每米压力取 10 kPa/m，盾构开挖直径为 6.986 m，故盾构机气泡舱内空气压力 $P_空 = 300 + 35 = 335$ （kPa）。

第一步，缓慢升高气泡舱的液位高度，每升高 1 m 液位后，调节（降低）气泡舱空气压力，观察液位 30 min，如图 5-62 所示，液位及压力稳定后，再升高液位 1 m，再次调节（降低）气泡舱压力值。直至气泡舱内的压力稍大于切口压力，此时气泡舱膨润土液位与开挖舱液位几乎相等，即 $P_空 \approx P_切 = 300\,\text{kPa}$ 。（液位高度不能超过 samson 系统进气口的高度和人闸口的高度）。

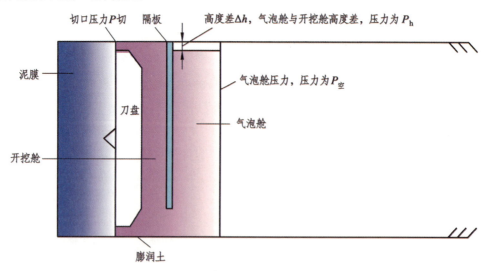

图 5-62 气泡舱与开挖舱液位

第二步，缓慢降低气泡舱和开挖舱液位，打开盾构机底部排浆管道，先降液位至开挖舱的 1/3 处，观察压力变化情况，若 2 h 内无明显变化，液位继续降至开挖舱 1/2 偏下处，如图 5-63 所示，观察压力变化情况，若 2 h 内无明显变化，人员可开舱带压作用。Samson 系统最终设置为盾构机切口压力值，通过 samson 系统自动调节，保持气泡舱和开挖舱气压稳定。

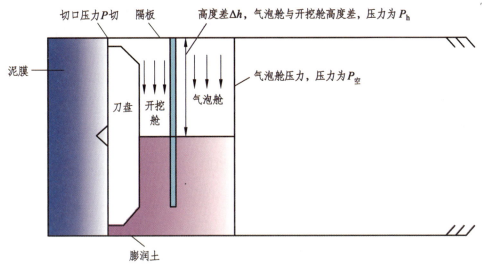

图 5-63　换刀时气泡舱与开挖舱液位

5）保压试验

气泡舱排浆之后，保持气压工作状态持续不得低于 2 h，必要时延迟试验时间，通过观察气压变化情况、保压试验前后渣土情况和监测地面沉降情况，来判断切口面是否稳定，从而确定是否具备进舱条件，具体流程如图 5-64 所示。

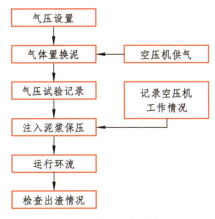

图 5-64　保压试验流程

在保压过程中记录每次空压机加载起动时间，然后计算前后两次补气起动的间隔时间。通过每次空压机补气时间间隔变化可以判断气泡舱是否有气体泄漏情况。如果保压试验过程中空压机每次补气间隔时间趋于一稳定值，则说明气体泄漏通道已全面封闭，气泡舱气压可基本保持平稳。

记录保压期气泡舱舱内气压的变化情况，如果气泡舱内气压可保持一稳定值，则说明在空压机补气状态下可基本维持工作压力，达到进舱工作的压力要求。

在保压之前和保压之后，分别进行了两次从较高压 P 降到工作压 P_1 的无补气降压实验，目的是了解保压前后气体泄漏情况。从而判断泥膜在空舱状态下，经过 24 h 后的龟裂情况，再确定是否在换刀进程中重新成泥膜。

保压完毕后，进行再次洗舱，通过地面泥水分离设备分离出的渣土多少判定是否有土体坍塌，从而可以判断掌子面是否稳定。

6）人员进出舱

（1）入舱。

① 入舱前准备工作。

在开始状态下，只有泥水舱和气垫舱是加压的。所有入舱准备工作完成后，入舱过程方可开始。

② 入舱流程。

a. 作业人员进入主舱。关闭主舱舱门并确保它正确锁好。操舱人员要通过对讲机一直与坐在主舱中的人员联系。

b. 主舱加压之前，再一次检查显示仪表、供暖装置、钟表、温度计、电话、紧急电话及阀门、舱门密封件是否干净；再一次检查作业所需工具设备材料是否齐备地放置在舱内。

c. 关闭主舱舱门，确保关闭正确。

d. 缓慢地打开进气阀，缓慢地升高主舱压力，加压速率控制在 0.05～0.1 MPa/10 min。在加压过程中，当发现进舱人员身体不适时，应立即通知操舱员停止加压，若身体仍然不适，则应减压出舱。达到预定的工作压力，开启出气阀，建立主舱进出气平衡，气压稳定在 +0.01 MPa 的偏差之内；加压过程中，打开主舱外的卸压球阀以保证主舱内一定的通风量，流量计的流量值每人至少为 0.5 m³/min。

e. 当主舱压力等于盾构机气舱压力时，主舱内人员缓慢打开主舱和气舱之间的连通球阀。在主舱和气舱之间进行了压力补偿之后，压力达到平衡，作业人员打开气舱门进入气舱。

f. 进入气舱后首先观察气舱内液位情况，确保液位稳定后，打开土舱和气舱的连通球阀，用手感受是否有气流流动，并观察气舱液位是否有变化。一切稳定，打开气舱和土舱之间的泥水舱门。

g. 进入泥水舱。打开泥水舱门后，先站在门口观察土舱内液位及掌子面情况，确保掌子面无塌落及漏水情况，液位稳定后，人员进入土舱，保持人舱与开挖舱连接门开启，然后开始相关作业。

h. 人员进舱后严禁舱外作业人员转动刀盘、泥浆循环等危及舱内作业人员安全的操作。

（2）出舱流程。

溶解到血液和组织里的气体必须在出舱过程中释放出来。出舱时压力慢慢降低，要释放的气体可以通过循环系统和肺排出体外。降压太快会导致体液和组织产生气泡（汽水瓶效应）。因此而引起的气栓病是由于正压而引发的最常见的健康损害。此外，细胞内气体的释放会造成临时性或永久性的组织损伤。从正压向正常压力的转化会造成或多或少明显的降压病。各种症状可能会在减压时表现出来，也可能会在几个小时之后再表现出来。

① 土舱和气舱之间的土舱门关闭，土舱和气舱的连通阀关闭，气舱和人舱之间的气舱门关闭。

② 工作人员离开气舱进入人舱。通过人舱减压方案减压后离开人舱。

③ 第二组工作人员进入主舱室，按照第一组工作人员的作业程序进行加压、舱内作业及减压离开主舱室。

④ 以此类推，下一组工作人员开始工作。

⑤ 作业人员作业过程中，由一直坐在人舱内的人员通过电话与操舱人员联系。

⑥ 气压作业工作时间和减压时间对照。

7）掘进恢复

换刀作业结束后，待人员与设备撤出舱和人闸后，气泡舱液位稍微低于开挖舱的液位，如图 5-65 所示。

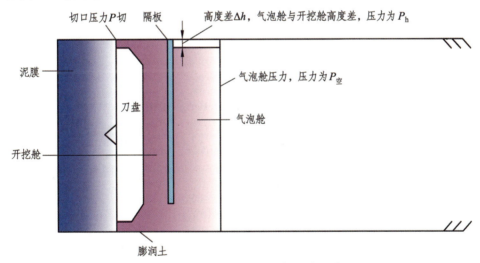

图 5-65　恢复掘进前气泡舱与开挖舱液位

换刀作业结束后，待人员与设备撤出舱和人闸后，第一步关闭气泡舱与开挖舱之间的联通阀门，第二步打开平衡管缓慢放气，当气泡舱液位降低 1 m，增加气泡舱压力，首先降低至气泡舱的 1/3 处，无异常，接着降低至气泡舱液位的 1/2 处，直至平衡管流出浆液。

气泡舱压力增加至 $P_{空} = P_{切} + P\Delta h$。重新到达气压平衡，通过压力传感器可以看到气泡舱内压力变化，重新建立泥水压力平衡，进入正常掘进施工，如图 5-66 所示，启动刀盘，恢复掘进。

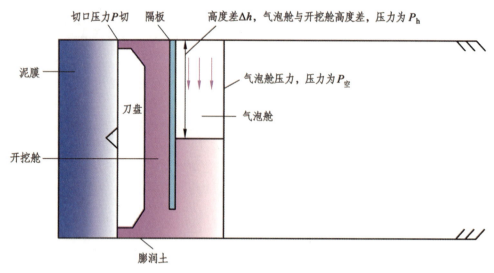

图 5-66 恢复掘进气泡舱与开挖舱示意

由于陆域段隧道埋深在 15.6～26.64 m，在常压开舱查/换刀及常规带压查/换刀范围之内，土压平衡盾构机带压进舱查/换刀方法除在施工时建立的压力与泥水盾构机带压进舱查/换刀建立的压力不同，建压方式有所不同，其他各项参数及人员进舱时间控制与泥水盾构基本一致。

5.3.5 结 论

（1）为适应泥水平衡盾构海底隧道区段对泥水平衡盾构机的特殊要求，在整环耐磨合金块、前置式泥浆门、人舱预留饱和氢氧穿梭舱接口、盾尾密封四道盾尾刷、舱内锷式破碎机、刀盘泥饼冲刷装置等方面开展了设计创新，极大提高了泥水平衡盾构机的掘进安全性与掘进效率。破碎带岩层软硬不均，对盾构机刀盘抗磨损提出了较高要求，选用盾构机时需根据实际工程地质条件进行适应性改造，不仅刀盘需加装耐磨设计，视情况于面板无刀处也应加装耐磨设计，满足经济性和适用性要求。海底盾构由于高水压的存在需对盾体保压及盾尾密封进行特殊设计处理。

（2）高水压条件下查换刀点的设置优先选择岩层稳定、覆土厚、上部岩层覆盖多及掌子面为全断面岩层。应根据不同的施工条件选择合理的进舱换刀方式。

（3）综合海底地质补勘、刀盘掌子面涌水量动态测试、围岩状况对比等手段，提出了泥水平衡盾构穿越海底隧道区段常压换刀点选择方法及配套措施，综合以上措施。

（4）破碎带地质条件差，盾构机常常偏离设计轴线，需要调整掘进姿态。不仅要对刀盘转向角进行调整，还要根据地层条件进行各类掘进参数调整。在纠偏时密切注意盾构姿态、管片选型及盾尾间隙等，盾尾与管片四周的间隙要均匀填充。

（5）F_3 破碎带主要岩层为中风化火山角砾岩，掘进总推力相较正常段上下浮动 10%，刀盘扭矩、掘进速度与正常段无异，刀盘转速较正常段下跌 5%；F_4 破碎带主要岩层为中、微风化凝灰岩，掘进总推力为正常段的 74%，刀盘扭矩为正常段的 42%、掘进速度较正常段提升 40%，刀盘转速较正常段提升 14%。以本工程破碎带掘进参数为参考，为后续相近工程提供经验。

（6）在中风化火山角砾岩碎裂岩岩层掘进时，掘进速度与总推力呈弱相关且为负相关关系，与刀盘扭矩呈弱相关且为正相关关系；在砂土状碎裂凝灰岩、块状碎裂凝灰岩、中等风化凝灰岩碎裂岩和微风化凝灰岩为主要岩体的 F_4 破碎带掘进时，掘进速度与总推力呈中等相关且为负相关关系。

（7）提出了与长距离过海隧道相匹配的带压换刀工法，包括带压进舱准备、压力设置、泥水舱内建压、开挖舱液位控制、保压试验、人员安全进出舱、掘进恢复等环节，保证了长距离过海隧道安全高效换刀，提高了泥水平衡盾构综合掘进效率。

5.4　本章小结

本章围绕海底隧道破碎带泥水盾构施工技术，从施工风险、稳定性、施工设备优化、掘进参数控制、施工技术等方面开展研究工作，结论如下：

（1）针对青岛地铁 8 号线海底隧道工程，按照事件发生比例与损失的后果进行乘积后的风险量来确定事故风险的大小，对海底隧道穿越破碎带区段的施工风险进行了识别，获得了几种典型风险的发生可能性，并提出了针对性的应对措施。

（2）盾构机从微风化凝灰岩进入破碎带时，拱顶位移明显增大，拱底因岩体应力释放向上隆起且位移值要大于拱顶的沉降值。岩性完整的岩层位移沉降影响范围大，但沉降值较小，而破碎带岩层影响范围较小而沉降值较大，在掘进过程即将进入破碎带时，可以适当采取提前加固措施。

（3）在盾构机掘进过程中竖向应力云图大致随着深度均匀分布，且竖向应力主要集中在岩体开挖附近，最大值沿对称轴对称分布在拱腰两侧。盾构在岩体完整性差的岩层（破碎带）中掘进时，可能会在拱顶和拱底两处出现拉应力区，对碎裂的岩层稳定性非常不利，引发围岩失稳破坏。在微风化凝灰岩和破碎带交界处，拱顶有明显的应力释放现象，最大主应力在拱腰处集中，并且会对开挖面附近的岩体产生影响，使得开挖面附近及隧道周围岩体的最大主应力大于附近岩体的应力。

（4）因破碎带岩体碎裂、完整性差，力学强度低，抗剪性能差，容易发生失稳。所以，盾构机在破碎带掘进时，要及时调整掘进参数，推力、掘进速度及刀盘转速不宜过大，且要求平稳，才能够避免引发围岩失稳，渗水等事故。

（5）为适应泥水平衡盾构海底隧道区段对泥水平衡盾构机的特殊要求，在整环耐磨合金块、前置式泥浆门、人舱预留饱和氦氧穿梭舱接口、盾尾密封四道盾尾刷、舱内锷式破碎机、刀盘泥饼冲刷装置等方面开展了设计创新，极大提高了泥水平衡盾构机掘进安全性与掘进效率。破碎带岩层软硬不均，对盾构机刀盘抗磨损提出了较高要求，选用盾构机时需根据实际工程地质条件进行适应性改造，不仅刀盘需加装耐磨设计，视情况于面板无刀处也应加装耐磨设计，满足经济性和适用性要求。海底盾构由于高水压的存在需对盾体保压及盾尾密封进行特殊设计处理。

（6）高水压条件下查换刀点的设置优先选择岩层稳定、覆土厚、上部岩层覆盖多及掌子面为全断面岩层。应根据不同的施工条件选择合理的进舱换刀方式。

（7）综合海底地质补勘、刀盘掌子面涌水量动态测试、围岩状况对比等手段，提出了泥水平衡盾构穿越海底隧道区段常压换刀点选择方法及配套措施。

（8）破碎带地质条件差，盾构机常常偏离设计轴线，需要调整掘进姿态。不仅要对刀盘转向角进行调整，还要根据地层条件进行各类掘进参数调整。在纠偏时密切注意盾构姿态、管片选型及盾尾间隙等，盾尾与管片四周的间隙要均匀填充。

（9）F_3 破碎带主要岩层为中风化火山角砾岩，掘进总推力相较正常段上下浮动 10%，刀盘扭矩、掘进速度与正常段无异，刀盘转速较正常段下跌 5%；F_4 破碎带主要岩层为中、微风化凝灰岩，掘进总推力为正常段的 74%，刀盘扭矩为正常段的 42%、掘进速度较正常段提升 40%，刀盘转速较正常段提升 14%。以本工程破碎带掘进参数为参考，为后续相近工程提供经验。

（10）在中风化火山角砾岩碎裂岩岩层掘进时，掘进速度与总推力呈弱相关且为负相关关系，与刀盘扭矩呈弱相关且为正相关关系；在砂土状碎裂凝灰岩、块状碎裂凝灰岩、中等风化凝灰岩碎裂岩和微风化凝灰岩为主要岩体的 F_4 破碎带掘进时，掘进速度与总推力呈中等相关且为负相关关系。

（11）提出了与长距离过海隧道相匹配的带压换刀工法，包括带压进舱准备、压力设置、泥水舱内建压、开挖舱液位控制、保压试验、人员安全进出舱、掘进恢复等环节，保证了长距离过海隧道安全高效换刀，提高了泥水平衡盾构综合掘进效率。

6 复杂地质海底隧道盾构始发与接收技术

本章针对青岛地铁 8 号线海域段滨海富水软弱地层盾构始发、接收和海底矿山-盾构安全对接两大难题，开展海底隧道盾构始发与接收技术研究。针对滨海富水软弱地层地下水压力较高、流速大的特点，研发了陆域大埋深、高水压盾构始发、接收端"隔离区外地下水 + 区内降水 + 平衡洞门水压力"的多元组合加固技术；针对小空间、大埋深基坑不满足泥水平衡盾构设备整体始发要求，提出了泥水平衡盾构三阶段分体始发技术；针对海底泥水平衡盾构与矿山法对接难题，提出了海域段高水压无箱体条件下泥水盾构弃壳接收技术。本章研究成果为后建类似工程的设计和施工提供了指导，为后续研究提供了技术储备，进一步提升我国隧道建设的理论水平和技术水平。

6.1 引　言

盾构始发是盾构由工作井进入正常掘进的一个施工过程，是盾构施工全过程的一个关键环节。通常情况下地铁隧道盾构机为整体始发，但是当盾构机及其后配套台车自身长度限制而导致盾构机整体始发空间不足的情况下，其不能在始发前全部位于始发井内，从而必须进行分体始发。相对于中小直径的土压平衡盾构，大直径泥水平衡盾构的分体始发由于需同时解决液压、电气、送排泥及切口水压稳定等问题，技术难度和实施风险较大。

李怀洪结合上海轨道交通 11 号线实例，指出大直径泥水平衡分体始发的风险点主要体现在台车临时转换的盾构掘进施工阶段和恢复台车的掘进停顿阶段，土舱内的切口水压难以实现稳定控制，复杂的设备系统在施工环境趋于恶劣的不利情况下，其运行稳定性较难保证。依靠台车的合理布置、切口控制水压的合理设置、设备的全方位监控和保护，成功解决了无暗埋段情况下安全、高效地出洞施工的技术难题。吕善以广深港客运专线深圳福田站皇岗隧道为工程背景，着重研究了大直径泥水盾构分体组装始发流程及关键技术，提出的洞门密封设计可防止盾构始发掘进时泥浆、地下水从盾壳和洞门的间隙处流失以及盾尾通过洞门后，管片外径与刀盘开挖轮廓之间同步注浆浆液的流失，此外 Q 型反力架、盾构机空推导台、台车行走轨道设计均可对其他工况的空推、洞内始发、分体始发有借鉴意义。张洪江以广州市轨道交通十三号线 12 号盾构井—11 号盾构井区间工程为背景，引用大量工程实例分析研究，得出以下结论：泥水盾构分体始发施工技术形成避免了漏浆、漏气等情况发生，降低了由于部分不均匀沉降而引起建筑物下沉开裂等风险。赵继华通过分析太原铁路枢纽西南环线东晋隧道大盾构机始发面临的难题，指出二次始发存在安全风险大、工效成本高、始发缓慢等问题，盾构机分体始发次数越少越利于资源配置效应最大化地发挥。取多次适时盾构分体组装始发方案并辅以技术措施控制，可降低安全风险，控制成本投入，实现高效施工成洞。张俊英以北京市南水北调配套工程水工隧洞为工程背景，指出盾构机分体始发在安全、技术上是可行的，分体始发修建短竖井可以很好地达到减少工程投资和用地的目的，施工进度满足总体要求，且从经济及社会效益上比较，分体始发所需的短竖井比长竖井优势明显。但也有不足之处，分体始发难度对比整体始发有所增加，分体始发期间出土速度对比整体始发要慢。

总体而言，"始发接收"是盾构法最重要的施工工序之一，同时也是盾构隧道三大风险集中区之一，盾构始发与接收技术的研究至关重要。该方向的研究已初见成效，但我国海底隧道建设工程相对较小，盾构始发接收技术的工程应用研究还有待提升。本章针对青岛地铁 8 号线海域段隧道工程，开展针对滨海段高压富水条件下，盾构法与矿山法对接两种工况的盾构始发接收技术研究，在多元组合加固技术、泥水盾构小空间分体始发、盾构-矿山法海底对接成套技术等方面开展技术攻关。

6.2 大埋深、高水压盾构始发、接收技术

根据以往相关盾构法施工事故统计，始发接收、开舱换刀、联络通道施工是盾构隧道的三大风险集中区，其中始发接收又是盾构法最重要的施工工序之一。要想保障工程质量的顺利进行，做好始发和接收技术的研究工作是关键。

6.2.1 盾构始发、接收技术特征

1. 始发、接收技术与地层的关联性分析

盾构施工法是掘进机在掘进的同时构建（铺设）隧道之"盾"（指支撑性管片），广义盾构机可适用于土层和岩层，习惯上将用于软土地层的隧道掘进机称为（狭义）盾构机，将用于岩石地层的称为（狭义）TBM。本书所述的盾构指的是（狭义）盾构机，即用于软土地层的盾构机。

由于始发和接收处地层通常为软弱土层，盾构机始发和接收时，要结合土层稳定性和地下水渗透性，采取相适应的技术措施确保工程安全。技术措施可分洞外技术措施和洞内技术措施两种，洞外技术措施指的是对地层进行预加固或预处理，洞内技术措施指的是不对地层进行预处理，但是需在始发或接收井内进行的一些技术措施。无论是洞外措施还是洞内措施，都需要结合土层稳定性和地下水渗透性两方面因素，采取有针对性的具体方案。

1）洞内技术措施的具体方案

洞内技术措施指的是不对地层进行预处理，但是需在始发或接收井内进行的一些技

术措施，这些技术措施的核心特征是通过一些辅助手段提高盾构端头井抵抗盾构推力的能力，因此洞内技术措施更多用于盾构接收，始发用的则偏少。

比如钢套筒接收，钢筋混凝土箱体接收，在端头井洞门范围内混凝土结构设置玻璃纤维筋，在接收井中填土和注水进行水下接收等。下面具体阐述：

（1）箱体接收。

箱体接收也叫延长隧道法，即在接收井中设置一个刚度较大的箱体，同时在箱体中填满砂土模拟地层环境，相当于加厚接收处剩余地层的掘进距离，箱体较大刚度带来的反力能够支撑盾构带来的推力，能够保证盾构在压力平衡状态下通过和到达洞门，在盾构盾体完全进入箱体后，通过在洞门管片处注入双液浆和聚氨酯等材料封堵洞门，从而有效防止涌水、涌砂等现象的发生，消除盾构出洞的施工安全隐患，最终保证盾构顺利出洞。同时箱体是密封的，也确保了接收井的绝对安全。

箱体根据使用的材料不同，可采用钢筋混凝土现浇构筑，也可采用钢材提前加工现场进行拼装，如图 6-1 所示。通常钢制箱体使用较多，即实际工程中普遍称为的钢套筒。

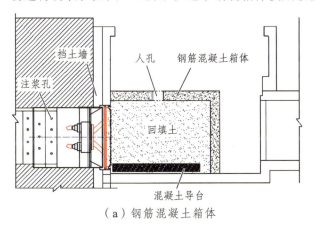

（a）钢筋混凝土箱体　　　　　　　　　　　（b）钢制箱体（钢套筒）

图 6-1　箱体接收

（2）玻璃纤维筋在盾构始发接收中的应用。

玻璃纤维筋全称玻璃纤维增强塑料筋（简称 GFRP 筋），与普通钢筋相比，其具有重量轻、抗拉强度高、静剪切力很高但动剪切力较低、抗腐蚀性强、弹性模量低、无法进行除切割以外的现场加工（如焊接、弯曲）等特点。

将玻璃纤维筋代替普通钢筋设置在始发接收洞门范围内，其较高的抗拉强度和静剪切力既可满足围护结构或二衬的受力要求，其较低的动剪切力可实现盾构直接切削混凝土，进而避免了传统人工破除洞门的施工风险。

玻璃纤维筋既可用于盾构始发也可用于盾构接收，但通常只是作为盾构始发接收的辅助技术措施，需结合如箱体或地层预加固等其他技术措施一并使用。

玻璃纤维筋的其他具体性能特征如下：

① 高承载能力、抗拉力强，杆体强度是等直径的螺纹钢的两倍，重量只有钢材的 1/4；

② 弹性模量稳定、低，约为普通钢筋的 1/5 ~ 2/3；

③ 不导电不导热，热膨胀系数比钢材更接近水泥；

④ 耐腐蚀性能好，适合在水利工程、桥梁、码头、隧道等在潮湿环境或其他侵蚀性环境中使用；

⑤ 透波性能好，不屏蔽，可根据需要加工成任意形状；

⑥ 抗剪强度较低，普通的 GFRP 筋的抗剪强度仅有 50~60 MPa，具有优良的切割性。在性能上基本和钢筋相似，与混凝土有很好的黏结性，同时又具有很高的抗拉强度和较低的抗剪强度，可以很容易被盾构机的刀具切割，可对刀头起到保护作用。

⑦ 玻璃纤维筋比钢筋贵 1/3 左右。

（3）盾构水下接收。

盾构水下接收的基本原理类似于箱体接收，水下接收与箱体接收的相同点是都需要填土或水来保持洞门内外水土压力平衡，不同点是填土或水的方式不同，箱体接收是在箱体内进行的填土作业，水下接收则需要直接在接收井内填土或注水。由于直接在接收井内填土或注水，填土或注水高度可根据接收端地层情况而定，因此，水下接收较箱体接收更为安全，与箱体接收作为辅助接收措施不同，水下接收可直接作为接收的主要技术措施。盾构水下接收方案及实物如图 6-2 所示。

盾构水下接收通常用于富水砂卵石地层等地下水渗透系数较大，地层预加固效果不好，或者无端头地层预加固条件的情况下。

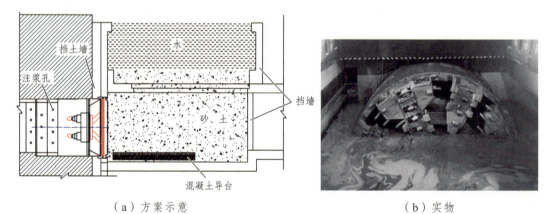

| （a）方案示意 | （b）实物 |

图 6-2 盾构水下接收

水下接收有两个前提条件：一是盾构井的体积最好相对较小，当盾构井的体积较大时必须设置临时挡土墙，避免接收时回填回灌大量的水土；二是接收空间相对是一个封闭体，无其他与之联通的结构，避免土方回填和水回灌时漏水漏泥。

盾构水中接收主要分为四个阶段：

① 第一阶段：盾构掘进穿过接收区土体～盾尾还有 50 cm 脱出内衬墙。

刀盘穿越洞门圈时适当提高下部油区油压，防止破坏洞门圈内较薄的砂浆基座。当最后一环管片拼装完毕后，在隧道内对管片背衬进行二次注浆，填充空隙，稳定管片。盾构机在穿越接收区土体时，掘进速度要降低至 10 mm/min 以内，刀盘转速降低至

1 r/min，土压基本可以保持不变。该阶段掘进时，要适量加入泡沫剂，保证渣土出土顺畅。同时，为了防止后期管片下沉，拉断螺栓，在拼装管片时，环向手孔间加设连接钢板，加强纵向刚度。待同步注浆浆液 4～6 h 初凝后，再继续进行下一阶段的掘进。此阶段同步注浆采用单液浆，采用 0.8 的水灰比，减少浆液初凝时间。同步注浆压力控制在 0.3 MPa 左右，保证同步注浆浆量。

② 第二阶段：盾构刀盘进入接收井。

此时，再掘进 50 cm，盾尾即可脱离内衬墙钢环，进入接收井。此阶段掘进，控制好推力（800～1 200 t），掘进速度控制在 10 mm/min 以内，保证注浆填充饱满，出土量控制在每环正常出土量（6 m 直径盾构每环出土量为约 40 m³）。盾构掘进时，继续进行同步注浆，注浆量控制在 3 m³ 左右，压力控制在 0.3 MPa。

盾构掘进时需对最后 6 环管片进行隧道内整环注浆。待打开吊装孔，无水流出，即可判断为背衬已填充密实，洞门圈注浆封堵密实。填充密实、满足抽水条件后开始试抽水，抽至地下水位以下 1 m 左右，观察水位是否上升，不上升说明二次注浆已经达到效果，否则回水到初始位置开启液氮冻结管（水下对接应在内衬墙朝向接收井一侧设置液氮冻结装置作为应急措施，以防同步注浆和二次注浆效果不佳），待冻结一段时间后，进行试抽水，直到水位不再上升为止。

③ 第三阶段：同步注浆填充＋二次注浆封堵洞门。

在接收掘进的第二阶段，继续进行同步注浆，同时在掘进过程中开始二次注浆。在最后 6 环管片从管片吊装孔处注入大量水泥水玻璃快硬性浆液，达到封堵管片脱出盾尾后的间隙、封堵洞门钢环与盾尾之间的间隙和止水的目的。注浆效果不佳时需反复进行注浆工作直至打开管片的吊装孔后无水渗出。待封堵密实之后，即可进行水土的清理。

④ 第四阶段：井内水土清理和洞圈封堵。

注浆效果（或液氮冻结）经检查合格后抽出井内回灌水，排除回填土，并同步自上而下在第一时间将洞圈和管片预埋板用弧形钢环板焊接牢固。此处要求最后一环管片为特殊管片（外弧表面需预埋钢板）。焊接弧形钢板时，若空间不足，可割除最后一排露出盾尾的尾刷。此时，水中接收完毕。

盾构水下接收有两个设计细节需要考虑：

① 水中接收由于肉眼无法观测盾构机与基座的位置关系，因此最好采用对盾构接收姿态要求不高的水泥砂浆基座或低标号混凝土基座，不宜采用对盾构接收姿态要求高的钢基座。

② 水下对接应在内衬墙朝向接收井一侧设置液氮冻结装置作为应急措施，以防同步注浆和二次注浆效果不佳，影响洞门封堵效果。

盾构水下接收在泥水盾构中应用较多，但在土压平衡盾构中也有应用，如：济南市轨道交通 R1 号线大杨站 6.4 m 土压平衡盾构水下接收，以色列特拉维夫红线轻轨项目本古里安站 7.55 m 土压平衡盾构水下接收。

2）洞外技术措施的具体方案

洞外技术措施指的是对地层进行预加固或预处理。

预加固按可根据周边环境从地面进行施工作业，也可从始发接收井中水平向进行施工作业，具体技术方案可选择深孔注浆、高压旋喷桩、水泥土深层搅拌桩、冻结法等。无论采用何种地层预加固方案，最终目的都是为了提高土体的强度和稳定性，降低地下水的渗透性，因此经加固后的土体是否能够满足始发接收安全，应从加固后土体的强度和渗透性两个指标来衡量，通常加固后土体的抗压强度不应低于 3 MPa，抗拉强度不应低于抗压强度的 1/6，加固后土体渗透系数不应大于 1×10^{-5} cm/s。

预处理的具体技术方案可选择降水施工、围合墙等。

（1）深孔注浆。

深孔注浆为盾构始发等地层预加固的最常规方法，其依靠渗透、挤压、劈裂等扩散方式，使浆液填充地层中土颗粒之间的空隙，进而加固土体，因此这种加固方式的加固效果是否理想，取决于浆液与地层的匹配性是否良好，浆液扩散方式和扩散路径是否能够填充地层土颗粒空隙，图 6-3 为深孔注浆示意图。这种加固措施对施工技术经验要求较高。

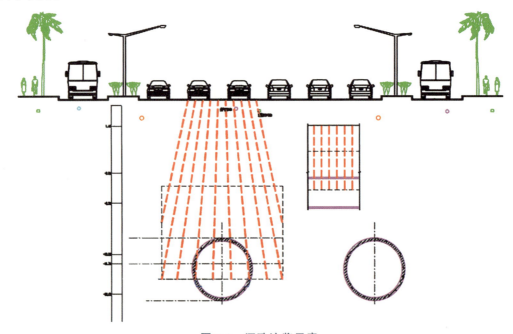

图 6-3　深孔注浆示意

浆液类型根据地层情况，应考虑加固是以地层强度加固为主，还是以地层堵水加固为主。含水量低地层尽量选择水泥基的注浆材料，如纯水泥浆、硫铝酸盐水泥浆等，含水量高的地层尽量选择具有早强堵水功能的水泥水玻璃双液浆，岩层注浆，由于岩层缝隙较小，可选择颗粒较细的超细水泥。

如果从地表进行作业，应选择后退式注浆，即由下向上分层注浆；如果从始发接收井内水平方向作业，应选择前进式注浆，即由洞门向土中方向分层注浆，确保距离洞门近的土体能够先完成注浆加固。

由于深孔注浆加固依赖浆液扩散效果，因此存在加固盲区的可能性较大，进而注浆效果的检查原则、标准与方法就显得较为重要，其检验原则和方法如下：

① 注浆效果检查应采用多种方法综合检查；按"全覆盖、有重点、无盲区"原则进行注浆效果评定。

② 注浆试验和实际施工过程中，应做好施工记录，通过施工记录对注浆效果进行宏观评价：

a. 记录注浆量 Q、注浆压力 P、注浆时间 t 三者之间的相互关系，绘制 P-t 与 Q-t 曲线；

b. 绘制注浆量分布时间效应图，将各注浆孔注浆量按注浆时间顺序进行排列；绘制注浆量分布空间效应图，将各注浆孔注浆量按注浆孔位置进行排列。二图最好合并在一张图上表达，难度较大时，也可分开绘制。

③ 采取钻孔取芯的方法观察浆液填充情况，浆液应充填饱满、密实，通过芯样测定强度指标。取芯数量不得小于注浆孔总数的 5%。取芯位置应为加固关键部位，如隧道中线、隧道侧边线、加固体边线、注浆时间间隔较长的搭接区域。

④ 可采用物探手段对加固体进行整体扫描，确保无加固盲区。

⑤ 盾构停机检修、换刀时，应加强地面沉降监测，必要时可在路中绿化分隔带处设置水文观测孔，对地下水位进行监测。

⑥ 加固体强度和渗透系数等注浆效果检查指标应由第三方机构出具检查合格报告。

⑦ 对于局部不满足要求的加固体，应进行补充注浆。

（2）高压旋喷桩。

旋喷桩 20 世纪 60 年代后期创始于日本。它是利用钻机把带有喷嘴的注浆管钻进土层的预定位置后，以高压设备使浆液或水成为 20～40 MPa 的高压射流从喷嘴中喷射出来，冲击破坏土体，同时钻杆以一定速度渐渐向上提升，将浆液与土粒强制搅拌混合，浆液凝固后，在土中形成一个固结体。这种方法日本称作旋喷桩。旋喷桩技术是由化学注浆结合高压射流切割技术发展起来，成为加固软弱土体的一种地基处理技术。我国已将其列入现行的《地基与基础施工规范》。

旋喷桩是利用钻机将旋喷注浆管及喷头钻置于桩底设计高程，将预先配制好的浆液通过高压发生装置使液流获得巨大能量后，从注浆管边的喷嘴中高速喷射出来，形成一股能量高度集中的液流，直接破坏土体，喷射过程中，钻杆边旋转边提升，使浆液与土体充分搅拌混合，在土中形成一定直径的柱状固结体，从而使地基达到加固。施工中一般分为两个工作流程，即先钻后喷，再下钻喷射，然后提升搅拌，保证每米桩浆液的含量和质量。

旋喷桩大多数是垂直施工，如图 6-4 所示，既需从地面钻孔施工，也可以水平方向施工，但水平旋喷桩造价高、施工速度慢、占用场地较多、冒浆污染环境大，限制了其大规模应用。水平旋喷桩在部分城市试验后均未得到大规模应用。

图 6-4　旋喷桩钻机

（3）水泥土深层搅拌桩。

水泥搅拌桩与高压旋喷桩虽都以"桩"命名，但是两种完全不同的施工工艺，高压旋喷桩是依靠切割土体的方式将水泥注入地层中，而水泥搅拌桩更侧重于"搅拌"，水泥搅拌桩也是利用水泥作为固化剂的主剂，通过特制的深层搅拌机械在地基深部就地将软土和固化剂强制拌和，使软土硬结而提高地基强度。这种方法适用于处理软土，处理效果显著，处理后可很快投入使用。

主要施工工序如下：

① 钻机就位。

步履式深层搅拌桩机自行就位、对中。桩机安装必须水平、稳固，机底必须用枕木垫平、垫实，在桩机上测出标高控制线，并用红漆在机架上划出深度标志，机架正、侧面和搅拌管必须垂直，搅拌头对准桩位，并用线锤测设桩架垂直度，经检查符合要求后方可开钻。

② 搅拌下沉、制浆。

借深层搅拌机的自重，以 500 mm/min 的速度，且钻头每转一圈控制在 10 ~ 15 mm 进行下沉，沿导向架边旋转、边切土、下沉直至加固深度。下沉的速度可由电机的电流监测表控制，工作电流不应大于 40 A。按照试桩确定的配合比拌制水泥浆。搅拌机预搅下沉同时，后台拌制固化浆液，拌好待用的浆液倒入集料池中。

③ 搅拌提升。

预搅下沉至设计深度后，开动灰浆泵坐浆 30 s，把水泥浆压入软土层中，以 300 ~ 500 mm/min 的均匀速度，边提升、边搅拌、边喷浆，使水泥浆与土体充分拌和。为保证水泥搅拌桩桩端、桩顶及桩身质量，第一次提钻时应在桩底部停留 30 s。

④ 重复上下搅拌、喷浆为使软土层与水泥浆搅拌均匀，用同样方法，进行二次搅拌下沉、提升喷浆，即将深层搅拌机重复搅拌下沉、提升喷浆，施工的要求同第一次。

具体施工工艺试桩流程为：

① 成桩施工前应详细了解各施工现场的地质情况，选取有代表性的土层位置，钻孔取出一定的数量的试样土进行必要的软土物理性质、含水量、有机质含量试验和水泥土配合比强度试验，以验证软土的性质和设计的水泥土强度能否达到要求。搅拌桩施工前最好分区段进行工艺试桩，以掌握适用该区段的成桩经验及各种操作技术参数。成桩工艺试验桩不宜小于 5 根。

② 工艺试桩前，由施工单位书面通知甲方和监理参加。工艺试桩结束后，由施工单位提交工艺试桩成果报告，并由甲方和监理工程师审查批准后，作为该区段搅拌桩施工的依据。

③ 获取操作参数，包括搅拌桩水泥掺量，钻机钻进与提升速度，钻进持力层时孔底电流值，搅拌的叶片旋转速度、喷停浆时间等。

成桩施工注意事项为：

① 对将要进行深层搅拌桩施工的场地事先应加以平整，彻底清除施工现场地面、地下及空中的障碍物。如现场地表过软，应采取防止施工机械失稳的措施。

② 湿喷法施工中实际使用的固化剂、外掺剂，要经过加固土室内试验的确认方能使用。泵送浆液必须连续，如因故停浆，要立即通知前台操作工，并在停喷面上下 50 cm 处重复喷搅，以防止断桩。

③ 深层搅拌机的入土切削和提升搅拌，负载荷太大及电机工作电流超过额定值时，应减慢提升速度或补给清水，一旦发生卡钻或停钻现象，应切断电源，将搅拌机强制提起之后，才能重启电机。

④ 施工时应使用定位卡以确保桩位的准确度和桩机的水平、垂直精度。各类管线接头必须接好扎牢。各种电器设备要有防雨措施，严防漏电事故发生。

⑤ 水泥浆不能离析，水泥浆要严格按照设计的配合比配置，水泥要过筛，为防止水泥浆离析，可在灰浆机中不断搅动，待压浆前将水泥浆倒入料斗中。

⑥ 在成桩过程中，凡是由于电压过低或其他原因造成停机，使成桩工艺中断的，为防止断桩，在搅拌机重新启动后，将深层搅拌叶下沉半米后再继续成桩。

⑦ 考虑到搅拌桩与上部结构的基础或承台接触部分受力较大，因此通常还可以对桩顶板 − 1.5 m 范围内再增加一次输浆，以提高其强度。

⑧ 深层搅拌施工中采用少量多次喷浆的方法，保证四次搅拌，两次喷浆。搅拌过程中均喷水泥浆，边搅拌边喷浆。

⑨ 施工中，如因地下障碍物等原因使钻杆无法钻进时，应及时通知监理、设计人员，以便及时采取补桩措施，以保证施工质量。

⑩ 严格按照设计的水灰比配制浆液，配制好的浆液必须过滤。集料池中的浆液保持搅匀状态，避免水泥浆分层。

a. 水灰比控制：根据水泥用量计算每槽用水量，在储水罐上做好标志，在施工中严格做好计量工作。

b. 制备好的浆液不得离析，泵送必须连续，拌制浆液的罐数固化剂和外加剂的用量以及泵送浆液时间等应有专人记录。

安全技术措施如下：

① 深层搅拌机冷却循环水在整个施工过程中不能中断，应经常检查进水和回水温度，回水温度不应过高。

② 深层搅拌机电网电压低于 380 V 应暂停施工，以保护电机。

③ 泵送水泥浆前管路应保持湿润，以利输浆。水泥浆内不得有硬结块，以免吸入泵内损坏缸体，每日完工后，需彻底清洗一次，喷浆搅拌施工过程中，如果发生故障停机超过半小时宜拆卸管路，排除灰浆，清洗干净。灰浆泵应定期拆开清洗，注意保持齿轮减速器内润滑油清洁。

④ 深层搅拌机械及起重设备，在地面土质松软环境下施工时，场地要铺填石块、碎石，平整压实，根据土层情况，铺垫枕木、钢板或特制路轨箱。

⑤ 做好产品保护。深层搅拌桩施工完成后，不允许在其附近随意堆放重物，防止桩体变形。

（4）冻结法。

冻结法的实质是利用人工制冷临时改变岩土性质以固结地层。具体实现方式是在地层中钻孔铺设管路，然后采用制冷系统将土体中水冻结为冰并与土体胶结在一起，形成冻土，进而提高土体稳定性和降低土层水的渗透性。

冻结法的优、缺点见表 6-1。

表 6-1 冻结法优、缺点

序号	优点	缺点
1	可有效隔绝地下水	需要较大功率的电源
2	几乎不受地层条件限制	夏季冻土墙易液化
3	对地层无污染	地下水流速过快时难以冻结
4	事故处理及工程抢险速度快	冻结复温后易引起地层沉陷，对建筑物有一定影响

按制冷系统的不同，目前应用较多的为氨（氟利昂）-盐水冻结系统和液氮冻结系统。二者的比较见表 6-2。

表 6-2 不同制冷系统对比分析

项目	氨（氟利昂）-盐水冻结系统	液氮冻结系统
制冰温度/°C	$-10 \sim -35$	$-60 \sim -150$
地下水流速/（m/s）	5.6×10^{-5}	不限
制冷效率	30% ~ 50%	50%
冻土速度/（cm/d）	2	20
土层	任何含水地层	任何含水地层
冷量估算/（kg/m³）	$Q = 1.3 \cdot \pi \cdot d \cdot H \cdot K$	460

（5）降水施工。

水是地下工程风险的"源头"，同时对于盾构始发接收，对地下水的处理也是决定工程成败的关键因素，前几种方法都是在有水环境下对地下水进行固化处理。在有条件的场地环境下，可以进行降水，进行无水施工，彻底排除风险源。

降水施工可以使用常规降水措施即可，如管井降水或辐射井降水，如图 6-5 所示。

（6）副井。

所谓副井，就是以桩体或连续墙的形式，将始发或接收区与周边地层完全隔离开，在盾构井外再增设一个井，如图 6-6 所示。

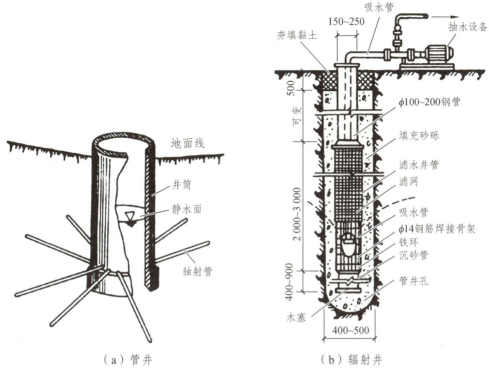

（a）管井 （b）辐射井

图 6-5 降水施工示意（单位：mm）

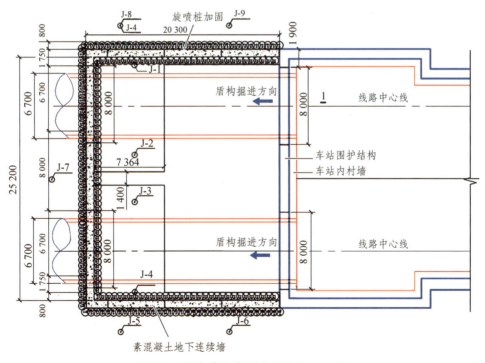

图 6-6 围合墙方案示意（单位：mm）

这种方法在地层富水量大，土层易流失，地下水流速大，深孔注浆、高压旋喷桩、搅拌桩或冻结法等地层加固效果不好的情况下使用。

副井的基本原理是：通过素混凝土连续墙（桩）对始发区或接收区周边的松散土体，地下水进行支挡截流，同时辅以降水措施将围合墙内地下水疏干，疏干后土层颗粒固结稳定，从而达到始发接收的条件，即土层稳定和降低地下水渗透系数。

3）洞外技术措施中地层预加固的合理范围

（1）盾构始发端纵向加固长度。

盾构始发端土层加固范围应该根据始发端头的地层情况和盾构主机长度以及强度、整体稳定性验算结果来综合确定。对于不受地下水影响或者受地下水影响较小的土层（黏土、粉质黏土层等），可直接根据强度验算和稳定性验算的计算结果和工程经验取值；对于稳定性较差且受地下水影响较大的地层（如砂层、砂卵石层等），除了考虑强度验算和稳定性验算的计算结果外，还要考虑水土沿盾壳与土体间的间隙流入始发井的情况。

当盾构始发端地层稳定性较差且受地下水影响较大时（特别是有承压水影响存在时），端头加固长度应该取盾构主机长度 + （1.5 ~ 2.0）m。端头加固长度大于盾构主机长度，如图 6-7 所示，盾尾进入洞门圈并开始注浆后，盾构刀盘尚未脱离加固区，这样盾构刀盘出了加固区以后，由于同步注浆浆液的密封止水作用，不会有水土沿盾壳与土体间的间隙流入始发井；若端头加固长度小于盾构主机长度，如图 6-8 所示，当盾尾尚未进入洞门密封圈，同步注浆无法实施时，盾构刀盘已经脱离加固区，此时无法采取同步注浆，加固区前方的水土（特别是砂层或粉土层）可能沿着盾壳与土层之间的间隙进入始发井，造成水土流失，引起大的地表沉降，严重时可能造成盾构始发失败。国内外盾构施工过程中，曾发生多起因始发端地层加固不当而造成的事故，施工中必须引起高度重视。

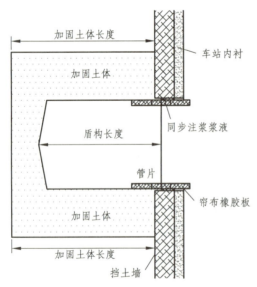

图 6-7　加固长度大于盾构主机长度

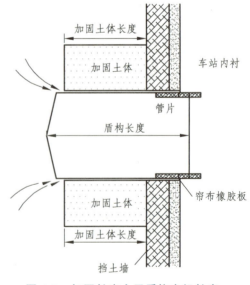

图 6-8　加固长度小于盾构主机长度

（2）盾构到达端纵向加固长度。

盾构到达端土层加固范围亦应根据到达端的地层情况和盾构主机长度来综合确定。对于不受地下水影响或者受地下水影响较小的土层（黏土、粉质黏土层等），可根据工程经验和盾构施工方案的不同而灵活取值；对于稳定性较差且受地下水影响较大的地层（如砂层、砂卵石层等）除了考虑经验取值外，还要考虑水土沿盾壳与土体间隙涌入接收井的情况。

地层稳定性较差且受地下水影响较大时（特别是存在承压水时），如图 6-9 所示，盾构到达端加固长度应该取盾构主机长度加上 2~3 环管片长度，这样当盾构刀盘顶到挡土墙（桩）时，已经进行了 2~3 环的同步注浆，初步凝固的浆液可以将盾壳和加固土体之间的空隙堵住，封堵可能的水砂涌入，确保到达施工的安全。若端头加固长度小于盾构主机长度，如图 6-10 所示，由于盾构开挖直径大于盾壳直径，地下水土（特别是有水砂层或粉土层）很可能沿着盾壳与加固土体的空隙流入接收井，造成地表沉陷、隧道下沉、管片损坏，更严重的可能引起整个隧道的结构失稳。国内盾构施工过程中，曾发生过因到达端地层加固长度不够而造成严重的事故，教训极为深刻。

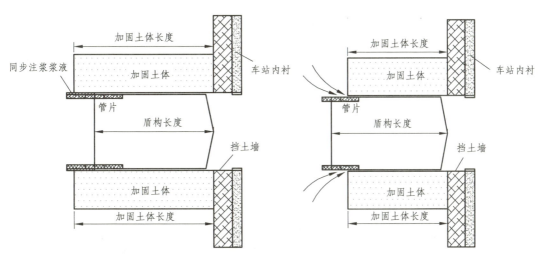

图 6-9　加固长度大于盾构主机长度　　　图 6-10　加固长度小于盾构主机长度

（3）盾构始发/到达端径向加固范围。

盾构始发/到达端径向加固范围没有统一的标准，一般都是根据各个地方的地层特性按以往的施工经验选取。下面将结合径向加固的作用对合理的加固范围进行简要分析：

① 盾构始发/到达端上部加固除了起止水和稳定地层的作用外，还能减小始发/到达时的地表沉降量，上部加固高度 H_1 一般取 2.0~3.0 m。当始发到达端地表沉降要求较严格时，可以适当增加上部加固高度，以减小地面沉降。

② 盾构始发/到达端两侧加固主要起止水作用，对地层稳定性也起到一定的影响，两侧加固宽度 B 一般取 1.0~3.0 m。

③ 盾构始发/到达端底部不存在土体坍塌问题，主要确保抗渗性，底部加固厚度取 $H_2 \geq 1.0$ m 即可，对于大直径盾构可以适当增加底部加固厚度，但不宜大于 3 m。底部加固厚度太大不会提高加固区底部的止水性，反而会增加工程成本。

简言之：盾构始发接收的纵向加固长度仍然要把握好盾构始发接收的两个关键要素，即土层强度稳定性和地下水渗透性，地下水渗透性低的地层可以不考虑盾壳间隙的影响盾构主机长度，地下水渗透性高的地层必须考虑盾壳间隙的因素，此时需要考虑盾构主机长度对加固区长度的影响。

2. 始发、接收技术与始发井的关联性分析

盾构始发均为有井始发，即在始发端设置接收井，但根据始发井内空间的大小，可分为整体始发和分体始发，整体始发是将盾构主机及其后配套台车均吊入井下，经组装后始发掘进。分体始发是仅将盾构主机吊入井下，而后配套台车留在地面，盾构主机与后配套台车通过延长管线连接。

盾构接收分为有井接收和无井接收，有井接收即在接收端设置接收井；无井接收不设置接收井，通过在接收端设置扩大洞室，在洞室内将盾构拆解后运出隧道。

常规的做法是整体始发和有井接收，不再赘述。下面将分体始发和无井接收的优缺点和实现过程分述如下：

分体始发的优点是占用始发井不用很大，一般满足主体整体长度即可；缺点是始发工序多、速度慢、效率低，盾构机在刀盘组装完成后需在始发井内完成三次刀盘平移，方能转换为整体始发状态。

盾体刀盘第一次平移（组装管片拼装机，如图 6-11 所示）：将刀盘向前平移至开挖面，组装管片拼装机。

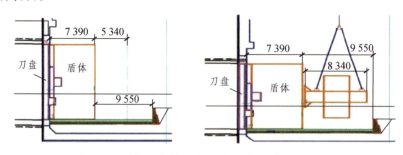

图 6-11　盾体刀盘第一次平移示意（单位：mm）

盾体刀盘第二次平移（组装尾盾，如图 6-12 所示）：此阶段，盾构已开始进行开挖，开挖约 4 m 后，尾盾下井组装。

盾体刀盘第三次平移（喂片机、连接桥、1 号台车下井组装，如图 6-13 所示）：盾构继续开挖约 13 m 后，拼装机、连接桥、1 号台车下井组装依次下井组装。

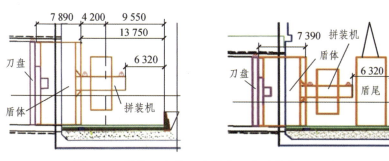

图 6-12　盾体刀盘第二次平移示意（单位：mm）

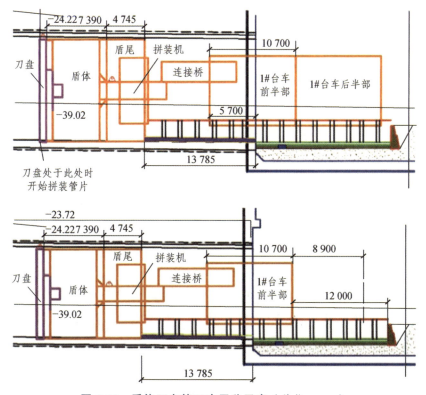

图 6-13　盾体刀盘第三次平移示意（单位：mm）

无井接收：优点为不需要设置接收井；缺点是作业空间小，大型部件完全依赖电动葫芦、倒链等手动工具人工拆卸，工作效率低。

根据以上分析，从工时效率的角度，在条件允许的情况下，应该优先选择整体始发和有井接收。

3. 始发、接收技术与线路的关联性分析

盾构机大多数为在直线小角度始发，特殊情况下，会有在小曲线半径始发和大坡度始发的情况，即曲线始发和大坡度始发。

1）小曲线半径始发和接收

小于 400 m 曲线半径视为小曲线半径始发和接收。

由于盾构机在进洞后的加固范围内，只能沿直线方向推进，小曲线半径始发接收的问题是要在保证盾构限界的情况下，最大程度地保证洞门和盾构的同心性，从而确保洞门密封的效果。

（1）盾构小曲线半径始发的难点和关键点。

① 始发路径的合理选择。

由于始发时条件的制约，盾构始发基座、负环管片和反力架均难以布置成相应的曲线状，使得盾构始发时在出基座前只能沿直线推进，轴线偏差控制较为困难，因此始发路径的合理选择是盾构小曲线始发能否成功的一大难点和关键。

② 负环管片和反力架的设置。

盾构曲线始发时，尤其是小半径曲线段始发时盾构推进反力的大小和方向都具有较大不确定性，负环管片和反力架能否稳定可靠地将该巨大的反力传至地层是曲线始发能否成功的又一难点和关键。

③ 盾构推进时各参数的合理选择。

盾构姿态的控制至关重要，推进时各参数的合理选择成为关键。

（2）盾构小曲线半径始发接收方法。

目前，通常采用割线法进行小半径曲线盾构的始发和接收，以始发为例，割线法具体如下：

以洞门中心作为原点画一个半径为盾构主机长度的圆，然后将该圆与设计线路的交点和洞门中心相连的直线作为割线，盾构沿此割线始发。与直线始发和切线始发相比，割线始发可尽量减少实际掘进线路与设计线路的偏差。割线做法如图 6-14 所示。

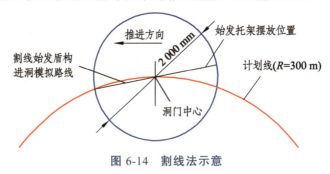

图 6-14　割线法示意

2）大坡度始发

当线路纵坡 3% ~ 4% 时视为大坡度始发。

大坡度盾构始发较常规盾构始发存在很大的不同，施工过程中控制要点主要分为以下几点：

（1）始发架定位。

由于始发架需设置一定的坡度，下部空隙较大，还需承受约 300 t 重盾体的压力，对其定位加固要求较高。

（2）反力架定位加固。

常规反力架安装均是直接安放在车站地板上，为保证反力架中心与负环管片中心同高，反力架下方需垫高，对其稳定性影响较大。

（3）负环管片与反力架之间空隙处理。

反力架为垂直放置，负环管片与始发架同坡度，导致负环管片与反力架支架存在上下不同宽度的间隙，增大了负环管片定位的难度，同时不利于反力架均匀受力。

大坡度始发和接收主要是施工精度控制的问题，因此其解决办法主要从施工精度控制方面考虑。

4. 泥水盾构与土压盾构始发、接收的区别

泥水盾构与土压盾构原理基本相同，仅构造方式机理不同，因此这两种不同类型的盾构在始发和接收方面无过大差异，只是泥水盾构始发是泥水建舱压力慢，因此始发速度慢，仅需施工注意即可，技术措施方面无差异。

泥水盾构与土压盾构特点对比见表 6-3。

表 6-3　盾构类型特点对比

项目	土压平衡盾构	泥水平衡盾构
稳定开挖面	保持土舱压力，维持开挖面土体稳定	有压泥水能保持开挖面地层稳定
地质条件适应性	在砂性土等透水性地层中要有土体改良的特殊措施	无需特殊土体改良措施，有循环的泥水（浆）既能适应各种地质条件
抵抗水土压力	靠土体的不透水性在螺旋机内形成土塞效应抵抗水土压力	靠泥水在开挖面形成的泥膜抵抗水土压力，更能适应高水压地层
控制地表沉降	保持土舱压力，控制推进速度，维持切削量与出土量相互平衡，由于土舱顶部较难建立土压，因此控制地面沉降较泥水差	控制泥浆质量、压力及推进速度，保持送排泥浆量的动态平衡；泥膜能够将刀盘全部包裹，因此控制地面沉降比土压盾构好
渣土处理	直接外运	需要通过泥水处理系统分离处理
盾构推力	土层对盾壳的阻力大，盾构推进力比泥水盾构大	由于泥浆的作用，土层对盾壳的阻力小，盾构推进力比土压平衡盾构小
刀盘及刀具寿命、刀盘转矩	刀盘与开挖面的摩擦力大，土舱中土渣与添加材料搅拌阻力也大，故其刀具、刀盘的寿命比泥水盾构要短，刀盘驱动转矩比泥水盾构大	切削面及土舱中充满泥水，对刀具、刀盘起到润滑冷却作用，摩擦阻力与土压平衡盾构相比要小，泥浆搅拌阻力小，相对土压平衡盾构，其刀具、刀盘的寿命要长，刀盘驱动转矩小
舱体压力的设定	土舱压力需在隧道推进前进行计算并设定	舱体压力在掘进过程中直接探测并由系统进行控制
对孤石、漂石的处理能力	能够应付较大直径的孤石、漂石	处理孤石、漂石能力较土压盾构差
推进效率	快	慢

项目	土压平衡盾构	泥水平衡盾构
隧洞内出渣	用机车牵引渣土车进行运输,由龙门吊提升出渣,效率低	使用泥浆泵这种流体形式出渣,效率高
隧道内环境	需矿车运输渣土,渣土有可能散落,相对而言,环境较差	采用流体输送方式出渣,不需要矿车,隧洞内施工环境良好
操作和维护	整体构造简单,有利于学习、操作及维护	整体构造复杂,相对土压盾构,泥水盾构操作和维护更为复杂些
始发空间	总装和始发空间较少	总装和始发空间较多,需要的工地规模更大
施工场地	渣土成泥状,无需进行任何处理即可运送,所以占地面积小	在施工地面需配置必要的泥水处理设备,占地面积大
经济性	只需要出渣矿车和配套的龙门吊,整套设备购置费用低;运营成本也比泥水盾构低;工地耗电量低	需要泥水处理系统,整套设备购置费用高;工地耗电量高

5. 不同直径盾构始发、接收的区别

在盾构始发与到达端头加固研究中,直径小于 10 m 和大于 10 m 的盾构隧道端头土体纵向加固范围与直径的关系曲线表现出明显不同的变化特征,10 m 直径可以作为大小盾构的有效分界线。直径小于 10 m 的盾构称为"小盾构";直径大于 10 m 的盾构称为"大盾构"。

大盾构一般以泥水加压平衡式盾构居多,很多过江过河隧道均采用泥水盾构;土压平衡式大盾构较少,但也有应用,如北京地铁 14 号线东风北桥站—将台站区间采用外径 10.22 m 的土压平衡式盾构。

大盾构与小盾构因盾构直径不同主要区别是盾构推力带来的影响。盾构施工过程中阻力的主要来源为:推进时盾壳与周围土层的阻力、刀盘面板的推进阻力、切口环贯入地层的阻力,三者之和约占总阻力的 90%。当盾构直径从 3 m 增加到 6 m,从 6 m 增加到 10 m,从 10 m 增加到 15 m,每提高一级,盾构阻力约增加一倍。

大直径盾构在始发和接收时推力大,相应的需要承受推力的辅助构件或地层强度就需要提高刚度。如始发反力架、洞门密封装置和大直径盾构接收区地层强度。同时大直径盾构始发建舱压力慢,开挖面直径大,因此大直径盾构始发地层加固强度需提高。

大直径盾构始发反力架支撑钢管中一般需要灌入混凝土,洞门密封装置一般采用双密封结构设计,始发接收区地层加固强度一般需提高一倍。

6.2.2 滨海区高水压复杂环境盾构始发、接收地层加固方案

临近海边的盾构始发和接收区,首先地层多为黏性土或砂土,地层较为软弱,再者,临近海边的地层中,地下水较为丰富,且地下水随海水潮汐作用,水位会变化,同时在潮汐力的作用下,地下水会有一定的流速。这对盾构始发接收来说,是相当不利的。

滨海区盾构始发接收面临软弱富水大流速地质条件的不利情况。深孔注浆、高压旋喷桩这两个常规洞外地层加固技术措施基本在滨海软弱富水大流速这样的地质条件下很难取得良好的加固效果，水泥土深层搅拌桩因是从地表向下施工，因此在埋深较大的滨海区也不适用。因此，滨海区的洞外地层加固技术措施只能考虑冻结法、降水施工、副井这三种，同时，可以结合洞内技术措施（箱体接收、玻璃纤维筋、水下接收）来进行组合加固，这样才能取得良好的效果。

根据可考虑的加固措施的具体特点和滨海环境的条件，滨海软弱富水大流速地层加固可以有如下几种组合的加固方案：

1. 始发端地层组合加固方案

（1）洞外技术措施（副井+降水）+洞内技术措施（玻璃纤维筋）。

因滨海区地下水与海水存在水利联系，因此，可通过设置副井的方式来切断这种水利联系，这就解决了地下水流速过大的问题，然后对副井内的软弱地层和静水进行处理，如果始发接收区以黏土等稍好的地层为主，地层具备一定的稳定性，可以仅对副井降水疏干处理。同时洞门范围内围护结构设置玻璃纤维筋，可避免人工破除洞门的施工风险。

（2）洞外技术措施（副井+冻结）+洞内技术措施（玻璃纤维筋）。

如果始发接收区以砂土等较差的地层为主，地层稳定性差，那么仅在副井内降水疏干是不行的，需要对地层进行加固，此时，最好选择冻结法，既解决地层强度的问题又能解决地下水渗透性的问题。同时洞门范围内围护结构设置玻璃纤维筋，可避免人工破除洞门的施工风险。

2. 接收端地层组合加固方案

（1）洞外技术措施（副井+降水）+洞内技术措施（玻璃纤维筋）同盾构始发。

（2）洞外技术措施（副井+冻结）+洞内技术措施（玻璃纤维筋）同盾构始发。

（3）洞内技术措施（箱体接收+玻璃纤维筋）。

采用箱体接收，利用箱体的刚度抵抗地层的强度和地下水的压力和流速。同时洞门范围内围护结构设置玻璃纤维筋，可避免人工破除洞门的施工风险。

（4）洞内技术措施（水下接收+玻璃纤维筋）。

与箱体接收原理类似，采用在接收井内回填砂土和灌水的方式，利用回填砂土和回灌水抵抗地层的强度和地下水的压力和流速。同时洞门范围内围护结构设置玻璃纤维筋，可避免人工破除洞门的施工风险。

6.2.3 大青区间盾构分体始发接收技术方案

1. 工程概况

1）始发接收位置

大青区间盾构陆域段采用 1 台土压盾构，从 3 号风井左线始发，2 号风井接收后，从地面吊出，转场至 3 号风井右线再次始发。

大青区间盾构海域段采用 2 台泥水盾构，均从 2 号风井始发，泥水盾构接收采用洞内接收，即在矿山法段先施做扩大洞室，然后盾构出洞门后在扩大洞室内进行拆卸吊出。始发接收位置如图 6-15 所示。

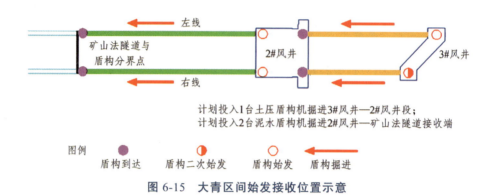

计划投入1台土压盾构机掘进3#风井—2#风井段；
计划投入2台泥水盾构机掘进2#风井—矿山法隧道接收端

图例
盾构到达　盾构二次始发　盾构始发　盾构掘进

图 6-15　大青区间始发接收位置示意

2）始发接收处地质条件

始发接收整体地质概况如图 6-16 所示。

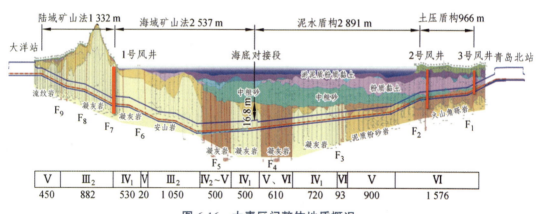

图 6-16　大青区间整体地质概况

各处始发接收位置详细地质条件如下：

3 号风井（如图 6-17 所示）：主要为厚层填土（Q_4^{ml}），填土下为含有机质粉质黏土、下覆含砂粉质黏土层（Q_3^{al+pl}），基岩为白垩系火山角砾岩，基岩各风化层面埋深及基岩完整性、强度变化较大。地下水赋存方式主要为第四系松散岩类孔隙潜水和块状基岩裂隙水两类。第四系松散岩类孔隙潜水的含水层主要赋积于人工弃填土和海相沉积之含砂类土层中，块状基岩裂隙水主要赋存于基岩中。

2 号风井（如图 6-18 所示）：2 号风井自上而下地层分布为 5.4 m 冲填土、7.2 m 淤泥质粉质黏土、淤泥黏土下部至岩层间交叉分布"粉质黏土 + 中粗砂"，风井底部为强风化岩层，地下水位埋深 3 m。

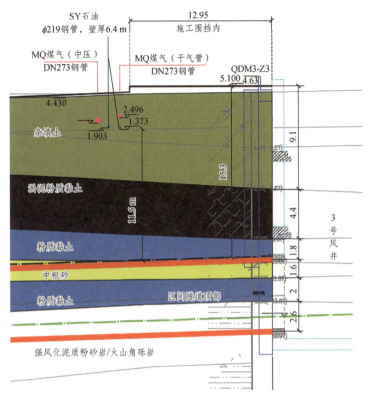

图 6-17　3 号风井地质详图（单位：m）

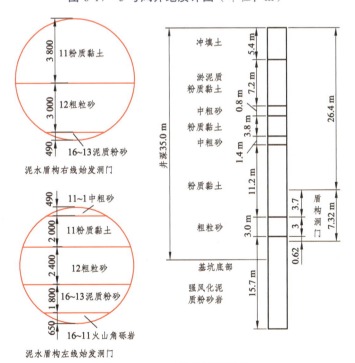

图 6-18　2 号风井地质详图

223

海底对接段：水下埋深 50.4 m，中风化覆岩厚度 16.8 m。

2. 始发接收条件及施工场地布置

1）始发井提供的始发条件

3 号风井始发井[如图 6-19（a）所示]：由于场地限制，3 号风井始发井长 15.8 m，宽 9.2 m，左右线各设置一座始发井，由于始发井长度较小，因此盾构在 3 号风井始发时，只能采用分体始发。

2 号风井始发井[如图 6-19（b）所示]：长 30.2 m，宽 26 m。2 号风井承担两台泥水盾构始发和两次土压盾构接收的任务，由于始发井长度受限，泥水盾构始发采用分体始发。

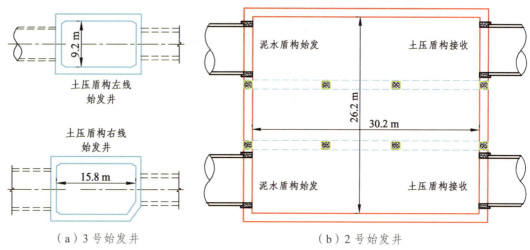

图 6-19 始发井尺寸

2）始发接收处施工场地布置

2 号风井临时占地 14 750 m²，3 号风井临时占地 12 150 m²，如图 6-20 和图 6-21 所示，可满足盾构始发的施工场地布置要求。

3. 盾构分体始发技术流程

针对青岛地铁 8 号线海底隧道盾构始发区间不能满足盾构设备一次性始发的工况，对盾构机原设备进行必要的改造和增加部分设备，首次采用分三阶段始发来应对作业空间不足的情况，快速完成始发阶段掘进，保障了工期节点。

由于受到作业空间限制，首次将泥水盾构始发分成三个阶段始发，工艺流程如图 6-22 所示。即：

（1）一阶段把盾构机主体部分下井组装，1#台车与桥架连接，下井置于一侧，桥架与盾体相连。

（2）在完成一阶段掘进后，二阶段将 1#台车调直并与桥架连接，再将 2#台车下井与 1#台车连接，1#台车完成进洞。

（3）在完成二阶段掘进后，三阶段将剩余后配套台车及设备下井组装，并及时拆除反力架、始发钢套筒和负环管片，进入正常掘进阶段。

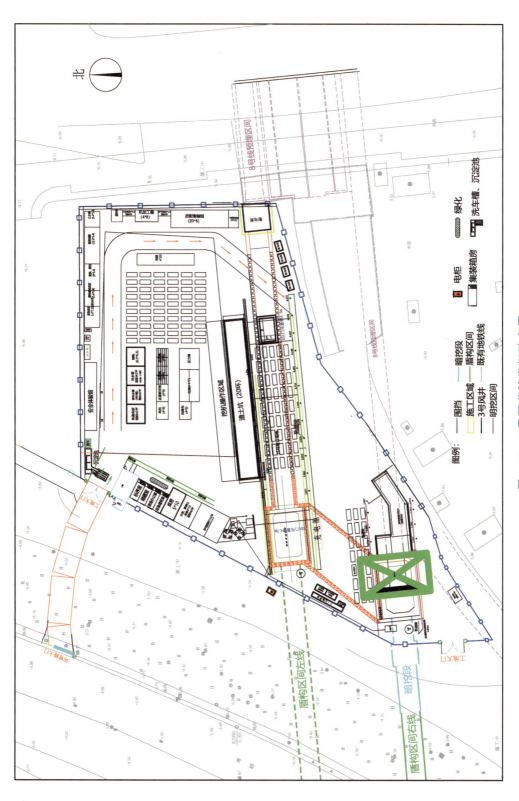

图 6-20　2 号风井始发场地布置

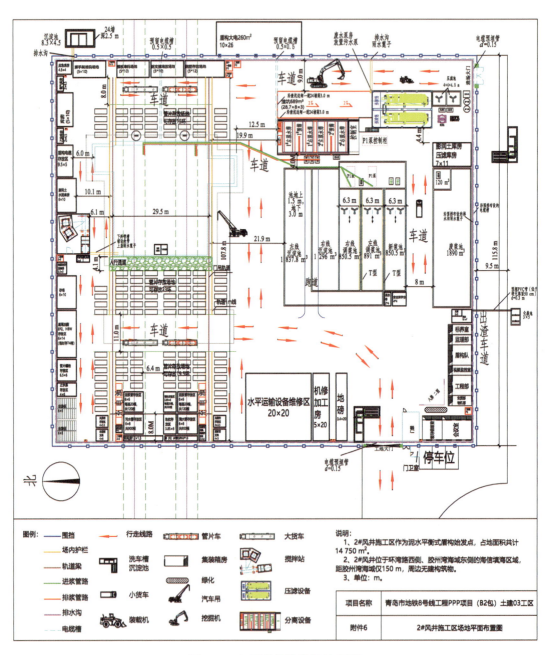

图 6-21 3号风井始发场地布置

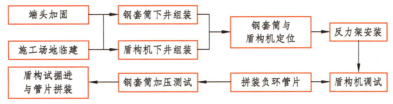

图 6-22　大青区间海域段盾构始发流程

4. 盾构分体始发技术关键工序实施方法

图 6-22 所示的盾构分体始发工艺流程涉及多级工序，本节对关键工序的实施方法展开介绍。

1）关键工序 1：端头加固

端头加固包括始发端头加固、加固效果检查及洞门注浆等工序。其中，始发端头加固采用洞门素墙 + 旋喷桩的加固方式对始发端头洞门进行加固，加固方案如图 6-23 所示。土体加固完成后根据设计图纸要求进行钻孔取芯以检查加固效果，检查内容包括加固土体强度、洞门处渗透性以及土体的匀质性。检查方法和标准见表 6-4。具体为：在始发或接收洞门范围内钻若干个水平孔，孔径 40 mm，钻深为 2～3 m（钻至钻孔桩外），探孔布置方案如图 6-24。观察其洞门的加固效果及渗漏水效果（流水是否成线），同时检测孔内有没有有害气体。达到以上要求后才可破除洞门。

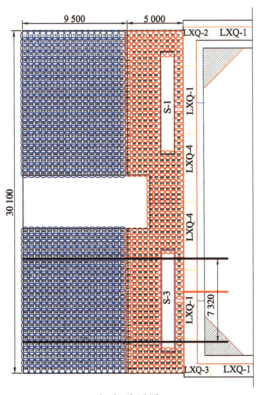

（a）平面图

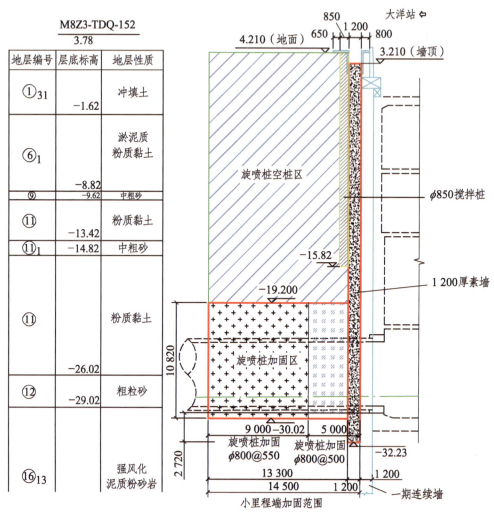

（b）剖面图

图 6-23 始发端头加固示意（单位：mm）

表 6-4 端头土体加固检查方法和标准

检查项目	标准	检查方法	备注
加固土体强度	无侧限抗压强度≥1 MPa 渗透系数<10-7/cm/s	钻孔取芯的桩数为工程桩总数的2%~5%，分别采用水平、边界、斜向三种不同的取芯方式进行取芯，每次取芯孔数不少于2孔	以检测报告为准
加固体渗透性	无明显漏水，不得漏泥砂	在洞门范围上下左右及中心各钻孔1个，检查其渗水量	钻孔要打穿地下连续墙，深度不小于2 m
加固体匀质性	加固体均匀	利用钻孔岩土芯进行检查	现场判定

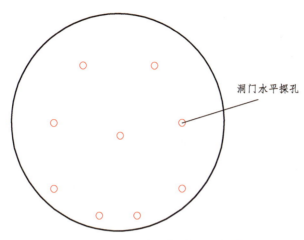

图 6-24　洞门水平探孔平面布置

若端头土体加固检查结果不能满足设计要求，则采取洞门注浆的方式进行补充加固。

在洞门范围内按每 1 m 一个的间距均匀布置注浆孔，根据检查结果，对于渗漏水部位加密布置。注浆管水平插入钻孔内，管身与钻孔桩连接处用快干水泥封堵，并与钻孔桩钢筋焊接牢固。注浆管设置形式和注浆孔布置位置如图 6-25 所示。

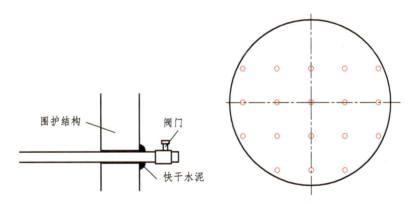

图 6-25　注浆管设置形式与注浆孔布置位置

注浆参数：

（1）注浆压力：注浆初压力 0.2 ~ 0.3 MPa，注浆终压力 1 MPa。

（2）注浆材料及浆液配比：

① 注浆材料：采用 P·O42.5 级普通硅酸盐水泥。

② 浆液配制：水灰比 $W:C = (0.8 ~ 1):1$，由试验室提供每盘浆水泥用量。

③ 注浆结束标准：注浆压力逐步升高，当达到设计终压并继续注浆 10 min 以上。

④ 注浆设备及注浆顺序：采用注浆机进行注浆，单孔采用多次反复注浆，注浆间隔时间 24 h。每孔首次注浆完毕后立即用清水冲洗注浆管，确保再次注浆时管道畅通。首次注浆量控制在 5 t/孔，二次注浆量控制在 3 t/孔，且以注浆压力校核。

2）关键工序 2：钢套筒下井组装与平移

始发钢套筒内皮直径、长度应与盾构设备相匹配，筒体采用装配式结构，连接筒体两侧各有一个预留出口，满足洞门凿除的需求，同时整环布置若干个预留注浆孔，头部拆丝，可接球阀，如图 6-26 所示。钢套筒内部相应位置焊接有止浆钢板，可防止始发阶段泥浆反窜与二次注浆浆液混合从而影响注浆质量。

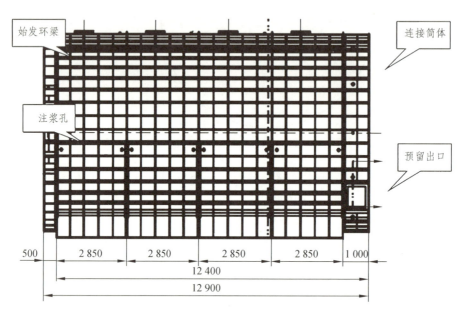

图 6-26　钢套筒侧面图（单位：mm）

钢套筒的组装按照"钢套筒下半圆下井与安装→盾体下井→钢套筒上半圆下井与安装→反力架安装"的顺序将钢套筒和盾体一同下井并平移至始发端头并与洞门钢环连接。钢套筒内第一次填砂如图 6-27 所示。

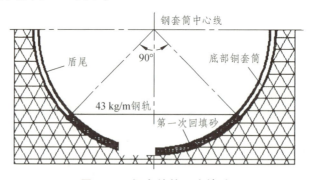

图 6-27　钢套筒第一次填砂

3）关键工序 3：反力架安装与支撑

在盾构主机与桥架和 1# 台车连接前，安装反力架。反力架端面与始发台水平轴垂直，使盾构轴线与隧道设计轴线保持平行。反力架的结构型式如图 6-28 所示。

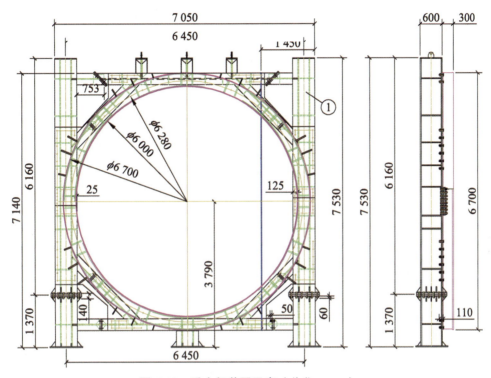

图 6-28　反力架装配示意（单位：mm）

在反力支撑安装前要根据盾构隧道的里程反算反力架的位置，然后根据反力架的宽度和斜撑的角度凿除反力架位置的底板混凝土保护层，露出底板主筋，焊接 1 cm 厚钢板，钢板与底板主筋焊接牢固，且钢板尺寸略大于反力架底座及斜撑的尺寸。反力架定位方法如下：

（1）反力架位置的确定主要依据洞口第 0 环管片的起始位置、盾构的长度、钢套筒的长度以及盾构刀盘在始发前所能到达的最远位置确定（主要考虑钢套筒安装及安装后洞门凿除混凝土外运）。

（2）第 0 环管片的起始里程需要通过联络通道的位置来反推，按照管片环宽等参数确定负环管片宽度及数量。

（3）反力架、始发托架的定位与安装需在盾构主机与后配套线路连接之前，开始进行反力架的安装。安装时反力架与始发井主体结构连接部位的间隙要垫实，以保证反力架脚板有足够的抗压强度。

反力架制作时进行试拼装，保证拼装精度的要求，构件制作完成后涂刷红色防锈漆进行防腐。在盾构主机与后配套连接之前，进行反力架的安装，反力架的纵向位置保证负一环混凝土管片拆除后浇注洞门时满足洞门的结构尺寸和连接要求以及支撑的稳定性。反力架顶部支撑方案如图 6-29 所示。

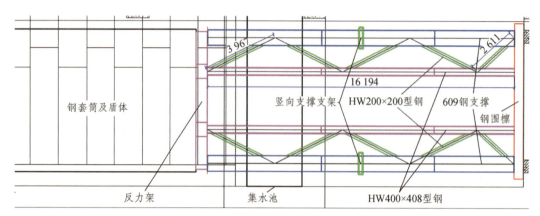

图6-29　反力架顶部支撑平面图（单位：mm）

反力架定位好以后，分节安装反力架部件，并调节好位置。为加强反力架的稳定性，对安装好的反力架用H型钢及直径609钢支撑进行加固：

（1）反力架两立柱上部及上横梁共用四组H型钢支撑，固定在上部主体结构墙面；

（2）反力架两立柱下部及下横梁共用七组H型钢支撑，固定在车站主体结构底板台阶上；

（3）反力架两立柱两侧设置两道支撑，直接顶在墙面的预埋钢板上。

反力架定位安装完成后，需进行环梁预加压力螺栓的调整，分别上紧环框梁上一周的每个螺栓，上紧时分别采用对角上紧，保证环梁均匀受力。上紧后用锁紧螺母锁住，这样能保证钢套筒在有水压时洞门环板处连接螺栓不受力。上紧的过程中注意检查反力架各支撑是否松动，各段法兰连接螺栓是否松动，预加反力螺栓调整如图6-30所示。

图6-30　预加反力螺栓调整

4）关键工序4：负环管片拼装

在拼装第一环负环管片前，在盾尾管片拼装区180°范围内均匀安设6根定位垫块（定

位垫块厚度根据盾尾间隙确定），具体形式如图
6-31 所示。在盾构内拼装好管片后利用盾构推
进千斤顶将管片缓慢推出，当管片推出一定距离
后开始拼装第二环管片（切不可将第一环管片全
部推出槽钢段再拼装第二环，避免管片下沉）。

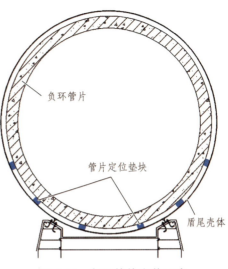

5）关键工序 5：始发掘进与注浆

始发掘进是摸索掘进规律、优化掘进参数
的试掘进阶段。为此，在始发阶段前 100 m 的地
面应布置较密的观测点，根据不同的掘进参数
所对应的地面降沉值，可以总结和优化出相应
的盾构掘进参数（进排浆流量、泥浆参数、掘进
速度、总推力、切口压力、刀盘扭矩、刀盘转速、
注浆压力、注浆量等），为后续正常掘进打下基

图 6-31　负环管片安装示意

础。始发段盾构推进的工序如下：

（1）首先将钢套筒与盾体下井组装完成，平移至始发洞门前与洞门钢环连接。

（2）连接完成后，进行钢套筒的加固和反力架下井定位、安装。

（3）当钢套筒和反力架加固与定位完成后，将盾体与后配套设备相连，并对盾构机
进行调试。

（4）盾构机调试完成后，通过负环管片拼装和反力架提供的反力使盾体向前移动，
当推进油缸行程达到一定长度时，盾体停止向前移动，进行管片拼装。

（5）在盾构机刀盘贴近洞门开挖面后，向钢套筒内进行填充，以填砂为主，将整个
钢套筒填充饱满，在填充过程中适当加水，保证砂的密实。填料过程中适当冲水并通过
钢套筒下部的排水孔排出来，起到让砂密实的作用。

（6）为保证负环管片与钢套筒之间的密封效果，在钢套筒填充完毕后，通过靠近反
力架两环管片的吊装孔进行壁后注浆，注浆材料采用单液水泥浆，在管片后面形成一道
密封防渗环，注浆压力不大于 0.3 MPa，如图 6-32 所示。其间通过盾尾油脂注脂孔进行
油脂注入，注入油脂应饱满，且注脂压力要略大于拟定建立的盾构机泥水舱压力，盾构
千斤顶推力维持在一定数值，随后进行钢套筒加压测试。

（7）钢套筒加压测试：从加水孔向钢套筒内加水，至加满水后，检查压力，如果压
力能够达到 0.3 MPa，则停止加水，并维持压力稳定，对各个连接部分进行检查，包括洞
门连接筒体、钢套筒环向与纵向连接位置、钢套筒与反力架的连接处有无漏水。

（8）当钢套筒加压测试合格后，通过泥水循环，将泥浆压入掌子面，通过调节压力
设定系统，建立起泥水舱压。随后转动刀盘，切削掌子面土体，盾构掘进。

（9）当盾体剩余约 1 m 便全部进入隧道时，开始拼装第 0 环管片。

（10）第 0 环拼装完毕以后，拼装第 1 环管片，压力保持同上。依此类推，不断拼
装管片。

（11）依次掘进和安装到设定长度，分体始发第一阶段结束，将桥架、1#～2#台车下井与盾体相连，进行第二阶段掘进。

（12）依次掘进和安装到设定长度，分体始发第二阶段结束，将剩余后配套设备下井组装后，盾构开始进入正常掘进。

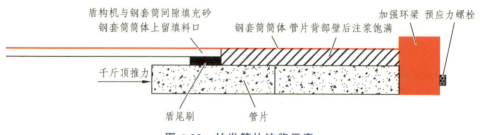

图 6-32 始发管片注浆示意

开挖面是一种动态平衡，无论是掘进阶段还是停机保压阶段，必须动态设定切口压力并防止切口压力的波动。泥水舱压力的设定，最直接影响因素是盾构埋深的变化，因此掘进过程中要密切关注隧道的土体埋深变化，并根据实际情况及时修正泥水舱压。由于地层对压力变化敏感，掘进过程中应控制好泥水循环，保证掌子面稳定，控制切口压力波动范围在 ±20 kPa 以内。通过特定的泥水舱压力控制系统控制泥水舱压。

始发阶段结合地层情况，加大泥浆监测频率，及时调整泥浆性能参数，改善泥浆流变参数增大携渣能力，以满足出渣要求。由于井下泥浆管在始发阶段采用橡胶软管连接，为避免橡胶软管的长期磨损而爆管，适当降低泥浆比重。当泥浆密度逐渐增大时，可以通过加水稀释的方法降低泥浆比例。考虑到盾构机的能力，避免泥浆泵超出额定荷载，在不降低泥浆的携渣能力的条件下，降低泥浆泵的负荷与泥水分离的难度，黏度控制在18～20 s。含砂率控制在 0～5%，通过分离设备多次分离即可满足要求。

始发段注浆时，每环的压浆量一般为建筑空隙的 130%～180%（具体实际根据监测数据进行调整），压浆速度和推进速度保持同步，即在盾构推进的同时进行注压浆。

由于分体始发第一阶段不具备同步注浆条件，因此前期的盾构环均采取二次注浆的方式进行空隙填充；第二阶段、第三阶段均满足同步注浆条件。拌浆材料的量视实际情况作相应调整。

二次注浆根据地层情况选择注浆材料和浆液配比，一般地段二次注浆浆液采用 1:1 水泥-水玻璃双液浆。二次注浆注浆压力不大于 0.5 MPa，每环每孔注入量不大于 0.5 m³，以多次少量为宜。

6）关键工序 6：管线布置

根据泥水平衡盾构施工的特点，在隧道内布置"五管、三线、一走道"，五管即进浆管、排浆管、循环水管、排污管和通风管。三线即高压电缆、照明线和运输轨线，一走道即人行道。其布置形式如图 6-33 所示。

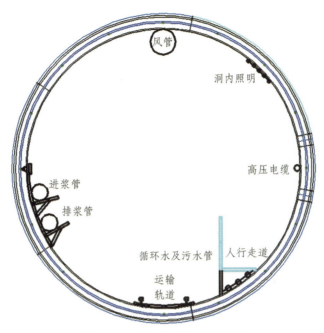

图 6-33　洞内管线铺设示意图

6.3　组合工法海底隧道对接技术

长大海底隧道往往具有场区地质条件复杂、工程规模宏大、工期较长等特点，施工方案通常情况下会选择由两端陆域向海域对向掘进在海底对接。以往大多数海底隧道工程选择采用矿山法进行施工，但随着近些年来隧道施工技术的不断发展，采用盾构法、盾构＋矿山组合工法施工海底隧道逐渐增多。

针对采用盾构＋矿山组合工法施工的海底隧道，当矿山法隧道与盾构法隧道实现对接时，需进行盾构机的接收和解体，在陆地上实现工法的对接往往是设置明挖吊出井或暗挖大型拆卸洞室实现盾构整机拆解。水下隧道由于埋深、地层条件等因素限制，设置大型拆卸洞室的难度和施工风险比陆地大得多，这就造成了水下隧道盾构机的解体、运输往往存在诸多的困难。组合工法在海中实现对接，需要选定合适的对接位置，既要降低安全风险，又要满足工程总体的进度要求。

6.3.1　对接点位置选择

采用组合工法施工的隧道，在工法对接位置的选择时，一般情况下的首要原则是满足总体工程筹划的要求，然后尽量选择在整体稳定性好、渗透性差的地层中。青岛地铁 8 号线大洋站—青岛北站区间全长 7 929 m，海底段 5 439 m，为全国最长的地铁过海隧道。本隧道的通风排烟方案为纵向通风排烟，通过矿山法隧道段的拱部排烟风道进行火灾事故工况下的排烟，区间 1、2 号风井间分为 2 个通风区段，以满足远期高峰小时"一个通风区段只有一列车通行"的要求。因此，矿山法段也就是排烟风道的设置长度，同时要受行车间隔、信号系统运行间隔的限制。

1. 工程地质及水文地质情况

隧道沿线共计探明 11 条断裂及构造破碎带（详见图 6-34），区域性大断裂沧口断裂在场区东侧约 600 m 通过，另外本标段线路有 11 条断裂穿过场区，其中东大洋社区陆域附近 5 条，青岛北站方向 2 条，海域段 4 条断裂带。由于青岛北站已建成，大洋站站位一直不稳定，对本次勘察所发现的断裂序号从青岛北站开始从小到大依次排序，其中陆域 7 条，海域 4 条（F_3、F_4、F_5 和 F_6），由于沧口断裂在工区东侧通过对工程影响较大。区域断裂构造主要为 NE 向、NNE 向和 NW 向，其中 NE 向和 NNE 向断裂控制着区域地形地貌，对工程影响巨大。

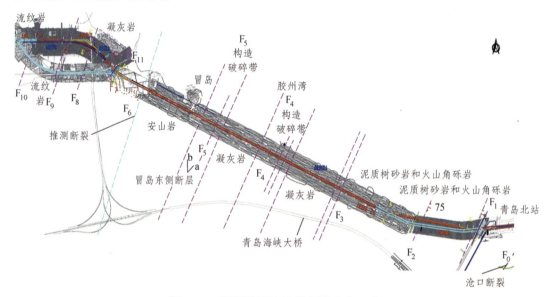

图 6-34   场区及周边地质断裂分布示意

对于工法对接点选择具有较大影响的构造是 F_4 基岩破碎带，位于海域中部，线路右 CK42 + 830 ~ 右 CK43 + 440 之间，宽度约 610 m，大致呈东北西南走向，走向约为 25°，与隧道交角为近 90°，破碎处基岩面埋深在 29.5 ~ 32.5 m。主要力学性质为左行压扭性断裂。

勘察过程中在 F_4 断裂西侧 M8Z3-TDQ-95 孔钻遇揭露了基岩段埋藏承压水，并发生了 2 次地下水喷涌现象：该孔钻至泥面以下 58 m 时发生钻进循环浆液漏失严重现象，调整浆液质量钻至 60 m 左右，发生地下水喷涌现象，喷涌时间约 30 min 后，水量逐渐减少直至停涌。继续钻进至泥面以下 64 m 左右时再次有地下水喷涌而出，喷涌至停涌过程基本同前。

综合分析，认为 F_4 断层带突涌水原因主要有以下三个方面：

（1）F_4 断层是在较高的围压条件下受强烈挤压作用形成的，闭合性好，破碎带物质多为压碎岩、强烈片理化和糜棱岩化的粉碎性物质（易风化成断层泥），透水性和含水性差。但该断裂规模较大，两盘为脆性岩石，其破碎带内裂隙较发育，具备含水条件。

（2）从地质纵断面分析，在右 CK42＋830～右 CK43＋440 段落，钻孔微风化节理凝灰岩强度高，节理较发育，岩石裂隙中无充填物，成为富水构造，地下水通道畅通。微风化节理安山质凝灰岩左右及上部均为较厚层的糜棱岩化砂土强风化状碎裂岩（内含断层泥、高岭土化），受后期多次构造影响，该强风化状碎裂岩渗透性低，地下水通道较封闭，从而对于微风化节理基岩来说形成相对隔水层。相对隔水层和富水构造为高压构造裂隙水的储存创造了基础。该处隧道埋深 54 m，地下水位埋深约 60 m，静水压力较高。承压水头高 68 m，基岩渗透系数达 1.34 m/d。

（3）从地质纵断面分析，该富水构造面积及体积有限，周边以微～弱透水的强风化构造岩为主，该储水构造水量有限，随着水量减少，水压减少。

从场区地质方面分析来看，区间隧道自大洋站至右 CK42＋810（F₄断裂西边界）隧道围岩整体为Ⅲ～Ⅳ级，部分地段（F₅构造破碎带）为Ⅴ级，矿山法施工成洞条件好。右 CK42＋810（F₄断裂西边界）至右 CK43＋589 隧道围岩整体为Ⅴ～Ⅵ级，矿山法施工成洞条件差，施工风险大，特别是 F₄断裂中西部存在高压构造裂隙水突涌风险，如果采用盾构穿越 F₄断裂风险相对较低。

2. 对接点位置围岩稳定性评价

F₄断层西侧，K42＋742.3～K42＋764 段埋深，为水下淤泥质平原地貌，地势平坦，水深为 4.6～5.20 m，覆盖层厚度约 28 m，场地类别为Ⅱ类；岩石基本质量等级为Ⅲ级，地下水为基岩裂隙水，水量贫瘠，多呈滴状或脉状，考虑地下水状态，围岩级别按Ⅳ₁级（局部 CK42＋550～CK42＋580 构造破碎按Ⅴ级，CK42＋820～CK42＋860 段受 F₄影响，节理发育按Ⅳ₂级）考虑。对接点地址纵断面如图 6-35 所示。

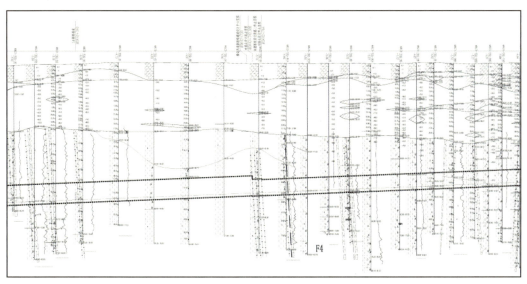

图 6-35　对接点地质纵断面

3. 工筹方案

青岛地铁 8 号线大洋到青岛北站的地质情况与施工方案如图 6-36 所示，土建工程总工期 43 个月。

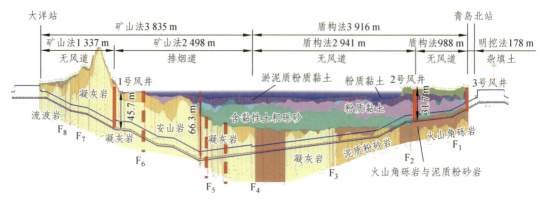

图 6-36 地质情况与施工方案

1）矿山法隧道工程进度指标

开挖支护：Ⅲ级围岩 120 m/月；Ⅳ级围岩 60 m/月；Ⅴ级围岩 30 m/月；二次衬砌模筑：200 m/月；内部结构模筑：200 m/月。

2）盾构隧道工程进度指标

始发、调试——2 个月；掘进——220 m/月；拆解吊出——1.5 个月。

6.3.2　盾构海底接收解体方案

1. 矿山法箱体接收方案

该方法适用于矿山法隧道先到达预定对接点的工况。当区间隧道矿山段开挖至与盾构法分界处，施做扩大断面，内部填充砂浆、水泥或者泥浆并施做封堵墙，待盾构掘进至封堵墙位置后，机械凿除贯通，然后进行盾构拆机、施做接收段衬砌。

1）盾构接收的流程

该方法实质为套筒接收方式在盾构地下对接领域的灵活变化，之所以施做接收封闭套筒，而不采用直接空推进入矿山扩大断面的方式，是因为盾构工作舱及盾壳背后的地下水及软弱土质可能随着破挖面涌入隧道；而封闭套筒内填充填料可保持工作舱的平衡压力，有助于泥水盾构泥浆循环系统的持续运转，将舱内剩余渣土清运，同时在盾构破除掌子面封闭层时，有助于保持周边地层的稳定。

矿山扩大洞室盾构接收的流程如图 6-37 所示。

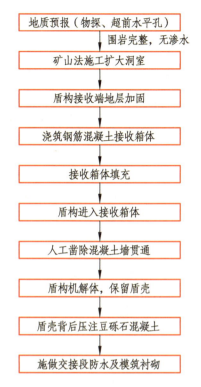

图 6-37　矿山扩大洞室盾构接收流程

2）扩大洞室结构设计

扩大接收箱体内部净空在盾构刀盘开挖直径基础上留有 30~40 cm 余量，长度应含盾构主机长度及盾尾不小于 3 环管片的宽度。青岛地铁 8 号线大青区间施工采用盾构机外径约为 7 020 mm，主机长度 10 982 mm，相应接收箱体长度 21.7 m，箱体内部净空跨度 7.31 m，高度 7.3 m，接收箱体壁厚 300 mm，采用与主隧道二衬同标号的 P12、C50 混凝土；箱体侧壁敷设复合防水层，即全环 400 g/m² 无纺布缓冲层和 2 mm 厚自黏式防水卷材。

接收箱采用单侧封堵，迎盾构一侧（即掌子面）采用喷射早强混凝土支护，若为软岩地层可在掌子面水平及垂直布置玻璃纤维筋，其两端深入格栅拱架内部并采用 12 号铅丝与格栅主筋绑扎牢固，然后喷射混凝土至密实；迎矿山一侧采用钢筋混凝土封堵墙，与接收箱体侧壁形成一个整体，并按照盾构掘进时的工作舱压力进行极限承载能力验算。接收箱体结构如图 6-38、图 6-39 所示。

接收箱填料在施工过程中起到保持工作舱压力的作用，在成型结构中是盾壳和部分环管片背后的包裹层，因此决定了填料须具备 2 项基本要求：① 具备水稳性，在盾构循环泥浆充分接触下不会被溶解、流失或者结块，因此黏粒含量较高的材料被首先排除；② 密实度较高，压缩模量较大，因此对于松散填料应进行压实。

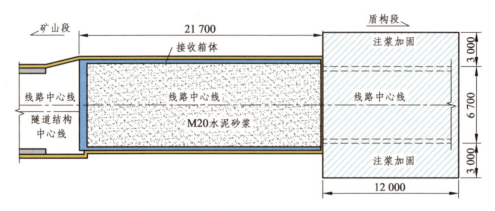

图 6-38 接收箱体结构平面图（单位：mm）

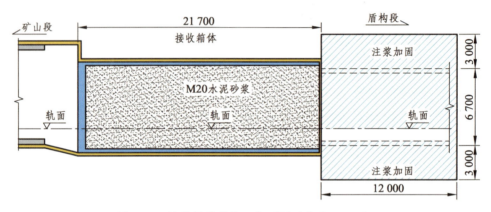

图 6-39 接收箱体结构立剖面图（单位：mm）

武汉地铁 3 号线王家湾站—宗关站越江区间在盾构接收箱体内填充 C15 素混凝土；深圳地铁 2 号线东角头站—湾厦站区间在盾构接收箱体内填充粒径 5 ~ 20 mm 的豆粒石，在设计线路方向设置盾构机导台；厦门地铁 2 号线海沧大道站—东渡路站区间在盾构接收箱体内填充袋装砂，顶部空隙注水填充；南京长江隧道虽然采用工作井接收，但是其思路，在工作井内基座上部堆填黏土，并向井内灌水，维持内外泥水平衡的前提下步入接收竖井，给盾构地下接收提供了重要借鉴。

可见填料主要可分为三种：① 松散填料，如中粗砂、豆砾石等，盾构掘进所需推力较小，掘进速度较高，同时透水性好，可做底层的排水层；② 含水硬性凝胶材料的人工块体，如水泥砂浆、低标号混凝土等，盾构掘进所需推力较高，掘进速度较慢，但是整体性和密封性较好，后期配合管片和盾壳背后注浆可形成密实的包裹体，是最安全的一种填充材料；③ 水或泥浆，在维持泥浆循环系统，预防地下水涌入的功能前提下可以最大程度降低盾构在套筒内的掘进阻力，受力角度对接收箱体的影响最小。

3）地层超前预加固

矿山扩大洞室的接收流程最大的潜在风险在于：盾构破除临时封闭掌子面进入接收箱时，盾壳外部地下水顺势进入盾壳与填料之间的间隙，破除封堵墙时，地下水裹挟周边土体进入矿山隧道，海水与隧道内部形成联通，进一步扩大灾害影响，造成海床塌陷乃至击穿。对此须从两个角度采取措施：其一，盾壳与填料之间、管片与填料之间进行有效充填形成止水环；其二，对盾构与矿山扩大洞室交界处的地层进行加固。

最简单的方式是利用扩大洞室掌子面对接收端头进行注浆加固，如图 6-40 所示，注浆范围为隧道开挖轮廓外 3 m，注浆段长度为 12 m，注浆压力采用 2~3 倍净水头压力，浆液根据地质条件灵活选用，对于裂隙较发育的基岩应以超细水泥为主，对于土体或强风化碎块状岩体则应适量采用初凝时间较短的水泥水玻璃双液浆或者硫铝酸盐水泥浆。因为盾构后续要掘进通过加固体，为保护刀盘刀具，不能使用常见的孔口管搭配钢花管注浆工艺，而应采用 PVC 材质的袖阀管注浆工艺。

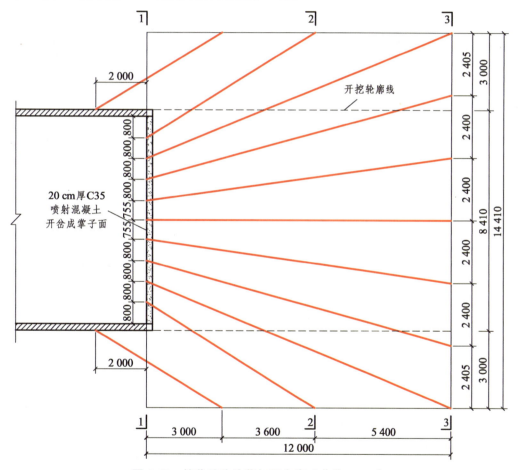

图 6-40　接收端头注浆加固方案（单位：mm）

除此之外，对于砂质土等强渗透性地层而言，可考虑采用冻结法和 MJS 全方位高压旋喷注浆法等地层加固方法。

4）盾构掘进控制

盾构进入矿山法隧道前 50 m、15 m 对隧道内所有测量控制点进行一次整体、系统的复测和联测，评估盾构进入隧道时的姿态，拟定盾构进入矿山法隧道的施工轴线、推进坡度的控制值和施工方案等，须确保盾构在此阶段的施工中始终能够按照预定的方案实施，以良好的姿态进入隧道。

盾构进入到达段时，逐步减小推力、降低掘进速度，每环按照设计方量严格控制同步注浆量，盾构机头进入距矿山段 10 m 范围后，盾构机掘进速度调整至 15 mm/min 以下，盾构机主机完全进入接收箱体，并在箱内拼装完成 2 环管片后，向盾壳背后注入衡盾泥，采用 1∶1 的水泥水玻璃双液浆对盾尾管片进行二次注浆，如此可对接收箱体进行封闭，防止地下水或管片背后注浆浆液窜入刀盘区域。

盾尾注浆完成后，盾构机恢复掘进，随着刀盘前方水泥砂浆体厚度的减小，逐步降低盾构总推力，减小推进速度，在抵达封堵墙最后三环时，工作舱压力介于 40～50 MPa，主要满足泥浆循环正常工作的最小压力，掘进速度控制在 5～10 mm/min，盾构推力不超过 15 000 kN。在此期间时刻观察封堵墙有无开裂及渗漏情况。盾构刀盘距离封堵墙 25 cm 距离时停止掘进。

排出舱内剩余泥浆，通过人闸进入掌子面，观察舱内是否已经排空，确认后可破除封堵墙。

5）对接段结构及防水

凿除封堵墙后，盾构刀盘得到充分暴露，可对盾构机进行原位拆解，其通风和运输条件较盾尾方向的拆解更佳。盾构主要部件拆卸完成后，盾壳弃置在原位，内部施做防水层及模筑钢筋混凝土衬砌，盾构段尾部采用靴形梁固定，盾尾若干环管片利用内部预留 250 mm 空间施做内层结构。为保证对接段的防水性能，提高对接段刚度，相邻段矿山隧道二次衬砌、盾壳内部现浇衬砌、靴形梁、管片内层结构采用一次无缝浇筑；盾壳段的复合防水层与相邻矿山段防水层搭接并采用双焊缝连接，另一端采用聚硫密封胶进行封口处理。对接段结构平面布置如图 6-41、图 6-42 所示。

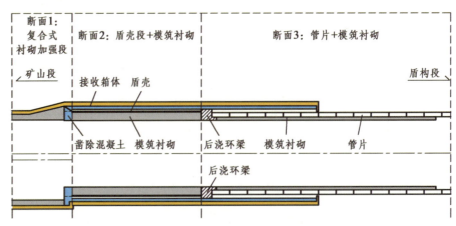

图 6-41　对接段结构平面布置图

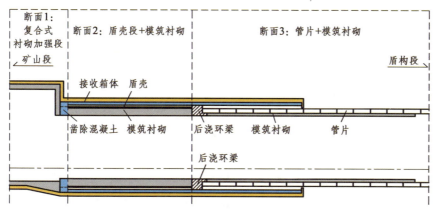

图 6-42　对接段结构立剖面图

2. 硬岩地层盾构正常接收方案

当对接点处地层稳定性较好时，矿山段开挖至与盾构法分界处，可仅施作刀盘拆卸扩大段，盾构直接掘进至封堵墙位置后，进行盾构拆机作业。

1）盾构接收的流程

该方法类似常规土压平衡盾构机接收方式，当对接段整体地层较稳定、地下水不发育，不会出现盾构工作舱及盾壳背后的地下水及软弱土体随着破挖面涌入隧道的风险时，盾构掘进至接收洞端头素混凝土封堵墙前停止掘进，泥浆循环系统持续运转，利用舱内压力连续循环出渣，待洗舱基本完成后，继续掘进通过素混凝土封堵墙，实现盾构接收。

盾构接收施工顺序如下：

（1）矿山法段洞内超前注浆加固地层，注浆检测合格方可进行接收洞室开挖。

（2）在盾构机距离端头墙 50 m 时，逐渐放慢掘进速度，建议控制在 20 mm/min 以下，以确保端头墙的稳定，掘进参数应结合 2 号风井接收经验优化调整。矿山法正线隧道、接收洞、堵头墙结构、混凝土素墙等结构达到设计强度后方可进行盾构接收，上述结构达到设计强度前应根据盾构推力情况控制距离素墙等结构的安全距离，安全距离不宜小于 20 m。

（3）盾构机掘进破除素墙前应对盾尾处 10 环管片进行二次补充注浆，形成止水环箍，封堵地下水；刀盘露出后，对盾体后压注硫铝酸盐水泥浆，固定盾体，确保盾体稳固。

（4）采用管片纵向拉紧装置（［14）对洞口处 20 环管片进行纵向拉紧固定。管片固定稳固后弃壳拆机。

（5）拆机后对盾壳空隙进行多次注浆填充，注浆采用硫铝酸盐水泥。

（6）盾壳体内侧打磨、清理，涂刷防水层，施工缓冲层、防水层，模筑衬砌结构。

（7）洞门帘布拆除，洞门环梁施工；洞门环梁通过预留接驳器及预埋钢板焊接钢筋与接收洞端墙结构连接；洞门环梁施工预留注浆导管及施工缝重复注浆管，洞门环梁结构达到设计强度后进行注浆施工。

2）接收洞室结构设计

接收洞室开挖，采用 250 mm 厚 C25 湿喷混凝土（靠近围岩侧）+ 700 mm 厚 C20 混凝土素墙封闭掌子面。区间正线及接收洞室模筑二次衬砌及封端墙，衬砌内预埋盾构刀盘拆卸吊点；封端墙处预埋洞门钢环，安装洞门帘布；端墙预留洞门环梁连接接驳器（环向间距 200 mm）。接收洞室结构如图 6-43、图 6-44 所示。

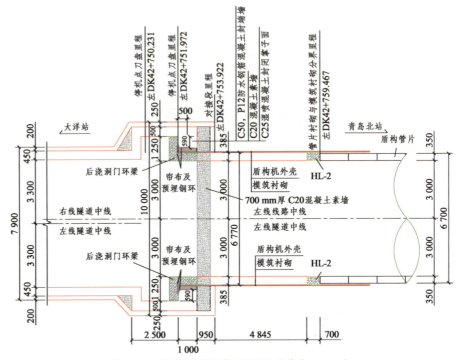

图 6-43 接收洞室结构平面图（单位：mm）

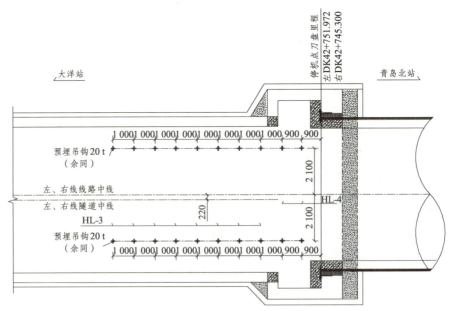

图 6-44 接收洞室结构剖面图（单位：mm）

对接段洞室扩大端顶部厚度为 50 cm，正常段顶部厚度 45 cm，结构施工中在顶部预埋两排吊钩，每排 10 个，吊钩靠近接收洞门处沿线路方向间距 900 mm，向后间距均为 1 000 mm。两排吊钩之间间距 4.2 m，各沿隧道中心线 2.1 m 布置，吊钩为 U 形结构，采用 $2\phi 32$ 钢筋并焊。

3）地层超前预加固

（1）超前预注浆参数。

① 注浆终压建议为 1.5 ~ 4.0 MPa。海底隧道封堵涌水时注浆终压，应参照公式 $P = (2 \sim 4)$ MPa $+ P_0$（其中 P_0 为涌水压力）。

② 注浆浆液建议采用硫铝酸盐水泥浆，$W/C = 0.6 \sim 1.2$。浆液配比及水灰比应根据注浆效果及现场实际情况及时调整。

③ 单孔注浆扩散半径为 2 m，注浆终孔间距不得大于 3.4 m。

④ 注浆速率范围为：5 ~ 110 L/min，施工时可根据现场情况进行调整。

（2）钻进过程中遇涌水或因岩层破碎造成卡钻时，应停止钻进，进行注浆扫孔后再行钻进。注浆加固完成后应进行注浆效果检测，检验孔数为钻孔总数的 10%，并不少于 3 个孔，检验孔贯穿加固区，加固体渗透系数 $\leqslant 1.0 \times 10^{-6} /$（cm·s），岩芯采取率不应小于 75%，检测完毕后注浆孔进行注浆封堵。注浆加固方案如图 6-45 所示。

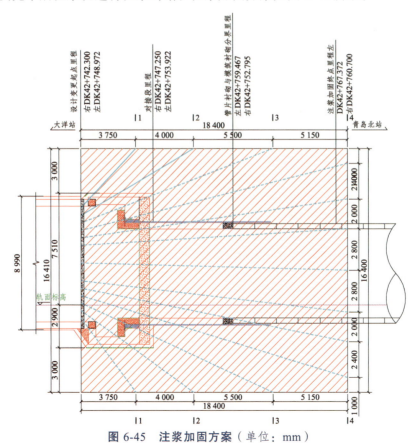

图 6-45　注浆加固方案（单位：mm）

6.3.3　盾构原位解体对接方案

该方法适用于盾构法隧道先到达预定对接点的工况。当区间隧道矿山段开挖至与盾构法分界处，局部施做扩大断面，设置素混凝土封堵墙，盾构掘进破除封堵墙，然后进行盾构拆机、施做接收段衬砌。

1）工法对接流程

该方法受限于既有盾构隧道的狭小空间，须克服有限空间盾构解体、长距离单线运输、长距离独头通风、长距离反坡排水、成型管片保护、结构防水等技术难点。工法交接的工序分为拆机准备、原位解体、钻爆法临时设施搭设、钻爆法施工及防护、永久衬砌施作等，具体如图 6-46 所示。

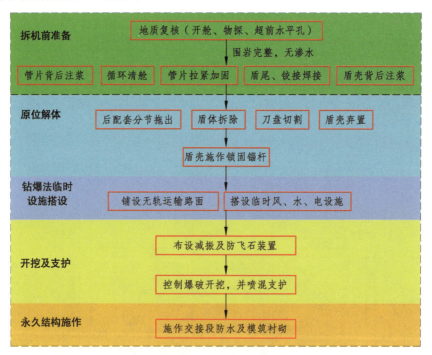

图 6-46　工法对接流程

2）拆机前准备工作

（1）盾构停机。

在盾构设计停机点前 7 环采用多孔注浆管片，到达环采用端门预埋钢板的特殊管片；盾构到达停机点前 1 环管片停止同步注浆，到达交接点后检查停机处地层条件，最终停机位置根据地层稳定性、涌水量、盾构机状态等综合因素评判，若地下水较大、地层稳定性较差，则盾构机继续推进，直至地层稳定满足停机要求。

（2）创造刀盘拆卸工作面。

确定停机位置后，收回推进油缸，增加泥水舱压力，使盾体后退，在刀盘前方形成 1 m

宽的工作面。盾构机后退到位后再进行同步注浆，同步注浆浆液采用高水泥配比浆液，摆动刀盘球形铰接，实现刀盘扩外。

（3）盾构机密封。

盾构停机后为确保隧道安全对盾体、主轴承密封、铰接密封、盾尾密封进行保护：① 向盾尾刷空腔补注油脂，然后利用末 2 环管片吊装孔注入聚氨酯形成密封环，保护盾尾刷及同步注浆管路；② 利用中盾径向孔向机壳外注入衡盾泥，确保周边土体稳定性，方便后期脱困。③ 对邻近 10 环管片进行二次注浆，进一步封堵后方来水；④ 检查铰接密封和主轴承密封的保压性能，保持密封腔油脂压力。

（4）管片加固措施。

为防止拆机时因管片无油缸推压引起管片环向及纵向松动，造成管片环、纵缝漏水，盾构机到达对接位置后，需立即进行管片加固。管片加固方式为对到达段最后 20 环用［14槽钢将管片沿隧道纵向拉紧。

（5）盾尾、铰接及切口环焊接。

将盾尾与管片间的空隙用环形钢板与管片侧面预埋钢板焊接固定，然后用双快水泥将间隙封堵密实，在上部预留一个 30 cm 排气口，然后自下而上，多次少量注入微膨胀水泥浆液，确保密实；采用环形钢板封堵切口环与围岩间的缝隙，在上部预留一个 30 cm 排气口，然后用双快水泥或堵漏灵将间隙封堵密实，再通过盾体周围的径向孔注入微膨胀泥水浆液填充盾体与围岩的间隙。注浆应多次少量，压力不宜太高，防止破坏切口环封堵钢板；中盾与盾尾之间铰接销焊接固定。盾壳间隙封堵方案如图 6-47 所示。

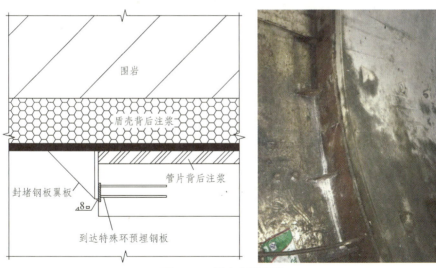

图 6-47　盾壳间隙封堵

（6）其余拆机准备工作。

盾构拆机前应做好如下准备工作：① 清空开挖舱及泥浆管路；② 做好机械部件的清洁及标签工作，方便重新装配；③ 搭建好动火作业的风水电临时设施，尤其重视隧道内的通风条件。

3）矿山法掘进施工

（1）控制爆破。

钻爆法接手后的工作面距离盾壳切口环约为 1.5 m（刀盘高度 + 伸缩量），距离盾尾管片约 8.58 m，爆破振动和飞石可能会对既有结构造成损害，因此须采取相应减振和防护措施。振动控制标准参照《爆破安全规程》（GB 6722—2014），地下深孔爆破时，既有交通隧道的振速控制值为 12 ~ 15 cm/s，但接应端盾构隧道尚未封口，振速应在满足施工需求基础上尽量降低，现场按照 5 cm/s 进行控制。

① 优化爆破参数。

在满足工期和实际情况的前提下，孤石段爆破应延时分多段爆破，且低段位跳段使用，将最大一段装药量控制在 25 kg 以下；选择最佳的微差间隔时间，孤石段爆破时不同断面的微差时间可适当拉大。实践证明，微差时间间隔 ≥ 100 ~ 150 ms，则地震波迭加的可能性小；如要进行大药量爆破，可采用几套独立的爆破网络，分时段进行爆破，如分两次或者三次爆破，每次爆破间隔 3 ~ 5 min。从而减少同段起爆炸药数量和相邻爆破地震波迭加。

② 减小手段爆破炸药用量。

首段雷管引爆时，爆破能量主要用于破坏岩石结构，并产生空隙，地震波大部分能量均沿岩石向周围地层传播；而后续爆破的地震波有一部分则会从之前产生的空隙中逸散而造成损失，爆破最大振动速度往往发生在首段雷管引爆的这一段时间。因此，适当减小首段爆破炸药用量可有效减小爆破最大振动速度。

③ 优化布孔起爆方式。

进行后续微差爆破时，可充分利用之前爆破产生的临空面和预爆孔周围的地质情况，选择最佳的初始爆破孔孔位。

④ 采用光面爆破。

增加周边眼数量可有效阻断振动波向轮廓外岩体的扩散，减少对周边围岩及近接盾构管片的扰动，提升爆破成型效果。

⑤ 飞石防护。

防飞石的物理手段主要有：① 每次爆破施工前，在切口环与掌子面之间挂设 2 层防护，第一层为钢丝绳网，网眼大小 90 mm × 90 mm，利用盾壳上焊接的 8 个辅助钢钩进行固定，此外钢丝绳网上缀满废旧轮胎，如图 6-48 所示。本层防护可阻拦大块碎石及部分小直径飞石；第二层为炮被，可选用废旧棉被或轮胎编织物，本层防护可阻挡剩余较小颗粒飞出物；② 采用炮被对盾壳及相邻 20 环管片内侧进行覆盖，侧壁及拱顶的炮被利用螺栓手孔进行固定。

此外，做好炮孔封堵工作可以有效减少飞石的伤害，所有炮孔的口部 15 cm 采用细黄泥严密封堵。

图 6-48　飞石防护措施

（2）接头结构及防水。

工法交接结构（如图 6-49 和图 6-50 所示）分为 3 段：① 马蹄形衬砌加强段，邻近盾壳 10 m 范围内钻爆法隧道原设计 II 级围岩初期支护，100 mm 厚网喷混凝土支护，现调整为格栅拱架加强型支护，内外铺设双层钢筋网，喷射混凝土厚度 300 mm；② 盾壳 + 模筑衬砌，断面结构由外至内依次为：盾壳外注浆填充层、盾壳、100 mm 喷混找平层、防水层、钢筋混凝土衬砌，成型隧道内径 5.5 m，如图 6-51 所示，由于该段坡度较大，且后期行车扰动频繁，为防止盾壳移动和自转，在两腋施作 3 排锁固锚杆；③ 管片 + 模筑衬砌，在盾尾 6～7 环管片范围内利用盾构隧道内净空预留 250 mm 空间施作钢筋混凝土衬砌，成型隧道内径 5.5 m。

盾尾最后 1 环采用侧面预埋钢板的特殊管片，以便于后期在锁口位置施作靴形环梁，解决盾构隧道尾端的固定及防水问题。环梁钢筋与预埋钢板和盾壳现场焊接连接，在接缝位置预埋 2 道橡胶止水带及可重复注浆管，如图 6-52 所示。

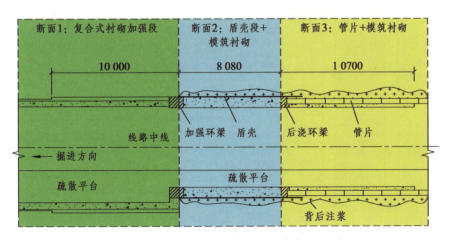

图 6-49　工法交接段结构平面（单位：mm）

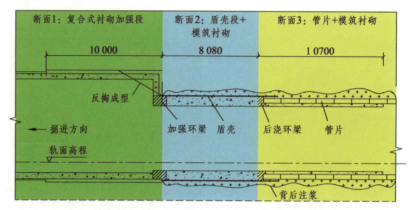

图 6-50 工法交接段结构立面（单位：mm）

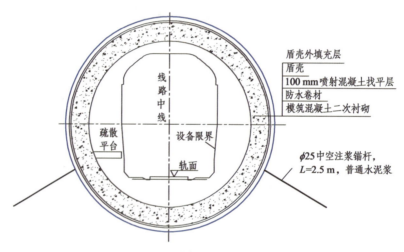

图 6-51 盾壳段永久衬砌结构

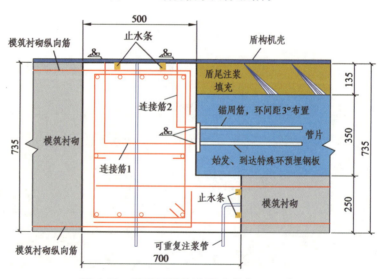

图 6-52 后浇环梁构造图（单位：mm）

工法交接段是隧道工序转换，结构断面变化的关键点，也是整个隧道结构受力和防水的薄弱点，尤其是盾壳段，其背后注浆密实度对结构稳定性的影响很大。在整个工法交接及两侧延伸段施作整体现浇衬砌可以增加隧道纵向刚度，提高防水性能。

6.3.4　盾构海底弃壳解体施工技术

青岛地铁 8 号线过海隧道施工所采用的泥水盾构主要由刀盘、前盾体、中盾体、尾盾体组成，盾体内设备及 6 节后配套拖车组成，盾体部分总长 10.981 m，整机总长约 91 m，整机重量约 500 t。盾构到达接预定位置后，将内部钢结构和部件在隧道内狭小的空间内拆卸，通过隧道运出至地面，盾体不拆除，永久保留在隧道内，在拆机时起到支撑围岩和安装吊点的作用。海底弃壳解体流程如图 6-53 所示。

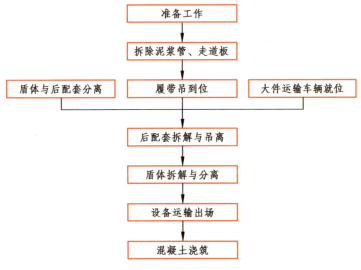

图 6-53　洞内弃壳流程

1. 盾构解体前准备工作

1）拆卸前准备工作

（1）盾构对接处满足拆卸的土建技术要求。

（2）管片加固：为防止拆机时因管片无推进油缸推压引起管片环向和纵向松弛，造成管片环、纵缝漏水，盾构到达对接位置后，立即进行管片加固。管片加固方式为对到达段最后 20 环，用［14 槽钢将管片沿隧道纵向拉紧。

（3）将最后安装的 20 环管片壁后补充注浆，紧固纵、环向螺栓，连接互锁。

（4）在盾壳外和盾尾刷处管片注浆填充，使盾壳与围岩结为一体。

2）其他准备工作

（1）对盾体安装吊耳区域的盾壳厚度进行超声波扫描检测或开孔实测，确认其磨损情况，盾壳厚度必须满足不大于 3 cm 要求。

（2）准备拆机所需的工具、机具、材料，加工的吊耳、辅助工装等，吊耳和辅助工装必须进行探伤检测，确保加工质量合格。

（3）拆机前在作业面附近设置临时用电和抽排水设施，保证风、水、电的供应。

（4）为了保证拆卸质量，拆卸前做好各种标识和检查工作。

（5）制订详细的拆卸计划，编制盾构拆卸的技术说明和要求。

2. 盾构解体拆卸方案

1）盾构解体拆卸流程

总体遵循先易后难、先小后大、由后到前、由上而下、由内而外的顺序，拆除已成型隧道内的泥浆管、走道板、支架等，清理隧道内多余的杂物，并铺设后配套台车的行驶轨道，主机与后配套的分离，拆解液压、电气管线。拆机工作流程如图 6-54 所示。

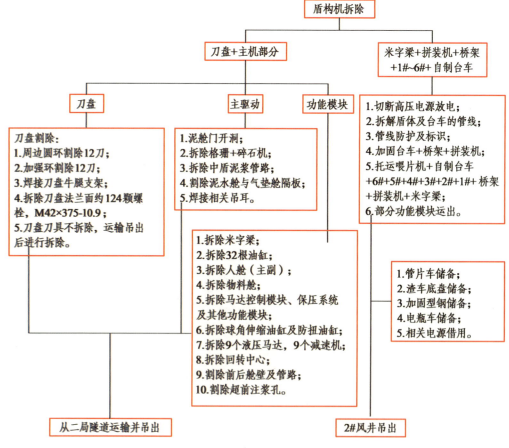

图 6-54　拆机工作流程

2）后配套拆解

（1）后配套拆卸步骤。

按照 6 号台车→5 号台车→4 号台车→3 号台车→2 号台车→1 号台车→桥架的拆解运

输顺序，先依次断开各台车之间的以及台车和主机之间的流体管路及电气连接，然后拉出电缆并小心卷起，最后分批将后配套通过电瓶车牵引至始发风井，分节吊出。

（2）后配套洞内运输。

台车及桥架采用电瓶车分别拖至井口吊出，桥架用管片车加支撑梁支撑，拖至井口吊出。

台车托运：在电瓶车渣车底盘上部焊接 300H 型钢，通过千斤顶将台车撑起，坐落在型钢上，与型钢电焊后用电瓶车拖出。

台车拉出井口后在隧道方向设置铁鞋，防止电瓶车向洞内滑移。

每节台车逐个使用 200 t 吊机将其吊出井口。

钢丝绳选用：直径为 36 mm、长 6 m 的 4 根；卸扣选用：17 t 卸扣 4 个。

3）主机拆解

除盾壳外，主机拆解包括喂片机、推进油缸、拼装机、人舱、主驱动、刀盘等，其中主驱动和刀盘的拆解是重难点。

主机拆解按照拆解喂片机→拆解推进油缸→拆解拼装机→拆解人舱→拆解主驱动→切割盾体→拆解刀盘的拆解运输顺序进行。

（1）拆解喂片机。

首先将喂片机与主机之间的连接断开；然后通过倒链将喂片机拉到平板车上；最终利用电瓶车拉动平板车，将喂片机运出洞外。

（2）拆解推进油缸。

盾构机共有 16 组油缸（每组两根），推进油缸双油缸质量 5 t，首先盾尾顶部焊接 5 t 倒链吊耳，使用倒链及拼装机配合将油缸缓慢移出，移出后需要盾尾顶部倒链配合将其放置到盾尾底部，移至平板车上，运出洞外。

（3）拆解管片拼装机与行走梁装机（20 t）。

① 延长盾尾区域的导轨，将运输平板车拖至拼装机下部，将拼装机固定在行走梁上。

② 在顶部焊接吊耳，设置辅助倒链（5 t），吊住拼装机。

③ 用 20#、10#H 型钢在平板车上设置支撑架，然后用 4 个 50 t 千斤顶将管片拼装机顶起，盾尾顶部通过 10 t 倒链将拼装机拉紧，防止拼装机拆除过程中出现坠落、滑移，拉紧后拆除管片拼装机行走梁整体与米字梁之间的螺栓。

④ 松动顶部倒链同时千斤顶缓慢下降，将拼装机落在支撑架上。将支撑架与拼装机进行焊接固定，并在前后用 10H 型钢加设斜撑。固定好后取下顶部辅助倒链。

⑤ 运输板车采用渣土车底盘，固定之后运输至吊装井口。

（4）拆除盾体功能部件护、泥浆管路。

盾体内功能部件如液压块、泵、阀、过滤器、小管道拆除后需要清理打包以便再次使用，上述部件根据现场实际情况采用标准工具及小型吊具进行拆解。拆卸的设备注意标记及保护。将穿过米字梁的泥浆管分段拆卸，人工搬运至运输板车，做好标记分类装箱运出。

（5）拆解人舱（10 t）。

每个人舱上面有 4 个吊环，在吊环上方对应焊接 4 个吊耳，使用 4 个定滑轮（5 t）挂在吊耳上。人舱拆解过程如下：

① 使用钢丝绳穿过滑轮吊住人舱 4 个吊环。

② 使用盾体的下半部推进油缸安装法兰板作为 4 个 5 t 倒链的挂点，通过倒链拉紧钢丝绳。

③ 在人舱下部采用工字钢加工两个底托，底托两侧焊接吊耳，利用顶部倒链拉紧固定，防止拆卸过程中坠落、滑移。

④ 松开人舱与盾体的装配螺栓。

⑤ 4 个倒链同时配合将人舱缓慢放置在平板运输车上。

（6）拆解主驱动轴承（65 t）。

主驱动轴承是盾构机的心脏，最重要的一个单元，同时也是整个盾构最重的不可拆卸件。在整体拆卸当中极其重要，主驱动轴承净重 65 t。

① 割除主驱动下方前舱的隔板，将轨道延长到泥水舱内，至主驱动下方。运输平板车停放在主驱动的正下方，调节轨道高度，使用运输板车上焊接的横梁与主驱动接触。

② 主驱动与平板车之间采用 30#、20#HW 型钢焊接固定，并在前方左右侧各设一道 10#型钢斜撑，防止在运输过程翻转。

③ 焊接固定完成后，接着松开主驱动前体的连接螺栓、主驱动刀盘连接螺栓，进行主驱动周边隔板切割，在主驱动周围约 50 mm 处切割以防止在切割时损坏主驱动。

④ 将主驱动从盾体中切割出来，并通过倒链及电瓶车将主驱动沿轴线方向缓慢拉出。运输过程中要缓慢平稳进行。

⑤ 运输至始发风井后，在外壳上焊接吊耳，并将主驱动提升至表面上。吊耳焊接完成后进行探伤试验，合格后进行吊装。

4）拆解刀盘

在盾构接收完成且切口环封堵完毕后，刀盘将被割成几块，以便运出洞外，刀盘（含刀具）总质量约 78 t，直径 7.02 m，分块切割后小块（12 块）长度小于 2 m，质量不超过 5 t，中心块直径约 3 m，质量不超过 40 t。

其具体步骤主要有：切割刀盘背部的主动搅拌棒并放置在泥舱门口→切割刀盘（优先切割底部 12、1、2 块，然后自上而下分块割除，最后割除 13 号中心块），切割前用 5 t 倒链拉紧，防止刀盘切割后掉落、移动→待矿山法段具备条件后装车运出洞外。

① 刀盘前方采用 ϕ48 钢管脚手架搭设作业平台。

分块切割前采用 20 t 倒链挂住预埋吊钩拉紧切割块后方可切割，使切块切割后向前方向移动。刀盘切成块后先放置在暗挖隧道内，待条件允许后通过倒链将刀盘块放到运输车上，由矿山法段斜井采用运输车辆运出。

② 然后自上而下，对称分块割除，用倒链下放，分块拉出，待二局条件允许后装载到运输车上，最后切割 3、11 块。

③ 再用倒链、型钢固定住刀盘中心块，断开刀盘中心块与主驱动连接，割除 7 块，然后将中心块缓慢放在暗挖隧道内。

5）盾体弃置

主驱动、刀盘中心块拆除完成后，为保证二次衬砌厚度，将盾体内剩余的隔板、加强肋板等进行割除。割除应从上到下，逐步割除。切割余下的盾体内部钢结构并通过平板车送出洞外，只将盾壳保留下来。

6.4　本章小结

盾构始发与地层性状、地下水、始发井大小、线路坡度、盾构直径大小及盾构类型等均密切相关，影响因子较多。本章针对青岛地铁 8 号线滨海段高压富水条件和海底盾构-矿山法对接两种工况实际，开展盾构始发接收技术研究，得出结论如下：

（1）针对滨海富水软弱地层地下水压力较高、流速大的特点，研发了陆域大埋深、高水压盾构始发、接收端"隔离区外地下水 + 区内降水 + 平衡洞门水压力"的多元组合加固技术：采用地下连续墙隔离区外地下水，切断水源补给；隔离区内降水，提高地层自稳性，降低洞门处水土压力；洞口素混凝土连续墙 + 洞内辅助密闭钢套筒平衡洞外水压力。

（2）针对小空间/大埋深基坑不满足泥水平衡盾构设备整体始发要求，提出了泥水平衡盾构三阶段分体始发技术。第一阶段把盾构机主体部分下井组装，1#台车与桥架连接，下井置于一侧，桥架与盾体相连；在完成一阶段掘进后，第二阶段将 1#台车调直并与桥架连接，再将 2#台车下井与 1#台车连接，1#台车完成进洞；在完成二阶段掘进后，第三阶段将剩余后配套台车及设备下井组装，并及时拆除反力架、始发钢套筒和负环管片，进入正常掘进阶段。

（3）针对海底泥水平衡盾构与矿山法对接难题，提出了海域段高水压无箱体条件下泥水盾构弃壳接收技术。通过围岩稳定性评价，结合盾构和钻爆法进度分析，确定了对接段合理位置；通过研究比选，明确了地层预加固方法、接收洞室结构设计、对接点防水处理、洞内弃壳拆机方法、弃壳拆机后处理设计，形成了对接成套技术。

7 海底机械法联络通道施工技术

受现行规范对联络通道布置间距要求的限制，青岛地铁 8 号线部分联络通道设置无法避让不良地层，海域段隧道拱顶紧邻富水砂层，联络通道施工风险尤甚。针对上述联络通道采用顶管法施工，系国内首次在水下采用机械法施工联络通道。本章围绕海底联络通道机械法施工难题，开展技术研究，开发了一种联络通道加强环梁结构及施工方法和一种用于主隧道管片的联络通道洞门破除施工方法，实现了海底联络通道机械法施工。依托青岛地铁 8 号线海域段盾构隧道联络通道工程，使用 FLAC 3D 分析了盾构法联络通道施工过程中洞门破除、联络通道持续开挖、盾构接收、支撑拆除以及是否支撑等情况下隧道、联络通道以及管片的力学响应，对主隧道及联络通道进行了结构稳定性分析，为海底机械法联络通道安全施工提供了理论依据。

7.1 引　言

根据隧道消防要求，区间应在其中部的左、右线之间设置联络通道，在发生灾难或事故时，以使乘客通过联络通道疏散至相邻安全隧道内。目前国内地铁联络通道施工应用最广泛的方法为冻结法加固、矿山法开挖，机械法施工近几年正逐步兴起。

施伟提出采用油阀管注浆加固后矿山法施工技术，可保证施工质量，形成的止水帷幕可为联络通道施工营造一个无水环境，促使各道工序顺利开展，值得大范围推广应用。吕鹏程结合登洲站—花卉世界车站工程实例，根据区域内高承压水粉细砂地层的地质特点提出了冷冻法施工技术，并对该施工技术展开详细的研究。余志勇对全断面注浆及应用进行总结，并从注浆加固方案的制定、注浆材料试验的开展、注浆材料的选择、注浆效果评定、异常情况处理五方面，论述了超前小导管注浆技术在联络通道施工中的实际应用。赵彬从注浆原则、注浆孔布置、注浆材料、施工工艺等方面对冷冻法联络通道融沉注浆施工技术进行系统阐述。王东武以无锡市轨道交通 2 号线某区间为背景，采用地铁联络通道大直径套管钻进法施工新技术，确定了整体施工思路并进行关键技术研究。提出了以"取芯钻进，套管跟进，套管即为结构"的大直径套管钻进法技术思路，通过对始发段施工、纠偏处理、接收侧管片破除、通道贯通后处理等关键步骤进行分析，提出施工质量安全控制标准。冯威提出了一种适用于中风化砾岩开挖联络通道的施工方法，即"安全进洞、全面推进、快速支护、探孔保护、后退成型"二十字方针，解决了硬岩地层联络通道快速开挖技术难题。周海东通过分析顶进过程中结构受荷响应特征、正线隧道和周边环境受影响的规律，提出联络通道施工综合控制要点，进而总结出集掘进、拼装、注浆等的集约一体式顶管法施工技术，能够满足城市地铁隧道狭小空间内地层微加固条件。陈裕康等首创网格式土压平衡矩形顶管机，利用钢管片作为胸板、操作方便、机型小巧、造价低，在南京地铁盾构区间隧道联络通道施工中首次成功应用，为在软塑土地质条件下修建联络通道施工方案的选取开拓了新的思路。黄尊等开展 BIM 技术在创新工法-机械法联络通道中的应用研究。采用参数化模型进行工程结构设计模拟和集约化施工设备的优化设计，以 BIM 技术作为模型和信息的载体，根据现场施工和科学研究对模型进行反馈修正、深化设计，提取模型数据，结合其他技术，进行方案、现场、进度、成本管理等的应用。籍以安全高效地完成国内首座机械法联络通道的修建，提升了项目的综合管理水平，缩短了工期，保证了工程建设质量。为接下来的机械法联络通道的修建提供理论依据和技术支持，也为联络通道修建技术的发展指明方向。顾沉颖提出顶管直接切掘新型管片联络通道新艺（NOMJS），该工艺采用特殊设计的顶管机直接切削贯穿上下行线隧道管片形成联络通道结构，并在顶管始发和接收过程中设置止水框体和整体接收装置，可大大降低施工联络通道施工过程中的风险，简化联络通道施工的工序。朱瑶宏等提出了以"微加固、可切削、严密封、强支护"为主要特征的地下空间联络通道机械法 T 接施工技术理念：在地层微加固的情况下，采用隧道掘进机直接破除既有管片的方式，实现联络通道的一次掘进成型。此外，通过数值模拟，探究适合盾构法联络通道工程的密封垫断面形式。丁修恒对联络通道盾构法修建技术进行了系统全面的阐述，形成了"弱加固、强支护、可切削、全封闭、保平衡、严防水、集约化"的关键技术，并明确了工法的工艺细节和具体做法。周晔制备了由超细水泥、水玻璃、增黏剂、减水剂和絮凝剂等配制成的新型注浆材料，可以较好地满足机械法联络通道施工对注浆材料的要求。王昆对常规联络通道施工方法进行分析研究，并基于土压平衡掘进机的掘进原理，研究设计了一种机械法联络通道用掘进机始发接收密封装置，该装置能够有效缩短工期，提高安全可靠性。

总体而言，与非机械法施工相比，机械法施工的优势在于极大地缩短了联络通道施工工期，同时无须进行大面积的加固，避免冻结加固后期融沉对结构造成破坏以及对周边环境的影响，但现有机械法研究大多针对软土地层，对渤海泥岩地层的联络通道施工研究相对较少。青岛地铁 8 号线海域段联络通道施工是国内使用机械法在跨海泥岩地层施工的首次应用，需要克服高水压、穿泥岩、小空间等一系列问题。本章针对海底高水压、大埋深的工程地质环境，开展联络通道加强环梁结构施工、洞门破除技术、联络通道小盾构始发与接收、施工稳定性等关键技术研究，为工程实现提供技术支撑。

7.2　大埋深海底隧道机械法联络通道加强环梁结构施工工法

海底隧道联络通道设置在两条主隧道之间，起到联通、排水及防火等重要作用的通道。海底联络通道的掘进面临着发生事故风险高、海水无限补给等困难。现有联络通道的施工方法中：冻结法会面临着冻结孔漏水、冻结管断裂、冻结壁失稳的风险，且有着成本高、工期长、解冻后二次应力分布不均匀的问题，帷幕注浆法也同样拥有注浆盲区的问题，使得注浆不均匀仍然会带来发生事故的风险。机械法施工有着对周围岩体情况影响较小，稳定性好，施工周期短的优点。但在联络通道与主隧道之间的拼接处仍然面临着应力集中，管片受损所可能带来的突砂涌水等事故。

为了解决这一问题，在施工速度快、机械化程度高、工后沉降小、安全性高的机械法基础上，需要一种结构形式能够加强联络通道与主隧道连接处的稳定性，降低由于管片破除受损带来的发生突砂涌水事故的可能性，且结构形式简单，施工方便、安全性、高稳定性好。

大埋深海底隧道机械法联络通道的加强环梁结构如图 7-1 所示，包括：混凝土浇筑的环梁主体，预埋在环梁内部的钢环、预埋注浆管、预埋的遇水膨胀橡胶止水条。所述的预埋 10 mm 左右钢环，预埋在钢筋混凝土加强环梁的内边缘，其作用能保证机械法联络通道始发接收的钢套筒焊接形成一个密闭的整体。预埋注浆导管，分别预埋在钢环内边缘、环梁外边缘的内侧，每 60° 布置一个，保证联络通道与主隧道拼接处的施工缝漏水涌水时进行注浆加固。遇水膨胀橡胶预埋在两个注浆导管外侧，止水条分别预埋在钢环和加强环梁上。

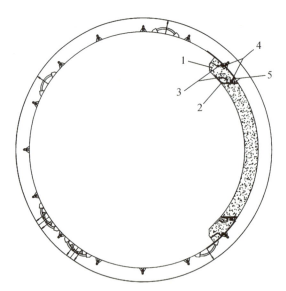

1—混凝土浇筑的环梁主体；2—预埋在环梁内部的钢环；3—预埋注浆管；
4—预埋的遇水膨胀橡胶；5—止水条。

图 7-1　加强环梁结构图

联络通道加强环梁施工分为始发端加强环梁施工和接收端加强环梁施工。端墙加强环梁沿主隧道正线长度 6.0 m。加强环梁结构施工流程主要有：准备工作→支架搭设→环梁植筋或焊接钢筋→预埋件固定→钢筋绑扎→合模板→浇筑混凝土→等强。流程涉及的关键工艺施工方法如下：

1. 植筋工艺

植筋锚固深度 250 mm，正式施工前，应对其进行拉拔试验，所用植筋胶须采用专门配置的改性环氧树脂或改性乙烯基酯类胶黏剂，并满足 A 级胶性能合格指标。植筋工艺的钢筋分布如图 7-2 所示，其施工工艺及步骤如下：

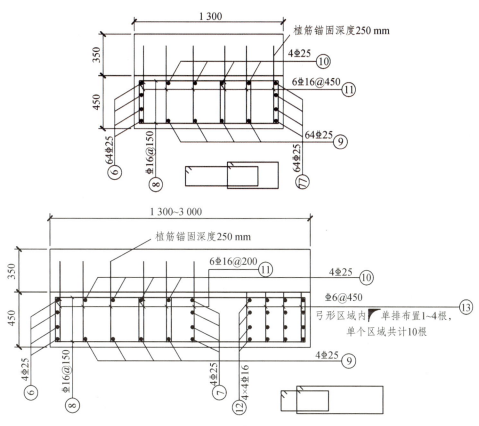

图 7-2　钢筋分布示意（单位：mm）

（1）准备：检查被植筋混凝土表面是否完好，钢筋探测核对标记植筋部位。

（2）钻孔：按图纸要求，根据植筋的直径对照相应的孔径和孔深进行打孔，钻孔过程中若未达到设计孔深而碰到结构主筋，不可打断或破坏，应另行在附近选孔位，原孔位以等强度无收缩水泥混凝土填实。

（3）清空：采用压缩空气清孔，用毛刷刷三遍、吹三遍，确保孔壁无尘。

（4）注胶：注胶时将搅拌头插入孔的底部开始注胶，逐渐向外移动，直至注满孔体积的 2/3 即可。

（5）植筋：准备好的钢筋旋转着缓缓插入孔底，在规定的固化时间内进行安装，使得锚固剂均匀的附着在螺栓表面，待其固化后再进行其他工作。

在固化期内禁止扰动螺栓，清孔时不仅要采用吹气筒或气泵等工具，同时也必须采用毛刷等设备清除附着在孔壁上的灰尘。保证钻孔垂直度偏差≤1°，平面位置偏差≤10 mm。

2. 预埋件及预留孔施工技术措施

预埋件及预留孔洞位置的准确程度直接影响到日后结构的使用功能和整体质量。预埋件及预留孔洞位置的精度控制技术贯穿于施工全过程。在施工前应全面了解各类预留孔洞和预埋件的位置、数量、规格及其功能，绘制详细的预埋件及预留孔布置图，防止施工过程中出现错漏。施工过程中根据设计尺寸测量放样，并在基础垫层或模板上做明显标记。预留孔洞及预埋件应根据放样精确固定在模板上，并采用钢筋固定，确保预留孔洞及预埋件位置正确及不发生位移。在混凝土浇筑过程中，严禁振捣器直接碰撞预留孔模型及各类预埋件。拆模后立即对预留孔洞及预埋件进行复查，确保其位置准确，否则立即进行必要的修复。预埋钢环如图 7-3 所示。

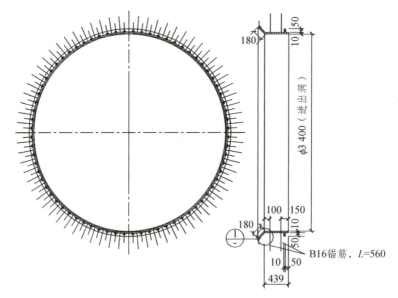

图 7-3　预埋钢环示意（单位：mm）

3. 模板施工

加强环梁结构采用 15 mm 竹胶板立模，模板支架在混凝土满足强度要求后拆除。模板支撑体系采用钢管支架。混凝土采用商品混凝土，自卸至料斗内送至井内，采取人工倒运入模，采用平板式振捣器和插入式振动器进行振捣。

分层、分段长度考虑结构受力、模板高度、一次混凝土灌注能力、混凝土水化热、结构防水、抗裂、混凝土收缩与徐变等的影响，并结合工程的具体特点综合考虑。

4. 混凝土工程施工

加强环梁结构采用钢筋混凝土结构。采用 C45 混凝土，抗渗等级为 P12。混凝土养护养护时间不少于 14 d。结构混凝土的强度等级必须符合设计要求。成品养护需采取措施保证养护质量。

7.3 洞门破除施工技术

1. 技术背景

由于机械法联络通道施工中，掘进设备无法磨穿钢筋混凝土管片，因此在主隧道钢筋混凝土管片的开洞门进行管片破除，但是施工期间容易出现涌水涌砂情况；而且洞门破除期间，主隧道成型管片的受力发生变化，存在主隧道受损的情况。机械法联络通道洞门破除是施工过程中的重大风险源之一。针对联络通道洞门破除的施工方案较少，一般采用人工破除或机械破除，需要人员或者机械将混凝土完全凿除并采用气割枪切割钢筋，常规的联络通道洞门破除工法成本较高、工序较为复杂而且工期长。

2. 施工方法

本次工程采用的洞门破除施工方法及步骤如下：

（1）配置环箍注浆所用单液浆与双液浆。

（2）采用单液浆与双液浆结合的方式在联络通道管片前后各 5 环进行环箍注浆；启用主隧道内成型管片的5个注浆孔（除封顶块）进行单液浆注浆，开孔后先注入单液水泥浆，当达到注浆结束标准并封孔完毕后，更换孔位。

（3）配置洞门注浆加固采用的水泥-水玻璃双液浆。

（4）洞门破除方向进行注浆加固，注浆孔布置如图 7-4 所示，其中 1 为联络通道开挖线。加固范围为联络通道开挖线外 3 m 范围，沿联络通道纵向加固长度为 5 m。采用后退式注浆工艺，跳孔间隔施工，注浆孔兼检测孔；设计浆液扩散半径为 1.0 m，注浆终孔间距不宜大于 1.75 m；注浆压力 0.5～1.0 MPa。单孔注浆结束标

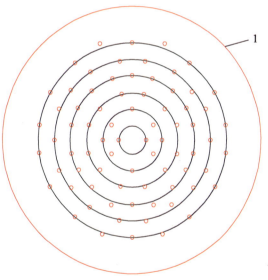

图 7-4　联络通道注浆孔布置示意

准以定量定压相结合，定量标准：压力不上升，但注浆量达到单孔设计注浆量的 1.5～2.0 倍；定压标准：注浆过程中压力逐渐上升，注浆量逐渐减少，当注浆压力达到设计终压，并稳定 10 min，且进浆速度为开始进浆速度的 1/4 或注浆量达到设计注浆量的 80%以上，即可结束该孔注浆。全段结束标准：设计的所有注浆孔均达到注浆结束标准，无漏注现象；按总注浆孔的 10%设计检查孔，检查孔满足设计要求。

（5）在联络通道上侧、下侧、左侧、右侧及中部分别用风钻（或水钻）打水平探孔进行取芯检测，取芯孔布置如图 7-5 所示，取 5 个孔。孔深不宜过深，约 40～50 cm，穿透主隧道衬砌管片即可。从探孔观察，洞门处无明流水，方可破除，确保洞门破除过程中掌子面安全。

（6）用风钻（或水钻）进行排孔取孔，管片弱化排孔布置如图 7-6 所示，7 为管片弱化排孔，8 为注浆加固区域，9 为联络通道开挖线。排孔取芯深度 0.3 m，结合洞门加固的注浆孔布置，排孔距离洞门中心 1.5 m，间距为 0.5 m，孔数为 19 个，孔径为 80 ~ 130 mm。

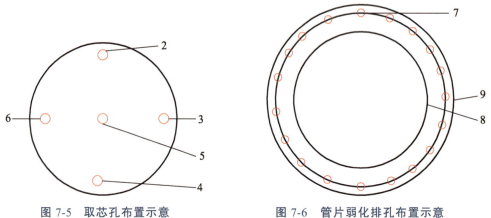

图 7-5　取芯孔布置示意　　　　图 7-6　管片弱化排孔布置示意

（7）将圆形洞门由下至上等距分为第一段、第二段、第三段、第四段，如图 7-7 所示，其中 10 为主隧道。

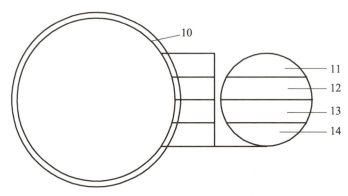

图 7-7　洞门破除分段断面示意

（8）用洞门加固的注浆孔和排孔将管片分成若干个"小块"，洞门破除施工"由下至上，分段破除"，施工顺序为：第一段→第二段→第三段→第四段。洞门直接破除至管片外侧保护层混凝土，剩余保护层混凝土不用破除。

（9）依段割除洞门外围残留的钢筋，将洞门周围钢筋沿洞门圆周方向切割修整圆顺，并清理底部泥石碎块。

（10）每段混凝土凿除完以及钢筋割除完以后，用 M10 水泥砂浆分别对每段进行约 10 cm 厚度的填充。

（11）分段破除及分段填充施工完毕后清除施工引起的残渣。

（12）进行机械法联络通道施工。联络通道洞门破除期间为了安全起见，也为了加固效果验证，提前进行了水平探孔，做到了先探后破除，从探孔观察，洞门处无明流水，才可破除，确保了洞门破除过程中掌子面安全。在破除前利用洞门加固的注浆孔和开挖面最外排取排孔，洞门破除施工"由下至上，分段破除"，加快了破除进度，提高了速度，不仅尽早完成了联络通道洞门破除，而且降低了风险。

7.4 海底小盾构始发及接收施工技术

7.4.1 联络通道工程地质条件

青岛地铁 8 号线过海段隧道位于胶州湾北部区域，最高潮位水深 3～11 m。勘探期间测得在线路里程 AK44＋800～AK46＋100 段为填海造地段，地下水埋深 2.8～6.5 m，地下水受海水潮汐影响较大，无稳定水位，且与潮汐呈滞后现象。

工程区间联络通道地层如表 7-1 所示，联络通道地质断面如图 7-8～图 7-10 所示，大部分穿越中风化及强风化火山角砾岩地层，上覆无限海水补给，存在极大的涌水塌方风险，需确保联络通道施工过程的安全性。

表 7-1 联络通道地层统计

序号	名称	线间距/m	拱顶埋深（含海水）/m	地层
1	9#联络通道	25.00	41.4	16-11、16-13、17-11
2	10#联络通道	19.96	37.5	17-11、17-13
3	11#联络通道	17.39	24.6	16-13、16-11

地层编号：16-11 强风化泥质粉砂岩、16-13 强风化火山角砾岩、17-11 中风化泥质粉砂岩、17-13 中风化火山角砾岩

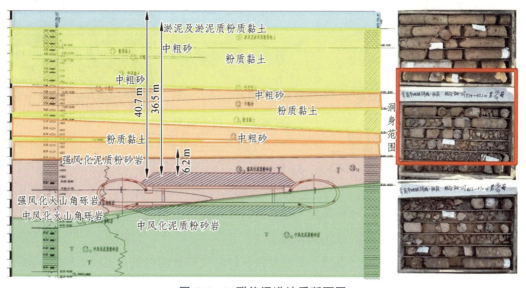

图 7-8　9#联络通道地质断面图

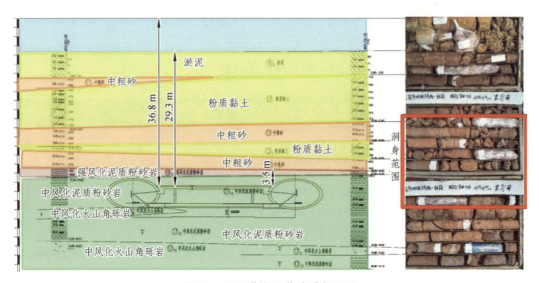

图 7-9 10#联络通道地质断面图

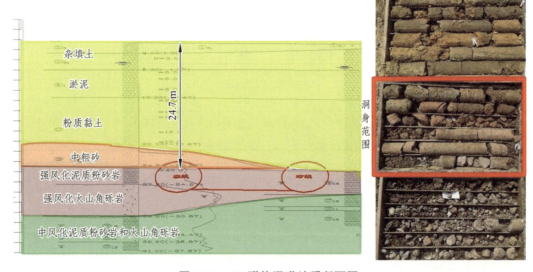

图 7-10 11#联络通道地质断面图

7.4.2 工程重难点分析及措施

根据本工程地质条件，分析其施工重难点，并提出应对措施，具体如下：

1）始发轴线与钢套筒安装轴线偏差

由于始发要求定位精确，需减小始发轴线与钢套筒安装轴线的偏差，采取措施如下：
① 提前量测联络通道洞门，计算推进计划线；② 始发套筒前端姿态按照推进计划轴线

定位；③ 水平方向按照推进计划线轴线确定钢套筒安装轴线，高程方向按照计划线上仰2‰确定钢套筒安装轴线，并在掘进机装入套筒内前调整好钢套筒轴线。

2）始发、接收套筒变形破坏密封

处理措施：① 遇套筒变形量较大时，立即采取加强措施，在变形量较大处补加加强肋板；② 螺栓接缝处出现渗漏，立即对接缝处螺栓进行复紧；③ 焊缝处出现渗漏，立即焊接补强，无法直接焊接的，通过卸压孔排泄部分水后焊接；④ 严格控制刀盘扭矩、推力。

3）始发过程中机械及套筒自转

为防止套筒在使用过程中自转，采取措施如下：① 可在套筒两侧各安装 2 个三脚架，必要时主机尾部四周侧可安装多个三脚架；② 套筒内填充介质，遇扭矩过大时，向套筒内加压，增大介质与盾体的摩擦力。

4）始发套筒后端密封失效、水土流失

始发套筒后端需加强密封，避免水土流失，采取措施如下：① 套筒内设 3 道钢丝刷，涂抹盾尾油脂，腔内填充盾尾油脂；② 套筒后端于地面组装，焊接尾刷后涂油脂，然后将盾体置入套筒内整体吊装下井；③ 掘进过程中间歇性往腔内注入盾尾油脂，并实时监控腔内压力，保持静止压力大于套筒内压力；④ 备足优质聚氨酯作应急注入介质。

5）套筒拆除时水土流失

拆除套筒时，如洞门封堵不密实，易产生水土流失的情况，采取措施如下：① 通过洞门处预留注浆孔及通道衬砌预留注浆孔注入双液浆，封堵建筑空隙；② 套筒拆除前，需在打开洞门钢环位置的注浆孔，并装上止水阀，检查封堵情况，若出现漏水、漏泥现象，则重新对该孔进行注浆，直至洞门处第一环所有注浆孔均不出现漏水现象；③ 套筒拆除时，螺栓不可直接拧落，应确认洞门封堵有效后拆除；④ 拆除过程中，做好注浆准备，一旦发生渗漏，立即注浆封堵。

7.4.3　联络通道小盾构施工始发与接收技术

联络通道小盾构机械法施工的流程如图 7-11 所示。包括前期施工准备、盾构始发、掘进施工、盾构到达与接收、洞门封堵等。

1. 施工准备

为满足联络通道机械法施工要求，首先对联络通道洞门采用注浆方式加固地层并止水，以保证联络通道机械法施工始发安全，注浆加固设计如图 7-12 所示。在联络通道管片前后各 3~5 环进行环箍注浆；洞门破除方向进行注浆加固，加固范围为联络通道开挖线外 3 m 范围，沿联络通道纵向加固长度为 5 m。加工方案断面如图 7-13、图 7-14 所示。

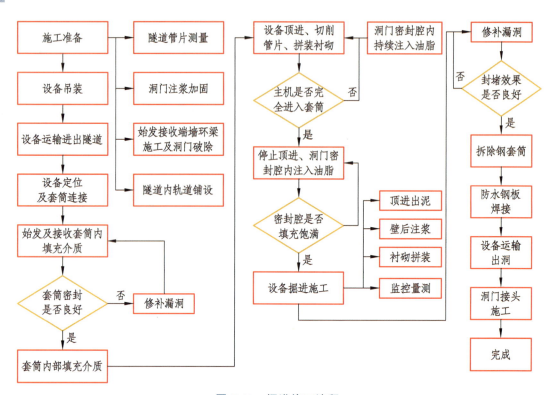

图 7-11 掘进施工流程

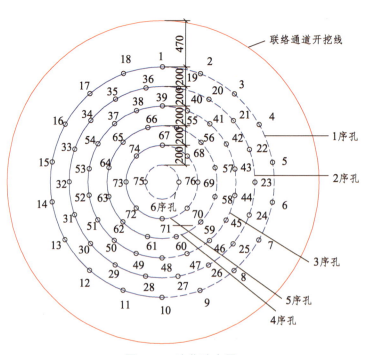

图 7-12 注浆孔布置

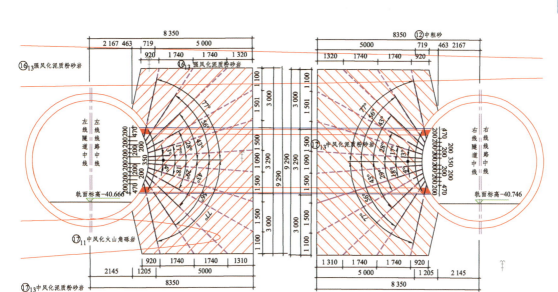

图 7-13　10 号联络通道左线加固断面图（单位：mm）

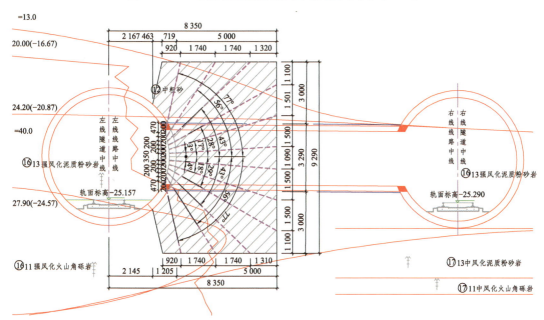

图 7-14　11 号联络通道左线加固断面图（单位：mm）

采用钢套法始发，掘进机主机与始发套筒间存在间隙，主机进洞后联络通道管节与始发套筒间同样存在间隙，采用两道钢丝刷＋盾尾油脂进行密封保证始发过程中接口临时密封。

掘进机初始姿态通过套筒的位置确定，始发钢套筒与实测联络通道轴线应保持在一条轴线上。需保证：① 精准测量通道轴线；② 套筒洞门钢环按轴线焊接；③ 台车就位及套筒与洞门钢环。

2. 盾构始发

联络通道掘进机采用套筒密封，切削洞门混凝土始发。其施工流程如下所示：

准备工作→设备下井组装调试→钢套筒内填充介质→设备顶进至掌子面→转动刀盘→切削掌子面混凝土→始发掘进→衬砌管节拼装→下一工序始发掘进。

1）洞门凿除

为满足联络通道机械法施工要求，对需要进行洞门凿除的联络通道洞门采用注浆加固地层，以保证联络通道机械法施工始发安全。

2）始发参数

根据联络通道所处位置地层分层、埋深以及土压平衡原理推算推进土舱压力理论设定值大小，在刀盘切削试验时可采集刀盘转速、贯入度、推力、刀盘扭矩、推进速度等重要的施工参数，以上数据在施工过程中参数设定具有重要参考依据。一般情况下按此控制，在施工阶段可以根据现场特殊情况和不同工况差异对掘进参数进行微调。

始发过程中按表 7-2 进行参数控制。

表 7-2 始发阶段掘进参数

推力	扭矩	推进速度	土舱压力	渣土改良
<4 000 kN	<800 kN·m	1～3 mm/min	根据隧道当前埋深计算	膨润土、泡沫

3. 到达与接收

盾构接收需要安装接收套筒。接收钢套筒分四段，其中前端、加长环及后端为整体环，中间段分为上下两半圆。筒体材料用 Q235 钢板，每段筒体的外周焊接纵、环向筋板保证筒体刚度，每段结合面均焊接法兰，采用 10.9 级 M20 螺栓连接，中间加 O 形密封条。

接收套筒须焊接于开洞特殊管节预留的洞门处。5 号台车运送进隧道后通过千斤顶及 20 t 手拉葫芦调整接收套筒姿态，并从套筒内部将套筒前端与特殊管节预留洞门焊接成整体。钢套筒上预留多数注入孔，需要使用 3 个，其余全部用钢堵头堵住，顶部预留一个直径较大的厚浆注入孔和一个双液浆注入孔，下部预留一个卸压孔，均安装对应尺寸球阀。

套筒连接到位后，且支撑体系加载完成后，需要在外圈对其进行加固，加固采用 I20 工钢（或钢板拼接）沿套筒轴向及环向进行支撑，支撑一端焊接于套筒外弧，一端支撑在管节或外部支撑环，加固如图 7-15 所示。

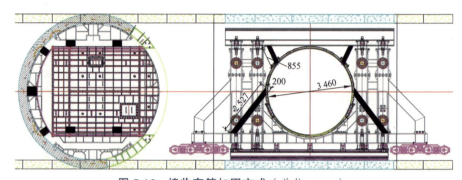

图 7-15 接收套筒加固方式（单位：mm）

套筒焊接完成后，调试 5 号台车支撑体系，支撑体系动作及信息传递无故障后，进行分级加载，加载步骤可按表 7-3 进行，每级加载须间隔 5 min。

表 7-3 接收台车支撑体系分级加载步骤

加载步骤	上下支撑/kN	上下支撑/MPa	侧部支撑/kN	侧部支撑/MPa	备注
1	0.0	0.0	50.0	5.26	
2	100.0	1.88	50.0	5.26	
3	200.0	3.77	50.0	5.26	
4	300.0	5.65	50.0	5.26	
5	400.0	7.54	50.0	5.26	
6	500.0	9.42	50.0	5.26	

为有效应对套筒接缝漏泥漏砂，需对套筒接缝密封处理，可采取以下措施：

（1）接收套筒与主隧道管片之间进行端墙环梁的施工，环梁内预埋洞门钢环，增加钢套筒与主隧道连接强度满足接收时掘进机纵向推力受力要求；钢套筒 3 道环向接缝和 2 道纵向接缝采用焊接，焊缝严密、牢固。

（2）掘进机接收前，在已组装的钢套筒上预留注浆孔和压力表，利用预留的注浆孔，及时向钢套筒内补充注浆，浆液以膨润土浆液为主。

（3）当掘进机进入钢套筒时，钢套筒局部接缝出现渗漏，现场采用引流管进行引流，根据渗漏情况必要时刀盘内注入渣土改良材料，进行渣土改良，封堵止水。

在刀盘距接收端管节 500 mm 时，停止掘进，在钢套筒组装完成后，开始填充钢套筒，填注材料为砂浆（砂、水、膨润土、粉煤灰），采用挤压泵泵送至钢套筒内，进料口在钢套筒第二块正上方的下料口位置。砂浆在地面由汽车泵车输送至井口转浆车中，运输至洞内后使用挤压泵泵送至钢套筒顶部注浆孔，直至完全充满钢套筒，砂浆可采用表 7-4 所示配合比。

表 7-4 砂浆配合比

材料	粉煤灰/kg	砂/kg	水/kg	膨润土/kg	备注
设计配比	300	1 140	319	100	

钢套筒初步填舱之后，打开钢套筒上预留的 2 个卸压口，顶部泄压口接入注浆管，采用高速自动压浆台车进行加泥加压，浆液为膨润土浆液，注入前密切关注舱内压力，观察舱套筒内压力不少于 0.25 MPa，保持 30 min 未出现渗漏，压力损失不大于 0.05 MPa，接收套筒密封试验完成；若出现渗漏，立即组织封堵，再持续进行保压试验直到压力 0.25 MPa 满足要求为止。

完成密封试验后密切关注套筒内压力变化，当套筒内压力小于 0.27 MPa 时，立即组织拌制浆液，补充压力至目标压力时停止，接收套筒注浆口如图 7-16 所示。切削管节之前，做好保压注浆的准备工作，刀盘切削过程中，密切关注接收套筒压力变化，当压力小于 0.27 MPa 时，立即组织补浆。

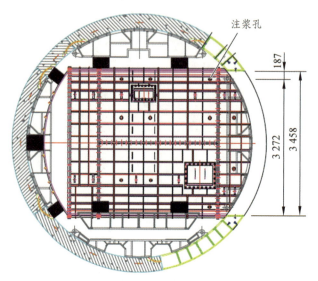

图 7-16　接收套筒注浆口立面示意（单位：mm）

4. 洞门止水注浆

洞门止水注浆的质量是掘进机安全、顺利退场的关键，也是本工程实施的重点。

1）单孔施工工艺

孔位选择→安装管路→打开临近球阀（泄压）→泵送双液浆→泄压阀冒浆→关闭泄压阀→泵送双液浆→注浆 0.3 m³→关闭球阀→移孔注浆。注浆孔如图 7-17 所示。

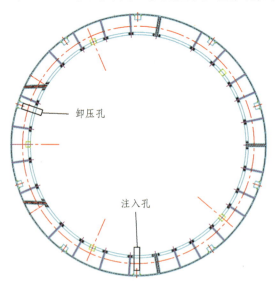

图 7-17　注浆孔位示意

2）浆液配比

掘进机始发到达洞门处、成型隧道有渗漏水处，注浆浆液均采用双液浆。材料采用 P·O42.5 普通硅酸盐水泥、自来水及水玻璃。

3）注浆参数控制

（1）注浆时间。

注浆的施工时间须根据洞门渗漏、地面及隧道沉降监测情况进行控制。注浆应连续进行，力求避免中断。

（2）注浆量。

注浆施工时采取少注多次的方法进行，始发、接收段近 3 环全环进行环箍止水注浆。注浆量每孔约 0.3 m³，根据注入压力、洞门探孔及地表沉降情况进行控制。浆液流量控制在 10～15 L/min，以使浆液能沿管节外壁较均匀的渗流，而不致劈裂土体，形成团状加固区，影响注浆效果。

（3）注浆压力。

注浆压力值须在综合考虑地基条件、管节强度、浆液性能和土压力的基础上进行确定，一般控制在 0.2～0.3 MPa。

（4）注浆位置。

注浆孔位为隧道衬砌管节的举重孔，各部位注浆情况如下：

① 掘进完成后对始发、接收洞门止水环箍注浆，每处 2 环，每环 10 孔，共计 20 孔；

② 隧道渗漏处，根据渗漏位置进行封堵注浆。

4）注浆质量控制

（1）严格按照制定的注浆施工方案和有关注浆的规范进行施工。

（2）浆液拌制均匀，强度配置及参数设定能反映注浆后地表及隧道变形得到明显控制。

（3）注浆前必须做好充分的注浆准备，注浆一经开始应连续进行，力求避免中断。

（4）每次注浆结束后，要及时清洗浆管，避免堵塞，对于沉积凝固严重的注浆管要及时更换。

7.5 海底小盾构联络通道施工稳定性分析

7.5.1 衬砌结构的计算模型

根据盾构隧道计算过程中对管片接头的处理方式和地层抗力假设的不同，管片衬砌结构的计算模型主要有均质圆环模型、多铰圆环模型、梁-弹簧模型和壳-弹簧模型 4 种，各模型如下：

1）均质圆环模型

均质圆环模型是最早应用于盾构隧道的设计方法，是忽略管片接头的存在，将管片衬砌圆环看作弹性匀质圆环进行分析，日本惯用法和修正惯用法均采用这种模型。日本惯用法是于 1960 年日本 JSCE 的隧道工程研讨会上被提出的，该方法完全不考虑接头的柔性特征，不考虑接头对管片衬砌整体刚度的影响，管片衬砌刚度为 EI，没有进行刚度折减，地层抗力采用 Winkler 理论，假定地层抗力在水平方向 $\pm 45°$ 范围内按三角形形态分布。

修正惯用法等效考虑了接头对管片受力和变形的影响，如图 7-18 所示，采用将管片刚度乘以小于 1 的结构刚度有效系数 η 来考虑环向接头对整个管片环的影响，整个管片衬砌环的抗弯刚度降低为 ηEI。另外，对于错缝拼装方式，由于衬砌环间接头的咬合作用引起了管片衬砌弯矩的增长和管片接头弯矩的降低，引入了弯矩增大系数 ξ，则管片的设计弯矩为 $(1+\xi)M$，接头的设计弯矩为 $(1-\xi)M$。对于地层抗力，修正惯用法采用局部地层弹簧抗力代替惯用法中假设的三角形分布的地层抗力。对于刚度有效系数 η 和附加弯矩增大系数 ξ 的取值，一般是根据经验，通常情况下，对于通缝拼装方式，η 取 $0.6 \sim 0.7$，相应的附加弯矩增大系数 ξ 取 0；对于错缝拼装方式，η 一般取 $0.7 \sim 0.8$，相应的附加弯矩增大系数 ξ 取 $0.2 \sim 0.5$。η 和 ξ 也是目前研究的热点，理论计算方法现有研究成果还没有。

均质圆环模型曾是早期管片衬砌设计计算的主要手段，随着目前计算机水平的快速发展，逐渐被梁-弹簧模型所取代。

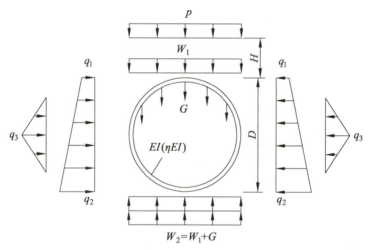

图 7-18　均质圆环模型计算简图

2）多铰圆环模型

多铰圆环计算模型（图 7-19）采用铰单元模拟管片接头的抗弯效能，但没有考虑管片环间接头的力学效应。该设计思想起源于英国，多用于欧洲各国及苏联等国家地层条件良好且稳定的地层条件中。与其他设计方法相比，该法将接头处的抗弯刚度视为零，使得管片衬砌结构偏于柔性，所计算得到的管片弯矩值也偏小，对节省工程成本非常有利。但是，该方法只适用于地层条件较好的情况，受隧道所处地层条件的限制，在欧洲的盾构隧道结构设计中，对于地层条件良好且稳定的地层，通常将弹性铰视为自由铰，即弹性铰抗弯刚度设为零，一般在隧道施工完成后，将接头螺栓拆除。我国在地铁盾构隧道结构设计中，建议对于通缝拼装方式下，土层贯入度 $N \geqslant 2 \sim 4$ 的管片结构可采用多铰圆环计算模型。

对于地层抗力，大多采用温克尔（Winkler）的假定模型，用地基弹簧来表示地层和管片环间的相互作用，刘建航、侯学渊给出了采用抛物线地层抗力分布假定下等分块弹性铰圆环法的衬砌内力和位移的解析公式。肖中平、李围等以双车道公路越江盾构隧道的 10 分块管片结构为例，采用铰接圆环计算了不同拼装方式下的管片结构内力和变形。

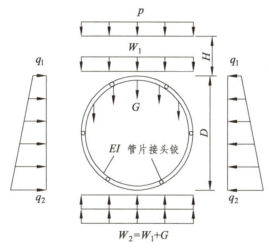

图 7-19　多铰圆环模型计算简图

3）梁-弹簧模型

梁-弹簧模型（图 7-20）是久保（Kubo）等在 1968 年首先提出的设计方法，游牧（Yuki）、山本（Yamamoto）、村上（Murakami）和小泉（Koizumi）陆续成功地推出了更加完善的梁-弹簧模型。梁-弹簧模型是使用梁单元模拟管片结构体，采用旋转弹簧模拟管片接头的抗弯效应，采用剪切弹簧单元模拟环间接头的剪切效应，采用地基弹簧单元模拟土体的地基抗拉力。当采用通缝式拼装时，在理想情况下各环的受力情况相同，采用 1 环进行分析即可；当使用错缝式拼装时，因纵向接头将引起衬砌圆环间的相互咬合或位移协调作用，此时根据错缝拼装方式，除考虑计算对象的衬砌圆环外，还需将对其有影响的前后衬砌圆环也作为计算对象，采用空间结构模型进行分析（通常采用中间 1 个整环加前后 2 个半幅宽环进行计算），并用径向抗剪刚度 K_r 和切向抗剪刚度 K_t 来体现纵向接头的环间传力效果。由变形引起的地层被动抗力则通过径向和切向的"地层弹簧"进行模拟，代替原来三角形或月牙形分布的假定。

梁-弹簧模型在日本普遍使用，国内近几年也使用较多。朱合华给出了梁-弹簧模型的矩阵式，并分析了直梁-弹簧模型和曲梁-弹簧模型的一致性关系。李围、赵国旭、何川，采用梁-弹簧模型分析了通用管片在不同拼装方式下的力学性态和受力不利拼装方式，提出了对管片关键设计参数的优化方案。钟小春、黄昌富等人采用梁-弹簧模型对管片衬砌结构的通缝和错缝进行了比较分析。张建刚、何川提出了采用管片接头的弯矩-轴力-转角的三者非线性参数数据库输入计算模型的方法，并进行了具体应用，此方法可以实现对管片接头非线性特征的全真模拟。

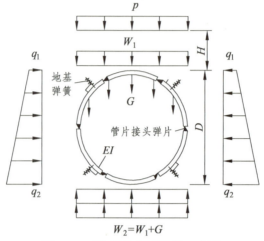

图 7-20 梁-弹簧模型计算示意图

4）壳-弹簧模型

壳-弹簧计算模型通过采用三维壳体单元来模拟管片衬砌结构，分别采用能考虑环间抗弯效应和纵向抗剪效应的弹簧单元来模拟管片环向接头和纵向接头的力学效应，用径向和切向土弹簧模拟地层抗力。相对于梁-弹簧等模型，壳单元模型的优点是可以体现出管片内力沿幅宽方向的三维分布，反映出大幅宽盾构隧道纵向力学效应，更适合于大断面、宽幅管片的盾构隧道管片结构的力学计算。壳-弹簧计算模型是随着近年来大断面盾构隧道的涌现而发展起来的，Koizumi 最早提出了壳-弹簧模型的设想，但限于计算机水平的约束，没能真正用于计算分析，后来 G.Unnithan 等人采用壳模型对隧道衬砌结构进行了优化分析，朱伟、黄正荣等针对南京地铁一期工程中的管片衬砌结构，编制了壳-弹簧模型有限元程序，进行了有限元计算分析，并得出了壳-弹簧模型的计算结果相对于梁-弹簧模型的计算结果明显偏小，壳-弹簧模型的管片幅宽边缘部位的错缝拼装效应明显大于远离边缘的中间部位的结论。苏宗贤、何川建立了荷载-结构模式和地层－结构模式的壳-弹簧模型，同样得出了壳-弹簧模型的计算结果小于梁-弹簧模型的结论。张建刚，何川采用维壳-弹簧模型对武汉长江隧道管片衬砌结构力学性能进行分析，并且与相似模型试验结果进行了比较，对管片衬棚沿幅宽方向的配筋给出了建议，建议在受力较大的幅宽边缘区域采用较高的配筋率，而在幅宽中央，若按梁-弹簧模型的计算结果进行配筋，配筋率将会偏大，可以适当进行优化。

目前，对盾构隧道管片衬砌结构的设计检算主要从强度和刚度两个方面，包括管片截面强度、接缝面强度、螺栓的抗拉和抗剪强度、管片裂缝宽度以及接缝张开量等，检算主要从局部考虑，而对结构整体刚度的认知不足，对结构稳定性的研究甚少，更没有相关的检算标准。设计采用的方法依然是容许应力设计法，落后于目前建筑设计采用的极限状态设计法，并且目前我国还没有形成专门的盾构隧道设计规范，诸多问题亟待解决。

7.5.2 海底小盾构联络通道施工稳定性数值模拟分析

依托青岛地铁 8 号线海域段盾构隧道联络通道工程，针对联络通道埋深大、穿越地层破碎的特点，使用 FLAC 3D 软件对联络通道的开挖过程进行数值模拟，探究不同工况下，主隧道、联络通道以及管片和支撑结构力学响应，并对结构稳定性进行分析，为今后联络通道盾构法施工积累经验。

如前所述，联络通道穿越岩层为较破碎的强风化的泥质粉砂岩和强风化的火山角砾岩，设计为Ⅲ级围岩，过海段为胶州湾北部区域，最高潮位水深 3 ~ 11 m。地下水受海水潮汐影响较大，无稳定水位，且与潮汐呈滞后现象。近海地下基岩裂隙水受潮汐影响，与海水连通性较好，涌水量较大。

1）计算模型及参数

采用 FLAC 3D 软件建立有限元计算模型，模型尺寸为 120 m × 60 m × 80 m，如图 7-21 所示。为了保证计算精度，将靠近盾构隧道和联络通道开挖部分的网格划分较密，远离开挖部分的网格划分较疏。数值模型本构关系采用莫尔-库仑弹塑性模型，土体采用实体单元，隧道管片采用壳单元。水位设置在地层顶面以上 4 m 处。各个土层的参数见表 7-5。

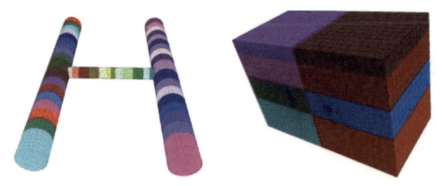

图 7-21　三维计算模型及联络通道模型

表 7-5　材料参数

地层及构件	密度 /（kg/m³）	弹性模量 /（MPa）	泊松比	内聚力 /kPa	内摩擦角 /（°）
粉质黏土	1 950	8	0.3	23	14.5
中粗砂	1 950	120	0.3	5	35
强风化泥质粉砂岩	2 300	120	0.28	300	42
中风化泥质粉砂岩	2 350	800	0.24	800	50
管片	2 500	35 000	0.25	—	—

2）边界条件及初始应力场

计算模型采用位移边界条件，在模型底部施加竖向约束，两侧面施加水平约束，上表面为自由面。初始应力场由自重产生。围岩的初始应力是指在隧道开挖之前，岩体在自然情况下所具有的内在应力，又称它为地应力。为保证数值模拟的准确性，在隧道开挖支护之前赋予隧道与实际相符的初始应力场，当对隧道进行开挖支护前，将围岩初始应力产生的位移场和速度场予以清零。不平衡力的收敛统一设定为 1×10^{-5}。

本次数值模拟选用更改强度参数的弹塑性求解法。即先将黏聚力和抗拉强度设大值，平衡后再将黏聚力和抗拉强度更改为实际值，最终计算平衡。

3）模拟工况

为了模拟盾构施工，土体挖除后，立即施加壳单元，然后进行平衡求解。根据盾构法联络通道的施工特点，将施工过程划分为以下 5 个工况，具体见表 7-6。

表 7-6　开挖工况

工况	工况具体介绍
初始工况	主隧道已开挖且隧道管片铺设完成
工况一	始发端台车支撑完成，盾构机后座施加顶推力，刀盘切削管片，洞门破除
工况二	联络通道开挖至中部
工况三	接收端台车支撑完成，洞门破除
工况四	拆除两端隧道隧道台车支撑

7.5.3　计算结果分析

1. 工况一（洞门破除）

1）位移分析

主隧道的洞门打开之后，隧道整体高度明显降低，位移出现明显加大，隧道的横向椭圆趋势有所增加。在竖直方向上，位移主要集中在洞口的顶部和底部，顶部有向下的位移 2.21 mm，底部有向上的位移 2.60 mm。在水平方向上，洞口腰部向隧道外侧扩张，最大值为 0.97 mm，顶部和底部向隧道内侧收敛，最大值为 1.7 mm（见图 7-22），影响范围在洞口两侧大约 3 m 范围内。此外，由于盾构机千斤顶的推力作用，主隧道远离洞口的一侧也发生了比较明显的水平位移，腰部向隧道外侧扩张，最大值为 0.9 mm。整体上看，主隧道有变扁的趋势。

2）应力分析

破洞后，管片由原来的对称受力形式改变为非对称受力，开洞侧管片拉应力明显增加，尤其是洞口顶部和底部，拉应力增加十分明显。同时，洞口腰部的压应力也明显增大。

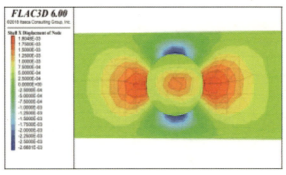

（a）竖向位移分布

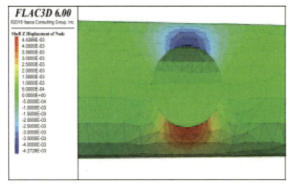

（b）水平位移分布

图 7-22　竖向位移分布云图及水平位移云图

　　由于隧道钢管片的打开，开口处边界处于自由状态，根据壳体的开口理论，自由边界的开口周围的应力集中状态要高于孔口有约束的情况。因此，在联络通道拼接管片之前，隧道的受力状态最为不利，稳定性最差。在土体加固效果较差或者主隧道内部支撑不力的情况下，主隧道破坏的危险很大。因此，主隧道在破洞之前，要提前对洞口附近主隧道管片结构以及联络通道开挖方向洞口岩土体进行加固，例如注浆加固，以防止结构在破洞后发生破坏。如图 7-23 和图 7-24 所示。

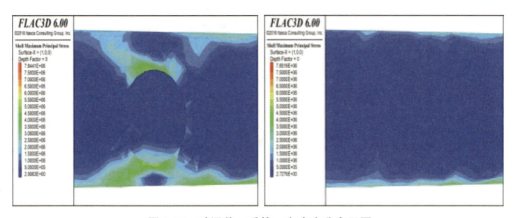

图 7-23　破洞前、后第一主应力分布云图

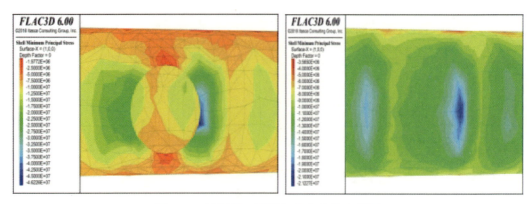

图 7-24　破洞前、后第三主应力分布云图

2. 工况二（联络通道开挖至中部）

1）位移分析

随着联络通道的开挖，主隧道洞口附近的位移逐渐增大，而且影响范围也进一步增大。联络通道的竖向沉降集中在拱顶，隆起集中在拱底，水平收敛集中在腰部。如图 7-25 和图 7-26 所示。

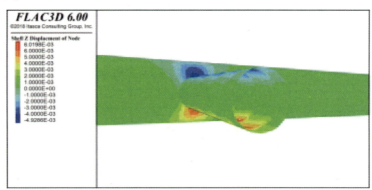

图 7-25　竖向位移云图

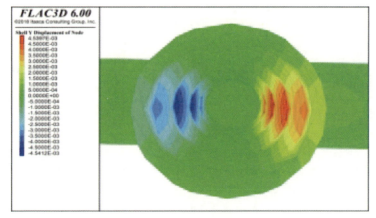

图 7-26　水平位移云图

2）应力分析

联络通道的开挖，隧道原有的受力方式发生了应力重分布，使得交叉部管片产生了应力集中现象。联络通道拱顶和底板是正弯矩最大区域，而在洞口附近中下部出现较大的负弯矩。因此，在设计与施工时，要高度重视交叉部分的结构安全，同时还要做好防水处理。如图 7-27 ~ 图 7-29 所示。

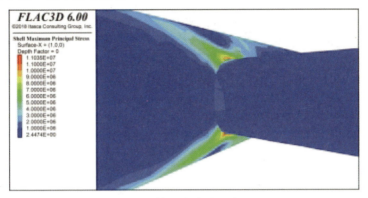

图 7-27　第一主应力分布云图

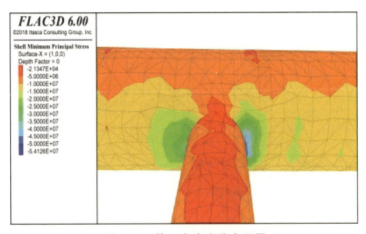

图 7-28　第三主应力分布云图

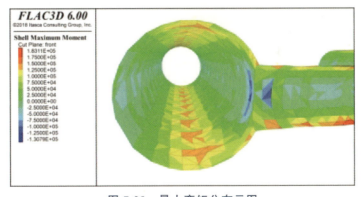

图 7-29　最大弯矩分布云图

3. 工况三（联络通道开挖完毕，对面隧道管片打开）

1）位移分析

联络通道的施工对主隧道造成了较为显著的影响，开洞处主隧道的管片产生了较大变形。而且随着联络通道的开挖，位移影响范围和位移值都逐渐增大，尤其是始发和接收破洞时，位移迅速增大。图 7-30 为主隧道的顶部、底部和腰部的位移监测曲线。

总体上看，左侧隧道有整体向右侧移动的趋势，而右侧隧道有向左侧移动的趋势。在局部上，主隧道联络通道接口处的管片上部有向上移动的趋势，而管片的下部有向上隆起的趋势（见图 7-31）。左侧主隧道的最大竖向位移值为 3.5 mm，出现在洞口底部；最大水平位移值为 2.12 mm，出现在主隧道洞口的腰部。右侧隧道的竖向位移最大值为 4 mm，水平位移最大值为 3.2 mm。从数值可以看出，开挖施工对左侧隧道的影响较大。

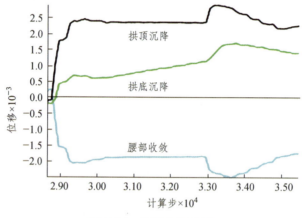

图 7-30　位移监测曲线

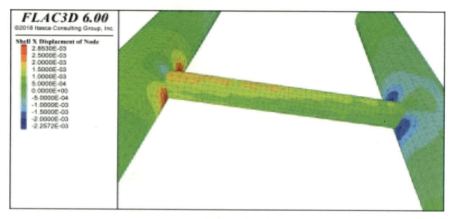

图 7-31　水平位移分布云图

2）应力分析

在主隧道与联络通道交叉的位置，左侧隧道的最大压应力值比右侧主隧道要大，分别为 48.1 MPa 和 38.0 MPa。在联络通道开挖过程中，开挖面的水平压应力在不断发生改变，如图 7-32 所示，因此，在联络通道开挖过程中，要合理调整盾构机土舱压力，以防止开挖面涌水涌砂，从而保证开挖面的稳定。

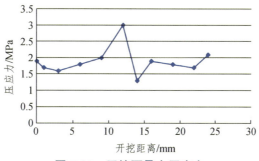

图 7-32　开挖面最大压应力

4. 工况四（拆除两端支撑）

台车支撑拆除，主要对主隧道与联络通道交叉部分影响较大，而对联络通道影响较小。

1）位移分析

拆除两端隧道台车支撑后，结构位移发生了明显变化，主隧道顶部沉降由 2.5 mm 增加为 3.5 mm，底部隆起由 3.5 mm 增加为 4.8 mm，腰部收敛由 2.1 mm 增加为 2.4 mm，而且影响范围也明显扩大。如图 7-33 和图 7-34 所示。

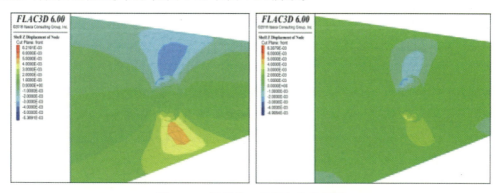

图 7-33　拆撑前、后竖向位移云图

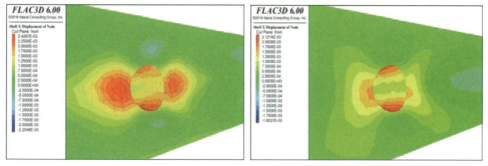

图 7-34　拆撑前、后水平位移云图

2）应力分析

通过应力云图可以看出，主隧道洞口腰部压应力迅速增大，最大压应力由 48 MPa 增加至 57 MPa。主隧道顶部正弯矩变化较小，而腰部最大负弯矩由 160 kN·m 增加至 190 kN·m。

因此，在支撑拆除后，要加强对交叉结构的变形监测，一旦超过预警值，及时进行加固处理。此外，在卸载时，最好采用分级卸载的方式，使荷载能够在管片之间有效传递。

5. 有无支撑结果对比

为了探究在盾构法联络通道施工过程中台车支撑的作用，分别对两种条件下（有、无支撑）的施工过程进行数值模拟。将结果进行对比，如表 7-7 所示，发现台车支撑可有效减少主隧道结构的变形和受力，现以接收洞门施工工况为例。

表 7-7　结果对比

工况	最大竖向位移/mm	最大水平位移/mm	最大主应力/MPa	最小主应力/MPa
加支撑	3.5	1.8	9.5	−47.5
不加支撑	4.5	2.2	10.5	−54.5

7.5.4　计算结果与现场监测结果对比

分析图 7-35 和图 7-36，实测数据与模拟数据的变形规律相似。由于实测数据存在的误差以及数值模拟在模型建立、材料参数选取、边界条件等方面的近似处理的缘故，致使实测数据与模拟数据不可能完全吻合。总的来说，数值模拟的结果基本可反映实测结果。

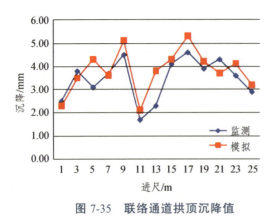

图 7-35　联络通道拱顶沉降值

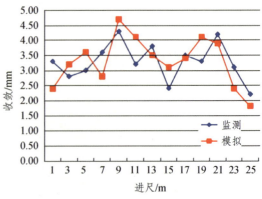

图 7-36　联络通道拱顶沉降值

7.6   本章小结

本章围绕高压富水海底联络通道机械法施工关键技术开展研究，并提出以下几项施工方法：

（1）机械法联络通道洞门加固施工方法。针对海底高水压、大埋深的工程地质环境，通过施工加强环梁来提高联络通道开洞处管片结构的强度，洞门破除时，有效地保证了整体结构的密封性、稳定性和安全性。同时配套支撑、注浆、分段破除等施工措施，有效地解决了机械法联络通道施工稳定性问题，避免了涌水涌砂事故的发生。

（2）对于主隧道钢筋混凝土管片的联络通道洞门破除施工，通过"管片弱化排孔＋注浆孔"降低管片整体强度，将主隧道钢筋混凝土管片按垂向划分为四个破除区段，提出了"由下至上，分段破除"的优化破除方法，在降低洞门破除风险的同时大幅度缩短了洞门破除时间。

（3）机械法联络通道始发及接收方法，包括：安装始发和接收套筒，与洞口环梁进行连接；将掘进机安装在套筒内，就位后，支撑体系对主隧道管片施加预应力；在套筒中填充介质，确保套筒密封良好后，盾构机推进，对主隧道管片进行切削；在顶进的过程中，同时拼接管片，逐渐到达另一条主隧道的接收管片，切削管片并进入接收套筒内，然后封堵洞门；最后拆除套筒，将设备运输出洞，完成施工。

8　海域环境特长隧道多工作面施工网络通风技术

为适应工程进度要求，青岛地铁 8 号线海域段采用钻爆法 + TBM 的快速施工方案，即通过 TBM 安全快速施作平导新增正洞钻爆工作面，实现多工作面同时施工。本章针对长大海底隧道多工作面施工提出通风优化方法，有效解决了海域环境隧道群 8 个工作面 2 500 m 长距离通风技术难题。该通风技术充分利用现场条件（正洞、斜竖井，平行导坑、联络横通道等）采用依靠射流风机升压的巷道式与管道压入式通风相结合的混合网络通风，在回路形成有序循环风流，为各作业面提供新鲜空气，把各工作面及回风道所产生的污染风排出洞外。该通风技术保障了施工作业人员的健康安全，提高了工作效率，保证了施工进度。

8.1　引　言

在隧道施工中，良好的洞内环境往往关系到隧道的安全施工、施工人员的身心健康，以及工程的施工进度。施工通风是改善洞内作业环境的主要措施和方法，也是长大隧道工程进度的控制因素之一。隧道施工通风分独头风管通风和巷道式通风两种。风管通风又有三种形式，压入式、吸出式、混合式。巷道式通风指有两个以上互相连通的隧道，利用隧道（或平导作巷道）做风道的通风方式。

无风门射流通风是公路隧道运营通风的显著特点，在隧道施工通风中极少运用，国外也很少有这方面的研究。广渝（广安—重庆）高速公路华蓥山隧道首次成功地将公路隧道运营通风的射流通风理念引入到隧道施工通风中。华蓥山隧道为双洞单向行车的特长直线人字坡隧道，左、右隧道全长 9 412 m（左、右隧等长）。钻爆法全断面开挖，断面面积Ⅳ、Ⅴ类围岩约 85 m²，Ⅱ、Ⅲ类围岩最大达 130.5 m²。装载机装渣，无轨运输出砟。通风整体采用独头压入式通风方案，局部采用射流风机产生的风速加大横通道以后的风速。隧道独头施工通风西口最大距离为 2 200 m，东口为 2 800 m，取得了长大公路瓦斯隧道施工通风的好成绩。而在锦屏二级引水洞施工通风已实现风管压入式通风 4 700 m，随着通风设备的改进，国内压入式施工通风逐步达到 3 000 m 以上里程。但长距离压入式施工通风的实现较强依靠机械通风设备性能，而隧道结构的断面尺寸变化及线路弯曲等使得独头压入式通风很难实现。自此，巷道式通风由传统的矿山巷道通风发展到了新型的无风门巷道式射流通风。该通风方式通过引入射流风机，摒弃了传统的采用大功率主扇向洞内输送新鲜空气的通风方式，利用先进的射流技术推动洞内外空气的交换，在有平导的长大隧道及双条特长隧道施工中，把洞口到射流风机的区段变为真正意义上的巷道式通风（进风道为新鲜风流），在射流风机到掘进面之间实现单一的压入式通风（轴流风机置于新鲜风带中）。该通风方式充分发挥了巷道式通风的优势，具有通风效果好、能耗低、现场操作简单、可靠性高等优势。

目前，隧道施工通风存在的主要问题：① 爆破法开挖炸药量控制不合理，导致过多炸药使用，增加洞内排污负担。② 施工通风未达到足够的通风时间。③ 独头巷道长度过长，需要增加风机数量及功率，以满足较长的风量输送里程。④ 巷道断面面积较大，为了推动巷道气体流动，需要加大风机功率，增加风机风压负担。⑤ 压入式、抽出式、混合式通风排烟风量计算公式不合理。⑥ 隧道施工通风系统线路布置不合理。当独头施工长度较长时，一般采用辅助通风巷道或辅助通风井，形成巷道式通风系统，风机串联。⑦ 由于隧道掘进工程一般采用无轨运输方式，大量的运输车辆在洞内运输过程中排放大量的有害气体，且排放具有随机性，分散性。使得车辆排放的尾气很难控制，这进一步增加了洞内排污负担。⑧ 采用风管式通风时，通风管道漏风严重。漏风率可用百米漏风率指标来表示。漏风控制较好的风管，其百米漏风率一般在 0.5%～3%，而漏风严重的风管的百米漏风率超过了 10%，这是由于爆破开挖或其他施工原因造成风管局部破损，因此，应选用质量较好的风管通风。⑨ 在隧道施工过程中，工程人员通过经验来设计布置通风系统，而没有准确掌握洞内需风区域，致使有效射程或有效吸程不能达到需风区域的要求，甚至由于系统回路布置不合理，造成较多"循环风"，使得污染有害气体很难排出洞外，洞内污染空气浓度积累加大。⑩ 隧道施工现场管理不到位，致使在模架搭建、锚喷施作、衬砌作业时对通风管道线路的破坏，影响通风正常运行。⑪ 隧道路面不平整，斜井存在坡度致使车辆行驶阻力大，油耗高，污染尾气排放高。⑫ 斜井路线往往存在小半径曲率，弯曲通风路线增加了通风难度。⑬ 我国缺少施工通风相关规范和技术标准，施工通风方案往往凭经验进行设计。

青岛地铁 8 号线海域段正线施工面临多工作面同时作业，如何保持洞内良好的施工环境，保障施工作业人员的健康安全，是施工通风面临的主要难题。本章针对这一工程需求，开展多工作面施工网络通风技术研究：首先基于流体力学基本理论以及混合网络通风的基本规律，建立隧道主洞、竖井、斜井、联络横通道、平导等多洞室条件下满足多工作面同时施工要求的施工混合网络通风方案；然后考虑通风风量、风阻、通风设备布设等因素，比较不同通风方案的优劣，选择最佳混合网络通风方案，确立通风路线、通风设备性能、数量及布设方式等；然后运用数值模拟手段验证通风方案的可行性；最后进行现场通风测试。

8.2 隧道施工通风基本理论

8.2.1 空气流体运动规律

1. 流体运动两大类型

根据流体在流动过程中任一质点所受压力和速度变化情况，流体的流动可以分为恒定流（又称定常流动）和非恒定流（又称非定常流动）两大类型。

1）恒定流

流体在流动过程中，任何一点的压力和速度不随时间变化，也就是说，压力和流速只是流动点坐标的函数，此种流动就叫做恒定流。

在隧道通风计算中所遇到的各种风流类型，大部分都属于恒定流或者可以简化为恒定流。按照流体质点上压力和流速沿程的变化情况，恒定流又可以分为均匀流和非均匀流两种。

2）非恒定流

在流体中某一定点的流速和压力随时间而变化，即流体流动时的流速和压力不仅与流动点的坐标位置有关，而且与所选定的时间有关，这种流动类型即称之为非恒定流。例如，隧道内的自然风由于洞内外温差的变化而不断变化，风机刚刚开启和关闭时隧道和风管内的空气流动通常属于非恒定流。

2. 黏性流体两种流动状态

1）层　流

流体在流动过程中，其质点做有条不紊的线状运动，流线之间没有质点的交换，彼此互不混杂，这种流态即称为层流。

在圆管中，理想的层流型断面速度分布呈抛物线形状，管壁周边为零，中心处最大，约为平均流速的 2 倍，即 $v_{cp} = \frac{1}{2}v_{max}$（如图 8-1）。流体处于层流状态时，流体的黏度对流体的阻力起着主要的作用。根据试验结果可知，层流中能量的损失与速度成正比，即 $h_f = kv_{cp}$。

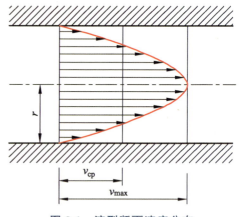

图 8-1　流型断面速度分布

2）紊　流

流体在流动过程中，流线之间存在有流体质点的交换，流体质点除了做主要的纵向流动以外，还有极其复杂的横向运动，此种流态称为紊流，也叫湍流。在紊流中，速度和压强的脉动是其主要特征。由于流体分子间的混杂作用，层间有流体质点的相互交换，而使得断面上各点的流速趋于均匀化，管壁周边的速度仍然为零，靠近管壁附近的薄层范围 δ 内，速度梯度很大（如图 8-2），由试验可知：

$$v_{cp} = (0.75 \sim 0.87)v_{max} \qquad (8-1)$$

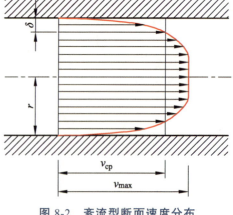

图 8-2　紊流型断面速度分布

流速分布的均匀化，是由于紊流中流体质点相互碰撞、相互掺混而产生流体内部各质点间动量传递的结果，动量大的质点将动量传给动量小的质点，而动量小的质点影响着动量大的质点，因而造成断面流速分布趋于均匀化。流体紊流越剧烈，则断面上的流速分布越趋于均匀。

8.2.2 通风方式的分类

在隧道施工通风方式可以分为自然通风与强制机械通风两类，自然通风是利用洞内外的气压差来实现通风，一般仅限于短直隧道。由于洞外气候条件对自然通风影响极大，通风效果不稳定，结果不易控制，故该类通风方式仅存在于隧道长度不大于 400 m 或单向掘进长度不大于 200 m 的少数情况。强制机械通风主要采用以下三种方式：

1. 管道压入式通风

通过隧道内空气流向的不同把管道通风分为三种，即压入式、吸出式和混合式。压入式通风是利用轴流风机，把新鲜空气直接输送到工作面，以利于掌子面的施工。但污浊的空气将流经全洞。在隧道的掘进过程需要不断延伸风管，但是有固定的风机位置，施工和拆装便捷；吸出式通风的风流方向与压入式通风正好相反，污浊空气经管道抽出，新鲜空气流经整个管道，但到达工作面时已不够新鲜，所以一般要求风管口距工作面不超过 15 m。风机位置要随隧道掘进不断向前移，施工不便；集合压入式和吸出式优点的混合式通风，污浊空气经隧道上部抽出洞外，新鲜空气经隧道下部进入隧道，再经风管到下导坑工作面，但管路、风机等设施增多。

2. 巷道辅助式通风

巷道式通风又分为集中式和串联式（或分散式）通风，通过通风风机的台数及其位置、风管的连接方法来区分。巷道式通风是通过由互相配合的多个主风流和局部风流（配置局部射流风机实现）的系统而达到通风目的。其中主风流由隧道本身（包括成洞、导坑及扩大地段）或辅助坑道（如平行导坑）组成。巷道式通风一般适用于 3 000 m 以上隧道。且巷道式施工时间长，投资大。

3. 混合网络通风

为了减少独头掘进长度，往往增设斜井、竖井、平行导洞、横洞附属坑道等，增加工作面进行多头掘进，创造网络通风条件，实现"长隧短打"。在网络通风设计时，隧道的掘进长度、斜井、竖井，辅助坑道的布置位置，机械设备的工作条件等是决定通风线路设计，通风系统布置的重要影响因素。如何根据现场施工条件和设备参数，布置合理的网络通风系统是解决通风的关键。

目前，掘进长距离通风困难的解决办法有：① 更换大功率的局扇，增加供风量；② 采用大直径风筒，减少风风筒转弯，降低风筒通风阻力；③ 加强风筒的吊挂、连接、修补，减少风筒漏风量。另外在巷道设计时，尽可能考虑掘进长度和风机供风距离的匹配。④ 在通风比较困难时，采用射流、轴流风机相结合的混合式通风方式，根据现场条件布置合适的风机类型，发挥轴流、射流风机的特点，争取在较少的资金投入下，取得良好的通风效果。

8.2.3 通风网络基本理论

1. 基本概念

通风网络，是由表示通风系统内各风流路线及其分合关系的网状线路图及其赋权通风参数组成。隧道通风网络图是用图论的概念和方法来表示通风系统图并籍以利用图论的理论和方法来分析矿井通风系统，使采用计算机解算通风网络和保证按需分风的风流调节等问题成为可能。

隧道通风网络图是反映隧道中各风流分合关系的网络状示意图。通风网络图是有向赋权连通图，每个分支都有确定的方向，每个分支都有风阻、风量和阻力等权值，任何两个节点之间都至少存在一条有向路径。

2. 隧道通风网络图的简化

简化后通风网络图的结构，必须正确地反映出原通风系统的基本结构特点；因简化导致的误差，应在通风工程允许误差范围内；用简化网络图求解得到的数据，对需解决的实际问题，应有实用价值。简化多在进风区、回风区和非重点研究部位。将并联或串联的分支，用一条等值分支代并。其等值分支的风量、风压、风阻按并联或串联公式计算。

1）串联风路

风量关系：对串联风路，通过各分支的风量相同。假设 Q_1、Q_2 分别代表通过串联风路两分支的分风量，Q 代表通过串联风路的总风量，则：

$$Q_1 + Q_2 = Q \tag{8-2}$$

这表明，串联风路的总风量等于组成串联风路各分支的分风量。

风压关系：假设 Δp_1、Δp_2 分别代表通过串联风路两分支的分风压，Δp 代表串联风路的总风压，根据能量叠加原理，则

$$\Delta p_1 + \Delta p_2 = \Delta p \tag{8-3}$$

这表明，串联风路的总风压等于各分支的分风压之和。

风阻关系：由风量、风压两关系式和通风阻力定律可知，串联风路的总风阻等于各分支风阻之和，即

$$R_1 + R_2 = R \tag{8-4}$$

2）并联风路

风量关系：假设 Q_1、Q_2 分别代表两条并联分支的分风量，Q 代表其总风量，根据风量平衡定律有

$$Q_1 + Q_2 = Q \tag{8-5}$$

风压关系：假设 Δp_1、Δp_2 分别代表通过并联分支的分风压，Δp 代表并联风路的总风压，根据能量叠加原理，则：

$$\Delta p_1 = \Delta p_2 = \Delta p \qquad (8\text{-}6)$$

风阻关系：假设 R_1、R_2 分别为两条并联分支的风阻，而 R 代表并联风路的总风阻，根据阻力定律有：

$$R = \frac{1}{\left(\dfrac{1}{\sqrt{R_1}} + \dfrac{1}{\sqrt{R_2}}\right)} \qquad (8\text{-}7)$$

相近的风流分合点，其间风阻很小时，可简化为一点，其风阻加在邻近的大风阻分支上。同标高的各进风井口与出风井口，可视为一点。当进、回风井口间自然风压不能忽略时，可把自然风压作为一个通风动力计入，仍把进风、回风井口视为一个节点；也可采用虚拟风道的方法，即在进风、回风井口增设一条风阻为零的分支，把自然风压置于该风道中。

8.2.4　网络通风遵循规律

1. 风量平衡规律

假定空气密度不变、无漏风、忽略空气中水蒸气的变化，则风网内任意节点（或回路）相关分支的风量代数和为零，即

$$\sum_{j=1}^{n} Q_{ij} = 0 \qquad (8\text{-}8)$$

式中：Q_{ij}——与 i 节点相关联的分支 j 的风量。流入节点的分支风量为正，流出节点者为负；

　　　　n——分支数。

2. 风压平衡定律

风网的任何闭合回路内，各分支风压代数和为零。分支风压包含通风阻力和通风动力两部分。

对不含通风动力（包括自然风压、风机和交通通风力）的回路，如取逆时针方向分支阻力为正，顺时针方向分支阻力为负，则各分支阻力代数和为零，即

$$\sum_{j=1}^{n} \Delta P_{ij} = 0 \qquad (8\text{-}9)$$

式中：ΔP_{ij}——属于 i 回路的第 j 个分支的阻力，逆时针为正，顺时针为负；

　　　　n——分支数。

对含通风动力（包括自然风压或风机或交通通风力）的回路，回路内各分支阻力代数和等于回路内风机风压与自然风压与交通风压的代数和。即

$$\sum_{i=1}^{n} \Delta P_{ij} - \sum_{i=1}^{n} H_{ij动力} = 0 \qquad (8\text{-}10)$$

式中：ΔP_{ij}——属于 i 回路的第 j 个分支的阻力，逆时针为正，顺时针为负；

$H_{ij动力}$——属于 i 回路的第 j 个分支的通风动力，包括自然风压、风机动力、交通通风力、风口升压力、火灾烟流阻（动）力等，逆时针为正，顺时针为负；

n——分支数。

3. 风阻定律

隧道风路中正常风流一般均为紊流。各分支的风压和风量均符合紊流阻力定律，即

$$\Delta P = RQ^2 \qquad (8\text{-}11)$$

式中：ΔP——支路的通风压力或通风阻力，Pa；

R——支路的风阻，kg/m^7；

Q——支路的风量，m^3/s；

对风网而言，将风网风阻以等值风阻 R 代替，风网通过的总风量为 Q，则风网亦遵守阻力定律：

$$h = RQ^2 \qquad (8\text{-}12)$$

8.3 通风设计及计算

随着掘进开挖面不断推进和不同开挖进度，施工通风需风量以及通风强度有较大的区别，比如随着时间的推移，斜井、竖井、联络通道的逐步贯通和利用，将改善隧道施工通风路线和通风方式，提高施工通风的效果。因此，在隧道掘进整个过程中，施工通风的条件和通风要求是动态变化的。

8.3.1 通风初步方案

本项目通风方案设计分三阶段，第一阶段为：斜井压入式通风阶段——解决陆海段前期施工；第二阶段为斜、竖井联合通风阶段——解决陆海正线、平导通风；第三阶段为复杂混合网络通风阶段——解决陆海正线及新增工作面的通风。

1. 第一阶段（斜井压入式施工通风）

在竖井与斜井未完全联通之前，采用斜井压入式通风方式，如图 8-3 所示。

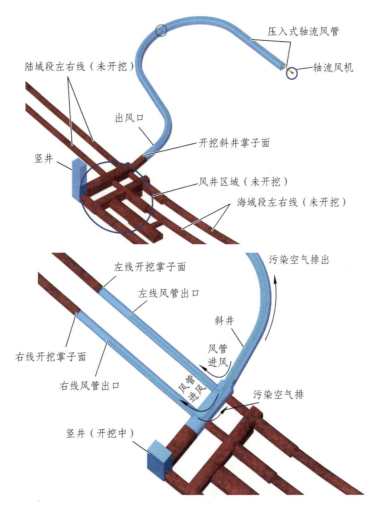

图 8-3　第一阶段斜井压入式通风方案示意

2. 第二阶段（斜井、竖井联合辅助通风）

该阶段竖井施工完成，陆域海域段正线和平导掘进加深，此阶段由竖井处取风（新鲜空气），由压入式通风将新鲜空气投送到左右两线掌子面处，利用在射流风机将污染空气由左右线隧道引入斜井，并由射流风机压出洞外，保持洞内良好的施工环境，如图 8-4 所示。

3. 第三阶段（混合网络通风）

该施工阶段，平行导坑掘进完毕，可作为辅助坑道进行巷道式通风。该方案主要利用压入式通风将新风压入工作面，而利用巷道式通风将污风排出洞外。根据工程进度和现场条件，该阶段可根据斜井、竖井的不同进风或排风功能而形成不同的网络通风线路方案，即 A 方案——竖井进风-斜井出风的网络线路方案和 B 方案——竖井出风-斜井进风的网络通风线路方案。

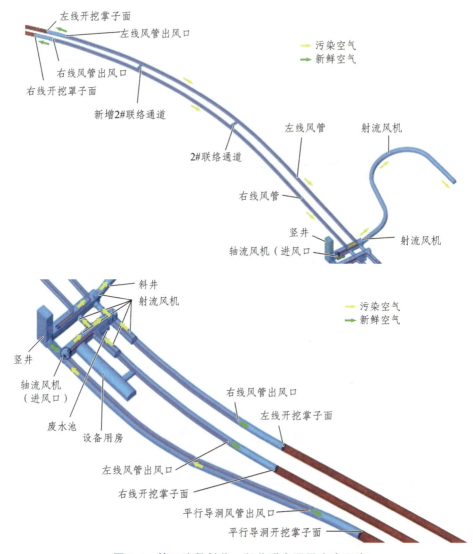

图 8-4　第二阶段斜井、竖井联合通风方案示意

　　A 方案将部分平行导坑作为新风的主要流通巷道，减少压入式通风风管长度，污染空气经左右线由斜井排出洞外。由于隧道内多工作面、多工序作业，并受自然风不稳定影响，污染风排除极其困难，因此利用本项目斜、竖井（这是地铁项目常用辅助措施）的优势条件，设计多条隧道（含平导）、多工作面，构成复杂的通风回路的混合网络。为了加快施工进度，增加开挖面时，可利用横通道辅助通风，布设通风网络，设置通风回路，增加射流风机进行引流并提高洞内风速，加快洞内污染空气的扩散和流出。新鲜空气由竖井处取风，由轴流风管投送至工作区域，保证洞内良好的施工环境。而污染空气由斜井排出洞外，如图 8-5 所示。

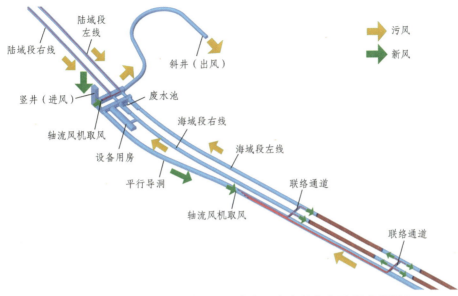

图 8-5　第三阶段 A 方案施工通风方案示意（斜井出风-竖井进风）

　　B 方案将斜井坑道作为新风的主要流通巷道，减少压入式通风风管长度，污染空气经左、右线及平行导坑由竖井排出洞外。利用本项目斜、竖井（这是地铁项目常用辅助措施）的优势条件，设计多条隧道（含平导）、多工作面，构成复杂的通风回路，运用混合网络通风方案进行通风。为了加快施工进度，增加开挖面时，布设通风网络，设置通风回路，增加射流风机进行引流并提高洞内风速，加快洞内污染空气的扩散和流出。新鲜空气由竖井处取风，由轴流风管投送至工作区域，保证洞内良好的施工环境。而污染空气经左右线及平导线通过竖井排出洞外，如图 8-6 所示。

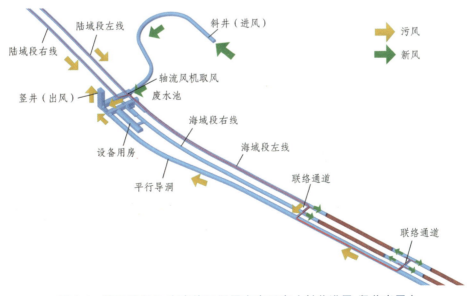

图 8-6　第三阶段 B 方案施工通风方案示意（斜井进风-竖井出风）

8.3.2 需风量计算

隧道施工通风计算根据所选择的施工方法、隧道的施工断面、炸药的种类、爆破器材、施工设备等不同而发生改变。目前隧道所用的通风计算公式大都是根据矿井通风及铁路运营通风的计算公式类比或直接引用，通常按以下几个方面计算并取其中最大的数值。

1）按隧洞内同时工作的最多人数计算

$$Q_1 = kmq \tag{8-13}$$

式中：Q_1——所需风量，m^3/min；

k——风量备用系数，常取 $k = 1.1 \sim 1.2$；

m——隧洞内同时工作的最多人数；

q——隧洞内每人每分钟需要新鲜空气量，一般为 $3\ m^3/$（$min \cdot$ 人）。

由于青岛胶州湾海底隧道位于青岛市，海拔较低，风量备用系数取 1.2，供给洞内作业人员每人每分钟的新鲜空气量按 $4\ m^3/$（$min \cdot$ 人），同时因为隧道的地热影响洞内同时工作的最多人数为 60 人计算。故 $Q_1 = kmq = 1.2 \times 60 \times 4 = 288\ (m^3/min)$

2）按同时爆破的最多炸药量计算

$$Q_2 = \frac{7.8}{t} \sqrt[3]{A \times S \times L_{散}^2} \tag{8-14}$$

式中：t——爆破后的通风时间，min；

A——同时爆破的炸药量，kg；

S——隧道开挖断面面积，m^2；

$L_{散}$——爆破后炮烟的扩散长度，m。

非电起爆，　$L_{散} = 15 + A \tag{8-15}$

电雷起爆，　$L_{散} = 15 + \dfrac{A}{5} \tag{8-16}$

在本隧道施工中开挖爆破一次最大用药量 A 按 130 kg 计算。同时放炮后通风时间 t 按 30 min 计算。隧道开挖断面面积由隧道断面轮廓尺寸计算陆域段 $S_{陆} = 27.78\ m^2$，风井射流风机段 $S_{射} = 67.96\ m^2$，海域段 $S_{海} = 40.83\ m^2$，隧道断面内轮廓尺寸如图 8-7 所示。则

$$Q_{2陆} = \frac{7.8}{t} \sqrt[3]{A \times S_{陆} \times L_{散}^2} = \frac{7.8}{30} \sqrt[3]{130 \times 27.78 \times 145^2} = 110.10\ (m^3/min)$$

$$Q_{2射} = \frac{7.8}{t} \sqrt[3]{A \times S_{射} \times L_{散}^2} = \frac{7.8}{30} \sqrt[3]{130 \times 67.96 \times 145^2} = 148.35\ (m^3/min)$$

$$Q_{2海} = \frac{7.8}{t} \sqrt[3]{A \times S_{海} \times L_{散}^2} = \frac{7.8}{30} \sqrt[3]{130 \times 40.83 \times 145^2} = 125.18\ (m^3/min)$$

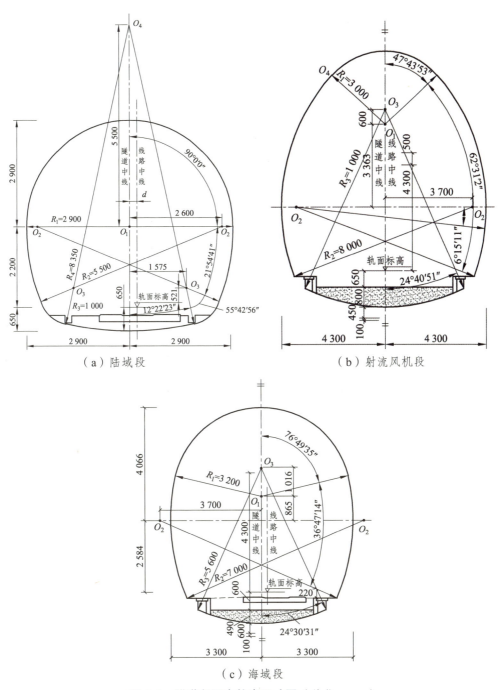

（a）陆域段　　　　（b）射流风机段

（c）海域段

图 8-7　隧道断面内轮廓尺寸图（单位：mm）

3）按内燃机作业废气稀释的需要风量计算

$$Q_3 = k\sum_{i=1}^{N} N_i \qquad\qquad (8\text{-}17)$$

式中：N_i ——隧洞内内燃机同时使用作业的总功率，kW；

k ——隧洞内内燃机同时使用每 1 kW 所需的风量，通常用 3 m³/（min·kW）计算；

N ——隧道内内燃机的台数。

自卸车（型号 K29AN）的额定功率为 187 kW，装载机（型号 ZL-50C）的功率为 162 kW，按保持 2 台车（1 台满载、1 台空车）和 1 台装载机在作业面计算，则

$$\sum_{i=1}^{N} N_i = 162+187+187 \times 50\% = 442.5 \ (kW)$$

故

$$Q_3 = n_i A = 442.5 \times 3 = 1\,327.5 \ (m^3/min)$$

4）按洞内允许的最小风速计算

$$Q_4 = 60 \cdot v \cdot S \tag{8-18}$$

式中：v ——洞内允许最小风速，m/s，全断面开挖时为 0.15 m/s，其他坑道为 0.25 m/s；

S ——隧道开挖断面面积，m²。

该海底隧道以全断面开挖计算 v 取 0.15 m/s，隧道开挖断面面积陆域段 $S_陆 = 27.78 \ m^2$，射流风机段 $S_射 = 67.96 \ m^2$，海域段 $S_海 = 40.83 \ m^2$。则

$$Q_{4陆} = 60 \cdot v \cdot S = 60 \times 0.15 \times 27.78 = 250.02 \ (m^3/min)$$

$$Q_{4射} = 60 \cdot v \cdot S = 60 \times 0.15 \times 67.96 = 611.64 \ (m^3/min)$$

$$Q_{4海} = 60 \cdot v \cdot S = 60 \times 0.15 \times 40.83 = 367.47 \ (m^3/min)$$

5）考虑空气更换计算风量

按空气更换一次计算风量，按隧道近开挖面 100 m 每 5 min 空气更换一次，计算风量（根据测温隧道温度升高 1 ℃ 最快约 5 min）：

$$Q_5 = 100 \frac{S}{t} \tag{8-19}$$

式中：S ——隧道开挖断面面积；

t ——通风时间。

由上可知，隧道开挖断面面积陆域段 $S_陆 = 27.78 \ m^2$，风井射流风机段 $S_射 = 67.96 \ m^2$，海域段 $S_海 = 40.83 \ m^2$。则，通风时间 t 取 5 min。故

$$Q_{5陆} = 100S/t = 100 \times 27.78/5 = 555.6 \ (m^3/min)$$

$$Q_{5射} = 100S/t = 100 \times 67.96/5 = 1\,359.2 \ (m^3/min)$$

$$Q_{5海} = 100S/t = 100 \times 40.83/5 = 816.6 \ (m^3/min)$$

通过上述计算对 Q_1、Q_2、Q_3、Q_4、Q_5 比较，陆域段、风井射流段、海域段选取数值最大的 Q_5 最为最大需风量分别为：

$$Q_陆 = 1\,327.5 \ (m^3/min)，\quad Q_射 = 1\,359.2 \ (m^3/min)，\quad Q_海 = 1\,327.5 \ (m^3/min)$$

8.3.3　巷道过流风速计算

由于 A、B 两种方案的通风网络线路中各巷道的过流风速不同，因此对巷道过流风速的计算需根据不同网络方案分别计算。根据本书 8.3.1 节的网络通风初步方案，A 方案的节点、线路如图 8-8 所示。其中 A、B、C……为通风网络节点，1、2、3……为开挖工作面编号。整个通风网络由供风系统和排风系统构成。供风系统中，竖井进风。在海域段，利用平行导坑，通过巷道式通风引入一段距离后由轴流风机取风，再通过管道压入各掌子面，以减少管道压入式通风的距离，降低供风难度，提升工作面处通风效果。而排风系统中，主要利用开挖左右线及平行导坑等坑道，采用巷道式通风将污风经斜井排出洞外，如图 8-9 所示。

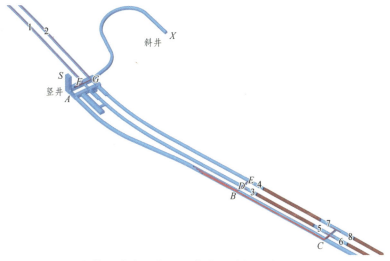

图 8-8　隧道 A 方案网络通风节点图（斜井出风-竖井进风）

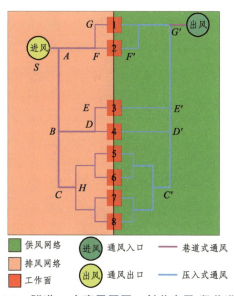

图 8-9　隧道 A 方案风网图：斜井出风-竖井进风

A方案各巷道过流风速计算如下：

1）AB段断面过流风速

平行导坑断面面积S_{AB}为59.53 m²，根据风量平衡坑道需风量Q_{AB}需满足：

$$Q_{AB} = 6 \times Q_{海} = 6 \times 1\,327.5 = 7\,965 \text{ (m}^3\text{/min)}$$

则
$$v_{AB} = \frac{Q_{AB}}{S_{AB}} = \frac{7\,965}{60 \times 59.53} = 2.23 \text{ (m/s)}$$

（2）$C'H'$段断面过流风速

BD段4#联络横通道断面面积$S_{C'H'}$为26.85 m²，根据风量平衡坑道需风量$Q_{C'H'}$需满足：

$$Q_{C'H'} = 4 \times Q_{海} = 5\,310.00 \text{ (m}^3\text{/min)}$$

则
$$v_{C'H'} = \frac{Q_{C'H'}}{S_{C'H'}} = \frac{5\,310.00}{60 \times 26.85} = 3.30 \text{ (m/s)}$$

3）$C'D'$段断面过流风速

$C'D'$段平行导坑断面面积$S_{C'D'}$为59.53 m²，根据风量平衡坑道需风量$Q_{C'D'}$需满足：

$$Q_{C'D'} = 4 \times Q_{海} = 5\,310.00 \text{ (m}^3\text{/min)}$$

则
$$v_{C'D'} = \frac{Q_{C'D'}}{S_{C'D'}} = \frac{5\,310.00}{60 \times 59.53} = 1.49 \text{ (m/s)}$$

4）$D'E'$段断面过流风速

$D'E'$段3#联络横通道断面面积$S_{D'E'}$为33.81 m²，根据风量平衡坑道需风量$Q_{D'E'}$需满足：

$$Q_{D'E'} = 4 \times Q_{海} = 5\,310.00 \text{ (m}^3\text{/min)}$$

则
$$v_{D'E'} = \frac{Q_{D'E'}}{S_{D'E'}} = \frac{5\,310.00}{60 \times 33.81} = 2.62 \text{ (m/s)}$$

5）$E'G'$段断面过流风速

$E'G'$段左线主隧道断面面积$S_{E'G',主}$为40.83 m²，根据风量平衡坑道需风量$Q_{E'G'}$需满足：

$$Q_{E'G'} = 6 \times Q_{海} = 7\,965.00 \text{ (m}^3\text{/min)}$$

则
$$v_{E'G'} = \frac{Q_{E'G'}}{S_{E'G'}} = \frac{7\,965.00}{60 \times 40.83} = 3.25 \text{ (m/s)}$$

$E'G'$段风井射流风机段断面面积$S_{E'G',射}$为67.96 m²，则

$$v_{E'G',射} = \frac{Q_{E'G'}}{S_{E'G'}} = \frac{7\,965.00}{60 \times 67.96} = 1.95 \text{ (m/s)}$$

6）$F'G'$段断面过流风速

$F'G'$段斜井和竖井联通坑道断面面积$S_{F'G'}$为99.74 m²，根据风量平衡坑道需风量$Q_{F'G'}$需满足：

$$Q_{F'G'} = 1 \times Q_{陆} = 1\,327.50 \ (\text{m}^3/\text{min})$$

则

$$v_{F'G'} = \frac{Q_{F'G'}}{S_{F'G'}} = \frac{1\,327.50}{60 \times 99.74} = 0.22 \ (\text{m/s})$$

7）SA 段断面过流风速

SA 段竖井横断面面积 S_{SA} 为 125.49 m²，根据风量平衡坑道需风量 Q_{SA} 需满足：

$$Q_{SA} = 6 \times Q_{海} + 2 \times Q_{陆} = 6 \times 1\,327.50 + 2 \times 1\,327.50 = 10\,620.00 \ (\text{m}^3/\text{min})$$

则

$$v_{SA} = \frac{Q_{SA}}{S_{SA}} = \frac{10\,620.00}{60 \times 125.49} = 1.41 \ (\text{m/s})$$

8）$G'X$ 段断面过流风速

$G'X$ 段斜井断面面积 $S_{G'X}$ 为 42.74 m²，根据风量平衡坑道需风量 $Q_{G'X}$ 需满足：

$$Q_{G'X} = 6 \times Q_{海} + 2 \times Q_{陆} = 6 \times 1\,327.50 + 2 \times 1\,327.50 = 10\,620.00 \ (\text{m}^3/\text{min})$$

则

$$v_{G'X} = \frac{Q_{G'X}}{S_{G'X}} = \frac{10620.00}{60 \times 42.74} = 4.14 \ (\text{m/s})$$

其他工作面坑道过流速度同上方法计算，最后计算得到 A 方案通风网络流经各坑道空气的速度如表 8-1 所示。

表 8-1　计算 A 方案坑道过流风速

序号	坑道段	坑道横截面面积/m²	风量/（m³/min）	坑道过流速度/（m/s）
①	AB	59.53	7 965.00	2.23
②	$C'H'$	26.85	5 310.00	3.30
③	$C'D'$	59.53	5 310.00	1.49
④	$D'E'$	33.81	5 310.00	2.62
⑤	$E'G'$	40.83（左线隧道段）	7 965.00	3.25
		67.96（风井射流风机段）	7 965.00	1.95
⑥	$F'G'$	99.74	1 327.50	0.22
⑦	SA	125.49	10 620.00	1.41
⑧	$G'X$	42.74	10 620.00	4.14
⑨	工作面 1 坑道	27.78	1 327.50	0.80
⑩	工作面 2 坑道	27.78	1 327.50	0.80
⑪	工作面 3 坑道	40.83	1 327.50	0.54
⑫	工作面 4 坑道	40.83	1 327.50	0.54
⑬	工作面 5 坑道	40.83	1 327.50	0.54
⑭	工作面 6 坑道	40.83	1 327.50	0.54
⑮	工作面 7 坑道	40.83	1 327.50	0.54
⑯	工作面 8 坑道	40.83	1 327.50	0.54

根据本书 8.3.1 节的网络通风初步方案，B 方案的节点、线路如图 8-10 所示。其中 *A*、*B*、*C*……为通风网络节点，1、2、3……为开挖工作面编号。整个通风网络由供风系统和排风系统构成。供风系统中，斜井进风。利用斜井导坑，通过巷道式通风引入到斜井与主洞交叉口由轴流风机取风，再通过管道压入各掌子面，以减少管道压入式通风的距离，降低供风难度，提升工作面处通风效果。而排风系统中，主要利用开挖左右线及平行导坑等坑道，采用巷道式通风将污风经竖井排出洞外，如图 8-11 所示。

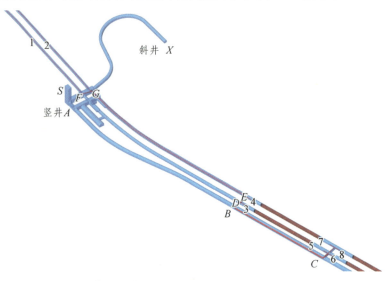

图 8-10　隧道 B 方案网络通风节点图（斜井出风-竖井进风）

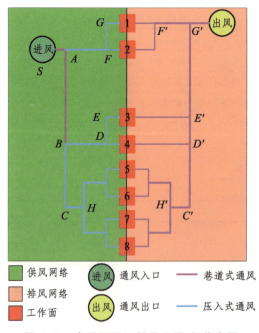

图 8-11　案风网图：斜井进风-竖井出风

1）AB 段断面过流风速

平行导坑断面面积 S_{AB} 为 59.53 m²，根据风量平衡坑道需风量 Q_{AB} 需满足：

$$Q_{AB} = 6 \times Q_{海} = 7\,965\,(\text{m}^3/\text{min})$$

则

$$v_{AB} = \frac{Q_{AB}}{S_{AB}} = \frac{7\,965}{60 \times 59.53} = 2.23\,(\text{m/s})$$

2）BC 段断面过流风速

BC 段平行导坑断面面积 S_{BC} 为 59.53 m²，根据风量平衡坑道需风量 Q_{BC} 需满足：

$$Q_{BC} = 4 \times Q_{海} = 5\,310.00\,(\text{m}^3/\text{min})$$

则

$$v_{BC} = \frac{Q_{BC}}{S_{BC}} = \frac{5\,310.00}{60 \times 59.53} = 1.49\,(\text{m/s})$$

3）CH 段断面过流风速

BD 段 4#联络横通道断面面积 S_{CH} 为 26.85 m²，根据风量平衡坑道需风量 Q_{CH} 需满足：

$$Q_{CH} = 4 \times Q_{海} = 5\,310.00\,(\text{m}^3/\text{min})$$

则

$$v_{CH} = \frac{Q_{CH}}{S_{CH}} = \frac{5\,310.00}{60 \times 26.85} = 3.30\,(\text{m/s})$$

4）BD 段断面过流风速

BD 段 3#联络横通道断面面积 S_{BD} 为 33.81 m²，根据风量平衡坑道需风量 Q_{BD} 需满足：

$$Q_{BD} = 2 \times Q_{海} = 2\,655.00\,(\text{m}^3/\text{min})$$

则

$$v_{BD} = \frac{Q_{BD}}{S_{BD}} = \frac{2\,655.00}{60 \times 33.81} = 1.31\,(\text{m/s})$$

5）AF 段断面过流风速

AF 段斜井和竖井联通坑道断面面积 S_{AF} 为 99.74 m²，根据风量平衡坑道需风量 Q_{AF} 需满足：

$$Q_{AF} = 2 \times Q_{陆} = 2\,655.00\,(\text{m}^3/\text{min})$$

则

$$v_{AF} = \frac{Q_{AF}}{S_{AF}} = \frac{2\,655.00}{60 \times 99.74} = 0.44\,(\text{m/s})$$

6）SA 段断面过流风速 V_{SA}

SA 段竖井横断面面积 S_{SA} 为 125.49 m²，根据风量平衡坑道需风量 Q_{SA} 需满足：

$$Q_{SA} = 6 \times Q_{海} + 2 \times Q_{陆} = 6 \times 1\,327.50 + 2 \times 1\,327.50 = 10\,620.00\,(\text{m}^3/\text{min})$$

则

$$v_{SA} = \frac{Q_{SA}}{S_{SA}} = \frac{10\,620.00}{60 \times 125.49} = 1.41\,(\text{m/s})$$

7）$G'X$ 段断面过流风速：

$G'X$ 段斜井断面面积 $S_{G'X}$ 为 42.74 m²，根据风量平衡坑道需风量 $Q_{G'X}$ 需满足：

$$Q_{G'X} = 6 \times Q_{海} + 2 \times Q_{陆} = 6 \times 1\,327.50 + 2 \times 1\,327.50 = 10\,620.00\ (\text{m}^3/\text{min})$$

则
$$v_{G'X} = \frac{Q_{G'X}}{S_{G'X}} = \frac{10\,620.00}{60 \times 42.74} = 4.14\ (\text{m/s})$$

其他工作面坑道过流速度同上方法计算，最后计算得到 B 方案通风网络流经各坑道空气的速度如表 8-2 所示。

表 8-2　计算 B 方案坑道过流风速

序号	坑道段	坑道横截面面积 /m²	风量 /（m³/min）	坑道过流速度 /（m/s）
①	AB	59.53	7 965.00	2.23
②	BC	59.53	5 310.00	1.49
③	CH	26.85	5 310.00	3.30
④	BD	33.81	2 655.00	1.31
⑤	AF	99.74	2 655.00	0.44
⑥	SA	125.49	10 620.00	1.41
⑦	$G'X$	42.74	10 620.00	4.14
⑧	工作面 1 坑道	27.78	1 327.50	0.80
⑨	工作面 2 坑道	27.78	1 327.50	0.80
⑩	工作面 3 坑道	40.83	1 327.50	0.54
⑪	工作面 4 坑道	40.83	1 327.50	0.54
⑫	工作面 5 坑道	40.83	1 327.50	0.54
⑬	工作面 6 坑道	40.83	1 327.50	0.54
⑭	工作面 7 坑道	40.83	1 327.50	0.54
⑮	工作面 8 坑道	40.83	1 327.50	0.54

8.3.4　风机数量计算

1. 射流风机数量计算

其计算方法是：首先按作业面的通风环境因素计算需风量；其次与通过不同断面的

最低风速标准所需风量进行比较，确定计算需风量；再次依据计算需风量反算经过不同断面通道的风速 v_i；最后依据相关常数和已计算的参数按下式进行计算，符号取值或计算详见《公路隧道通风照明设计规范》。

计算通风风阻：

$$\Delta P_i = \left(1 + \lambda_i \frac{L_i}{D_i}\right)\frac{\rho}{2} v_i^2 \tag{8-20}$$

式中：ΔP_i——隧道（洞）内第 i 支路风阻，Pa；

　　　v_i——隧道（洞）内第 i 支路风速，m/s；

　　　λ_i——隧道（洞）内第 i 支路隧道壁面摩阻系数；

　　　ρ——空气密度，kg/m³；

　　　D_i——隧道（洞）内第 i 支路隧道断面当量直径，m。

考虑所有工作面不同时开挖，需风量折减，则网络通风所需总推力：

$$\sum \Delta F_i = \sum_{i=1}^{n} \Delta P_i' \cdot S_i = \sum_{i=1}^{n}\left(1 + \lambda_i \frac{L_i}{D_i}\right)\frac{\rho}{2}(c_i v_i)^2 \cdot S_i \tag{8-21}$$

式中：c_i——风量折减系数，陆域段取值 0.75，海域段取 0.85；

　　　n——风量计算总支路数；

　　　$\Delta P_i'$——隧道（洞）内第 i 支路风量折减后通风风阻，Pa；

　　　S_i——隧道（洞）内第 i 支路横断面面积，m²。

青岛海底地铁隧道施工通风，使用射流风机型号为 SDS-16-6P-75KW，其最大流量为 76.8 m³/s，出口速度为 38.3 m/s，风机推力 ΔF_j 为 3 116.5 N，考虑风机未满荷运转，其计算推力 $\Delta F_j'$ 为

$$\Delta F_j' = c\Delta F_j$$

式中：c——射流风机运转负荷率，取 0.7。

则克服网络通风风阻所需要射流风机数量为：

$$n = \frac{\sum \Delta F_i}{\Delta F_j'} \tag{8-22}$$

考虑初期支护和二次衬砌施工后，隧道壁面粗糙度的差异，以及斜井、竖井垂直风向阻力因素，A、B 通风方案中，隧道壁面摩阻系数 λ_i 按表 8-3 和表 8-4 分别取值，其中二次衬砌混凝土壁面取 0.02，初支混凝土壁面取 0.2，而考虑垂直风向阻力时，斜井、竖井壁面摩阻系数取 0.3。

表 8-3 A 方案网络通风各区段摩阻系数 λ_i 取值

区间段	隧道壁面材料	是否考虑垂直风向阻力	隧道壁面摩阻系数 λ_i	备注
AB	二次衬砌混凝土	否	0.02	平行导坑
$C'H'$	喷射混凝土	否	0.2	4#联络横通道
$C'D'$	二次衬砌混凝土	否	0.02	平行导坑
$D'E'$	喷射混凝土	否	0.2	3#联络横通道
$E'G'$	二次衬砌混凝土	否	0.02	左线隧道段（二次衬砌施工完成）
	喷射混凝土	否	0.2	风井射流风机段
$F'G'$	喷射混凝土	否	0.2	风道（斜井与竖井间）
SA	喷射混凝土	考虑	0.3	竖井
$G'X$	喷射混凝土	考虑	0.3	斜井
工作面1坑道	掌子面后方100 m段为喷射混凝土,其他区段为二次衬砌混凝土	否	掌子面后方100 m段为0.2,其他段为0.02	工作面1到最近节点区段
工作面2坑道	掌子面后方100 m段为喷射混凝土,其他区段为二次衬砌混凝土	否	掌子面后方100 m段为0.2,其他段为0.02	工作面2到最近节点区段
工作面3坑道	掌子面后方100 m段为喷射混凝土,其他区段为二次衬砌混凝土	否	掌子面后方100 m段为0.2,其他段为0.02	工作面3到最近节点区段
工作面4坑道	掌子面后方100 m段为喷射混凝土,其他区段为二次衬砌混凝土	否	掌子面后方100 m段为0.2,其他段为0.02	工作面4到最近节点区段
工作面5坑道	掌子面后方100 m段为喷射混凝土,其他区段为二次衬砌混凝土	否	掌子面后方100 m段为0.2,其他段为0.02	工作面5到最近节点区段
工作面6坑道	掌子面后方100 m段为喷射混凝土,其他区段为二次衬砌混凝土	否	掌子面后方100 m段为0.2,其他段为0.02	工作面6到最近节点区段
工作面7坑道	掌子面后方100 m段为喷射混凝土,其他区段为二次衬砌混凝土	否	掌子面后方100 m段为0.2,其他段为0.02	工作面7到最近节点区段
工作面8坑道	掌子面后方100 m段为喷射混凝土,其他区段为二次衬砌混凝土	否	掌子面后方100 m段为0.2,其他段为0.02	工作面8到最近节点区段

表 8-4　B 方案网络通风各区段摩阻系数 λ_i 取值

区间段	隧道壁面支护	是否考虑垂直风向阻力	隧道壁面摩阻系数 λ_i	备注
AB	二次衬砌混凝土	否	0.02	平行导坑
BC	喷射混凝土	否	0.02	平行导坑
CH	二次衬砌混凝土	否	0.2	4#联络横通道
BD	喷射混凝土	否	0.2	3#联络横通道
AF	二次衬砌混凝土	否	0.2	风道（斜井与竖井间）
SA	喷射混凝土	考虑	0.3	竖井
G'X	喷射混凝土	考虑	0.3	斜井
工作面 1 坑道	掌子面后方 100 m 段为喷射混凝土，其他区段为二次衬砌混凝土	否	掌子面后方 100 m 段为 0.2，其他段为 0.02	工作面 1 到最近节点区段
工作面 2 坑道	掌子面后方 100 m 段为喷射混凝土，其他区段为二次衬砌混凝土	否	掌子面后方 100 m 段为 0.2，其他段为 0.02	工作面 2 到最近节点区段
工作面 3 坑道	掌子面后方 100 m 段为喷射混凝土，其他区段为二次衬砌混凝土	否	掌子面后方 100 m 段为 0.2，其他段为 0.02	工作面 3 到最近节点区段
工作面 4 坑道	掌子面后方 100 m 段为喷射混凝土，其他区段为二次衬砌混凝土	否	掌子面后方 100 m 段为 0.2，其他段为 0.02	工作面 4 到最近节点区段
工作面 5 坑道	掌子面后方 100 m 段为喷射混凝土，其他区段为二次衬砌混凝土	否	掌子面后方 100 m 段为 0.2，其他段为 0.02	工作面 5 到最近节点区段
工作面 6 坑道	掌子面后方 100 m 段为喷射混凝土，其他区段为二次衬砌混凝土	否	掌子面后方 100 m 段为 0.2，其他段为 0.02	工作面 6 到最近节点区段
工作面 7 坑道	掌子面后方 100 m 段为喷射混凝土，其他区段为二次衬砌混凝土	否	掌子面后方 100 m 段为 0.2，其他段为 0.02	工作面 7 到最近节点区段
工作面 8 坑道	掌子面后方 100 m 段为喷射混凝土，其他区段为二次衬砌混凝土	否	掌子面后方 100 m 段为 0.2，其他段为 0.02	工作面 8 到最近节点区段

　　根据以上计算公式及参数取值，A 方案所需射流风机数量计算如表 8-5 所示。其中，各坑道段长度按照最不利通风的工况取值。

表 8-5　计算 A 方案坑道射流风机数量

序号	坑道段	坑道横截面当量直径/m	阻力系数	长度/m	坑道过流速度/（m/s）	风阻力/N	总阻力$\sum\Delta F_i$/N	射流风机运转推力$\Delta F_j'$/N	风机数量n/台
①	AB	8.71	0.02	1 000.00	2.23	455.92			
②	$C'H'$	5.85	0.20	42.00	3.30	332.00			
③	$C'D'$	8.71	0.02	760.00	1.49	168.75			
④	$D'E'$	7.21(左线隧道段)	0.20	42.00	2.62	246.74			
		9.30(风井射流风机段)	0.02	1 240.00	3.25	895.03			
⑤	$E'G'$	9.30	0.20	100.00	1.95	381.54			
⑥	$F'G'$	11.27	0.20	65.00	0.22	4.94			
⑦	SA	12.64	0.30	45.00	1.41	241.15			
⑧	$G'X$	7.38	0.30	350.00	4.14	5 215.83			
⑨	工作面1坑道	5.95	掌子面后100 m 区段0.20，其他区段 0.02	1 300.00	0.80	69.12	8 227.46	2 181.55	4（3.77向上取整）
⑩	工作面2坑道	5.95	掌子面后100 m 区段0.20，其他区段 0.02	1 300.00	0.80	69.12			
⑪	工作面3坑道	7.21	掌子面后100 m 区段0.20，其他区段 0.02	380.00	0.54	25.48			
⑫	工作面4坑道	7.21	掌子面后100 m 区段0.20，其他区段 0.02	380.00	0.54	25.48			
⑬	工作面5坑道	7.21	掌子面后100 m 区段0.20，其他区段 0.02	380.00	0.54	25.48			
⑭	工作面6坑道	7.21	掌子面后100 m 区段0.20，其他区段 0.02	200.00	0.54	22.69			
⑮	工作面7坑道	7.21	掌子面后100 m 区段0.20，其他区段 0.02	380.00	0.54	25.48			
⑯	工作面8坑道	7.21	掌子面后100 m 区段0.20，其他区段 0.02	200.00	0.54	22.69			

同 A 方案中坑道射流风机数量的计算方法，B 方案中坑道射流风机数量计算如表 8-6 所示，其中，各坑道段长度按照最不利通风的工况取值。

表 8-6　计算 B 方案坑道射流风机数量

序号	坑道段	坑道横截面当量直径/m	阻力系数	长度/m	坑道过流速度/(m/s)	风阻力/N	总阻力 $\sum \Delta F_i$/N	射流风机运转推力 $\Delta F_j'$/N	风机数量 n/台
①	AB	8.71	0.02	1 340.00	2.23	563.92			
②	BC	8.71	0.02	760.00	1.49	168.75			
③	CH	5.85	0.20	40.00	3.30	322.68			
④	BD	6.56	0.20	40.00	1.31	60.04			
⑤	AF	11.27	0.20	65.00	0.44	19.75			
⑥	SA	12.64	0.30	45.00	1.41	241.15			
⑦	G'X	7.38	0.30	350.00	4.14	5 215.83			
⑧	工作面1坑道	5.95	掌子面后100 m区段0.20，其他区段0.02	1 300.00	0.80	69.12	6 877.67	2 181.55	4（3.15 向上取整）
⑨	工作面2坑道	5.95	掌子面后100 m区段0.20，其他区段0.02	1 300.00	0.80	69.12			
⑩	工作面3坑道	7.21	掌子面后100 m区段0.20，其他区段0.02	380.00	0.54	25.48			
⑪	工作面4坑道	7.21	掌子面后100 m区段0.20，其他区段0.02	380.00	0.54	25.48			
⑫	工作面5坑道	7.21	掌子面后100 m区段0.20，其他区段0.02	380.00	0.54	25.48			
⑬	工作面6坑道	7.21	掌子面后100 m区段0.20，其他区段0.02	200.00	0.54	22.69			
⑭	工作面7坑道	7.21	掌子面后100 m区段0.20，其他区段0.02	380.00	0.54	25.48			
⑮	工作面8坑道	7.21	掌子面后100 m区段0.20，其他区段0.02	200.00	0.54	22.69			

2. 轴流风机数量计算

1）考虑漏风计算

对于通风设备的供风量，既需要满足以上计算的需求风量，还需考虑风量的漏失，对于隧道的通风方式属于长距离及大风量，管路多选用直径不小于 1 m PVC 塑布软管。由于采用长管节，从而接头漏风大大降低，而以管壁漏风为主。如果选用优质管路，且管理条件良好，一般可以使每百米漏风率可控制在 2% 以下，其漏风系数可由送风距离及每百米漏风率计算而得。即

$$Q_{供} = \frac{Q}{(1-\beta)^{\frac{L}{100}}} \tag{8-23}$$

式中：Q——上述计算结构的最大值；

β——风管百米漏风系数；

L——送风距离。

对于本隧道选取风筒的直径为 1.5 m，节长 10 m，一般施工通风的百米漏风率应该控制在 1% 以内。隧洞外风机为掌子面供风，其中通风距离取最大通风长度 L，根据通风方案，陆域段和海域段取 1 300 m，风井射流风机段取 500 m，风管百米漏风系数 β 为 1%。根据以上公式及参数取值，A 方案风机所需风量为：

$$Q_{供陆} = \frac{Q_{陆}}{(1-\beta)^{\frac{L}{100}}} = \frac{1\,327.5}{(1-0.01)^{\frac{1\,300}{100}}} = 1\,512.8\,(\text{m}^3/\text{min})$$

$$Q_{供射} = \frac{Q}{(1-\beta)^{\frac{L}{100}}} = \frac{1\,359.2}{(1-0.01)^{\frac{500}{100}}} = 1\,395.91\,(\text{m}^3/\text{min})$$

$$Q_{供海} = \frac{Q_{海}}{(1-\beta)^{\frac{L}{100}}} = \frac{1\,327.5}{(1-0.01)^{\frac{1\,300}{100}}} = 1\,512.8\,(\text{m}^3/\text{min})$$

B 方案计算方案同 A 方案计算方法，但是，由于压入式通风风管从斜井与主洞交叉口取风，管道通风距离长，风机供风量需要相应调整，工作面 3、4 开挖最长距离分别约为 1 720 m、1 760 m，则需风量调整为：

$$Q_{供3} = \frac{Q_{海}}{(1-\beta)^{\frac{L}{100}}} = \frac{1\,327.5}{(1-0.01)^{\frac{1\,720}{100}}} = 1\,578.00\,(\text{m}^3/\text{min})$$

$$Q_{供4} = \frac{Q_{海}}{(1-\beta)^{\frac{L}{100}}} = \frac{1\,327.5}{(1-0.01)^{\frac{1\,760}{100}}} = 1\,584.36\,(\text{m}^3/\text{min})$$

工作面 5、6 开挖最长距离分别约为 2 520 m、2 340 m，则需风量调整为：

$$Q_{\text{供}5} = \frac{Q_{\text{海}}}{(1-\beta)^{\frac{L}{100}}} = \frac{1\,327.5}{(1-0.01)^{\frac{2\,520}{100}}} = 1\,715.29\ (\text{m}^3/\text{min})$$

$$Q_{\text{供}6} = \frac{Q_{\text{海}}}{(1-\beta)^{\frac{L}{100}}} = \frac{1\,327.5}{(1-0.01)^{\frac{2\,340}{100}}} = 1\,679.47\ (\text{m}^3/\text{min})$$

工作面 7、8 开挖最长距离分别约为 2 560 m，2 380 则需风量调整为：

$$Q_{\text{供}7} = \frac{Q_{\text{海}}}{(1-\beta)^{\frac{L}{100}}} = \frac{1\,327.5}{(1-0.01)^{\frac{2\,560}{100}}} = 1\,717.01\ (\text{m}^3/\text{min})$$

$$Q_{\text{供}8} = \frac{Q_{\text{海}}}{(1-\beta)^{\frac{L}{100}}} = \frac{1\,327.5}{(1-0.01)^{\frac{2\,380}{100}}} = 1\,686.23\ (\text{m}^3/\text{min})$$

2）考虑通风阻力计算

在隧道通风过程中，风流沿途所受的阻力需要克服，为了把所需风量按规定的风速送到隧洞内，则需要通风风流具备一定的风压。因此，隧道通风风压计算的目的在于确定满足通风需要的通风机本身应具备多大的压力。风流所受到的阻力由摩擦阻力和局部阻力及正面阻力三部分组成，其中局部阻力包括断面变化处阻力、拐弯阻力、分岔阻力。可利用下式计算：

$$P_{\text{机}} \geqslant f_{\text{总}} \tag{8-24}$$

$$f_{\text{总}} = f_{\text{摩}} + f_{\text{局}} + f_{\text{正}} \tag{8-25}$$

式中：$P_{\text{机}}$——通风机的风压；

　　　$f_{\text{总}}$——风流受到的总阻力；

　　　$f_{\text{摩}}$——风流经过各种断面的管（巷）道时产生的摩擦阻力；

　　　$f_{\text{局}}$——风流经过断面变化、拐弯、分岔等处分别产生的局部阻力；

　　　$f_{\text{正}}$——巷道通风时受运输车辆阻塞而产生的正面阻力。

为简化计算，系统风压取 $P_{\text{机}} = 1.2 f_{\text{摩}}$。其中摩擦阻力 $f_{\text{摩}}$ 也称沿程阻力，是管道周壁与风流互相摩擦以及风流中空气分子间的紊动和摩擦而产生的阻力。根据流体力学的达西公式可以导出隧道通风的摩擦阻力公式为：

$$f_{\text{摩}} = \lambda \cdot \frac{L v^2}{d \cdot 2g} \gamma \tag{8-26}$$

式中，$f_{\text{摩}}$——摩擦阻力，Pa；

　　　λ——阻力系数；

　　　L——风管（巷）长度，m；

　　　v——风流速度，m/s；

　　d——风管（巷）直径，m；

　　g——重力加速度，m/s^2；

　　γ——空气重度，N/m^3。

　　隧道开挖断面随着我国独头掘进式技术的提高而增大，大功率、大管径的压入式通风被广泛地采用和选择。对于本隧道根据各洞口担负施工任务决定采用压入式通风，同时从以往长大隧道的施工通风经验可知，漏风系数和风管直径的选择是影响通风效果的主要原因，风管直径越大，管道阻力系数就越小，所需风机功率就越小，反之则越大。因此本隧道决定采用采用直径 1.5 m 风管，这样风阻相对减小，有利于通风时间的缩短及施工效率的提高。对于该隧道通风管风筒内摩擦阻力系数为 0.007 8，风管直径 d 为 1.5 m，风管长度 L 为 1 300 m，管道风流速度：

$$v_{陆} = \frac{Q_{供陆}}{S} = \frac{Q_{供陆}}{\pi \dfrac{d^2}{4}} = \frac{1\,512.8}{\pi \dfrac{1.5^2}{4}} = 856.50 \text{ (m/min)} = 14.28 \text{ (m/s)}$$

$$v_{射} = \frac{Q_{供射}}{S} = \frac{Q_{供射}}{\pi \dfrac{d^2}{4}} = \frac{1\,359.2}{\pi \dfrac{1.5^2}{4}} = 769.54 \text{ (m/min)} = 12.83 \text{ (m/s)}$$

$$v_{海} = \frac{Q_{供海}}{S} = \frac{Q_{供海}}{\pi \dfrac{d^2}{4}} = \frac{1\,512.8}{\pi \dfrac{1.5^2}{4}} = 856.50 \text{ (m/min)} = 14.28 \text{ (m/s)}$$

　　同时根据青岛温带季风气候，年平均气温为 12.7 ℃，受大气降雨影响较大，年总降雨量在 1 400～2 000 mm，相对湿度（73%），取空气密度为 1.225 kg/m^3，重度 γ 为 12 N/m^3。故：

$$f_{摩陆} = \lambda \cdot \frac{Lv^2}{d \cdot 2g} \gamma = 0.007\,8 \times \frac{1\,300 \times 14.28^2}{1.5 \times 2 \times 9.8} \times 12 = 843.98 \text{ (Pa)}$$

$$f_{摩射} = \lambda \cdot \frac{Lv^2}{d \cdot 2g} \gamma = 0.007\,8 \times \frac{1\,300 \times 12.83^2}{1.5 \times 2 \times 9.8} \times 12 = 681.28 \text{ (Pa)}$$

$$f_{摩海} = \lambda \cdot \frac{Lv^2}{d \cdot 2g} \gamma = 0.007\,8 \times \frac{1\,300 \times 14.28^2}{1.5 \times 2 \times 9.8} \times 12 = 843.98 \text{ (Pa)}$$

$$P_{机陆} = 1.2 f_{摩陆} = 1.2 \times 843.98 = 1\,012.78 \text{ (Pa)}$$

$$P_{机射} = 1.2 f_{摩射} = 1.2 \times 681.28 = 817.54 \text{ (Pa)}$$

$$P_{机海} = 1.2 f_{摩海} = 1.2 \times 843.98 = 1\,012.78 \text{ (Pa)}$$

　　青岛海底地铁隧道施工采用轴流风机型号 SDF（B）-4-No12.5，功率为 2 × 110 kW，其风量为 2 912 m^3/min，风压为 1 378～5 355 Pa，而型号 SDF（B）-4-No11，功率为 2 × 55 kW，其风量为 1 985 m^3/min，风压为 624～4 150 Pa。A、B 两种方案中，两种型号中任意一台轴流风机均满足每一工作面供风的要求。当长隧短打，8 个工作面同时开挖时，可在海域段布置 3 台 SDF（B）-4-No12.5 型轴流风机，每台供两个掌子面需风要求；而在陆域段布置 2 台 SDF（B）-4-No11 型轴流风机，每台供 1 个掌子面需风要求。所需轴流风机为 5 台。

8.3.5 方案比较及最佳"通风网络"

混合网络通风充分利用斜、竖井，与正线、横向通道构成主通风回路，依靠风管压入式通风将新鲜空气压入各个掌子面施工区域，而利用巷道式通风将各工作面及回风道所产生的污染空气排出洞外，形成有序循环通风回路。本研究中两种风网模型：A 方案——施工斜井出风而竖井进风；B 方案——施工斜井进风而竖井出风，两种风网模型的风管长度和弯拐数目见表 8-7 和表 8-8。当 8 个工作面同时开挖时，两种方案所用到的风机数量基本一致。但是，当 8 个工作面同时开挖并进行隧道施工通风时，比较两种方案，A 方案明显优于 B 方案。其原因有以下几点：

（1）B 方案中弯拐数目明显多于 A 方案。隧道中空气流经风管因摩阻力而存在风量损失，而在弯拐处摩阻力较大，风量损失大。弯拐数目越多，越不利于风管将洞外新鲜空气压入隧道掌子面区域。

（2）B 方案风管总长度远大于 A 方案。空气在风管中流动，其风量因为摩阻力及风管漏风等原因而减小，风管越长其因摩阻力做负功，流速减小，风量减少，因此风管越长，压入式通风难度越大。

（3）B 方案中通风路线与现场施工组织的工作车辆行驶路线相悖。新鲜空气由斜井进入，斜井为施工作业车辆（运渣车）行驶便道，渣土、粉尘较多，通过斜井进入的新鲜空气受到污染，使得施工通风效果下降，不能保障隧道施工作业人员的健康安全。

（4）由于竖井所处外部环境为海域环境，受到自然风的影响较大，而海域环境的自然风变化多端，很难控制自然风使其有利于竖井污染空气顺利排出。

综上，A 方案优于 B 方案，最佳混合网络通风采用 A 方案，如图 8-12 所示。

表 8-7 A 方案送风管长度

工作面	管线布置线路简图	最大管道长度/m	弯拐数目/个
1	←	1 300	1
2	←	1 300	1
3	→	200	2
4	→	200	2
5	←	500	2
6	→	500	2
7	←	500	2
8	→	500	2

表 8-8　B 方案送风风管长度

工作面	管线布置线路简图	最大管道长度/m	弯拐数目/个
1	←	1 300	1
2	←	1 300	1
3	→	600	0
4	→	600	2
5	→	900	4
6	←	900	4
7	←	900	4
8	→	900	4

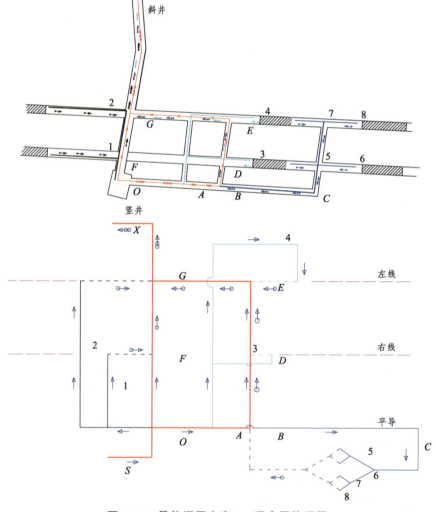

图 8-12　最佳通风方案——混合网络通风

8.4　通风设备选型与配套

8.4.1　风机的选择和布置

通风机的选择与风管的选择密切相关。在计算出隧道施工所需通风量后，还需要根据隧道施工断面面积确定风管类型及直径，计算出风管的压力损失、漏风量，然后计算和选择风机的类型、功率和台数。当开挖掘进长隧道时，需要高压通风系统来消除大量的摩擦损失。此外，由于这些隧道通常使用矿山法或 TBM 进行开挖，因此通风系统必须满足能吹出大量气流，以防止来自围岩产生的有毒或爆炸性气体的聚集。然而，仅使用一个风机无法提供满足要求的压力和气流。在这些情况下，需要将多个风机沿隧道一定间隔地串联或并联，组合布置在一起。

隧道风机分轴流式和离心式两类，由于轴流式风机风压低、风量大，很适应隧道施工通风，加之在通风阻力增加时也可以在风管中间简单地串联连接和运转，因此隧道施工中一般选择轴流式通风机。

设置通风机时，其安装基础要能充分承受本机重量和运行时发生的振动。吸入口注意不要吸入液体和固体物，而且要安装喇叭口以提高吸入、排出的效率。送风风机要设在不使污染空气循环处，即洞口的压入式送风风机应设在洞口外 30～50 m 处。洞内送风机应设在新鲜风流内。

8.4.2　风管的选择和布置

在隧道施工中经常使用维涤纶基布增强布基软风管及铁皮风管，后者主要是在负压通风时使用。而大直径拉链接头软风管在长大隧道的施工中得到了越来越多的使用。其接头接合器是"内张外紧"的柔性接合器，管体一致性好，接头连接采用高强工程塑料注塑而成的拉链，拉链具有自锁功能。由拉链和内外密封边构成接头接合器。拉链型号和内外密封边尺寸根据管径及塑布的延伸率而定，这样接头连接牢固、密贴，可大大地减小管路接头处的局部阻力，特别适合制作大直径软风管的接合器。风管之间的接头是利用管内动、静压作用使内衬紧贴管壁圆周和拉直的外密封边遮盖拉链缝来实现密封。

隧道内的风管，应设在不妨碍出渣运输作业、衬砌作业的空间处，同时要牢固安装以免受到振动、冲击而发生移动、掉落。同时应避免风管的急剧弯曲，以减少压力损失。风管出口应设在隧道中央部位，以使得沿隧道壁面的风流通畅，并及时延伸风管使其出口保持距掌子面一定的长度，保证工作面的通风。风管日常的维护作业十分重要，应及时修补更换破损的风管，减少漏风的产生。

8.4.3 隧道施工通风设备配置

该隧道工程施工通风设备配置见表 8-9，轴流风机 2×110 kW 可保障 2 500 m 的有效通风距离，2×55 kW 可保障 1 500 m 的有效通风距离。当长隧短打，8 个工作面同时开挖时，可在海域段布置 3 台 SDF（B）-4-No12.5 型轴流风机，每台供两个掌子面需风要求；而在陆域段布置 2 台 SDF（B）-4-No11 型轴流风机，每台供 1 个掌子面需风要求，所需轴流风机为 5 台。轴流风机将室外新鲜空气输送到工作面区域，轴流风机分别布置在竖井处（陆域段取风）2 台[SDF（B）-4-No11]、近 4#联络横通道的平行导坑处（海域段取风）3 台[SDF（B）-4-No12.5，每台风机供两个工作面通风]，均满足需风量要求。为了在引导空气回流的流向符合 A 方案设计结果，射流风机数量为 4 台（SDS-16-6P-75KW），满足抵抗风阻要求（4 台 SDS-16-6P-75KW），射流风机布置在低风流区，增强风流速度，以改善通风效果。

表 8-9　通风设备配置

设备名称	型号	功率	单位	位置	数量		合计	备注
					陆域段	海域段		
轴流风机	SDF（B）-4-No11	2×110 kW	台	AF 段	2		5	
	SDF（B）-4-No12.5	2×55 kW	台	AB 段		3		
射流风机	SDS-16-6P-75KW	75 kW	台	AB 段		1	4	
	SDS-16-6P-75KW	75 kW	台	BC 段		0		
	SDS-16-6P-75KW	75 kW	台	CH 段		0		
	SDS-16-6P-75KW	75 kW	台	DE 段		1		
	SDS-16-6P-75KW	75 kW	台	EG 段		1		
	SDS-16-6P-75KW	75 kW	台	FG 段		0		
	SDS-16-6P-75KW	75 kW	台	GX 段		1		
	SDS-16-6P-75KW	75 kW	台	AS 段		0		
风管	硬质铁皮螺旋风管	φ150	km	—	3.4	4	7.4	
	硬质铁皮螺旋风管	φ120	km	—			6	备用

8.5　CFD 数值模拟及方案验证

8.5.1　数学模型

隧道内风速不大且压力变化小，因此可以不考虑空气的压缩性，按不可压缩流处理。隧洞内的流动一般属于紊流流动状态。不考虑隧道内气体流动随时间的变化。所以，计算中将隧洞内的空气流动看作是三维不可压缩稳定的黏性紊流。紊流流动的模型采用高雷诺数 $k\text{-}\varepsilon$ 模型。数学模型包括连续性方程、动量方程和 $k\text{-}\varepsilon$ 模型方程。

1）连续性方程

$$\frac{\partial u}{\partial x}+\frac{\partial v}{\partial y}+\frac{\partial w}{\partial z}=0 \tag{8-27}$$

2）动量方程

$$\frac{\partial(\rho uu)}{\partial x}+\frac{\partial(\rho vu)}{\partial y}+\frac{\partial(\rho wu)}{\partial z}$$
$$=\frac{\partial}{\partial x}\left[(\eta+\eta_t)\frac{\partial u}{\partial x}\right]+\frac{\partial}{\partial y}\left[(\eta+\eta_t)\frac{\partial u}{\partial y}\right]+\frac{\partial}{\partial z}\left[(\eta+\eta_t)\frac{\partial u}{\partial z}\right]+S_u \tag{8-28}$$

$$\frac{\partial(\rho uv)}{\partial x}+\frac{\partial(\rho vv)}{\partial y}+\frac{\partial(\rho wv)}{\partial z}$$
$$=\frac{\partial}{\partial x}\left[(\eta+\eta_t)\frac{\partial v}{\partial x}\right]+\frac{\partial}{\partial y}\left[(\eta+\eta_t)\frac{\partial v}{\partial y}\right]+\frac{\partial}{\partial z}\left[(\eta+\eta_t)\frac{\partial v}{\partial z}\right]+S_v \tag{8-29}$$

$$\frac{\partial(\rho uw)}{\partial x}+\frac{\partial(\rho vw)}{\partial y}+\frac{\partial(\rho ww)}{\partial z}$$
$$=\frac{\partial}{\partial x}\left[(\eta+\eta_t)\frac{\partial w}{\partial x}\right]+\frac{\partial}{\partial y}\left[(\eta+\eta_t)\frac{\partial w}{\partial y}\right]+\frac{\partial}{\partial z}\left[(\eta+\eta_t)\frac{\partial w}{\partial z}\right]+S_w \tag{8-30}$$

3）紊流动能 k 方程

$$\frac{\partial(\rho uk)}{\partial x}+\frac{\partial(\rho vk)}{\partial y}+\frac{\partial(\rho wk)}{\partial z}$$
$$=\frac{\partial}{\partial x}\left[(\eta+\eta_t)\frac{\partial k}{\partial x}\right]+\frac{\partial}{\partial y}\left[(\eta+\eta_t)\frac{\partial k}{\partial y}\right]+\frac{\partial}{\partial z}\left[(\eta+\eta_t)\frac{\partial k}{\partial z}\right]+S_k \tag{8-31}$$

4）紊流动能耗散率 ε 方程

$$\frac{\partial(\rho u\varepsilon)}{\partial x}+\frac{\partial(\rho v\varepsilon)}{\partial y}+\frac{\partial(\rho w\varepsilon)}{\partial z}$$
$$=\frac{\partial}{\partial x}\left[(\eta+\eta_t)\frac{\partial \varepsilon}{\partial x}\right]+\frac{\partial}{\partial y}\left[(\eta+\eta_t)\frac{\partial \varepsilon}{\partial y}\right]+\frac{\partial}{\partial z}\left[(\eta+\eta_t)\frac{\partial \varepsilon}{\partial z}\right]+S_\varepsilon \tag{8-32}$$

8.5.2 控制方程的离散和求解方法

流体流动数值计算方法的实质，就是把描述流体运动的连续性数学模型离散成代数方程组，建立可在计算机上求解的算法。通过偏微分方程的离散化和代数化，即将无限信息系统变为有限信息系统（离散化），把偏微分方程变为代数方程（代数化），再通过采用适当的数值计算方法，求解方程组，得到流场的数值解。

8.5.3 边界条件确定及基本假设

1. 边界条件的确定

青岛海底特长隧道支护采用动态设计，全隧道以锚喷为主，少量二次衬砌。依据实际边界情况，设定边界条件如下：

（1）隧洞内壁为墙面，并根据实际的粗糙度给定相应的壁面参数；

（2）竖井进风口设为等压入口边界条件；

（3）斜井出风口设为等压出口边界条件；

（4）当射流风机布置在隧洞中时，风机的进风端为流量边界条件，其数值为选用风机的风量，出风端为等速边界条件，速度值为射流风机出口速度，风机壁面设为固体边界。

2. 基本假设

（1）通风气流可视为三维黏性不可压缩流体。

（2）忽略由流体黏性力作功所引起的耗散热，同时假定壁面绝热，等温通风。

（3）通风视为稳态等温流体。考虑风流在隧道内没有稳定的污染源，假定有害气体均匀的分布在工作区间内。

8.5.4 数值模拟相关计算参数

依据实际边界情况，设定边界条件如下：

（1）将模型的底部和上部以及竖井的壁面设为墙面，并根据实际的粗糙度给定相应的壁面参数；

（2）风机的出风口设为等速边界条件；

（3）斜井出风口设为等压边界条件；

（4）当射流风机布置在正洞中时，风机的进风端为流量边界条件，出风端为等速边界条件，风机壁面设为固体边界。

模型参数及边界条件如表 8-10 所示。

表 8-10 模型参数及边界条件

材料参数	物理属性		取值	备注
材料参数	密度 /（kg/m³）	混凝土	2 400	各材料密度通过试验或参考以往工程资料而获得
		空气	1.293	
	黏性指数/[kg/（m·s）]	空气	$17\,894 \times 10^{-5}$	
边界条件	轴流风管出风口温度/℃		12.7	考虑平均气温。室外空气抽入洞内置换污染空气的理想状态
	洞外空气温度/℃		12.7	
	轴流风管口通风出口速度/（m/s）		10～20	根据模型计算取值
	射流风机		SDS-16-6P-75KW	根据射流风机参数取值
	各个支风管管径/m		1.5	轴流风管管径现场资料
计算模型	湍流模型		Standard，$k\text{-}\varepsilon$ 模型	稳态计算

8.5.5　数值模拟结果及方案验证

对青岛海底隧道第三阶段施工网络通风进行数值模拟，利用计算流体力学软件FLUENT进行数值计算。三维模型及轴流风管位置如图 8-13 所示。采用混合网络通风，利用平导作为新鲜空气流入，左右线为主要的污染空气排出风道。压入式通风管道出风口速度设为 10 m/s，轴流风机分别布置在竖井处（陆域段取风）2 台、近 4#联络横通道的平行导坑处（海域段取风）3 台（一台风机供两个工作面通风），均满足需风量要求。为了在引导空气回流的流向符合 A 方案设计结果，在坑道节点（支流多）附近增设射流风机，最终射流风机数量为 6 台，满足抵抗风阻要求（4 台）。

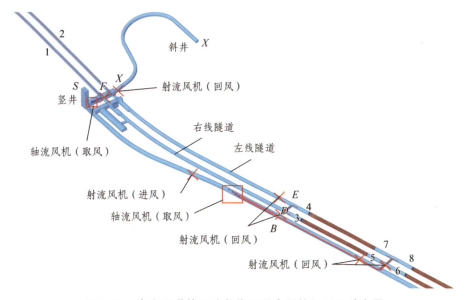

图 8-13　海底隧道第三阶段施工混合网络通风系统布置

风流计算结果显示其通风效果基本上满足要求。在掌子面附近区域风速较小，表明此处空气流通较慢，这对施工作业是不利的。因此，可采取减小风管出风口到掌子面距离来加强掌子面附近空气流动；左线隧道空气回流速度较大，而右线隧道空气速度较小。可推测左线离斜井距离较短，且线路形式简单，线路交叉点较少，在射流风机局部增压驱动下，气流较快，有利于污染空气的迅速排出。

在布置射流风机的局部区域，空气流通速度大，其作用明显。该数值模拟结果表明，在平导处增设射流风机可以引导新鲜空气流向正线开挖方向引导，而在回流方向，射流风机可以引导污风向通过设计线路从斜井排出。另外射流风机可以增加局部区域的风流速度，促使洞内污风-新风循环流通。当独头掘进距离较长，风流受到长距离的阻力作用，风流速度减缓，这对于洞内污染物的排出是不利的。射流风机加快洞内空气流通，使得洞内通风效果明显改善。

在风机房洞室与平导交叉点，存在平导新鲜气流与左线污染空气回流混合（图 8-14），这严重影响通风的空气质量。在不影响施工车辆运行的情况下，可在此处对风机房洞室进行封闭，防止新鲜空气流入与污染空气流出之间的相互干扰。

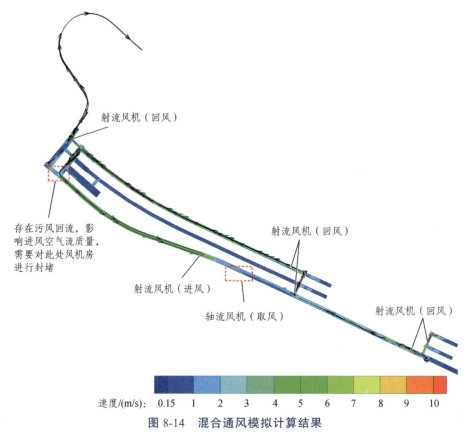

图8-14 混合通风模拟计算结果

8.6 本章小结

本章为解决青岛海底隧道施工通风难题，通过综合采用技术调研、工程类比、理论分析、数值模拟和归纳总结等研究手段，针对本工程的通风重难点进行了深入研究，取得一系列研究成果，主要体现在：

（1）平行导坑掘进完毕，可作为新风的主要流通巷道，污染空气经左右线由斜井排出洞外。由于隧道内多工作面、多工序作业，并受自然风不稳定影响，污染风排除极其困难，故必须研究新的通风方案，即针对本项目设置了斜、竖井（这是地铁项目常用辅助措施）的优势条件，通风回路存在空间关系，并涉及多条隧道（含平导）、多工作面，构成复杂的通风回路，可运用混合网络通风方案。为了加快施工进度，增加开挖面时，可利用横通道辅助通风，布设通风网络，设置通风回路，增加射流风机进行引流并加强洞内风速，加快洞内污染空气的扩散和流出。新鲜空气由竖井处取风，由轴流风管投送至工作区域，保证洞内良好的施工环境。

（2）本研究中两种风网模型：A 方案——施工斜井出风而竖井进风；B 方案——施工斜井进风而竖井出风。比较两种方案，A 方案明显优于 B 方案。其原因在于，B 方案的弯拐数目明显多于 A 方案，风管总长度大于 A 方案，B 方案中通过路线与现场施工组织的工作车辆行驶路线相悖，B 方案通过竖井出风，该出口处于海域环境，受自然风影响较大，且自然风变化多端，很难控制自然风使其利于竖井污染空气顺利排出。

（3）通过运用 CFD 数值模拟软件对混合网络通风方案进行模拟，压入式通风管道出风口速度设为 10 m/s，计算结果显示其通风效果基本上满足要求。在掌子面附近区域风速较小，表明此处空气流通较慢，这对施工作业是不利的；左线空气速度较大，可推测，污染空气在左右线汇合后风量加大，在射流风机压力驱动下，风速较大；风机房与平导交叉点存在风速流向相互干扰影响，在不影响施工车辆运行的情况下，可暂对风机房进行封闭，防止新鲜空气与污染空气流相混合，影响通风效果。

（4）轴流风机分别布置在竖井处（陆域段取风）2 台[SDF（B）-4-No11]、近 4#联络横通道的平行导坑处（海域段取风）3 台[SDF（B）-4-No12.5，每台风机供两个工作面通风]，均满足需风量要求。为了在引导空气回流的流向符合 a 方案设计结果，最终射流风机数量为 4 台（SDS-16-6P-75KW），满足抵抗风阻要求（4 台 SDS-16-6P-75KW），射流风机布置在低风流区，增强风流速度，以改善通风效果。

9　基于 GIS 和 BIM 的地铁施工数字化管控平台

新时期基础设施建设呈现工程规模大、技术标准高、建设速度快、施工路线长的显著特点，传统管理模式已无法满足处理海量工程信息要求。将信息化技术引入建筑工程安全、质量和进度三大指标管理中，以现有施工数据为支撑，实现项目总包单位进度实时掌握、现场实时监控、资料实时传递、信息快速获取的管控要求，是本章需要解决的主要问题。利用 BIM 技术解决基础设施领域数据存储问题，结合 GIS 技术，综合运用大数据、云计算、物联网等信息化手段，开发面向青岛地铁 8 号线施工总承包管理的 GIS + BIM 数字化项目管控平台，将设计、施工、验收、监测、检测、报告、管理等数据、资料真实、实时反映到管控平台中，将零散的数据信息收集起来，依托构件级 BIM 模型进行数据间的可靠联动，直观、实时、快速展示项目管理所关心的数据，实现各专项施工管理系统数据的集成可视化展示，辅助管理者进行全局项目管控与决策，可以有效提高项目管理水平和效率。

9.1　引　言

地铁工程为线状工程，区域跨度大，施工周期长且涉及航察、线路、地质、桥梁、隧道、施工、生产、安装等多专业协同工作，为适应数字化管控需求，研究者正逐步聚焦于 BIM 与 GIS 结合的信息化管控平台。即 BIM 作为微观层面数据基础，提供建（构）筑物数据信息，GIS 作为宏观层面数据基础，提供地理空间信息。BIM 在地理位置、空间地理信息分析和构筑物周边环境整体展示上存在不足，而三维 GIS 可以描述地表、地下和大气的二维和三维效果，补充工程全线路的地质、淹没、环境等构筑物外部空间分析，以辅助 BIM 搭建周边地理环境大场景，提高 BIM 信息完备性。通过充分利用和集成 GIS 与 BIM 各自优势，使用 GIS 技术整合及管理建筑外部环境信息，并提供空间及定位可视化参考；使用 BIM 技术整合和管理建筑物本身所有阶段物理特征和功能特性，实现对特定模型进行详尽表达（包括建筑构件、结构构造、视觉效果、项目开展的管控等）。

国内已有多名学者对工程项目管理 GIS + BIM 信息化平台和系统进行了研究。例如：张敏杰提出建立基于 GIS 和 BIM 的动态总体规划管理平台，形成涵盖建筑建设全过程主要决策信息的动态管理系统，为实现在多元投资主体、多主体设计、施工、监督管理及超大型项目群体环境下高品质的建设管理奠定基础。邱世超将 GIS 和 BIM 技术引入到长距离引水工程全生命周期信息管理过程中，基于 BLM 理念搭建了引水工程全生命周期信息管理的集成框架设计、3D GIS 地理场景的组成及建立方法和 BIM 与 GIS 的集成机制，并将其应用于工程项目的合同、资源、设计、招标采购、进度和费用管理。杨国华等分析了 BIM 与 GIS 的特点及基础设施信息化建设的模块构成，探讨了数据标准和云平台建设思路，并对基础设施项目 BIM 应用、GIS 和云应用分别进行了分析，给出了 BIM 与 GIS 在基础设施项目中的融合方法。

当前分别针对 GIS 与 BIM 的各项研究与应用较为丰富，且已有部分 GIS + BIM 的数字化应用平台实现了开发应用，功能各有侧重，但目前尚无针对施工总承包单位应用需求开发的项目信息管理平台。在 BIM 与 GIS 数据融合、数据结构化存储与管理、数据轻量化等核心问题方面尚无成熟技术路线，在基础设施领域 BIM 应用，特别是与 GIS 技术结合应用领域仍处于探索阶段。只有实现地理空间数据与建筑信息数据之间的无损转换和无缝衔接，才能让 BIM 成为打造数字建筑产业，形成建筑资产数字化，构建智慧城市的数据基础。

本章针对施工总承包单位实际情况，梳理适用于施工总承包单位管理的 GIS + BIM 信息化管理平台功能需求，突破参数化建模、三维可视化、模型轻量化、多源异构数据处理等关键技术，实现 GIS + BIM 平台在城市轨道交通施工中的研发应用。

9.2 BIM + GIS 数字化管控平台关键技术研究

"GIS + BIM 数字化项目管控平台"软件的研究与开发，以商业三维图形引擎为基础，利用底层引擎的三维显示和数据承载能力，解决多源异构数据库构建、数据应用落地问题，开发施工管理子系统集成功能、数据管理与分析功能、项目进度及成本管理功能等。

基于"GIS + BIM 数字化项目管控平台"的研究内容和研究方法，制订的技术路线如图 9-1 所示。

9.2.1 BIM 参数化建模技术

参数化建模本质是通过提取拟建对象有效约束参数来建立约束模型并进行约束求解，对于有一定规律的构件，通过参数化驱动可减少重复劳动，通过规则制定实现批量建模或构件尺寸的批量修改和约束。约束可归为两类，一是物理约束（硬性约束），例如构件长、宽、高、距离等尺寸约束，是设计需要考虑和遵守的规则，通常可利用软件自动处理；二是非物理约束，指因属性表达、数据传递或管理需要而制定的约束规则，通常可利用软件参数化定义功能实现。

BIM 软件的核心优势在于除了少数依赖于具体视图的详图注释等之外，所有的参数如：图元尺寸、位置、关系信息，技术图纸（平立剖大样），构造做法、结构体系、热工性能信息，造价、算量、碰撞、仿真等分析结果都能整合在同一个模型中，并将同一专业不同人员和不同专业之间的信息协调在同一个模型文件中。本研究经归纳总结，提出了使用 BIM 软件实现建模参数化并应用于实际工程的三个阶段：

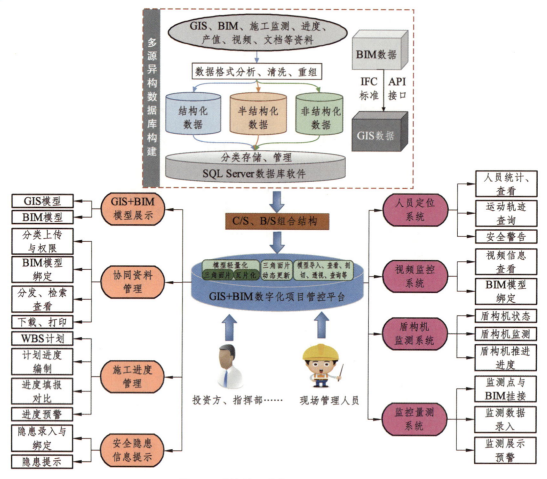

图 9-1 "管控平台"研究技术路线

1. 简单求解建模阶段

由简单的尺寸参数或计算生成模型，通常需要输入建模所需的全部数据或由简单计算得到的参数表，可减少绘图过程中不必要的重复建模。这类参数化建模的构件往往尺寸或位置参数有一定的通用性或规律性。其运行流程如图 9-2 所示。

图 9-2 第一阶段参数化运行流程

例如在隧道工程中，山岭隧道的断面形式通常有一定通用性，对于常见马蹄形隧道，其断面形状和尺寸在常规区间是固定的。建立以马蹄形隧道特征参数驱动的参数化建模程序可实现隧道建模。同时，由于马蹄形隧道的特征相似，在不同马蹄形隧道区间，可以通过修改驱动参数实现快速建模，减少重复的建模操作。

除此之外，具有一定规律性的构件可以通过编辑简单计算函数或者输入参数表生成，如图 9-3 所示。例如在隧道中的风机、照明灯等构件，通常是固定距离设置，所以其位置参数在隧道轴向有一定规律，在建模软件中输入其距离参数并编辑计算其位置的简单函数，或者通过位置参数表的形式输入，就可以有效减少重复劳动，快速生成隧道中重复的构件。

目前，我国实际工程 BIM 参数化建模正处于此阶段。即结构或者构件的尺寸位置已经设计确定，三维建模只是二维设计的可视化展示，目的只是实现可视化或者输出一些简单的计算结果，如工程量、填挖方量等。参数化建模过程中无法体现设计的概念。

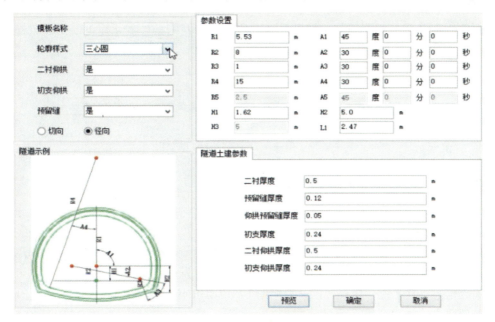

图 9-3　隧道参数化建模

2. 参数筛选建模阶段

在已有模型构件库的基础上，基于参数筛选与条件判断生成构件基本信息，这类参数化通用构件尺寸可变，在软件中通过约束构件某些尺寸或者位置参数，并将剩余建模必须参数作为变量，编辑所需的判断条件，筛选可视化建模结果，就可得到最优或者所需建模结果。其参数化的主要目的是优化建模结果，提取最佳设计参数。运行流程如图9-4 所示。

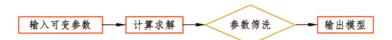

图 9-4　第二阶段参数化运行流程图

相比于参数化的第一阶段，本阶段主要用于辅助设计。目前，我国实际工程 BIM 参数化应用很少触及该阶段，而在二维设计中应用较多。例如美国天宝（Trimble）公司推出的旷达智能选线软件，该软件基于三维地理信息模型（GIS 模型），通过编辑各区域线路的工程可行性、环境保护要求、工程投资额度、社会发展需要，以参数化函数的计算结果评判线路价值，终端计算生成设置数量的优选线路，在计算精度等方面暂时无法达到实际工程设计最终标准，但可以在选线阶段给线路设计师提供较为合理的参考。

3. 动态更新建模阶段

本阶段是第二阶段更进一步的应用，即构件建模所需的参数以及其优化判断的条件均为动态变化，或优化判断条件中也包含可变参数。结构或者构件之间的尺寸以及位置关系是相互联系相互约束的情况。这类参数化模型通常有大量可变参数，部分参数需逐步筛选确定而其余参数将因新确定参数动态约束或者判断条件变化而更新。其流程如图 9-5 所示。

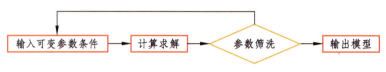

图 9-5　第三阶段参数化运行流程

9.2.2　土建 BIM 建模

1. 模型数据要求

根据前期调研成果与试点项目建设单位总体规划，参考青岛市轨道交通 BIM 建模标准，采用 Bentley 解决方案建立 BIM 模型。当前 BIM 发展阶段，多数项目模型并未包含构件编码信息，且无统一建模标准，为保证 BIM 应用的顺利实施，本研究提出对 BIM 数据的最低要求，如表 9-1 所示。

表 9-1　BIM 模型数据最低要求

序号	基本数据要求	说明
1	构件 GUID	单位工程内唯一且可导出；
2	构件类型	命名规则统一且可导出，可为编码形式；
3	所属分部分项工程	命名规则统一且可导出，可为编码形式；
4	构件体积	准确，单位统一，可导出；
5	位置	对于点状工程构件，获取参考点坐标与轴网关系； 对于线性工程构件，获取构件所在里程数据；
6	构件顺序码	物理顺序码或施工计划顺序码，应可导出；
7	构件状态标识	既有、已拆除、未拆除、未施工

BIM 建模以构件类型作为分类依据，例如隧道区间结构分为初支、二次衬砌、仰拱、走道板等。但施工进度计划通常以 WBS 作为编制依据，例如隧道区间分为施工准备、左线、右线、附属结构等（各部分可能均包含初支与二次衬砌的构件），所以需要对 BIM 数据赋予对应的 WBS 属性。

数据编制单位根据施工组织编制项目总体工期计划，对单个工点项目施工过程进行 WBS 分解；根据建/构筑物类型、工程量、产值进行 EBS 分解，将所有工作拆分为一个一个能够核算产值的工作包，每个工作包以实物工程量进行计量，例如桩与柱以根或者体积作为计量，墙以延米或者体积作为计量；将上述分解结果提交至建模人员对 BIM 模型进行分割与处理，保证 BIM 模型的 EBS 分解能够与项目 WBS 分解相匹配。

建模人员根据 WBS、EBS 分解结果，修改 BIM 模型，即按照计量工程量或单位施工构件进行分割，确定每个构件的产值，协调产值与工程量数据关系，导出数据清单进行 GUID、ID 以及常规数据的检查。

2. 点状构件建模

隧道洞口、站房等点状构件的建模方案较为成熟，利用 Bentely 公司的 AECOsim（以下简称 ABD）建模技术路线，基本步骤如下：

（1）绘制轮廓。绘制轮廓常用的工具有：直线、智能线、圆弧等。

（2）修剪面域。ABD 提供了面域的并、差、交运算，可基本满足修剪面域的需求。

（3）拉伸生成实体。"三维实体"工具箱→"通过挤压的实体"经过拉伸后，可得到构造物的三维模型，如图 9-6 所示。

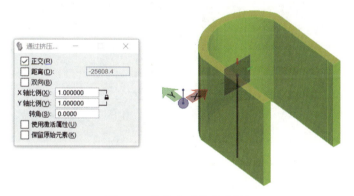

图 9-6　拉伸生成实体示意

（4）修改构件属性。可在"基本工具条"中进入属性界面进行构件的属性修改，可修改的有：类别、样式、图层、线型、颜色，在 ABD 中内含的构件类型不适用于建立构筑物的曲线型墙及拱顶等，因此在绘制此类构件时，采用实体建模方法先建立几何模型，再修改构件属性。

3. 线性构件建模

以隧道洞身为代表的线性构件根据平、纵、横设计原则进行建模，并可随着设计数据的调整而动态调整模型。以 PowerCivil 软件为建模工具，总结线性工程三维设计建模基本方法步骤如下：

（1）导入参考地形。选择预设工作空间，利用软件"2D 种子"新建文件并导入地形模型，作为隧道平纵断面图绘制的参考基准。

（2）绘制平纵断面。选择合适的特征定义，用平面几何工具，根据设计平曲线参数绘制平面线，激活参考地形模型，选中平曲线，进行路线的纵断面建模。

（3）绘制衬砌断面。使用三维廊道中心线和保存在模板库（*.lib）文件中的廊道断面模板（Templates）生成区间模型，包含点拉伸成线、线拉伸成面、面拉伸成体等过程，隧道区间模型为体模型，因此在创建模板时要使用面构件，绘制完成后使用生成面工具将线模型转换为面域。

（4）创建断面模板。基于面域（衬砌断面构件以及定位线）建立断面模板，为区块设置属性，包括：颜色、线型、图层、材质等。在特征定义下新建特征定义（表面特征），设置其属性。其中，主要的图形属性在元素模板一项中，使用现有元素模板或新建，进入后设置相关属性，设置属性后的断面模板，如图 9-7 所示。

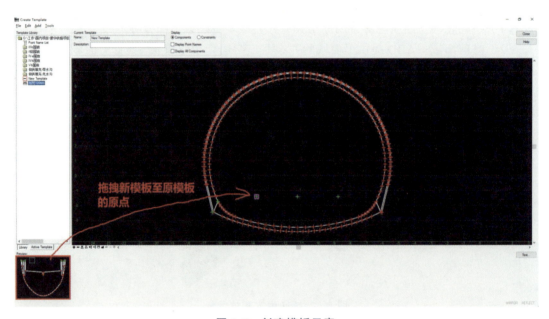

图 9-7 创建模板示意

（5）创建图层。设置线型、线宽、颜色，用于在二维模型中放置廊道和三维路面。建模前需将"激活层"切换到新建的图层。

（6）生成廊道。将断面模板导入 PowerCivil 建立区间模型，通过"廊道"工具三维模型，该三维模型是网格而非实体，因此所有对廊道的修改都使用 PowerCivil 提供的网格工具。通过"创建横断面模板"进入横断面编辑界面，打开已创建好的模板库，选择廊道基线，跳过重置纵断面，输入廊道名称并确认，完成廊道创建。

（7）创建三维路面。廊道创建完成后可创建三维路面，输入起点里程、终点里程、划分间隔、前后过渡段长度，并选择模板建立三维路面，如图 9-8 所示。添加构件属性，根据项目需求添加构件相关属性参数及其属性信息。

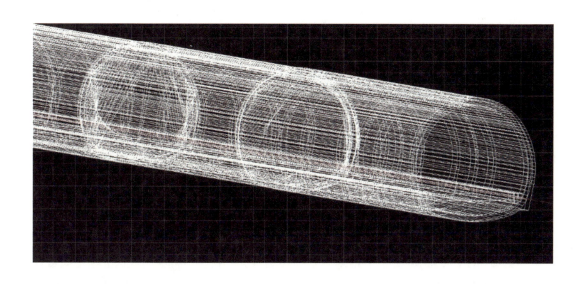

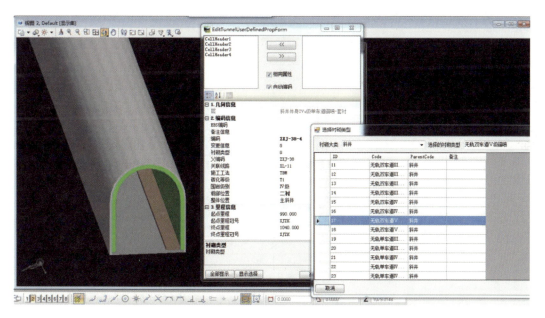

图 9-8　线性构件生成示意

4. 模型动态更新

（1）模板的参数化。基于软件自身参数化建模工具和构件模型中控制参数，从而实现参数化建模和模型的动态变更。编辑模板并将几何参数赋予模型，通过点约束实现。软件提供的点约束类型为水平、垂直、坡度、矢量偏移、表面投影、角度距离等。这些约束的灵活使用可以满足模型的参数化要求，其中常用的有：水平、垂直、角度距离。

（2）构件参数控制。使用参数化模板生成廊道模型后，修改模型在任意里程段内的参数。根据提示拾取廊道，输入参数控制段的起点里程、终点里程以及对应的参数值后，模型自动调整。

9.2.3　三维地质模型建模

随着三维地质建模理论和技术的成熟，地质体三维建模方法不断出现，能够建立较精确三维地质模型，但已有技术均需要大量数据和复杂算法，在实际应用中施工单位可获取数据与资源难以支撑。本项目基于施工单位实际获取数据情况，探索一套需求数据少、建模速度快、适用于地铁施工模型应用要求的三维地质模型建模方法。

1. 构建方法总述

利用 Bentely 公司 MicroStation 实现地质模型建立，建模中将原始数据分为空间数据和属性数据两类，通过空间数据建立几何模型，用于模型的空间三维形态展示与属性数据的载体；属性数据用于各业务系统的数据应用与分析。通过可视化展现，有助于用户更加真实、直观地认识各种地质结构，辅助解决各类地质条件下的施工问题。三维地质建模流程如图 9-9 所示。

图 9-9　三维地质建模流程

2. 技术应用效果

实现仅利用地质纵断面 CAD 图纸，依据地质剖面图建立大洋站—青岛北站区间三维地质模型。该模型可以清晰展示复杂地质构造情况、地质体形态和结构、属性、围岩级别等，帮助施工管理人员快速查询与直观识别地质体；结合施工进度模块真实反映当前施工地质环境，便于施工管理人员了解当前施工区域的周围环境，做好安全措施准备，如图 9-10 与图 9-11 所示。

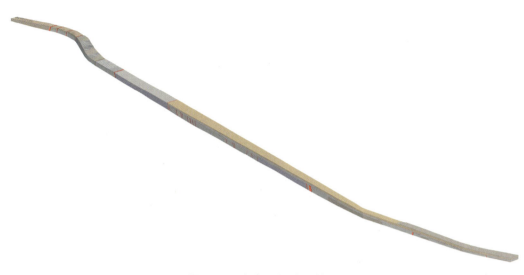

图 9-10　大青区间地质模型

图 9-11　平台地质属性查询

　　利用工程单位能够方便获取的地勘 CAD 数据进行三维地质模型快速建立，降低地质建模对工程人员的技术要求，达到节省时间与节约资源的目的，解决建模速度跟不上施工进度问题。使 BIM 技术在施工项目中的应用更顺畅，进而更方便地组织施工方案和防护措施，对于隧道施工进度把控和隧道施工安全管理起到更重要指导作用，如图 9-12 所示。

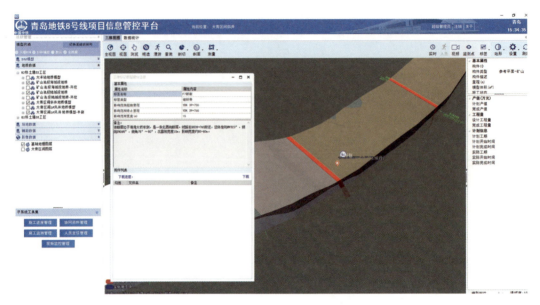

图 9-12　断裂带危险环境提示

9.2.4　多源异构数据处理技术

1. 基本思路

1）数据结构关系梳理

不同来源数据因其特性不同，需要以不同的方式建立关联关系。例如进度数据可直接绑定在单个 BIM 构件中，监控量测数据更适合于以空间坐标的方式关联在 GIS 数据中。对于常规的施工管理系统，一般以 WBS（Work Breakdown Structure，工作分解结构）作为多源异构数据分类存储的分解标准，但 WBS 不是工程项目固有属性，其分解方式受管理者立场、能力、经验及水平等因素影响而不同；BIM 构件依靠构件本身工程结构分类，分类方法固定，故项目数据库存储应当以 BIM 构件为基础单元，且 WBS 变化后 BIM 构件中绑定关系自动更新。由于轨道交通设施领域建设项目多为线状工程，覆盖区域跨度大，故可将 BIM 中相对坐标转化为 GIS 绝对坐标，将 BIM 几何数据转化为 GIS 三维特征要素并依靠空间位置建立 BIM 与 GIS 的相互映射关系。

BIM 模型可分为工程图元（能够反映工程形象进度）与辅助图元（过小、过多、地质、场地或其他不适用于绑定 WBS 的情况），WBS 分解可分为需构件 WBS（即需要挂接构件的 WBS，属于通常情况）、不需构件 WBS（对成本与工期影响不大，但构件不容易选择的 WBS）、辅助工作 WBS（内业、准备工作等）。系统根据进度单元的类型与位置信息建立与需构件 WBS 节点的对应关系；不需构件 WBS 与辅助工作 WBS 可视为一个几何数据为空的 BIM 构件处理。

对于单个构件，需要存储 BIM 自身数据、WBS 关联数据、计划数据、实际填报数据等，单个构件在进度管理部分应包含数据及其相互关系如图 9-13 所示。

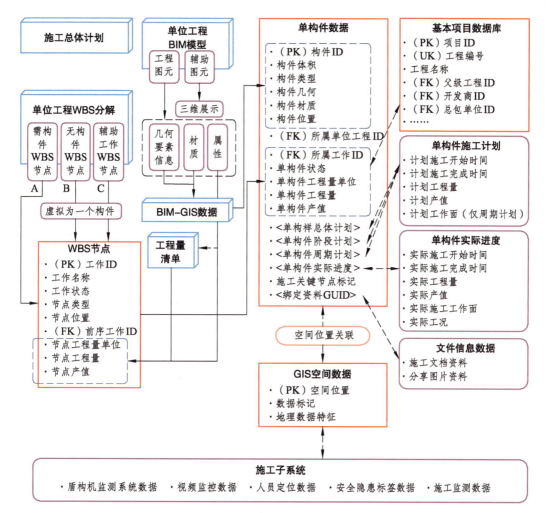

图 9-13 BIM 与工程数据相互关系

2）多源异构数据库构建

多源异构数据指来源、存储结构、数据格式有差异的各种数据，管控平台数据来源包括三维地理信息空间 GIS 数据、基础设施建（构）筑物 BIM 模型数据、施工进度计划及信息化监控子系统数据、监控量测数据，以及各类施工资料文档等。

分析基础设施项目施工管理过程中产生的数据格式和内容，将这些数据分为：① 结构化数据，例如二三维 GIS、BIM 几何和属性数据，项目管理中的数字、时间、符号等数据；② 半结构化数据，数据的结构和内容混在一起，没有明显区分的数据，例如 XML、HTML 文档等；③ 非结构化数据，施工项目管理中产生的文档、文本、图片、音频、视频数据等。

研究基于 SQL Server 数据库平台，构建项目管理数据库 PMD（Project Management Database），将源于不同系统的多源异构数据进行分类存储和管理；并根据项目管理的需求，对结构化数据进行内容清洗、统计分析、关联分析；对半结构化数据进行模板分类、字段检索、关键字段提取；对于非结构化数据补充结构化信息进行结构化转换，以实现非结构化数据的结构化存储与应用，如图 9-14 所示。

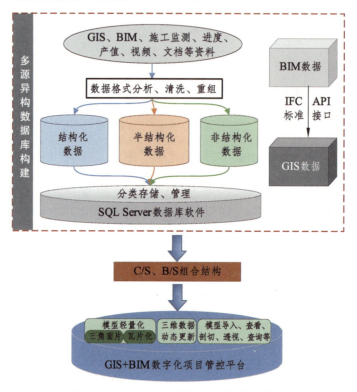

图 9-14 GIS＋BIM 管控平台数据库架构

3）数据集成与利用

为实现项目信息应用于各项目标，需要对施工中涉及的数据进行统一集成与管理，包括描述施工对象的数据、施工现场硬件采集数据、施工管理填报数据等。各数据采集、应用方式整理如表 9-2 所示。

表 9-2 项目数据采集与应用明细

集成项目		数据明细	数据采集方式	数据应用
施工对象-A	施工周边环境-A01	GIS遥感\航拍 A01-施工周边环境 01-数字高程（DEM） 02-正射影像（DOM） 03-三维倾斜影像 04-地物几何属性	基于成熟的三维引擎直接集成GIS 高程与影像数据；实现大空间数据的切片	A01 → 空间分析、侵占分析、工程环境可视化
				A01＋A03 → 为 BIM 补充既有建筑与环境数据
				A01＋A03＋A04＋B01 → 倾斜影像反映实际拟建物周边环境
				A01＋A04＋B01 → 自动判断既有建筑与拟建物关系

集成项目		数据明细	数据采集方式	数据应用	
施工对象-A	工程地质数据-A02	地勘资料、超前地质预报 A02-工程地质数据 01-结构体名称 02-几何形状 03-物理属性 04-地物几何属性	基于工程地质数据建立三维地质模型；地质模型几何与结构化信息保存各空间位置岩体特性	A02	展示工程地质情况；记录地勘资料内容
				A02 + C0202	辅助分析施工进度计划，增强计划合理性
				A02 + C0302	辅助施工技术方案设计与技术交底
	施工对象主体-A03	施工BIM模型 A03-施工对象主体 01-工程系统分解 02-构件几何属性 03-构件位置属性 04-构件体积属性 05-构件编码属性	按照工程 EBS 分解结果，对设计 BIM 模型进行拆分与归并；对几何数据进行轻量化处理，按照三维引擎要求进行数据转换；将其他属性数据保存到数据库中；通过各构件 GUID 建立数据联系	A03	展示建设内容、意图、当前建设情况
				A03 + C03	工程资料挂接；
				A03 + C0203-C0205	成本管理计划工程数量
				A03 + C0201-C0202	进度制定与管理可视化
				A03 + A04 + B02	人员定位工作面与区域划分自动获取
	施工场地布置-A04	施工场地设计模型 A04-施工场地布置 01-组成部分名称 02-组成部分编码 03-组成部分几何 04-组成部分类别 05-各区域界限	基于施工临时设施布置建立施工场地模型；将场地各设施信息保存在数据库中；通过各构件 GUID 建立数据关联	A04 + C0303	实现施工临时设施标准化管理
				A04 + A03 + C02	进度制定与落实可视化
				A04 + A01	进行大型设备进出场模拟
				A04 + B01 + C0204-C0205	临时设施建设情况统计
现场硬件-B	视频监控数据-B01	01-摄像头定位 02-设备定位角度 03-设备运行状态 04-影像数据流 B01-视频监控数据	人工录入视频摄像头位置、高度、角度；自动获取摄像头角度变化；定期进行数据维护	B01	查看施工现场实际情况
				B01 + A03	快速调取摄像头，降低摄像头检索与管理难度
				B01 + C02	核查进度录入情况，保证形象进度真实可靠
				B01 + B02	核查人员在岗情况，保证人员管理数据真实可靠

集成项目		数据明细	数据采集方式	数据应用	
现场硬件-B	人员定位数据-B02	01-人员信息 02-人员位置 03-设备运行状态 04-信号采集间隔 B02-人员定位数据	人工绑定定位标签与人员数据关系；自动获取人员位置、剩余电量等数据	B02 + A	人员工作状态展示
				B02 + C0302	检查施工方案落实情况，辅助质量验收
				B02 + A0405	人员安全、考勤、预警管理
				B0202-B0203 + B0104 + A03	应急情况处置，辅助人员施救计划制定
	盾构机数据-B03	01-盾构机型号 02-盾构姿态 03-运行数据 04-报警信息 B03-盾构机数据	盾构机挂接数据采集程序；自动获取盾构机运行参数；结合数据推断盾构机位置	B03	监控盾构机运行状态
				B03 + A03	确认盾构机位置，周边环境关系
				B03 + A03 + C02	核查盾构机实际工作量与进度填报关系
管理资料-C	施工监测数据-C01	监测平台接入或录入 C01-施工监测数据 01-监测点位信息 02-监测点实时数据 03-预警报警信息 04-问题处理情况	从二维图纸中获取设计监测点位置；与施工周边环境数据联合判断测点高度；人工填报日常测点监测数据	C01	了解监测数据之间空间关系
				C01 + A01	确认监测数据与施工环境关系
				C01 + A01 + C02	确认监测数据与施工进度关系
				C01 + A01 + C0301	依托监测数据、质检数据，进行质量控制
	施工进度数据-C02	xls文件导入或录入 C02-施工进度数据 01-工程结构分解 02-各阶段进度计划 03-每日实际进度 04-施工工况记录 05-作业台班记录	施工总体计划中获取工程WBS分解数据、总计划数据；年、季、月计划中获取单阶段计划、计划成本数据；利用BIM模型，建立进度、工程实体、成本之间的对应关系	C02	进度计划与实施的动态控制
				C02 + A03	进度可视化、实际进度形象展示
				C02 + A02	结合地质情况制定更合理的进度计划
				C02 + B02	为人员定位提供动态的工作面更新
				C0204-C0205 + C0301	施工技术指标记录与核查

集成项目	数据明细	数据采集方式	数据应用	
管理资料-C	资料文件数据-C03	手动录入 ○ **C03-资料文件数据** ├ **01-施工质检记录** ├ **02-工程技术方案** ├ **03-施工标准化资料** ├ **04-项目通知公告** └ **05-现场照片视频**	人工录入日常管理资料；手动进行资料与 BIM 模型绑定；自动建立数据检索关系	C03	管理资料快速查找
				C03 + A03 + B01	技术交底
				C03 + A	现场情况快速掌握

2. 工程几何数据处理

1）BIM 模型建立

根据前期调研成果与试点项目建设单位总体规划，本项目参考青岛市轨道交通 BIM 建模标准，采用 Bentley 解决方案建立 BIM 模型。具体 BIM 模型清单及建模深度如表9-3 所示。

表 9-3　本项目模型清单与精度要求

工区	单项工程	精度
大洋站	大洋站主体结构	LOD350
	大洋站附属结构	LOD300
	大洋站机电	LOD400
	大洋站临建场地	LOD200
大青区间西侧过海段	大青区间矿山法段（陆域段）主体	LOD350
	大青区间矿山法段（海域段）主体	LOD350
	大青区间 1#、2#、3#、4#、5#联络通道	LOD300
	大青区间斜井	LOD350
	大青区间 1 号风井	LOD350
	TBM 平行导洞	LOD300
	1#风井、斜井临建场地	LOD200
大青区间东侧过海段	大青区间盾构段（海域段）主体	LOD300
	大青区间盾构段（陆域段）主体	LOD300
	大青区间 2#风井	LOD350
	大青区间 3#风井	LOD350
	大青区间 6#、7#、8#、9#、10#、11#联络通道	LOD300
	大青区间明挖区间	LOD350
	2#、3#、明挖区间临建场地	LOD200

2）GIS 数据采集

GIS 数据采集方式主要有以下三种：

（1）航拍或遥感影像。适用于大范围快速获取基础地理空间信息需求，需要解决遥感影像数据的空间分辨率、解译和判读、遥感影像位置的几何畸变处理、遥感数据的增强处理等问题。

（2）地形图数字化。将高程数据与地形图进行整合，包括扫描和矢量化两个数据处理过程。地形图采集数据方法所需的原始数据（地形图）容易获取，对采集作业所需的仪器设备和作业人员的要求不高，采集速度也比较快，易于进行大批量作业。但地形图的现势性不强，均为线画图，无法满足项目可视化管理需求。

（3）地面测量数据。通过全站仪、GPS、经纬仪等常规测量工具进行实地观测取得地面点数据，处理转化后生成 GIS 数据。此方法一般用于小范围的地形测图和地形建模，如铁路勘测设计、建筑、矿山等对精度要求较高的项目。虽然地面测量的精度非常高，但其工作量一般比较大，费用昂贵。

由于研究项目周边大部分区域为限飞区，申请航拍较为困难，且项目大部分施工区域在海底，对地形数据精细程度要求不高，故采用购买项目整体周边高分辨率遥感影像，利用无人机采集测试项目大洋站、东大洋村区域周边倾斜影像数据，利用 contextcapture 软件生成三维实景模型，并手动补充建立周边实景模型完成 GIS 数据采集，图 9-15 为 GIS 数据展示。

图 9-15 GIS 数据展示

3）三维模型轻量化

基础设施工程项目的 BIM 模型对象具有特殊性、复杂性、异面多等特点，满足应用需求的 BIM 模型信息数据量大，内存占用比较大。因此，要在管控平台实现 BIM 显示效果与加载速度之间的平衡，解决 BIM 模型的轻量化问题十分必要。

模型轻量化整体技术路线如图 9-16 所示，主要数据提取、压缩传递、模型渲染几个部分，其中模型几何数据提取主要基于导出插件实现，采用兼顾执行效率和模型质量的模型简化算法，拟采用三角面优化对 BIM 模型与三维场景轻量化；数据传递通过 GZIP 压缩保障效率，实现 BIM 数据向 GIS 数据的转化；渲染采用瓦片化技术对 GIS 数据进行优化。

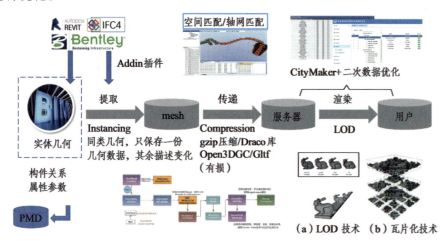

图 9-16　模型轻量化技术路线

由于图形分辨率的限制，在三维模型的场景中可分辨的三角面的个数实际上有上限。因此，本研究采用兼顾执行效率和模型质量的模型简化算法，拟采用三角面优化对 BIM 模型与三维场景轻量化，采用瓦片化技术对 GIS 数据进行优化。

利用三角面片优化技术处理 BIM 数据（及 3DGIS 特征数据）、利用瓦片化技术处理高程影像与倾斜模型，并从开发角度进行数据加载优化。包括开发 Mesh 模型处理工具对 BIM 模型的几何数据进行减面处理，通过减面处理来降低 BIM 模型的数据量；利用三维引擎的瓦片化工具处理本研究所需 GIS 数据；并根据工程项目的工作分解结构，对 BIM 模型进行拆分，将原来的 BIM 模型按照 WBS 中的节点进行拆分，减少平台在不需要加载整体 BIM 模型时根据选择的 WBS 节点加载对应的模型，减少内存与加载时间消耗。

4）BIM 与 GIS 数据融合

GIS 与 BIM 数据结构、信息储存方式完全不同，二者的数据集成是多源异构数据库建设重点。针对基础设施建设管理的精细度需求，对拟建项目沿线地理环境的展示采用 GIS 技术，而对拟建物（例如地铁车站、区间隧道等建构筑物）的外部与内部结构展示采用 BIM 技术。目前，BIM 与三维 GIS 集成主要研究思路为利用工业基础类（IFC）与城市地理标记语言（CityGML）数据的共享机制和语义传递方式，实现 BIM 数据向 GIS 数据的融合转化，但由于语义信息映射不完整，无法将 BIM 属性信息向 GIS 系统进行传递。

根据管控平台进度管理、资料管理等应用需求，本项目设计了一种基于几何与信息分离的 BIM 向 GIS 转化方法，在满足各层次数据融合存取的基础上，提高三维数据显示效率，同时满足系统空间查询与分析的应用要求，总体框架如图 9-17 所示。

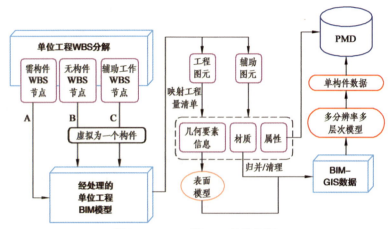

图 9-17　BIM 转 GIS 总体框架

框架主要包括以下几个环节：

（1）根据项目工作分解结构（WBS），对 BIM 构件进行分割或合并，对于没有 BIM 模型对应的 WBS 节点，建立虚 BIM 构件以保证 WBS 节点与 BIM 模型的构件 EBS 的一一对应；

（2）从 RVT、IFC、IMODEL 格式数据中抽取几何要素信息，转化为 Mesh 面片与对应材质纹理库。对材质进行合并、清理，减少冗余数据；

（3）基于 LOD 技术的金字塔多分辨率层次模型，利用三维引擎实现不同视距的不同模型表面细节生成，并以构件为单位保存在 SQL 数据库中（以构件的 GUID 作为主键）；

（4）将 BIM 数据进行抽取，利用 GUID 实现 BIM 信息等与几何数据的相互关联，作为 PMD 数据库的组成元素。

3. 项目管理数据处理

1）BIM 与 WBS 映射

BIM 按照适用的建模标准要求进行构件分类，但施工进度计划通常以 WBS 作为编制的依据，所以 WBS 工作包对应 BIM 构件映射为多对多关系，单 WBS 与 BIM 构件映射规则如表 9-4 所示。

表 9-4　WBS 与 BIM 映射关系

参与绑定 WBS 数据项	BIM 构件过滤条件项	说明
工作 ID＋工作名称＋工作状态＋节点类型	线性构件：所属分部分项工程＋构件类型＋构件状态标识＋参与里程区间集合	构件状态标识用于不同 WBS 节点映射不同状态 BIM 构件，例如临时支撑的放置与拆除分别对应同一 BIM 构件的"未施工""未拆除"状态
	点状可参考轴网构件：所属分部分项工程＋构件类型＋构件状态标识＋参与位置区间集合	
	点状无参考轴网构件：所属分部分项工程＋构件类型＋构件状态标识＋顺序码区间集合	
	单构件虚拟分割：所属分部分项工程＋构件类型＋构件编码＋构件状态标识＋参与分割百分比	

同时为保证对 BIM 模型的可操作性，将 WBS 中需要绑定且能够反映工程形象进度的 BIM 构件作为进度 BIM 构件，将过小、过多、地质、场地或其他不适用于绑定 WBS 情况的 BIM 构件作为非进度 BIM 构件，非进度 BIM 构件用于可视化展示，不用于工程量计算、WBS 绑定等。考虑到 WBS 分解的非标准性，将需要挂接 BIM 构件的 WBS 构件和 WBS 工作包作为"需构件 WBS"，对成本与工期影响小且 BIM 构件不容易选择的 WBS 作为"无构件 WBS"；对工程验收、内业、准备等工作作为"辅助工作 WBS"。则"无构件 WBS"与"辅助工作 WBS"不需要定义映射 BIM 构件，系统自动按新建并绑定一个名称为工作名称、几何数据为空、体积为 1 的"虚拟构件"处理。

2）产值与工程量处理

基于 BIM 的量价计算是 BIM 应用点之一，但由于国内计量计价规则与 BIM 建模扣减规则不一致，导致 BIM 模型中存储的数据无法直接用于计量计价。常规 BIM 软件解决方案为先根据工程量建立计划再绑定模型，无法利用 BIM 可视化、联动性的优势；研究考虑基础设施项目通常为固定总价合同，采用工程量清单形式，且不需要对材料日常价格波动进行重新组价的实际情况，提出采用通过中间关系表对 BIM 构件与工程量清单进行匹配，再利用包含清单工程量与产值的 BIM 构件与 WBS 结构映射，实现对 BIM 量价数据补充的技术路线，如图 9-18 所示。

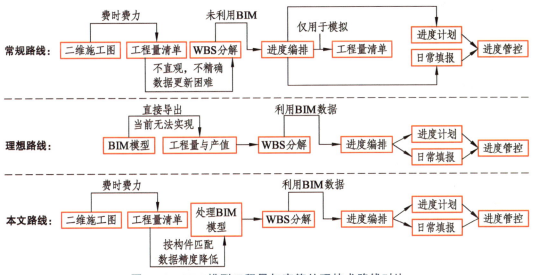

图 9-18　BIM 模型工程量与产值处理技术路线对比

对于单个 BIM 构件，工程量清单与 WBS 节点之间，产值与工程量的对应关系如图 9-19 所示。

经上述处理后，单 BIM 构件工程量通常不等于 BIM 模型中读取的工程量（体积或长度等），但该值与形象进度匹配，可实现通过 BIM 构件进行项目工程量与产值的估算。后期若修改工程量清单的数量与单价，可自动快速更新已完工构件的总工程量与总产值。

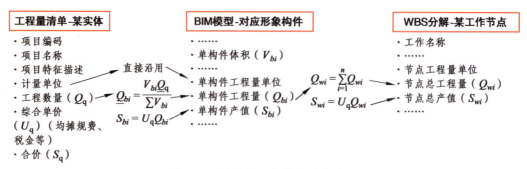

图 9-19 产值与工程量的对应关系

3）施工监测数据处理

监测点位按空间位置可笼统地划分为：结构监测、地表监测、环境监测三大类。其中，结构监测点位关联至构件，地表监测关联至地表，环境监测主要通过用户指定三维坐标实现与 GIS 数据的关联，流程如图 9-20 所示。

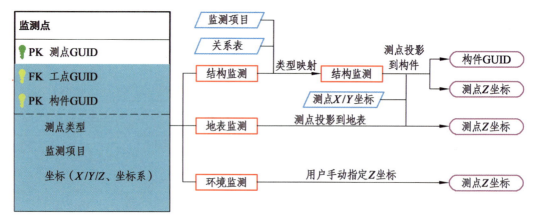

图 9-20 监测点数据关联流程

用户初次录入测点时，指定了测点的类型、监测项目、平面坐标值（X，Y）等。对于结构监测点，系统内置了关系表，用于实现不同监测项目与构件类型的关联，监测点按平面坐标进行竖直方向正射投影，寻找该类型下的构件，确定一个唯一的关联构件，并获得构件 GUID 编号和监测点 Z 坐标；对于地表监测，系统将测点投影到地表获取 Z 坐标；对于环境监测，用户须手动指定测点 Z 坐标。地表监测和环境监测点位不与构件产生关联。

施工监测系统由于其工程特性，在数据结构设计中，必须考虑到以下问题：

（1）监测数据量庞大，必须合理设置数据层次关系，监测点按工点管理（工点及父级节点的层次关系不再列出），便于局部的数据管理；

（2）满足数据的基本权限需求（测点、日常监测数据、预警消息的可见性、编辑权限等），本系统按工点进行权限管理；

（3）测点属性、日常监测数据、预警消息、预警处理记录等的数据表设计应满足历史数据回查的功能需求；

（4）测点属性、日常监测数据有较高频率修改的可能，因此应充分考虑所有相关数据的同步修改和预警消息的回收机制等；

（5）如果使用自动化监测，数据接口应充分考虑数据过滤、数据时延等问题。

系统的核心数据组织结构如图 9-21 所示。

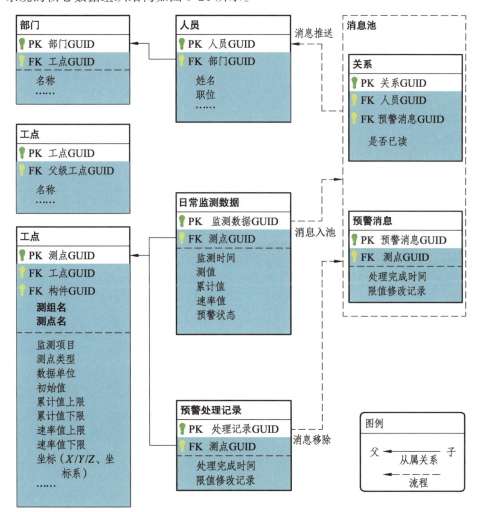

图 9-21　数据组织结构

4）工程数据变更处理

施工过程变更包括材料工艺、功能功效、位置尺寸、技术指标、工程数量、施工方法与时间安排等方面，对于进度管控而言，进度计划变更实质为施工 BIM 与 WBS（含计划）数据改变与相互关系的处理，以及工程量的重新计算与分配。根据不同的变化情况，梳理对应的变更技术路线如表 9-5 所示。

表 9-5　单节点 BIM 与 WBS 变更处理

序号	WBS	BIM	工程量	说明	处理方式
1	增	增	增	增加工程内容	建立需新增的 BIM 模型与对应 WBS 节点；重新计算工程量；按照新数据建立映射关系；建立各级计划
2	增		增	新增附加工作	建立需新增的 WBS 节点；重新计算工程量；按照无构件或辅助工作建立映射关系；补充各级计划
3	改	改	改	改变工程内容	指单工作包内增删改（一般为已完部分工作 WBS 节点），按以下方式处理： 遍历需修改 WBS 中所有 BIM 构件，并记录已施工构件的 GUID； 修改 WBS 各数据项并基于原 BIM 备份修改对应 BIM（不应修改已施工 BIM 构件）； 系统按修改后规则重新关联 WBS 与 BIM，检查并确保原 WBS 工作包中已施工构件均包含在新关联 BIM 集合中； 新增或删除未施工 BIM 构件对应工程量与计划变更处理
4	改		改	改变质量、性质等	按先删除（第 6 条），再新增（第 2 条）的顺序进行修改
5	改			改变工序或时间	修改计划，调整施工顺序，不改变绑定关系
6	删	删	删	减少工程内容	还未执行的工作包，直接删除；（执行中的工作包，应按第 3 条执行）

5）数据采集与处理

管控平台研发过程中，解决诸多其他数据采集、处理的问题，选择代表性问题与解决思路总结如下：

（1）工作面与进度填报联动：在进行实际进度填报时，平台会根据选择进度模型的最新进度情况，以施工段、里程、班组等数据做参考，经投影计算获得一个投影平面。这个投影平面与人员定位功能中的施工区域信息做交集，即求得人员定位工作面，可减少人员定位功能中工作面更新的难度与工作量。目前存在的问题是参考面过于分散，不便于管理和使用。给数据存储带来很大隐患，可考虑在项目建设过程中将整个项目的施工参考面统一分层管理。

（2）预警消息显示设置：当出现施工监测数据超过预定阈值，或施工进度滞后达到预设比例情况时，平台会为各客户端用户推送预警消息，并将所有用户是否阅读预警消息记录在数据库中。在该用户再次登录客户端时，平台会判断并推送未读的预警消息。实现方式为当预警发生时，将每个需要接受消息的用户信息与消息信息存储在数据库中，然后根据数据库中的数据发送消息。当用户在客户端进行了消息的已读标记时，数据库中相关数据也会被记录为已读，在客户端下次启动时，不会再推送此消息。

（3）监测点的高程获取方式：监测点的高程，即监测点的高度坐标。平台在获取监测点的高程时，会根据预先定义的参考面，通过监测点的 X、Y 坐标做射线跟参考面碰撞获取碰撞点的 Z 值，从而获取监测点的高程。这样一来，当修改预先定义的参考面时，监测点的高程也会随之进行改变。

（4）模型单体再分割：平台的加载优化操作中，平台已经根据 WBS 对 BIM 模型进行拆分，将原来的 BIM 模型按照 WBS 中的节点进行拆分。而模型的单体拆分是指根据进度数据中计算得到的分配到每天每个构件的产值和工程量对模型进行再次分割。经过模型单体分割后，模型被划分到更细的粒度。这样一来，在平台进行计划进度和实际进度模拟时，会更接近真实施工的状态。

传统进度管理手段存在计划制定只关注时间不关注资源消耗，计划无可行性与经济性；无法快速处理信息，无法预警计划偏差，以事后管理为主；仅用横道图或网络图等表达计划，难以发现冲突矛盾；以产值为管理手段，无法掌握准确进度且难以判断产值真实性等问题。研究从 BIM 发展现状与总承包实际管理需要出发，研究了基础设施进度管理相关数据的相互关系与信息化管控模式，以期为类似工程提供参考。

9.3 管控平台开发

9.3.1 系统平台设计

1. 整体逻辑架构

管控平台在统一技术规范、统一框架、统一交换标准、统一共享应用规范下进行建设，以保证其规范性、先进性和扩展性。管控平台共分为 5 个层次：基础设施层、系统数据层、支撑软件层、业务应用层和业务表现层。平台架构层次见图 9-22。

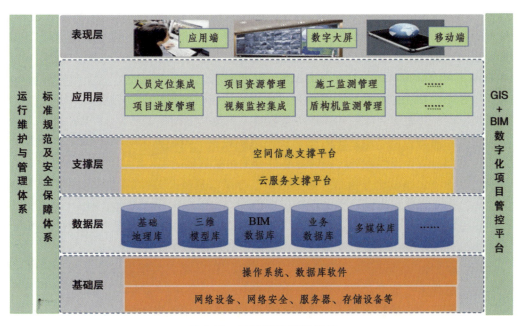

图 9-22　系统整体架构设计

（1）基础设施层：基础设施层是系统的运行保障层，包括管控平台的基础网络设备和硬件设施。基础设施层为平台提供通信、安全等基础服务。

（2）平台数据层：数据层是系统的数据支撑层，包括地理信息数据、三维数据、BIM数据、业务数据和多媒体数据等。平台提供数据的分层、分级安全共享和真实的基础数据支持。

（3）支撑软件层：支撑软件层是平台业务应用的支撑平台，由各种中间件、服务组件和接口组成，包括三维显示引擎、GIS 服务组件、云服务支撑软件等。是平台功能和数据扩展的基础，保障平台的可扩展性。

（4）业务应用层：业务应用层是平台的业务应用系统，为平台用户提供满足业务处理、交互服务的工作平台，是整个平台的业务逻辑集中点。直接为用户提供服务，在整个平台总体架构中，处于非常重要地位。

（5）业务表现层：业务表现层是系统输入输出界面，提供桌面端、移动端、大屏等多种接入方式，是信息发布的重要途径。

工程项目 BIM 模型数据量较大，对系统的图形数据处理速度及管控平台的安全性、稳定性要求较高，为发挥系统效率，管控平台数据展示以 C/S 架构与移动端架构为主。

GIS + BIM 模型搭建完成后，通过网络实时进行客户端（主要为 PC 端和移动端）和服务端的数据交互，模型及信息推送至用户。通过 Web Service 接口将几何数据与管理数据集成，满足各级管理者远程实时掌握工程项目进展，实现工程信息化管理的需要。

管控平台数据管理、更新、监控、客户端展示采用 C/S 架构，数据发布、共享采用 B/S 架构。管控平台具备多用户访问用户管理和权限管理，确保数据的安全、规范。

2. 功能架构设计

根据本项目研究重点，管控平台功能主要围绕施工进度管理、施工监测管理、视频监控、盾构机监测、人员定位、资料管理功能模块展开。服务端主要实现数据录入、采集和管理等功能，客户端主要实现数据展示、统计与三维模型的交互，实现前后端联动机制，管控平台功能能够扩展，能够逐步实现集团级、区域级、项目级、工点级组成的多级管理，能够简便复制应用于其他类似项目。系统功能架构如图 9-23 所示。

（1）具备基础设施共用数据管理，提供系统日志、监控查询等公共服务，为用户查询检索、空间分析等提供服务，同时具备健全的可扩展能力；

（2）在业务定制、业务执行、业务门户三个层次提供开放性的业务集成框架，支持定制服务，将来可演化为轨道交通行业信息化应用创新孵化平台奠定基础；

（3）支持企业级总线服务，可集成工作流引擎、GIS 引擎、视频监控、BIM 数据分析及报表等基础功能，为业务封装成统一引擎接口提供支撑；

（4）提供数据交换及信息共享服务，支持多种 BIM 格式数据汇聚管理和交换服务，同时具备信息搜索、信息共享、信息存取等能力；

（5）具有移动终端扩展能力，为移动终端的系统应用提供功能、数据支撑，方便现场人员携带。

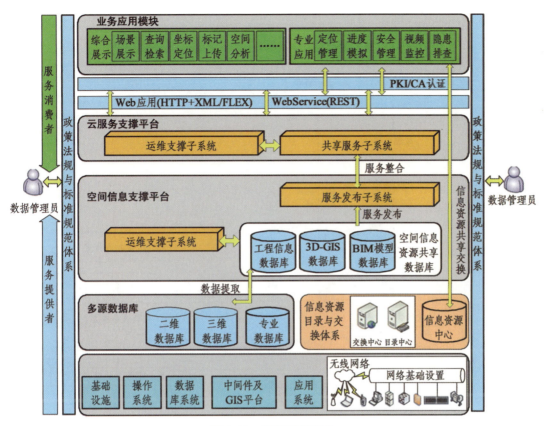

图 9-23　系统功能架构

9.3.2　数据流程设计

对管控平台基础数据、设备数据、表格数据的处理流程设计如下。

1. 基础数据流程

平台基础数据包括三维模型、矢量等数据。其中三维模型数据、矢量数据使用数据处理工具转换成为 FDB 文件并发布数据服务使用，数据处理及发布服务流程如图 9-24 所示。

2. 设备数据流程

系统外部设备中采集外部设备的源数据解析转换成系统可用的基础数据是数据处理过程中重要一部分。针对不同设备型号的不同等特点提供几套数据采集的流程算法，图 9-25 和图 9-26 是两种不同设备的数据采集流程图。系统开发过程中根据设备接入需求，会设计开发不同的外部设备适配器和数据采集算法。

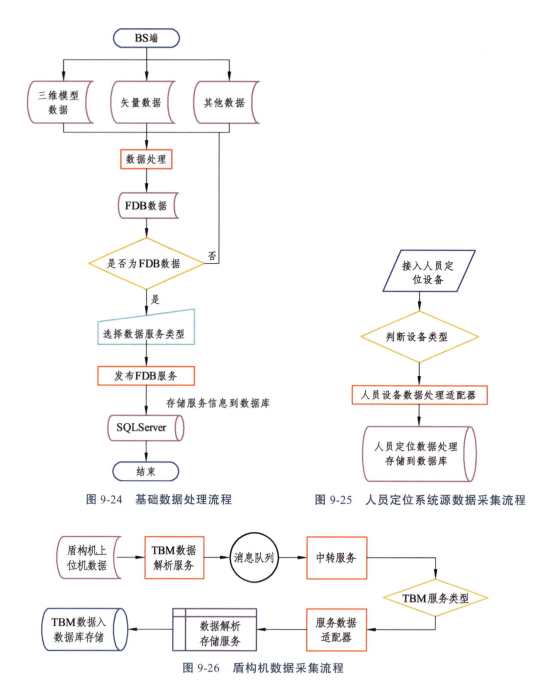

图 9-24 基础数据处理流程   图 9-25 人员定位系统源数据采集流程

图 9-26 盾构机数据采集流程

3. 表格数据采集

表格数据采集主要包括 Excel 表采集、Project 表采集，基本流程如图 9-27 所示。系统会提供相关数据格式的 Excel 模板，用户根据模板内容填写数据，选择需要上传的文件，读取文件内容保存数据到数据库中，实现数据采集过程。

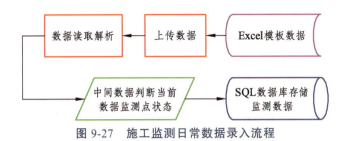

图 9-27　施工监测日常数据录入流程

9.3.3　管控平台成果与应用

管控平台以"一个数据库、一张监管网、一条管理线"为基本理念，在 BIM 与 GIS 数据、施工资料数据的基础上，集成项目中已实际使用的其他施工信息化系统数据，利用数据集成、实时监控、模拟分析、虚拟建造等提升项目质量，以数字化、信息化和可视化的方式提升项目建设管理水平，达到项目设定的安全、质量、工期和投资等各项管理目标，满足项目总承包单位对项目精细化管控的要求。

系统应用流程如图 9-28 所示，登录平台后，即可在系统中查看到权限范围内所有项目的统计情况，包括各单位工程完成度、产值、工程量统计，资源分配情况，各现场传感器接入情况，进度与监控量测预警情况等；进入某一工点后，可三维交互地查看该工点所有信息，并可与工点周边实际环境数据进行联动查看；选择某项子系统后，即在该三维环境中叠加子系统所管理的工程数据，实现各子系统数据的集成应用。

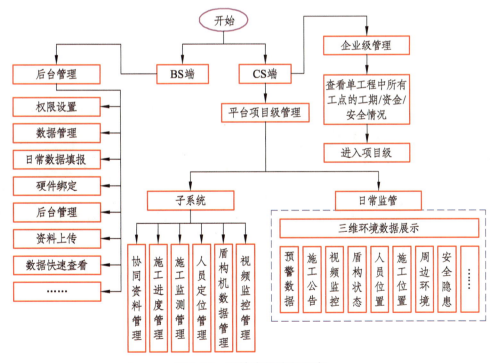

图 9-28　系统应用流程示意

平台完成功能包括数据展示与各子系统功能，详细功能清单如图 9-29 所示。

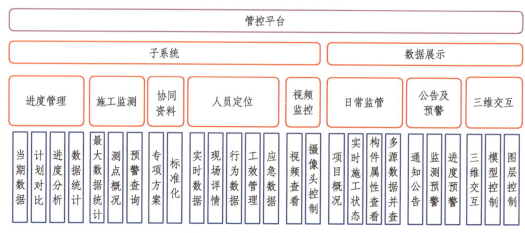

图 9-29 平台客户端功能概览

其中，数据展示包括日常监管、公告和预警消息、三维视图展示，可查看项目的概览情况及日常运行情况；其中，使用"公告及预警"功能无须进入工点，其他功能须进入工点加载工点数据后使用。

三维视图展示包括模型导入、查看、剖切、透视、显示/隐藏等功能模块，实现 GIS 与 BIM 快速导入、查询和轻量化展示；在属性信息与几何模型有效挂接的基础上，开发信息分类查询、属性数据添加/删除、信息导出、图标绘制、报表生成等功能模块，实现属性信息的查询、统计分析与管理，如图 9-30 与图 9-31 所示。

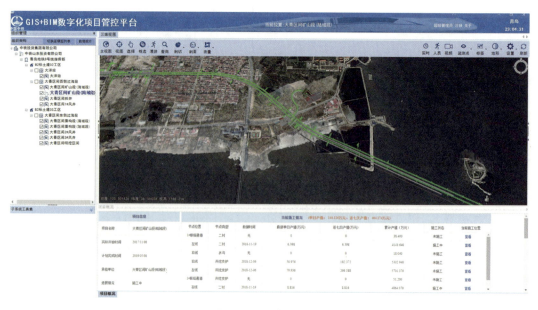

图 9-30 客户端界面

图 9-31　基本工具

子系统即工点级应用，包括视频监控、人员定位、盾构机等数据集成接入与展示以及进度管理、协同资料管理、监控量测管理的信息管控。在"组织架构"树内单击底层节点进入工点，在"子系统工具集"中单击子系统可进入具体的功能模块。

根据各子系统功能侧重不同，可将上述功能分为现场情况查看、实时数据展示、安全质量管理、进度管控、资料管理几个方面的应用点，如图 9-32 所示。

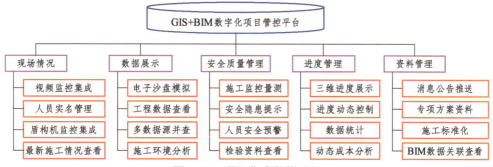

图 9-32　项目集成数据明细

（1）现场情况查看。受人力资源限制，项目指挥部无法安排专人对施工现场进行每日巡查，传统的施工现场管理方法不能及时对施工生产要素进行计划、组织、控制和协调，不能及时解决现场出现的各种生产技术问题。利用物联网技术，集成视频监控、人员定位、盾构机监控数据，可实现对现场的实时　查看，相较于单独的子系统应用，本平台可实现实时调取摄像头，实时区域人员统计，人员视频联动，盾构机与监测数据联动等数据协同应用，大幅提高施工现场的管理效率和管控效果，应用展示如图 9-33 所示。

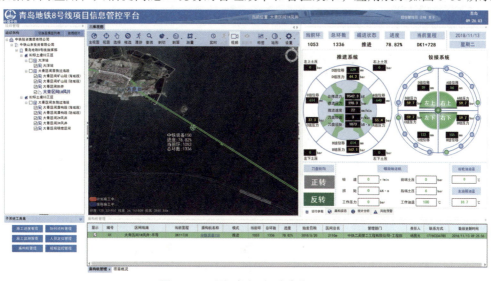

图 9-33　现场数据查看功能展示

（2）施工数据展示。基础设施行业项目空间结构复杂，跨度大，受周边环境影响多，传统以二维图纸沟通的方式无法同时承载多维度的数据。本项目利用自主开发系统，实现工程数据的三维查看：通过 BIM 模型快速了解项目进展，通过电子沙盘模拟了解工程产品与周边环境的关系，通过施工相关数据的联动快速掌握施工情况，通过查询工程 BIM 数据了解详细参数，并提供三维测量、标记、剖切、视图保存等功能，可进行三维可视化会商，提高决策效率等，如图 9-34 所示。

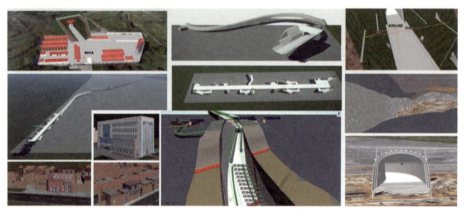

图 9-34 施工数据三维展示

（3）安全质量管理。施工安全与质量是贯穿整个项目管控的重要内容，传统安全与质量管理往往关注事故的及时发现与处理，很难做到事前控制，本项目通过视频、监测、进度、安全隐患等系统和数据联动，提高了安全隐患预判的概率；通过查看施工监测累计数据、人员与设备定位的统计数据位置，了解当前项目的质量情况，以便管理者能够提前应对，如图 9-35 所示。

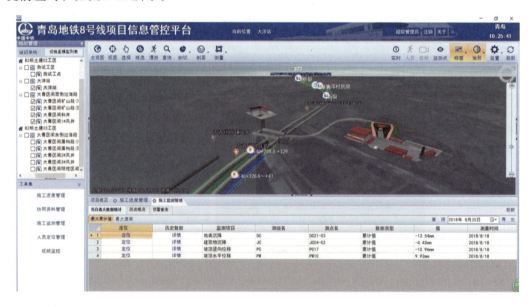

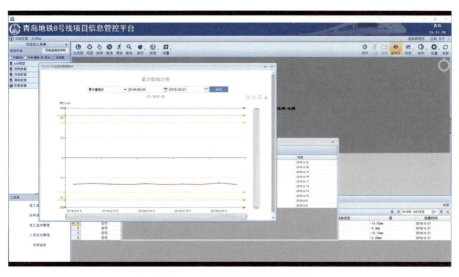

图 9-35　施工监测数据展示

（4）施工进度管理。在项目施工过程中，一方面，常常会出现建设单位的资金计划、供货商的材料供应计划与施工进度、施工实际发生成本不匹配情况，这种状况往往是由于施工计划制定不科学不及时产生的，会造成项目进度拖延。本项目依托于构件级 BIM 模型数据，建立模型构件、工程 WBS 分解、时间维度之间相互关系，根据总体工筹计划，编制年、季、月计划及重要节点计划，实现计划模拟与计划对比，保证计划制定的合理性；结合实际施工完成数据，实现对施工进度的查看、关键节点预警、工效预警与数据统计等，及时反馈计划完成情况，为下阶段计划的制定提供依据，如图 9-36 所示。另一方面，由于建设项目工期较长、数据量大、收集复杂而且速度较慢，从而导致短周期成本分析困难、效率低。常规成本管理方法不能及时地收集和处理施工过程中出现的大量数据信息，不能及时采取有效措施控制成本。以构件级别的形象进度作为产值划分依据，实现已完成工程量、产值、成本与计划工程量、产值、成本的快速统计，实现成本的准确掌握。

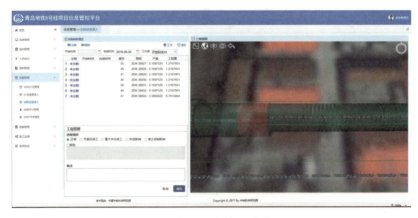

图 9-36　施工进度管理功能展示

（5）项目资料管理。本项目对施工过程资料进行收集与分类管理，包括资料上传与分发、与 BIM 模型绑定、分类检索、查看与下载等，使用户能便捷、全面地把握工程管理所需的信息。资料种类包括：公告、专项方案、标准化资料、模型附件等，如图 9-37 所示。

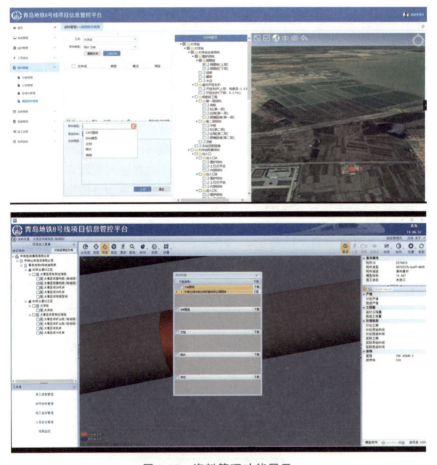

图 9-37　资料管理功能展示

9.4　本章小结

本章针对青岛地铁 8 号线项目总包单位实际管理需求，从可实施性的层面确定了施工监测管理、施工进度管理、协同资料管理、人员定位管理、视频监控管理和盾构机管理六大施工管理应用对象，研制开发了 BIM＋GIS 数字化管控平台。结论如下：

（1）在平台开发方面。项目按照预定方案进行了功能需求分析，现有 BIM 信息平台、工程子系统、三维引擎研究；完成了 BIM 建模路线、标准与规则，BIM 建模与轻量化，以及多源异构数据处理与数据建库，工程量与工作分解映射，数据采集与集成标准化研究；实现了平台基本工具、图层控制、模型列表窗口等基础功能开发；完成了人员定位、视频监控以及盾构机管理子系统集成及拓展应用功能，以及施工进度管理、监控量测信息管理、协同资料管理等应用模块开发。

（2）在平台应用成效方面。在项目实施过程中，管控平台以及应用模式以工程建设管理为目标，以标准化、规范化管理为抓手，BIM＋GIS 为主要技术框架，使得项目建设具有施工行为可视化、安全质量数据化、形象进度可量化、数据查看便捷化等特点，顺应了工程信息化发展的需要，有利于提升企业核心竞争力。利用平台实现统一数据管理，有效减少管理人员日常事务性工作，降低管理成本，提升管理效率；建立施工各参与方的信息沟通方式，加快与保障单位之间、部门之间的信息传递效率。

参考文献

[1] 张国碧，李家稳，郭建波. 我国地铁的发展现状及展望[J]. 山西建筑，2010，36（33）：13-15.

[2] 韩宝明，李亚为，鲁放，等. 2021年世界城市轨道交通运营统计与分析综述[J]. 都市快轨交通，2022，35（1）：5-11.

[3] 周双禧，李志华，陈非龙，等. 城市轨道交通盾构法隧道施工新技术及应用[J]. 施工技术，2020，49（19）：6.

[4] 吴敏敏，刘先行. 风化花岗岩地层中地铁盾构隧道施工关键技术[J]. 铁道建筑，2022，62（3）：4.24（6）：5.

[5] 李军，雷明锋，林大涌. 城市地铁盾构隧道下穿运营铁路施工控制技术研究[J]. 现代隧道技术，2018，55（2）：6.

[6] 游杰，颜岳. 软弱地层中地铁盾构区间隧道穿越周边基坑锚索的施工技术[J]. 现代隧道技术，2017，54（5）：7.

[7] 梁聪，孙盼盼，燕晓，等. 新建地铁隧道盾构下穿京杭大运河关键施工技术[J]. 施工技术，2020，49（4）：4.

[8] 陈超. 地铁盾构隧道盾构机地下"碰头"施工技术研究[J]. 价值工程，2021，40（10）：3.

[10] 岳承欢. 地铁隧道盾构始发施工技术[J]. 价值工程，2020，39（2）：2.

[11] 刘毅，刘耀轩. 地铁盾构与暗挖隧道对接施工关键技术[J]. 建筑技术，2019（2）：4.

[12] 孙智勇. 新管幕法的工程应用与技术要点分析[J]. 现代城市轨道交通，2013（04）：48-51.

[13] 王继成. 浅埋地铁车站施工中盖挖法施工技术的应用研究[J]. 建材与装饰，2016（47）：235-236.

[14] 张翔，邹伟彪. 矩形顶管法施工技术分析[J]. 城市建设理论研究（电子版），2018（03）：132+126.

[15] 司玉迪. 城市轨道交通隧道双护盾 TBM 过站施工技术[J]. 隧道建设（中英文），2019，39（A01）：9.

[16] 罗勇，吴圣智，王明年，等. 城市轨道交通隧道双护盾 TBM 施工适应性研究[J]. 地下空间与工程学报，2019（2）：8.

[17] 农兴中，翟利华，王一兆，等. 富水砾砂岩溶地层地铁区间隧道暗挖施工技术研究[J]. 施工技术，2019，48（5）：5.

[18] 霍滨，徐朝辉，胡相龙，等. 砂卵石地层泥水盾构施工技术难点及控制措施分析——以兰州地铁穿黄隧道工程为例[J]. 隧道建设（中英文），2018，38（5）：5.

[19] 崔光耀，田宇航，肖毅，等. 高风险城市环境地铁小净距隧道近接隧道群施工方案优选[J]. 中国安全生产科学技术，2022，18（3）：6.

[20] 王伟. 大断面地铁越江隧道施工难点分析及其应对措施[J]. 城市轨道交通研究，2021，24（3）：5.

[21] 张昭. 自动化监测技术在地铁隧道施工中的应用[J]. 自动化与仪器仪表，2017（7）：3.

[22] 李圣明，张健，黄鸿伟，等. 地铁隧道施工质量三维扫描快速检测技术研究[J]. 现代隧道技术，2021，58（S02）：5.

[23] 刘继红. 注浆预加固施工技术在地铁隧道地层中的应用[J]. 工程抗震与加固改造，2021.

[24] 王杨. 深孔注浆技术在北京地铁暗挖隧道富水砂卵石地层止水施工中的应用[J]. 建筑技术，2020，51（7）：3.

[25] 裴行凯，何冠鸿，郭佳奇. BIM 技术在装配式地铁车站设计中的应用[J]. 项目管理技术，2019（3）：5.

[26] 王振峰. BIM 技术在装配式地铁车站施工进度控制的研究[J]. 建筑节能（中英文），2021，49（7）：5.

[27] 冯琳，王祥宝，王吉河，等. 地铁上盖装配式工程起重机械选型与技术运维[J]. 建筑技术，2022，53（6）：3.

[28] 杨秀仁. 地铁车站装配式结构建造技术研究与应用[J]. 隧道建设（中英文），2022，42（3）：10.

[29] 江帅，宋丹，赵振威，等. 新型装配式衬砌技术在地铁隧道的应用研究[J]. 隧道建设（中英文），2019，39（6）：7.

[30] 梁永泽，张皓，许怀玉，等. 装配式地铁站钢板-混凝土空心叠合板受弯性能[J]. 沈阳理工大学学报，2019，38（6）：5.

[31] 杨秀仁，黄美群，林放. 地铁车站预制装配式结构注浆式榫槽接头弯曲抵抗作用特性研究[J]. 土木工程学报，2020（2）：8.

[32] 丁录董，徐军林，庄海洋，等. 预制＋现浇装配式地铁地下车站结构地震反应的三维有限元分析[J]. 世界地震工程，2021，37（4）：157-166.

[33] 王秋生，张功，李征，等. "绿色生态"措施在地铁明挖基坑施工中的应用[J]. 价值工程，2020，39（17）：4.

[34] 刘立荣，林鑫鑫，李少丽，等. 区间数型地铁绿色施工方案优化模型及其应用[J]. 数学的实践与认识，2019，49（18）：8.

[35] 高霖，王明振，黄思凝，等. 基于模糊综合评价方法的地铁绿色文明施工等级评价模型研究[J]. 施工技术，2017，46（20）：4.

[36] 羊权荣，汪宇，何跃川. 城市轨道交通施工监测在 GIS＋BIM 平台的集成应用[J]. 隧道建设（中英文），2019，39（S02）：7.

[37] 冯杰，赵宗耀. 基于 BIM 云平台的城市轨道交通施工安全风险管理研究[J]. 中小企业管理与科技，2019（23）：7-7.

[38] 徐剑，王勇，苗璧昕. 基于 BIM 技术的地铁车辆段施工协同管理研究——以佛山地铁 2 号线林岳车辆段施工为例[J]. 项目管理技术，2021.

[39] 曾绍武，李昌宁，张学钢. BIM 技术在地铁车站施工管理中的应用[J]. 现代隧道技术，2018，55（3）：10.

[40] 吴福居，林金华. BIM 技术在地铁车站施工信息化中应用研究[J]. 公路，2019，64（1）：4.

[41] 李钰，吕建国. 基于 BIM 和 VR/AR 技术的地铁施工信息化安全管理体系[J]. 工程管理学报，2017，31（4）：5.

[42] 何江，蒙泳君，赵庚亮，等. 基于 VR 的地铁基坑施工安全教育系统设计与应用[J]. 中国安全生产科学技术，2021，017（008）：124-129.

[43] 杨长城，王宁，余磊. 地铁施工动态安全风险管控信息系统的构建[J]. 安全与环境工程，2017，24（5）：5.

[44] 李蒙，龚雨洁，余宏亮，等. 地铁施工人员安全监控预警系统构建及应用——基于可穿戴技术[J]. 建筑经济，2018（7）：5.

[45] 夏伟强，董杰，何鹏，等. 青岛主城区地下空间开发利用地质因素的影响评价及适宜性分区[J]. 地质学报，2019（S01）：8.

[46] 贾永刚，谭长伟，宋卓利. 地质环境特征及工程适应性与选择性分析——青岛市城市地质环境研究[J]. 青岛海洋大学学报，1997（2）：211-217.

[47] 栾光忠，王红霞，尹明泉，等. 青岛城市主要断裂构造特征以及对城市地质环境的影响[J]. 地球学报，2010，31（1）：102-108.

[48] 马利柱，窦衍光，王磊，等. 青岛市地铁隧道施工常见不良地质问题及对策分析[J]. 工程建设与设计，2021（14）：7.

[49] 闫强刚，何寿迎，于波. 青岛地铁 M1 号线工程地质条件分析[J]. 城市勘测，2016（1）：4.

[50] 竺维彬，鞠世健. 复合地层中的盾构施工技术[M]. 中国科学技术出版社，2006.

[51] 商拥辉，商丽，方前程，等. 2015. 盾构动态掘进中围岩变形特性的数值实验研究[J]. 工程地质学报，23（6）：1072-1078.

[52] 肖明清. 2018. 我国水下盾构隧道代表性工程与发展趋势[J]. 隧道建设（中英文），38（3）：360-367.

[53] 杨文武. 2009. 盾构法水下隧道工程技术的发展[J]. 隧道建设，29（2）：145-151.

[54] 杨书江. 2016. 复杂地质条件下厦门地铁盾构施工风险及对策[J]. 现代隧道技术，53（5）：188-193，207.

[55] 李波，包蓁. 2019. 武汉轨道交通 7 号线三阳路越江隧道施工关键技术[J]. 隧道建设（中英文），39（5）：820-831.

[56] 蒋超. 2016. 佛莞城际铁路狮子洋隧道盾构选型研究[J]. 施工技术，45（23）：67-71.

[57] 程池浩，廖少明，彭少杰，等. 2017. 沈阳富水砂卵石地层泥水盾构适应性研究[J]. 地下空间与工程学报，13（1）：190-196.

[58] 李健斌，陈健，程红战，等. 2019. 考虑空间变异性的盾构隧道地层力学响应敏感性分析[J]. 岩石力学与工程学报，38（8）：1667-1676.

[59] 邢慧堂. 2010. 南京长江隧道泥水盾构穿越江中超浅覆土段施工技术[J]. 现代隧道技术，47（2）：68-73.

[60] 吴世明，林存刚，张忠苗，等. 2011. 泥水盾构下穿堤防的风险分析及控制研究[J]. 岩石力学与工程学报，30（5）：1034-1042.

[61] 刘方，崔建，徐汪豪，等. 2018. 大直径泥水平衡盾构浅覆土始发地表沉降特性[J]. 铁道工程学报，35（12）：36-40，69.

[62] 安宏斌，怀平生，白晓岭，等. 2019. 无端头加固条件下土压平衡盾构水下接收施工技术[J]. 隧道建设（中英文），39（10）：1697-1703.

[63] 何川，封坤，杨雄. 2007. 南京长江隧道超大断面管片衬砌结构体的相似模型试验研究[J]. 岩石力学与工程学报，26（11）：2260-2269.

[64] 封坤，何川，夏松林. 2011. 大断面盾构隧道结构横向刚度有效率的原型试验研究[J]. 岩土工程学报，33（11）：1750-1758.

[65] 刘允刚，景德洲，潘冰春，等. 复杂地质条件盾构设备选型及关键参数选择[J]. 施工技术，2013（S2）：3.

[66] 朱宏海. 上软下硬复合地层地铁盾构隧道设计及施工探析[J]. 隧道建设，2015，35（2）：5.

[67] 吕善. 广深港客运专线福田站综合工程盾构机选型[J]. 工程机械与维修，2009(08)：126-128.

[68] 徐薇. 盾构姿态控制和机管片选型技术探讨[J]. 天津建设科技，2018，28（2）：3.

[69] 刘旭全. 地铁隧道承压水地层盾构机选型配套及施工实践[J]. 土木工程学报，2020（S01）：5.

[70] 吴沛霖，李代茂，陆岸典，等. 海底隧道盾构刀盘刀具选型综述[J]. 土木工程学报，2020（S01）：7.

[71] 郑清君. 狮子洋隧道盾构施工危险源分析及对策[J]. 隧道建设（5）：605-609.

[72] 孙华，钟志全. 泥水盾构过破碎岩带施工技术[J]. 建筑机械化，2012，33（4）：3.

[73] 李有兵. 大直径泥水平衡盾构穿越上软下硬地层的施工技术研究[D]. 成都：西南交通大学.

[74] 杜闯东，周路军，朵生君，等. 川藏铁路隧道 TBM 适应性选型分析及不良地质对策与思考[J]. 隧道建设（中英文），2021，041（006）：P. 897-912，I0023-I0038.

[75] 詹涛. 泥水盾构穿越赣江断裂破碎带施工关键技术[J]. 隧道建设（中英文），2017，37（A02）：6.

[76] 苏兴. 盾构掘进参数的数据分析及优化研究[D]. 石家庄：石家庄铁道大学，2018.

[77] 苏保柱，蒋超，姜卫卫，等. 泥水盾构穿越富水破碎带施工风险及控制技术[J]. 中国水运：下半月，2019，19（11）：3.

[78] 姜克寒，刘邦，秦坤元，等. 断层破碎带中泥水盾构掘进参数优化研究[J]. 交通科学与工程，2020，36（3）：7.

[79] 盾构法隧道施工及验收规范：GB50446-2017[S]. 北京：中国建筑工业出版社，2017

[80] 李怀洪. 大直径泥水平衡盾构的分体始发技术[J]. 建筑施工，2011(12)：1113-1115.

[81] 吕善. 大直径泥水盾构分体组装始发关键技术[J]. 工程机械与维修，2016（06）：94-98.

[82] 张洪江，王振华，张晓鹏，等. 复杂地质条件下泥水盾构施工技术研究[J]. 山西建筑，2018，44（02）：171-173.

[83] 赵继华. 特殊工况条件下大盾构机多次分体始发关键技术研究应用[J]. 中国铁路，2020（12）：186-190.

[84] 张俊英. 盾构机分体始发施工技术[J]. 铁道建筑技术，2013（09）：44-47.

[85] 施伟. 隧道工程联络通道施工技术分析[J]. 鄂州大学学报，2020，27（05）：102-105.

[86] 吕鹏程. 高承压水粉细砂地层中地铁隧道联络通道冷冻法施工技术[J]. 智能城市，2020，6（09）：206-207.

[87] 余志勇. 地铁土建工程中全断面注浆＋超前小导管在联络通道施工的应用[J]. 中国标准化，2019（10）：23-24＋26.

[88] 赵彬. 地铁区间冷冻法联络通道融沉注浆施工技术探讨[J]. 现代城市轨道交通，2020（03）：48-51.

[89] 王东武. 盾构联络通道套管钻进法施工关键技术研究[J]. 工程机械与维修，2020（01）：78-79.

[90] 冯威. 硬岩地层盾构区间联络通道快速开挖技术[J]. 建筑施工，2019，41（01）：148-151.

[91] 周海东. 地铁联络通道集约一体式顶管法施工技术研究[J]. 四川建筑，2020，40（05）：262-264＋267.

[92] 陈裕康，何立军. 地铁联络通道顶管法施工技术及分析[J]. 岩土工程界，2007（12）：48-51.

[93] 黄尊，丁修恒. BIM 在机械法联络通道修建中的应用[J]. 土木建筑工程信息技术，2018，10（06）：32-38.

[94] 顾沉颖. NOMJS 联络通道施工新工艺研究[J]. 隧道建设，2015，35（07）：716-720.

[95] 朱瑶宏，董子博，尹铁锋，等. 地下空间联络通道微加固机械法 T 接技术探索[A]. 中国土木工程学会. 中国土木工程学会 2017 年学术年会论文集[C]. 中国土木工程学会：中国土木工程学会，2017：10.

[96] 朱瑶宏，王靖禹，董子博，等. 盾构法联络通道密封垫设计及防水试验研究[J]. 隧道建设（中英文），2019，39（01）：110-118.

[97] 丁修恒. 地铁区间联络通道盾构法修建关键技术[J]. 建筑施工，2019，41（04）：667-671.

[98] 周晔，朱瑶宏，丁修恒，等. 机械法联络通道壁后注浆材料优化配比研究及应用[J]. 宁波大学学报（理工版），2020，33（04）：55-62.

[99] 王昆，叶蕾，程永龙，等. 机械法联络通道用掘进机始发接收密封装置研究[J]. 隧道建设（中英文），2020，40（01）：134-142.

[100] 房楠，郭建兴. 特长公路隧道平导式通风技术应用[J]. 城市建设理论研究：电子版，2014，000（024）：2397-2397.

[101] 雷帅，方勇，刘静，等. 南大梁高速公路华蓥山隧道施工通风优化研究[J]. 现代隧道技术，2019（2）：7.

[102] 刘静，雷帅，冉利刚，等. 华蓥山公路隧道运营通风方案优化研究[J]. 隧道建设（中英文），2017，37（A02）：8.

[103] 李骥良. 锦屏水电站辅助洞施工通风设计[J]. 现代隧道技术，2004，41（5）：5.

[104] 杨家松. 特长隧道采用巷道式射流施工通风技术与工程应用[J]. 隧道建设，2008，28（4）：456-459.

[105] 张敏杰. 基于 GIS 和 BIM 的动态总体规划管理平台应用研究[J]. 绿色建筑，2016（02）：77-79.

[106] 邱世超. 面向长距离引水工程全生命周期信息管理的 GIS 与 BIM 结合技术研究与应用[D]. 天津大学，2016.

[107] 杨国华，刘春艳. 轨道交通项目 BIM + GIS 云平台建设研究[J]. 土木建筑工程信息技术，2017（02）：103-106.